世界の教科書
シリーズ ⟨26⟩

中国の歴史と社会

中国中学校新設歴史教科書

課程教材研究所　綜合文科課程教材研究開発中心
編著

並木頼寿
監訳

明石書店

義務教育課程標準實驗教科書

歷史与社会　我們生活的世界　七年級　上冊・2005年6月第2版
歷史与社会　我們伝承的文明　八年級　上冊・2005年6月第2版
歷史与社会　我們伝承的文明　八年級　下冊・2003年12月第1版
歷史与社会　我們面対的機遇与挑戦　九年級（全一冊）・2005年6月第2版

© 中国人民教育出版社、課程教材研究所、綜合文科課程教材研究開発中心

監訳者まえがき

　中国では、20世紀末から21世紀の今日にかけて、急速な経済発展や社会状況の変化を背景にして、過去の歴史に対する見方に大きな変化が発生しており、学校教育で使用される教科書にも多様化の波が訪れている。中国の教科書といえば全国一律の「国定」教科書という先入観があったが、現在は中央で定めた一定の標準にもとづいて、全国各地で複数の教科書が制作され、検定制度によって実際に教科書として発行される仕組みとなっており、学習指導要領にもとづく日本の教科書検定制度とそれほど大きな違いはない。たしかに、学校教育や学術研究に対する中国共産党および政府の影響力は日本の場合とはまったく事情を異にしており、また、かつて建国以来全国に学校教育の教材を提供してきた北京の人民教育出版社の役割は、現在でもなお非常に大きいことは確かであるが、中国各地の教科書の多様化は、上海版歴史教科書に対する中央からの異議など、一部に政治的な要因も絡んだ事件や出来事を含みながらも、急速に進んでいるように思われる。

　本書はそうした趨勢のなかで21世紀の初めに、一部の中学校で新しい学科として始まった『歴史と社会』という教科書の歴史の部分をまとめて翻訳し、日本の読者に紹介しようとするものである。従来中国の中学校（初級中学）では、歴史科目として自国史と世界史が設けられ、かなり大部な『中国歴史』、『世界歴史』などの教科書が使われてきた。高等学校（高級中学）では、さらに細分化して『中国古代史』、『中国近現代史』、『世界古代史』、『世界近現代史』などの教科書が提供されてきている。

　このように歴史という教科に多くの授業時間を割くこれまでの教材に比較すると、本書の原本である『歴史と社会』は、一面では内容が簡略化されて、歴史教育の負担が軽減されているということができるが、またもう一面では、自国史と世界史を同時に教えるという新機軸を打ち出しており、この点は注目に値する新しい傾向である。『歴史と社会』は中学1年では「私たちが生活する世界」という副題で地理的な内容を学び、中学2年で自国史と世界史を同時に、日本の中学校で行われている「歴史」の教科書に近いかたちで学び、中学3年で政治・経済的な内容を学ぶという構成になっている。

　本書は、『歴史と社会』の1年目の教科書から歴史の見方について概説している部分を抜き出して翻訳し、3年目の教科書からは20世紀後半の世界と中華人民共和国の歩みを述べている部分を抜き出して翻訳を行ったが、その大部分を占める内容は、9年制義務教育の8年目、すなわち日本の場合でいえば中学2年で使用する『歴史と社会――私たちが伝えてきた文明』上・下2冊の教科書の内容である。類人猿・原人の物語から20世紀半ばの中華人民共和国建国までの歴史が、人類の歴史、文明の歴史の観点から自国史と外国史を組み合わせて記述されているところに特色がある。

　近年中国では歴史を文明史として捉え、世界歴史を切り開いてきた大文明の展開に着目するとともに、消長する世界の大文明の中で、中華文明の長期にわたる持続性を強調するという傾向がある。評判になったテレビドキュメンタリー「大国の台頭」シリーズには、そうした観点が如実に現れていた。本書の内容もそうした方向に沿ったところがあり、まず世界各地の農耕文明の発生と発展を記述し、ついでヨーロッパにおける工業文明の成立と工業文明による全世界の一体化の過程が述べられる。

　農耕文明について述べる部分の前半は、ギリシア・ローマ、ヨーロッパ、アラブ・イスラー

ム、インドといった歴史上の文明世界について、宗教的な特色と関連させて説明しており、後半では、「連綿として絶えることのなかった」中華文明について、夏・殷・周「三代」の時期から宋・元時代までを通して記述する。ついで、工業文明が世界を一体化させた過程に対応するルネサンスから20世紀までの時期については、ヨーロッパ起源の近代的な工業文明が世界を大きく変貌させ、中国もその大波に合流しなければならなかった経緯を述べる。さらに19世紀末から20世紀前半の工業文明の転換期に関連して、社会主義の発展や民族運動の昂揚を説明し、ついで中国における革命運動の進展と抗日戦争について記述する。

　かつては、中国の歴史を農民反乱による王朝交代のくり返しから説明したり、農民反乱を階級闘争の現れと理解してそこに歴史の発展をみようとしたりする観点が、歴史教科書にも色濃くみられた。そうした歴史理解と比較すれば、本書の文明史を軸にした記述は、階級的視点から離れて、中華文明の達成をより率直に次世代に伝えようとする傾向を強めたもの、といえよう。近代に発生した一連の歴史的な転換についても、従来は、欧米の植民地主義の中国侵略とそれへの抵抗・闘争という観点から、アヘン戦争以降の反植民地・反帝国主義の闘いが重点的に記述されたが、本書では、工業文明によって人類の生活条件が大きく変化したこと、全地球的な規模で社会生活に激変が生じたことを具体的に説明しながら、中国の歴史もそのような大きな流れに合流するものであったことが説明される。その結果として、反帝国主義闘争を強調し、そのような闘いの歴史を新中国を成立させた中国革命の成功に結びつける歴史の見方は、おおはばに後退した印象がある。

　他方、本書は歴史遺産の保護をめぐる議論や、地球環境の問題などについて、学習者に問いを投げかけるような工夫も随所に凝らされている。文明史が、いわゆる大文明偏重に陥っているような印象がないとはいえないながら、自国史を人類の歴史の中で説明する試みとして、さまざまな編集上の工夫と相まって興味深いできばえを示しているように思われる。日本の読者としては、日中戦争をどのように記述しているかにも関心を抱く。人民共和国建国の直前の時期の記述が全「中華民族」をあげての抗日戦争という形になっている。そこでの記述にはやや時事的な関心が出てしまっている印象があるのは残念だが、しかしそうした記述の傾向も含めて、中国での教科書記述の実情を知ることができるとはいえよう。中国にとって抗日戦争とは何なのか、率直に認識すべき素材の一つであるといってよい。

　本書の翻訳は、最初に『歴史と社会』の教科書に接して翻訳紹介を企てた時期から数えると、数年を経過してしまった。翻訳には数人の中国の歴史教材や歴史教育に強い関心を有する若手の研究者や大学院生が参加し、充実した翻訳原稿がそろった。さらに、巻末には、学校教育の現場でどのような教育が試みられているかということについてのレポートを収録することができた。本編の教科書翻訳部分および巻末の論稿によって、中国における歴史教材の比較的最近の動向について、その一端をうかがうことが可能になると思う。本訳書が、できるだけ多くの人の目に触れることを願っている。

　　2009年5月

　　　　　　　　　　　　　　　　　　　　　　　　　　　　　　並木　頼寿

中国の歴史と社会
―― 中国中学校新設歴史教科書
目　次

監訳者まえがき（並木頼寿）　3

歴史と社会　私たちが生活する世界　七年級　上冊 …………………………… 9

第五単元　社会生活の変遷　10
第一課　地域の物語　12
第二課　身の回りの物語　19
第三課　社会の変遷の軌跡　24
第四課　過去はどのように記録されてきたのか　35
総合研究五　身の回りの歴史を探そう　42

歴史と社会　私たちが伝えてきた文明　八年級　上冊 …………………………… 45

第一単元　先史時代　46
第一課　人と猿の決別　48
第二課　原始的農業と先人のふるさと　54
第三課　伝説時代の文明の曙光　60
総合研究一　私たちの身近にある古代文明を守ろう　63

第二単元　文明の起源　66
第一課　天に恵まれた大河文明　68
第二課　早期国家の形成　73
第三課　野蛮に別れを告げる　80
総合研究二　世の激変を感じ取る　89

第三単元　農耕文明の時代（上）——相次いで盛衰するユーラシアの国ぐに　92
第一課　ギリシア・ローマとヨーロッパの古典文明　94
第二課　ヨーロッパの中世とキリスト教文明　101
第三課　アラブ帝国とイスラーム文明　105
総合研究三　宗教景観から見た文化の多様性　109

第四単元　農耕文明の時代（下）——絶えることなく続く中華文明　112
第一課　封建国家の建国から天下統一へ　114
第二課　漢唐の繁栄　127
第三課　多元的な文化の融合と世俗化が進んだ時代　149
総合研究四　年越し——私たちの身の回りの伝統を感じる　167

付録1　中国歴史大事〔重要事項〕年表（古代部分　上）　169
付録2　中国歴史紀年表（夏～清）　171
付録3　世界歴史大事〔重要事項〕年表（紀元前3500～14世紀）　172
付録4　本書中の主要語彙、中英対照表　173
付録5　課外読物　174
付録6　推奨ウェブサイト　174

歴史と社会　私たちが伝えてきた文明　八年級　下冊 ……………………… 175

- 第五単元　工業文明の到来　176
  - 第一課　商工業の興隆　178
  - 第二課　思想の殻を破って　184
  - 第三課　一体化へ向かう世界　192
  - 第四課　ブルジョワ革命　新体制の成立　200
  - 第五課　挑戦に直面する中国　207
  - 総合研究五　鄭和の西洋下りとコロンブスの航海の比較　219
- 第六単元　全世界を覆った工業文明の波　222
  - 第一課　世界を変えた工業革命　224
  - 第二課　ついに形成された一つの世界　232
  - 第三課　工業文明の大波に合流する中国　238
  - 第四課　工業時代の社会の変遷　249
  - 総合研究六　生活の中に工業文明を感じ取る　257
- 第七単元　現代世界に向かって　260
  - 第一課　地球的規模の激動　262
  - 第二課　新たに切り開かれた発展の道　267
  - 第三課　民族復興の新しい道　273
  - 第四課　静かに変容する社会生活　283
  - 第五課　万民の心を一つにした抗日戦争　287
  - 第六課　新中国の誕生　294
  - 総合研究七　中華民族百年のあゆみを振り返る　301
    - 付録1　中国歴史大事〔重要事項〕年表（1368〜1949年）　304
    - 付録2　世界歴史大事〔重要事項〕年表（14世紀〜1945年）　305
    - 付録3　本書中の主要語彙、中英対照表　306

歴史と社会　私たちが直面するチャンスと挑戦　九年級 ……………………… 307

- 第一単元　チャンスと挑戦に満ちた時代　309
  - 第一課　戦後世界の新局面　310
  - 第二課　共和国の苦難の道のり　317
  - 第三課　近代化建設の新時代　329
  - 第四課　時代の主題と現代中国　338
    - 付録1　中国と世界の歴史大事〔重要事項〕年表（1940年代から21世紀初め）　350
    - 付録2　本書中の主要語彙、中英対照表　351

「歴史と社会」の授業風景（三王昌代）　353

歴史と社会

私たちが生活する世界

七年級　上冊

第五単元
社会生活の変遷

　私たちはみなそれぞれ異なるコミュニティーで生活しているというだけでなく、流れゆく時の大河の中で生きている。環境の変化、都市の盛衰……それらはみな私たちに大きく移り変わる世界を感じさせてくれる。

　私たちの身の回りのすべてのものは自分の物語を持っていて、私たちに歴史の変化を訴えかけている。大きなものでは社会から、小さいものでは家庭に至るまで、すべてに過去から現在に至る軌跡がある。私たちが過去を理解するのは、より良く現実を知るためである。いろいろな資料の用い方を学び取り、歴史を知るための方法を身につけることで、私たちの社会に対する観察はますます明確なものになり、歴史への認識はますます深いものとなるだろう。

第一課　地域の物語

　私たちはそれぞれ、さまざまな地域で毎日の生活を送っているが、あなたたちの暮らしている場所も含めて、それらの地域の過去は現在とは異なっている。どの地域にも自分の物語がある。いくつかの地域の移り変わりの物語を学び、歴史の変化を表現する言葉を使えるようになろう。

辺境の小村から賑わう都市へ

　広東省（かんとんしょう）の南部に有名な経済特区——深圳（しんせん）がある。道路は広く、高層ビルが林立し、花と緑が豊かで、旅行客が列をなす、美しい庭園都市である。深圳の経済成長は急速で、ハイテク産業は国内でも屈指の発展ぶりを見せている。東側に大鵬湾（たいほうわん）を擁することから、市民は深圳のことを誇らしげに「鵬城」と呼んでいる。しかし20数年前まで、ここは誰も知らない辺境の小村に過ぎなかった。

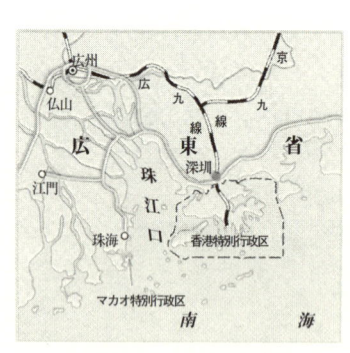

図5－1　深圳の位置

図5－2　絵のように美しい深圳

私が1973年に香港（ほんこん）に旅行に来たとき、深圳河のほとりから対岸に見えたものといえば広い水田に点々と散らばる民家だけでした。1988年にもう一度香港を訪れ、夜に遠くから深圳を眺めたとき、目に映ったのはたくさんの街の明かり、繁栄する街の景色でした。2000年に私は深圳に来ましたが、ここは完全に現代都市の生気にあふれていて、その変化の速さに驚かされました！

私は深圳のある企業で研究員をしています。以前ここには科学研究所はいくつもありませんでしたが、現在では千近い科学研究開発機構があります。科学技術を重視したことで深圳のハイテク産業は急速に発展し、国内でも先頭を争う地位にあります。

第五単元　社会生活の変遷

　　私は1990年に四川省からここに来て、今はある会社で働いています。私の同僚の90％以上はみな外地から来ています。私たちの力が深圳の飛躍の一助になっていると思うと、とても誇らしく思います。私たちはこれからも努力を続け、深圳をさらにすばらしいものにつくりあげてゆきます。

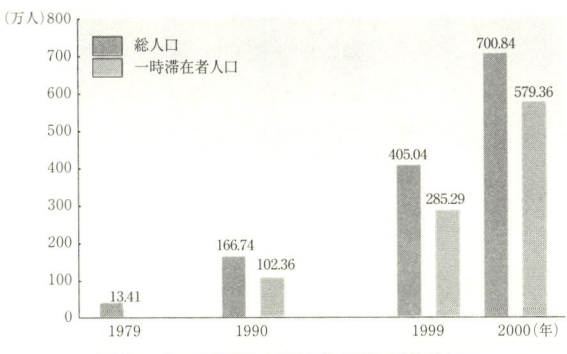

図5－3　深圳の人口変化を表す棒グラフ

図5－4　深圳人の開拓精神の象徴
　　　　——荒野を開く牛の象

○深圳の主な変化はどのようなところに現れていると思いますか？　その中で最も印象深かったのは何ですか？

　深圳のように発展と変化が非常に大きい地域がわが国にはまだたくさんある。急速に発展してゆく現代社会では、私たちはこのような日進月歩の変化をその目で確かめることができるだけでなく、その建設に微力をささげることもできる。

過ぎ去った栄華

　100年ほど前、ある外国の探検家が新疆で探検をしているときにうっかりスコップをなくしてしまった。後戻りをしてスコップを探す道すがら、彼は偶然にもすでに荒廃している楼蘭古城を発見した。

　古楼蘭は新疆のタクラマカン砂漠の東部に位置する。今日では壊れた城壁の一部が残っているだけである。周囲を見渡しても、黄色い砂の他には城壁の残骸しか見えない、荒涼とした世界である。

　しかし2千年以上前、ここは遠近に名の知れ渡るオアシスだった。緑の木々に取り囲まれ、澄んだ水が流れ、文化は発達し、古代の「シルクロード」上のまばゆい真珠のような場所であった。古楼蘭人は独自の文字を持ち、街の中にはたくさんの寺院があり、旅行者の往来が絶えなかった。

図5－5　楼蘭の遺跡

第一課　地域の物語　13

図5-6　シルクロード上の楼蘭

読書カード

昔日の楼蘭

城内には倉庫や旅館や病院が備えられ、鉄器や陶器を製造する手工業が発達し、穀物やシルクを商う商業活動が行われていた。……広々とした城内に林立する寺院は楼蘭人の精神生活を充実させ、東西の文化と芸術を集めた精緻な絵画と彫刻は楼蘭人に高度な芸術を享受させた。
——　龔 良 編『中国考古大発現』より抜粋

　4世紀以後、楼蘭古城は突然神秘的に消失してしまった。悠久の、美しい、文明の栄えた都市は深い砂漠の中に埋没してしまったのである。

○あなたは上記の文章にもとづいて「古楼蘭想像図」を描けますか？　あるいは資料を集めて「幻の楼蘭」という作文を書けますか？　クラスメートと話し合って、それぞれ自分の頭の中の楼蘭はどのようなものか、言ってみましょう。

　何年も経ってから、大洋の向こう岸のアメリカ・コロラド州にも、ある有名なゴーストタウンが現れた*1)。ここはもともとはほとんど人が訪れることのないはげ山であった。19世紀になってある人がここで銀鉱を発見し、大勢の人が押し寄せるようになった。彼らは家を建て、学校を作り、とても吸引力のある都市を作り上げた。しかし後に銀鉱は掘り尽くされてしまい、ここには他に何の資源もなかったので人びとはつぎつぎと離れていった。現在街には人一人おらず、ただからっぽの建物だけが残されている。

　＊1）これはシルバーブームという語の音訳である。

図5-7　銀ラッシュ時の盛況

図5-8　人気のない大通り

14　第五単元　社会生活の変遷

これと似たような話はまだたくさんある。人は自らの手で文明を創り出してきたが、さまざまな理由で多くの文明はつぎつぎと消失していった。

古くて新しい北京
　私たちの首都北京(ペキン)は古い都市である。都市が形作られてからすでに3千年以上経ち、統一王朝の首都としても700年以上の歴史を持っている。北京はまた新しい都市でもある。生気と活力に満ち、これまでにない速さで急速に発展を続けている。

図5−9　現在の北京城の一部

　2001年の夏休み、アメリカの中学生が中国に旅行にやってきた。北京城を遊覧していると、ちょうど世界三大テノール*2)歌手が故宮(こきゅう)の午門(ごもん)でコンサートを行っているところに行き当たった。

＊2）三大テノールは、ルチアーノ・パヴァロッティ、プラシド・ドミンゴ、ホセ・カレーラスの3人のテノール歌手をいう。

読書カード

北京小史
　2、3千年前、今日の北京地区は薊国(けい)と燕国(えん)であった。700年以上前に元朝(げんちょう)が現在の北京城区を都と定め、大都(だいと)と称した。後の明清(みんしん)王朝はいずれも現在の北京城区を都城とした。1949年以後、北京は新中国の政治と文化の中心となった。

図5−10　三大テノールの午門コンサート

第一課　地域の物語　15

ガイドは生徒たちに、午門は紫禁城の正門で、かつて皇帝がしばしば重要な活動を行った場所であることを説明した。紫禁城は皇帝の執務と居住の場で、貴族や大臣しか入ることはできず、一般の民衆は決して近づくことはできなかった。現在ではこの場所はすでに国内外の旅行者が必ず訪れる名所となっている。

　その後、アメリカの中学生たちは北京のそのほかの場所にも遊びに行った。彼らは北京の道路が広く、高いビルがぎっしり並んでいるのを目にした。ガイドは、かつては至る所に胡同〔路地〕と四合院〔旧式の民家〕があり、その一部は今でも昔ながらの風格を残していることを説明した。

　彼らは「灯市口大通り」と書かれた道路名標識のある交差点にやってきた。ガイドは、毎年農暦〔旧暦〕の正月十五日は中国の伝統的な祝日——元宵節で、この日の夜にはどの家もみな明かりを灯してお祝いをすること、明代にはここは北京でも最大規模の灯会〔灯籠祭り〕が行われる場所で、人びととはお酒を飲みながら灯籠を眺め、通りではあらゆるものが売りに出され、買い物客が押し合いへし合いしていたこと、などを説明した。

　小さな旅行者たちにもっとよく北京を理解してもらうために、ガイドは100年以上前の北京城の構造を示した地図を見せた。アメリカの中学生たちはその地図と現在の北京の旅行地図とが大きく違っていることに気づいた。

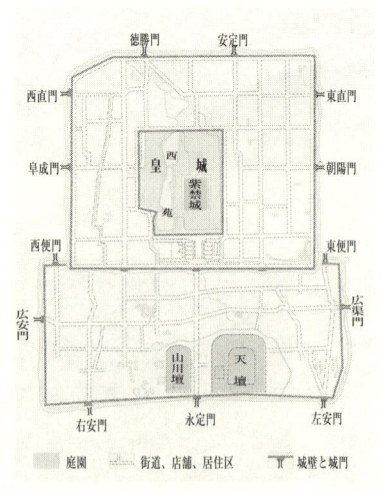

図5-11　清末の北京城

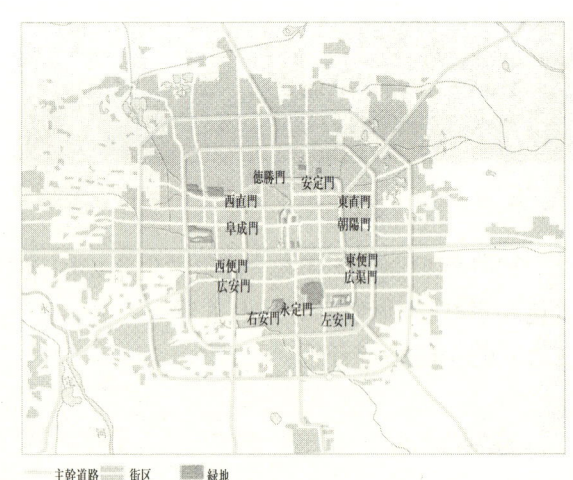

図5-12　2001年の北京城

○この2枚の地図に表されている北京城はどこが同じでどこが違うか述べてみましょう。

　帰国するとき、アメリカの中学生たちは感慨深げに言った。「数千年前の古代史、100年あまり前の近代史、眼前の現代史、生き生きと動く当代史、それらがみなこの都市に集まっています」＊3)。

　＊3) 中国では、1840年のアヘン戦争までを「古代」、アヘン戦争から1919年の五四運動までを「近代」、五四運動から1949年の中華人民共和国成立までを「現代」、それ以降を「当代」とする。

16　第五単元　社会生活の変遷

○あなたは北京はどのような都市だと思いますか？　どんなところにそれは反映されていますか？

地域の物語は私たちに、地域は絶えず変化していること、そして私たちはある地域の中で生活しているだけではなく、変化する歴史の大河の中に生きていることを教えている。

変化を判断する尺度——時間と紀年

歴史は過去に起こった出来事である。ある出来事の起こった時間が分からなければ、正確にその意味を理解することはできない。過去の出来事が起こった時間を理解し、表現するためには、私たちはいくつかの専門的な用語を覚え、使えるようにならなければならない。

紀元前、紀元後

現在世界中のたくさんの国家が西暦紀年を採用している。これはキリスト教で言い伝えられているイエスが誕生した年を紀元元年、すなわち紀元1年とするものである。紀元元年を境に、前にさかのぼる時は紀元前何年となる。例えば紀元元年の前の年は紀元前1年である。数字が大きくなればなるほど、時間は前にさかのぼることになる。例えば、孔子が生まれたのは紀元前551年、亡くなったのは紀元前479年である。逆に紀元元年から後に数える時は紀元何年、つまり紀元後何年、となる。例えば、紀元1929年にわが国の考古学者が北京人〔北京原人〕の頭蓋骨の化石を発見した。この場合「紀元」は省略されるのが普通で、1929年と言えばよい。

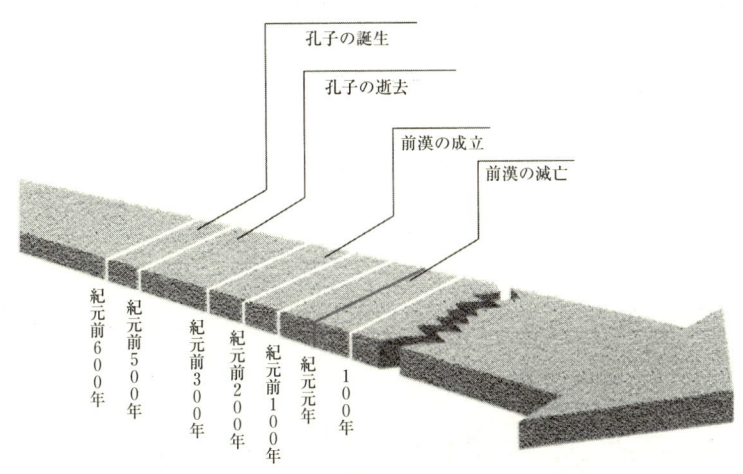

図5-13　年代グラフ

世紀、年代、時代

私たちは百年を単位として時間を計算するときがある。この時は百年を一世紀と言う。世紀の計算方法は年代の計算方法と同じで、やはり紀元元年を境に、紀元1年から100年を紀元1世紀、紀元前100年から紀元前1年までを紀元前1世紀とする。私たちはまた10年を単位にすることもある。この時は10年が一つの「年代」となる。

私たちは普通比較的長い時間のことを時代と呼ぶ。時代の区分はさまざまあるが、例えば「青銅器時代」「春秋戦国時代」「工業時代」「近代」などのように、ある方面での重要な特徴が区分の基準となっている。

○中華人民共和国は1949年に成立した。これは何世紀の何年代か考えてみましょう。

時間の長さの計算

　私たちは年代の尺度を借りて、簡単な足し算と引き算で時間の長さを計算することができる。例えば孔子は紀元前551年に生まれ、紀元前479年に亡くなった。彼が何年間生きたのか計算するとすれば、その方法は551－479＝72年となる。だが、もし紀元前と紀元後にまたがっている場合は計算方法は異なってくる。例えば紀元前202年に劉邦が前漢〔西漢〕王朝を建て、紀元9年に滅亡した。前漢は何年間存在したのだろうか？　この場合、計算方法は202＋9－1＝210年となる。なぜなら紀元前1年と紀元元年の間には0年がないからである。

中国の王朝の紀年

　私たちはその他の紀年方法も見ることができる。中国では前漢の武帝以前は歴代の帝王はみな自分の在位した時間で年代を計算していた。漢の武帝の時になって初めて年号紀年が創られ、紀元前140年の年号を「建元」にすると定められた。つまりこの年が「建元元年」となった。これ以降中国の古代文献では皇帝の年号紀年法を採用するようになった。年号にはしばしば吉祥や天下泰平の意味が込められ、新しい皇帝が即位すると年号も新しいものに改められなければならなかった。明朝以前は一人の皇帝がいくつもの年号を使うことができたが、明清時期になると一人の皇帝は普通一つの年号しか使わなかった。私たちがよく知っている「康熙」「乾隆」などがそうである。もし歴史文献を調べたり、歴史博物館を見学したり、歴史古跡を訪れる場合には、しばしばこのような紀年方法を見ることができる。

○年代グラフを作り、あなたが生まれてから今までに起こった重要な出来事を書き入れなさい。

自分でやってみよう

1. 上海、筑波、パリ、深圳、北京などの都市を比較し、これらの地域の変化の特徴を挙げなさい。また、別なタイプの例を挙げることができますか？
2. あなたのふるさとでここ数十年間の間に起こった変化について話し合いなさい。あるいは、自分が住んでいる地区の地名を一つか二つ挙げ、その中にどのような歴史がこめられているのか言いなさい。

第五単元　社会生活の変遷

第二課　身の回りの物語

　私たちが生活している場所に絶えず変化が起きているというだけでなく、私たちの身の回りのすべてのものごと、家庭や衣食住、交通手段から文字や書籍に至るまで、みなゆるやかな発展と変化の過程を経てきている。周りを見渡して、由来のないものを探し出すことはできるだろうか？　それらの今と昔を比べてみるだけで、私たちは難なく感じることができる。身の回りの物語は、すなわち生活の歴史なのだ、と。

家庭の中へ

　家は私たちが毎日生活する場であって、私たちの誕生、成長とともにある。だが過去の家庭についてはあなたはあまりよく分からないであろうし、家庭に起こった変化についても知らないかもしれない。

図5-14　20世紀初期のある家庭

○現在の家庭と写真にある大家族を比べてみると、どんな違いがありますか？

　以前と比べると、今日の家庭にはとても大きな変化が起こっている。家庭を構成する人びとに違いがあるだけではなく、家庭生活のさまざまな分野——衣食住や交通手段もみな大きく変化している。歴史上の異なる時期の人びとの衣食住や交通手段を学べば、人びとの日常生活の発展の道筋を理解することができる。

これは2千年以上前の戦国時代の服装である。

これは千年以上前の唐代の女性の服装である。

図5－15　楚国の木製の人形

図5－16　唐代の女官

これは100年以上前の満族の女性の写真である。

図5－17　旗袍〔チーパオ〕を着た女性

　服装の変化は社会変革を映し出す鏡である。今から2千年以上前の戦国時代の趙国の国王は、北方民族が体にぴったりした袖の細い服を着て騎馬で戦い、とても敏捷なのを見て、彼らのやり方を取り入れるよう命令し、ゆったりした袖の幅広い服を着て車に乗って出征する習慣を棄てたので、その後趙国の軍隊の戦闘力は大いに向上した。唐代になると、国力が強まり、文化交流が盛んになって社会の雰囲気も自由で開放的になった。人びとの服装も多種多様になり、女性の服装も後の時代のように保守的ではなかった。馬掛〔男性用の短い上着〕と旗袍は満州族の伝統的な民族衣装である。清朝が全国を統一した後、統治者はこの服装を漢族の服装に取って代わらせようとしたので、大規模な衝突を引き起こしたこともあった。しかし時間の流れにともなって、これらは徐々に人びとに受け入れられるようになり、全国各地で流行し始め、今では中華民族の代表的な服装の一つとなった。
　服装以外にも、私たちの住居や生活用品、交通手段などはどれも長い発展と変化の過程を経てきた。身の回りの一つ一つのものはみな、生き生きとした物語を私たちに聞かせてくれるだろう。

20　第五単元　社会生活の変遷

図5-18　漢代の陶器の人形

図5-19　『洛神賦図』

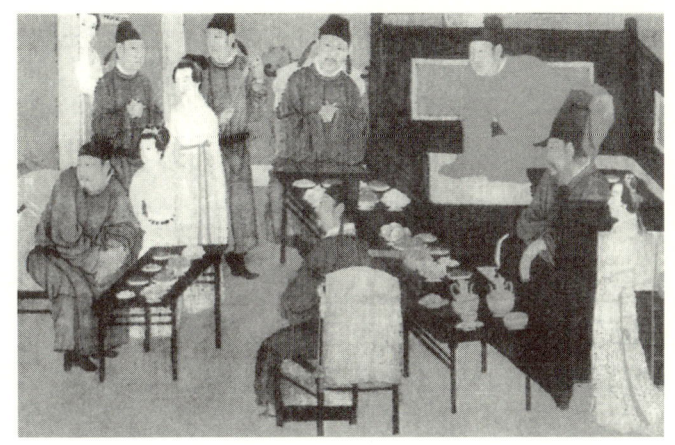
図5-20　『韓熙載夜宴図』

○上の3つの図は人びとの生活のどの部分の変化を反映しているか分かりますか？

　私たちは家庭の変化から社会の影をとらえ、さらに、歴史の変遷が私たちの日常生活に深い影響を与えていることを知ることができる。

文字や書籍とつきあう
　学生生活の中で私たちは毎日文字や書籍と出会っている。それらもまた数千年の発展の過程を経てやっと今日のようなものになった。
　人類は長い文字のない時代を経験した。この時代の人びとはしばしばいろいろな物を使ったり絵を描いたりして、情報を伝えたり記憶する助けにしたりした。例えば縄に結び目をつけたり、木や石や陶器に記号を彫りつけたり、あるいは実際の物を使ったりして意思を伝達した。

第二課　身の回りの物語　21

読書カード

変わった「贈り物」

　紀元前6世紀、ペルシア帝国が敵と戦っていたとき、敵の使者がある「贈り物」を持って来たという。それは1羽の鳥、1匹のネズミ、1匹の蛙、そして5本の矢だった。実は、これは贈り物などではなく、手紙だった。しかも非常に厳しい口調の「最後通牒」だったのである。意味はこうである。「ペルシア人よ、お前たちは鳥のようにさっさと飛び去るか、ネズミのように地面の中に逃げ込むか、蛙のように水の中に飛び込むかするがいい。さもなければたくさんの矢を一斉に放ってやる。容赦はしないぞ！」

　今から6千年前、文字が現れた。中国で今までに発見された最も早期の成熟した文字は、今から3千年以上前の甲骨文である。より多くの人が書くのに便利なように、文字は絶えず変化してきた。

中国の漢字の例

甲骨文	金文	小篆	隷書	楷書	簡体字

○もし文字がなかったら、生活の中でどのような問題に行き当たるか、考えてみましょう。

　文字ができ、人びとは文字を何らかのものの上に書き、本を作ることができるようになった。現在の書籍は普通、紙に印刷されている。科学技術が発展した今日では、紙を使わない電子書籍まで現れた。だが過去の書物はこのようなものではなかった。

読書カード

「学富五車」
がくふごしゃ

　わが国には「学富五車」ということわざがある。これは読書量が非常に多く、特に学識がある人のことを言い表したものである。それではなぜ人びとは「五車〔5台の車〕」で読んだ書物が多いということを表そうとしたのだろうか。紙が発明される以前は、古代人は筆で竹片や木片に字を書き、書き終わったらそれを紐で綴じて「冊」にし、これ巻いて「本」としていた。竹簡や木簡はとても重かったので、本が多くなると車で持ち運びしなければならなかった。これが「学富五車」の由来である。

22　第五単元　社会生活の変遷

竹簡や木簡を綴じて「冊」にしたものが中国で最古の本であったが、人びとは竹簡や木簡はあまりに重いと感じたので、絹織物の上に文字を書く帛書を発明した。帛書は軽くて運びやすかったが、書いた文字を修正するのが難しく、しかも絹織物はとても高価だったので、民衆は用いることができなかった。漢王朝の時代になって植物繊維の紙が発明され、やっと状況が変化した。

　世界のその他の場所でも、例えば古代エジプトのパピルスの巻物やシュメール人の粘土板文書、中東やヨーロッパなどの羊皮紙や牛皮紙の本などさまざまな古い書籍があった。

　文字と書籍だけが長い歴史を持っているのではなく、私たちの学生生活の必需品の多くもまたそれぞれの過去を持っている。

図5-21　図書の発展

○自分の学生生活の中でよく知っている物を選び、その歴史を説明しましょう。写真や絵、あるいは文章によって表現しなさい。
過去　＿＿＿＿＿＿＿＿＿＿＿＿＿＿＿＿＿＿＿＿＿＿＿＿＿＿＿＿＿＿＿＿＿
現在　＿＿＿＿＿＿＿＿＿＿＿＿＿＿＿＿＿＿＿＿＿＿＿＿＿＿＿＿＿＿＿＿＿

　こうしてみると、身の回りのあらゆる物にはみな由来がある。過去は私たちから遙か遠くにあるものではなく、また、私たちとまったく無関係なものでもない。丁寧に観察しさえすれば、身の回りのものごとの中にそれらの由来を発見し、歴史のおもしろさを感じることができる。

自分でやってみよう

1. 資料を探して年代グラフを作り、本文の中に出てきた異なる字体の漢字を時間の順序に沿ってグラフの中に書き入れなさい。
2. あなたがよく知っている身の回りのものを取りあげ、その「歴史」を話してみましょう。

第二課　身の回りの物語　｜　23

第三課　社会の変遷の軌跡

あらゆるものごとには歴史がある。人類もまた例外ではない。それでは私たちはどこから来たのだろうか？　そしてどこへ行くのだろうか？　私たちは自分の生活の由来に今まで以上に興味を持った。どこに住んでいようとも、私たちはみな共通の家があり、共通の物語を持っている。それはつまり人類の歴史である。これから一緒に祖国と世界各地を遊歴し、心ゆくまでその文物や古跡を眺め、人類が共通して歩んできた道のりを探訪してみよう。

太古からの歩み

1978年のある夕方、東アフリカのオルドヴァイ峡谷で、2人の考古学者が何もやることがないのでお互いに象の乾いた糞を投げ合っていた。その中の1人が頭をかがめてよけた瞬間、突然火山灰が凝縮してできた岸壁に何か点々とつながる跡が残っているのを見つけた。よくよく調べてみた結果、ついに360万年前の原始人類が残した足跡であることが分かったのである。

太古の遺体や遺物は地下に埋もれると石のようなものに変わる。これを化石と言う。もし数百万年前に起こったことを知りたいと思うなら、化石の助けを借りればよい。たくさんの考古学者が世界の各地で太古の人類の化石を発見し続けている。普通それらは発見された場所の名前を取って命名される。こうして、異なる場所で発見された異なる年代の古人類の化石を並べてみると、人類が絶え間なく進化してきたゆっくりとした長い過程を見て取ることができる。

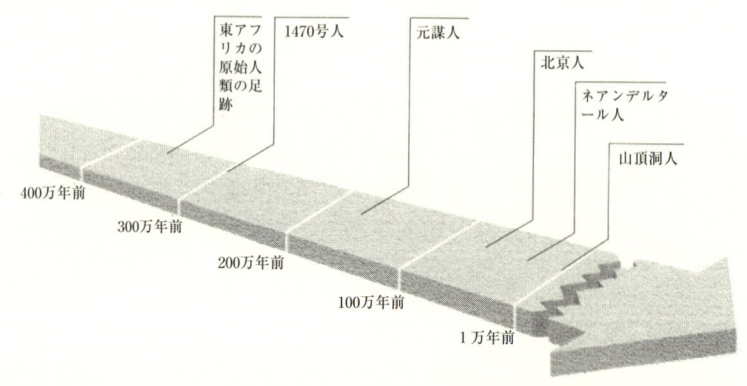

図5－22　古人類の進化

およそ1万年前から7千年前にかけて、西アジアの河谷地帯やヨーロッパ、北アフリカのナイル川流域、インダス川流域や北アメリカなどで、人びとはそれぞれに山羊や犬、ラクダ、豚などを飼い馴らし、麦やトウモロコシなどを植えるようになり、農業と村落が現れた。これらの地方の多くは後に人類文明のゆりかごとなった。

1万年前から8千年前にはわが国の黄河と長江流域にも農業文明がはぐくまれた。この地の文化もすでにそれまでにないほど高度に発展していた。

以下の豊富な文物は今から8千年から4千年前までの中国各地の住民の文化水準と精神世界を明示するもので、中国がすでに文明時代の前夜に到達していたことを示している。

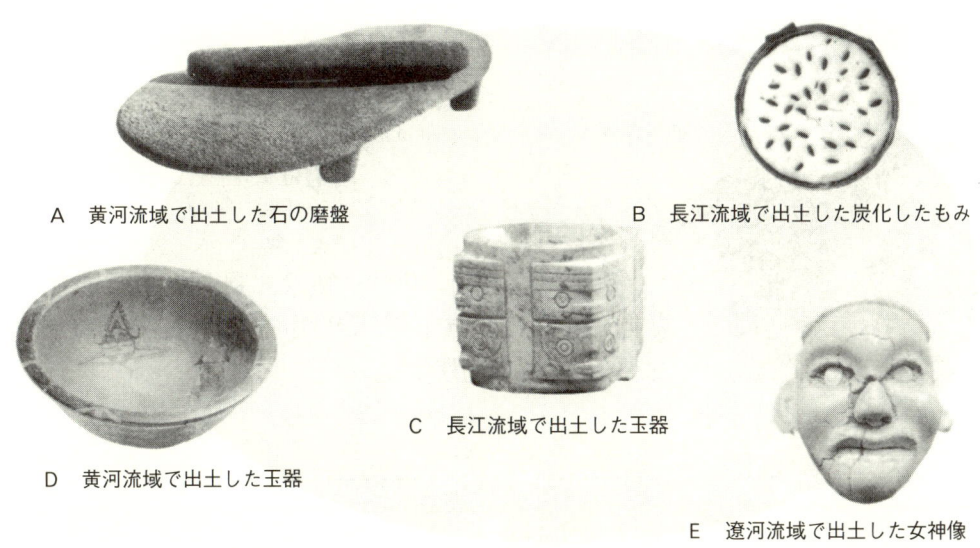

A　黄河流域で出土した石の磨盤
B　長江流域で出土した炭化したもみ
C　長江流域で出土した玉器
D　黄河流域で出土した玉器
E　遼河流域で出土した女神像

図5－23　豊富な出土品

文明時代に足を踏み入れる

　今から6千年から4千年前ごろ、世界のいくつかの地域がまず文明時代に入った。

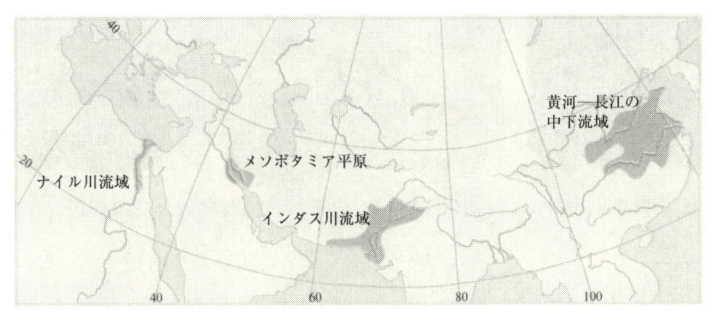

図5－24　早期の文明の中心の分布

　「目を閉じると、ある香りがした。非常に神聖な香りだった。私は時間の香りをかいだ……私は世紀の香りをかいだ……私は歴史の香りをかいだ」。これは古代エジプトのファラオ（国王）クフのピラミッドの足もとにある地下の洞窟を探し出したある考古学者の感想である。すでに6千年以上も前に、古代エジプト人はピラミッドのような壮大な建設工事を始めたのである。

図5－25　エジプトのピラミッド

第三課　社会の変遷の軌跡　25

図5−26 古バビロニア王国の
ハンムラビ法典石柱

西アジアのユーフラテス川とティグリス川の間には、メソポタミア平原という肥沃な土地があった。紀元前3000年頃、ここに人びとは国家を建てた。紀元前18世紀には、ここに古バビロニア王国が成立した。

インダス川の流域で、考古学者たちは紀元前2500年頃のハラッパー文化を発見した。考古学者は、「われわれのツルハシが砕けた瓦の山を掘り削ると、堂々とした巨大な城壁がそこに姿を現した」と述べている。

紀元前2000年から紀元前1200年頃、ギリシアのクレタとミュケナイがつぎつぎと文明時代に入った。考古学者たちはそこで壮大な宮殿と文字を発見した。

図5−27 ハラッパー文化のモエンジョ・ダロ遺跡

図5−28 クレタ文明の時期の王宮の復元図

図5−29 4千年前の龍山文化の時代の陶片に見られる文字のような記号

今から4千年前、中国にも多くの都市が生まれた。今日の河南省偃師にある都市遺跡からは、宮殿の土台や工房だけでなく、一般の家や墳墓なども発見された。

ほとんどすべての最初期の文明の発祥地では、考古学者によって文字や都市、宮殿、神殿と金属器が発見されている。これらはみな人類社会が文明時代に入ったことを示すものである。

26 | 第五単元 社会生活の変遷

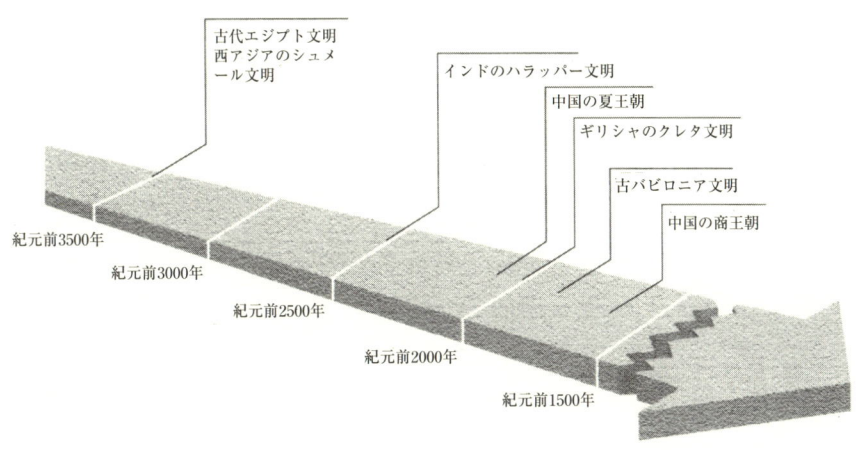

図5-30　早期の文明

衰えることのない中華文明

　人類が文明時代に入ると、世界各地に広がる古代の文化遺産はますます豊かで多彩なものになっていった。例えばアテネのアクロポリスやパルテノン神殿は紀元前8世紀から紀元前4世紀頃の古代ギリシア文明の最盛期を反映している。また、イタリアのローマにある有名な万神殿〔パンテオン〕や円形競技場〔コロッセオ〕は紀元前6世紀から5世紀までの古代ローマ文明の証である。メキシコのジャングルにあるピラミッドは4世紀から10世紀にかけて繁栄したマヤ文明を世の人に知らしめている。しかし、これらの文明はみな衰退するか中断してしまった。

図5-31　アテネのアクロポリス

図5-32　古代ローマの円形競技場

図5-33　マヤの神殿

第三課　社会の変遷の軌跡

これらの地区の古代文明に対し、中華文明は数千年もの間連綿と続き、途絶えたことがなかった。祖国の大地に残された極めて豊富な文物や遺物、大量の古い書物は、この世界で唯一無二の長い歴史絵巻を私たちの前に広げて見せてくれる。

　この青銅器は何のために使うものか知っているだろうか？　これは西周の貴族が祭祀や宴会などで用いた道具である。この後の春秋戦国時代には多くの著名な思想家が現れた。この時期は中国の古代史上最も思想に活気があった時代である。

図5－34　西周の太保の方鼎　　　　　　　　　　　　　　　　　　図5－35　孔子像

　なんと威風堂々たる兵馬俑だろうか！　この巨大な地下の軍隊は統一を果たした秦帝国の風格を後世の人びとにはっきりと示している。そしてシルクロード上にある遺跡は、秦に続いて興り、遠く西方にまで影響を及ぼした漢王朝へと人びとの思いを向けさせる。そしてふとあの「秦時の名月、漢時の関」という古詩＊4）を思い出させるのである。

図5－36　秦の兵馬俑　　　　　　　　　　　　　　　　　　　　　図5－37　玉門関遺跡

＊4）唐の王昌齢の作「出塞（または従軍行）」の冒頭

　中国の甘粛省にある古い都市——敦煌。そこには十六国、北朝から隋唐宋元に到る時期の精巧で美しい石窟壁画がある。北魏の時代に掘り始められた山西省雲崗の石窟もまた有名である。それらは両漢、魏、晋時代を経て南北朝の時代に仏教が隆盛し、さまざまな文化が解け合っていた様子を私たちに教えてくれるだろう。

図5－38　敦煌の壁画　　　　　　　　　　　　　　　　　　　　　図5－39　雲崗の石窟

第五単元　社会生活の変遷

中国に来る外国人旅行客はよく西安まで行く。西安は隋・唐時代は長安と呼ばれていた。バグダッドやイスタンブールと並び称される世界の三大名都市の一つである。当時の中国文化は最盛期を迎え、世界各地の人びとが遠路はるばるその名を慕って訪れた。

図5-40　西安の大雁塔　　　　　　　　　　　　　図5-41　駱駝載楽俑

『清明上河図』と現存する多くの文物は、北宋時代の都市の繁栄ぶりが当時世界でもトップレベルだったことを今に伝えている。当時、北方では少数民族の政権である遼、夏、金などがつぎつぎと興り、ついにモンゴル人の建てた元王朝が全国を統一した。

図5-42　『清明上河図』（部分）　　　　　　　　図5-43　『元世祖出猟図』（部分）

明と清の両王朝は北京を首都とした。北京の建築物の中でも紫禁城（現在の故宮）の中にあった皇宮が最も有名である。19世紀に入るまで、明清時期の中国経済は繁栄し、政治も安定していて、統一された国家はさらにゆるぎないものとなった。しかし近代西方文明は悠久の中国文明に対しても衝撃を与え始めた。

図5-44　北京の故宮　　　　　　　　　　　　　　図5-45　『康熙南巡図』（部分）

○年代グラフを作り、上に出てきた写真が示す歴史時期を順番に並べましょう。

第三課　社会の変遷の軌跡

地球全体が大きく変わった時代

読書カード

希望を託された「喜望峰（きぼうほう）」

　15世紀末、ヨーロッパ人は大西洋からアフリカ大陸の南端を回って東方に行き、貿易を行う新航路を見つけ出そうとしていた。1488年、ポルトガル人バルトロメウ・ディアスが率いる船隊がアフリカ大陸の南端の岬にたどり着いた。この場所は波が山のように高く荒れていたので向きを変えて北に引き返した。彼は国王に報告し、この「嵐の岬」を回りきれば東方に行くことができると言った。国王は聞き終わると、そこから東方に到達できるすばらしい希望があると考え、航海図の上でこれを「喜望峰」という名前に変えた。

図5−46　遠征に出ようとするコロンブス

　古代世界のそれぞれの文明の間には陸路や海路を通じた往来がわずかにあったものの、大多数の地域はほとんどの時間お互いに孤立して発展し、隔絶していた。1492年になってコロンブスというイタリア人がアメリカ大陸まで航海し、ついに変化が起こり始めた。数年後、ポルトガル人のバスコ・ダ・ガマが率いる船隊が海路でインドに到達し、東方に通じる新航路を見つけ出した。その後、マゼランの船隊が人類史上初めての地球一周を遂げた。これらの活動が、世界の各大陸、各大洋が分割され、孤立していた状態を変え、世界各地のつながりを日に日に密接なものにしていったのである。

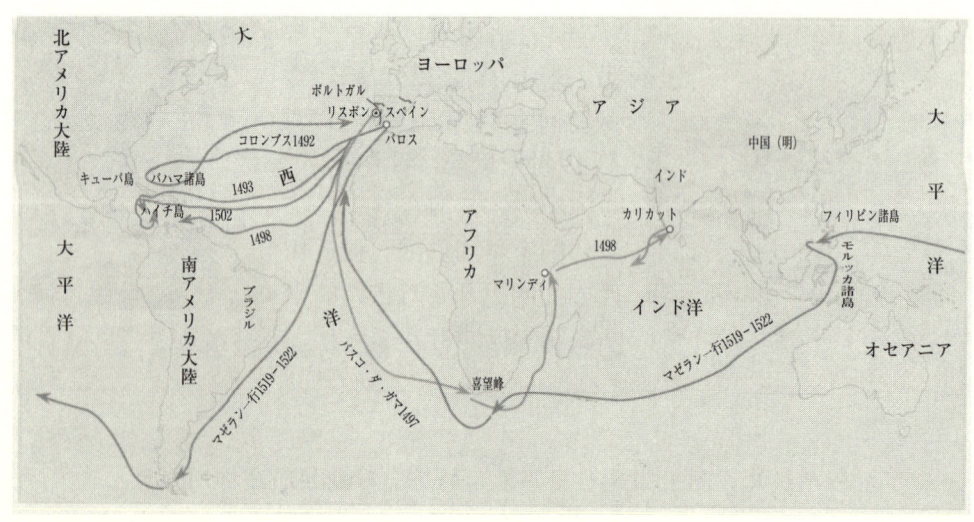

図5−47　新航路の開拓を示す図

これ以後、世界には巨大な変化が起こった。近代科学がヨーロッパに興り、西方国家は先を争って資本主義社会となった。さらに工業革命を経て、西方国家は急速に強大になっていった。

17〜18世紀にかけて、イギリス、アメリカ、フランスなどで革命が起こり、資本主義時代に入った。革命は資本主義の急速な発展のために前途を掃き清めたのである。

図5－48　フランス大革命で、バスティーユ牢獄を攻め落とす民衆

18〜19世紀にかけて、西方国家は工業革命を経験し、蒸気を動力とする技術の進歩が生産力の大きな飛躍をもたらした。

図5－49　蒸気を動力とする紡績機械

　しかし、工業文明が飛躍的に発展する過程で、中国を含む大多数のアジア、アフリカ、ラテンアメリカの国家は後れを取り、資本主義国家の侵略と略奪をこうむった。北京の西郊外にある円明園遺跡は中華文明の悲壮な歴史の証である。

円明園は康熙年間に建設が始まり、その後何度も拡張された。清代に作られた最も雄大で壮麗な皇帝の園林である。1860年、英仏連合軍が北京を占領し、欲しいままに園内の珍宝を略奪し、ついにはこの世に聞こえた「園の中の園」を燃やしてしまった。

図5－50　円明園遺跡

第三課　社会の変遷の軌跡　｜　31

19世紀末、帝国主義国家の間で中国を分割しようとする潮流が荒れ狂った。当時のある愛国者は『時局図』という絵を描いた。絵の中の熊はロシアを、虎はイギリスを、蛙はフランスを、蛇はドイツを、太陽は日本を、そして鷹はアメリカを表している。

19世紀以降、資本主義国家の間の争奪戦は非常に激烈で、20世紀前半だけで2度の世界大戦が勃発した。この人類史上空前の痛ましい災難は、世界の人民に今なお癒えない傷を残した。

図5-51 『時局図』

図5-52 ドイツのファシストが作った強制収容所

図5-53 中国の民間人を虐殺する侵略者・日本軍

第二次世界大戦の勃発後、ドイツのファシストは占領国に強制収容所を作り、ファシズムに反対する戦士や大量のユダヤ人を収容した。幾千幾万もの人びとがそこで無惨な死を遂げた。

1937年12月13日、日本の侵略軍は南京を占領した。以後6週間の間に日本の侵略者は人類の文明史上まれに見る大虐殺を行った。かつての六朝の古都は満身創痍となり、殺害された中国の民間人は30万人を超えた。

32 | 第五単元　社会生活の変遷

中華民族の偉大な復興のために

　1917年、ロシアで十月革命が起こり、世界で最初の社会主義国家が成立した。十月革命の影響のもと、中国共産党が1921年に成立し、中国革命の面目は一新された。民族の独立と人民の解放を勝ち取るために、中華民族は100年あまりの想像を絶する困難な闘争を経験した。北京の天安門広場の人民英雄記念碑の碑文とレリーフ画はこの過程を記録したものである。

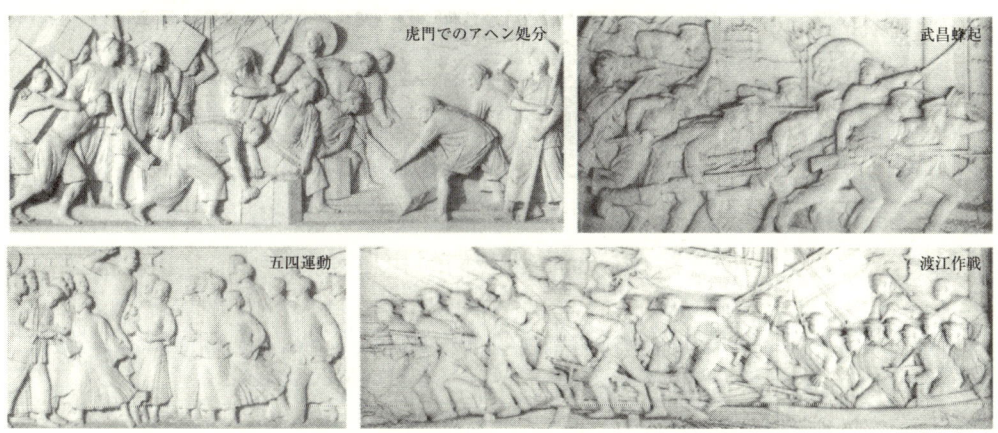

図5−54　人民英雄記念碑のレリーフ画（部分）

〇これらのレリーフ画に基づいて、それぞれが表している歴史時期を答えられますか？

　1949年10月1日、毛沢東は天安門の楼上で厳かに中華人民共和国の成立を宣言し、以後、鮮やかな五星紅旗が神州の大地に高々とはためくことになった。

図5−55　開国式典

　1978年に改革開放が実施され、中国は現代化の過程で世界が目を見張るような業績をあげ、全国の各民族の人民が共に豊かになる道を歩み出した。

第三課　社会の変遷の軌跡 ｜ 33

図5－56　改革開放の新時代

今日、人類が21世紀へと邁進するに当たり、私たちの共和国も数十年の困難な道のりを歩んできた。世界に目を向ければ、新しい科学技術革命が猛烈な勢いで進み、国際競争は日に日に激しさを増している。中国の発展は好機に恵まれていると同時に、厳しい挑戦の時を迎えている。未来を展望すれば、中華民族の偉大な復興は、私たちの世代の手の中で実現するのだ。

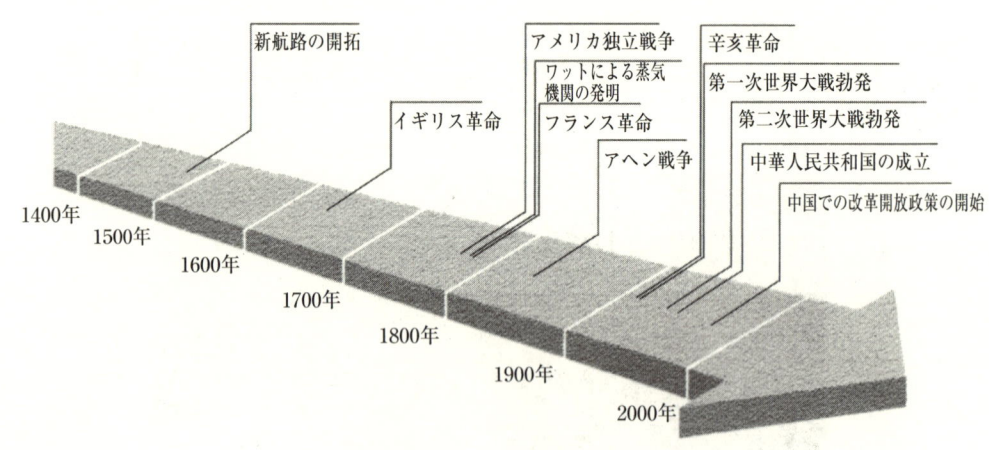

図5－57　近、現代世界の歩み

 自分でやってみよう

1. 本文には3つの年代グラフが出てきた。自分で年代グラフを作り、これまで本文の年代グラフに記された中国の歴史に関する部分をもう一度連続した年代グラフに書き換えましょう。
2. また、外国の歴史に関する部分をもう一度連続した年代グラフに書き換えましょう。

第四課　過去はどのように記録されてきたのか

　歴史とは過去に起こった出来事である。もちろん過ぎ去った出来事を再現することはできない。しかし、私たちがすでに知っているように、人びとは残されたものや考古学的に発掘されたものなどのさまざまな資料を通して歴史を再現する努力をすることはできる。これらの資料は私たちが歴史を発見し、過去を理解するときの重要な根拠である。それでは、私たちはどのような資料を用いることができるのだろうか？

文献資料

　文字と書籍が現れると、人びとは自分の活動を記録できるようになり、自分の思想を伝えることができるようになった。これらの記録が後世にまで残されると、それが人びとに当時の状況を理解させる重要な資料となる。

読書カード

鴻門の宴

　秦朝が滅亡した後、劉邦と項羽がそれぞれ率いる二つの主要な反秦勢力はまさに天下を奪い合おうとしていた。項羽のもとにいたある策士は沛公劉邦が知力に傑出し遠大な計略を持っていることを知り、項羽に鴻門で宴を設けて劉邦を招待し、席上で劉邦を刺殺するよう勧めた。宴会の最中に項羽の部下の項荘は剣舞にかこつけて劉邦に近づいたが、他の人にじゃまされてしまった。項羽は迷って決めかね、劉邦を殺せという合図を送らなかった。劉邦は用を足すというのを口実に窮地を逃れた。歴史家の司馬遷はこの事件を『史記』に記したので、こうして重要な歴史上の事件の記録が残され、また「項荘剣を舞うも、意は沛公に有り」ということわざが生まれた。

　中国では代々の王朝ごとに公式に編纂された歴史書があり、民間で編纂、執筆された歴史書もあった。したがって歴史書は人びとが歴史を理解する時の最も重要な文献となった。もちろん、最も古い文献資料は歴史書ではない。商の時代には「史」と呼ばれる官吏が、どんな事件をいつ占い、どんな結果が出たかを亀の甲羅や動物の骨に刻んで保存した。これは中国でもかなり古い文字の記録である。

図5-58　『史記』の写真

　考古学者は戦国時代、秦代、漢代、三国時代の大量の竹簡や木簡をつぎつぎと発見してきた。これらの竹簡や木簡に書かれた文字は、人びとが歴史を深く知り、全面的に理解するためにより多くの文献資料を提供してくれた。

図5-59 商王朝後期の歴史を研究する上で貴重な資料である甲骨文

図5-60 居延で出土した漢代の竹簡

このほか、文献資料には公文書や日記、新聞雑誌、写真や絵などの文字や録音、録画資料などが含まれる。

読書カード

愚直な史官

2千年あまり前、崔杼(さいじょ)という大臣が自分の君主を殺した。史官は事実に基づき、簡札に何月に崔杼が君主を殺したと書き留めた。崔杼は激怒し、彼を殺した。彼の後に続いた2人の史官も同じように記録したので、2人とも殺された。4人目の史官もやはり同じように書くので、崔杼は尋ねた。「お前は命が惜しくないのか？」。史官は答えた。「歴史に忠実であることが私たちの本分です。私は命を惜しんで本分を失うことはできません」。崔杼はため息をつき、もう彼を殺さなかった。この史官が退出してくると、5人目の史官が竹簡と筆を持ってやってくるのに会った。そして言った。「あなたも命を落とすのかと思って、あなたの後を引き継ごうとやって来たのですよ！」。

かつては史官とごくわずかの文人や学者だけが歴史を記述したが、現在は一般の人も歴史を書くことに参加できる。ある人は自伝、つまりは個人の歴史を書き、またある人は自分の家庭や家族に興味を持って、家庭史や家族史を書く。もし私たちが身の回りの生活の由来を知りたいと思えば、調べ、研究して、校史やコミュニティー史、村落史、はたまた古い家具一つの歴史でさえも書くことができる。

現物資料

1954年、エジプトの考古学者カマール・マラーハが、クフ王のピラミッドの足もとの地下の洞窟で長さ44メートルの「太陽の船〔クフ王の船〕」を発見した。彼は驚嘆した。ピラミッドにせよ、「太陽の船」にせよ、これらはみな古代エジプト文明の歴史的な証拠である。このような過去の人びとが残した実際の物のことを、ふつう、遺物と呼ぶ。

文字と書籍は私たちが歴史を理解することを助けてくれるが、文字がない太古の時代については遺物に依拠して遠い過去を理解するしかない。

右の図は北京の周口店で出土した真っ黒な動物の骨である。これを軽く見てはならない。この火で焼かれた骨とその場に厚く積もった灰とは、北京人がすでに火を使うことができたことを説明している。火の使用は人類の進化史上、節目となる出来事なのである。

図5－61 周口店で発見された動物の骨

遺物は私たちが文字の誕生以前の歴史を知る助けとなるばかりでなく、私たちが古代の文字を解読し、歴史を再現する助けともなる。

遺物は人類を理解し、歴史を知る上で非常に重要であるが、太古の遺物を発見するには考古学者の助けが必要である。彼らは長い年月をかけて歴史遺跡で地面を発掘するだけでなく、時には水中の考古学調査も行い、古代の沈没船や水面下に沈んだ遺跡を探し出さなければならない。

読書カード

古代エジプトの神秘のヴェールを引き上げた碑文の解読

古代エジプトの象形文字は4世紀に突如消失し、もはや誰もそれを読み解くことはできなくなった。18世紀末になってあるフランス人がエジプトのロゼッタという場所で黒い石碑を発見した。石碑にはギリシア文字、エジプトの象形文字とエジプトの民衆文字の3種類の文字で同じ内容の碑文が刻まれていた。ギリシア文字の部分は読み取ることができたので、フランスの言語学者シャンポリオンはこれらの3種類の文字を比較し、古代エジプト文字を解読した。同時にますます多くの象形文字が刻まれた古代エジプトの文物や遺跡が発見され、人びとは徐々に古代エジプトの歴史を理解するようになった。

図5－62 屋外で発掘を行う考古学者

第四課　過去はどのように記録されてきたのか　37

もちろん、遺物というのはすべてが古いものというわけではない。1946年に誕生した世界初の電子計算機は今日のコンピューターと比べれば、遺物と呼んでもよいものである。

あなたの身の回りにはたくさんの物がある。それらをよく観察したり、うまく発見することができさえすれば、過去の痕跡を見つけ出すことができるし、歴史に対して深い興味を持つことができる。

図5-63　最初の電子計算機

口述資料

文献と遺物はどちらも歴史の証拠であるが、言い伝えも重要な歴史資料であるということに思い至る人は少ないかもしれない。例えば中国には、文字を持たず、遺物や遺跡もあまり豊富でない少数民族がいる。彼らの過去を理解しようとすれば、必ず現地の人びとの口述資料を借用しなければならない。実は口述資料も私たちが歴史を理解するための重要な根拠なのである。

例えば、河北、河南、山東、江蘇、安徽などの多くの地方には「わが祖先はどこから来たかと問うなら、それは山西洪洞の大槐樹だ」という言い習わしがある。伝説では山西省の洪洞県に大きな槐の木があり、役人が人びとをだましてそこに行かせ、その後また強制的に別の場所に移住させたとされる。そこで、たくさんの地方の人びとが、自分は大きな槐の木があるあの土地の人びとの子孫だと言っているのである。

図5-64　大槐樹公園

この言い伝えはどの程度歴史の真実を反映しているのだろうか？　歴史学者の研究によると、明代初めの戦乱の時期に、人の少ない地方がたくさんあったので、政府は確かに山西省などで強制的に比較的大規模な移民をさせていた。したがって、これらの伝説には虚構の部分もあるものの、確かに当時の社会状況のある面を反映している。人びとが故郷を無理矢理離れさせられた苦しみや、彼らの想像の中のふるさとへの思いなどが表現されているのである。

伝説中の人物や事件、風俗などは、大部分が人びとが長い時間の中で言い伝えて来た中で生まれたものである。それらは歴史と等しいものではないが、民衆がどのように歴史を見ていたのかを教えてくれる。しかもそれらは歴史文献を補充するものであり、それらによって人びとはさらに総合的に歴史を理解することができる。

○下の図と説明を見て、関連する本を調べ、これらがどんな物語を反映しているのか、説明しなさい。

図5－65　端午節のドラゴンボートレース　　　　図5－66　織り姫と彦星

　伝説以外にも口述資料はある。現在でも人びとはしばしば自分が直接体験したことがらを述べ、それを記録している、これらの記録はほとんどが真実であり、歴史文献の不足を補うことができる。

読書カード

口述の歴史

　アメリカである口述史の調査が行われた。テーマは「あなたは戦争の時、何をしていましたか?」というもので、第2次世界大戦を経験した一般の人や兵士ばかりにインタビューし、彼らの感想を記録して、大戦が一人ひとりの生活に与えた影響を知ろうとしたものである。こうして、異なる階層の、異なる皮膚の色の人びととの経験が一緒になって、大戦の時期の歴史が形作られた。

○自分が成長する過程で、どのような伝説や口述史を聞いたことがあったか、よく思い出してみなさい。クラスメートと話し合ってもよいし、年配の方々に助けてもらってもよい。

第四課　過去はどのように記録されてきたのか

一次資料と二次資料

　実際には、歴史を研究するのは簡単なことではない。過去のことがらはもう二度と戻ってこない以上、私たちは歴史をもう一度経験しなおすことはできない。そのため、歴史を理解するためには、必ず文献資料や現物資料、口述資料などの歴史資料に依拠しなければならない。

　長城は中華民族の象徴だと言われる。長城を研究したいと思っているある生徒が北京の近くの八達嶺長城を見学した。長城は巨大な龍のように燕山山脈の上をうねっていた。この生徒は城壁の煉瓦や射眼、敵楼やのろし台などをよくよく観察し、思わず感嘆した。この古代の偉大な建築は確かに私たち民族の誇りだ、と。

　この生徒は「孟姜女、長城に哭く」という民間の伝説についても聞いたことがあった。孟姜女の夫は統治者に捕まえられて長城の修築に駆り出され、酷使されて死んだ。孟姜女は千里はるばる北上して来て夫を捜したが、夫が死んでしまったという知らせが届いた。彼女は悲憤のあまり長城で泣き崩れた。後世の人が彼女を記念して長城のそばに美女廟を立てた、というものである。

図5-67　明代の長城

　この生徒は思わず疑問を持った。長城の修築とはいったい何だったのだろうか？　歴史の真相はどのようなものなのだろうか？　歴史文献には何と書いてあるのだろうか？　彼は歴史書を調べ、孟姜女が長城で泣くという伝説は虚構だったものの、過去の統治者は何度も長城を修築しており、それが確かに人民に大きな苦痛を与えていたことを発見した。しかし長城が建設されると、それが防御の作用を果たしたことも確かだった。さらに抗日戦争の時期、長城は中華民族が外来の侵略に抵抗する象徴ともなった。このように、異なる資料に記録された言説を比較することによって、はじめてより全面的で真実な結論に達することができるのである。

　文字や、現物、口述の資料の中で、当事者が自らの経験に基づいて書いた資料や、同時代の、あるいは近い時代の人が記録した資料は、比較的直接的な証拠である。後世の人がそれについて述べたものは比較的間接的な証拠である。前者のことを一次資料、または原始資料と呼ぶ。オリジナルの文書や公文書、手紙、日記、回想録、写真、遺物や

図5-68　長城での抗戦

遺跡、その他の現物などがそうである。しかし、一次資料を探すのが難しかったり、まったく探すことができず、後世の人の記述、すなわち二次的な資料を採用するしかない時もある。後世の人が書いた歴史著作物などを二次資料と呼ぶ。

　まさにこれらの資料に依拠したり、利用したりすることで、私たちの生活の物語は絶え間なく発見され、記録され、伝えられてきたのである。

　人類の物語は数百万年、文明時代の物語は数千年、工業文明の物語は数百年、わが共和国の物語は数十年を経た。それでは、私たち自身の物語はどうだろうか？　たった十数年である。しかし私たちの生活の物語はまさに中国と世界の歴史の一部であり、私たちは歴史の大河の中に生きているのである。

自分でやってみよう

1. 本文に出てきた長城の例では、どれが一次資料でどれが二次資料ですか？
2. 現物と文献と口述資料ではそれぞれどのような異なった意義があるのでしょうか？　なぜ私たちは異なる種類の資料を使わなければならないのでしょうか？

総合研究五　身の回りの歴史を探そう

いろいろな方面から資料を集める

　何かの事物の歴史を探究するには、まず文献資料、言い伝え、現物資料など、可能な限りの資料を集めることである。ここでは以下の資料を通して、一緒に情報伝達の発展の歴史を探究してみよう。

資料一

　◇司馬遷の『史記』の記載によると、周の幽王はわが国の西周の最後の国王だった。彼は寵愛する妃を喜ばせ、笑わせるために、都の付近ののろし台で一斉にのろしを上げさせ、大きな太鼓を打ちたたいて都の急を知らせ、各地の諸侯をだまして急いで救援に来させた。しかしこれは無駄に彼らを驚かせるためだった。諸侯が兵馬を駆ってやってきた見返りは展望台で幽王と妃が笑い転げている姿だけだった。これが「烽火で諸侯に戯れる」という故事である。諸侯はだまされて一杯食わされたことを知ったので、後に幽王が本当に北方民族の侵攻に遭って、もう一度のろしを上げて助けを呼んだときには誰も助けに来なかった。

資料二

　◇わが国の古代の文献によると、紀元前500年ごろ、わが国にはすでに主に公文書の伝達の任を負っていた郵駅制度があった。徒歩で伝達するものを郵と呼び、騎馬で伝達するものを駅と呼んだ。多くはリレー方式で文書を伝達し、政府が定めたルートに沿って、伝達の任務にある人が郵や駅ごとにリレーして文書を運んだ。このようにして迅速で安全かつ正確に情報を伝えたのである。このような「郵を置いて命を伝える」体制はわが国では2千年あまり昔から存在していた。

資料三

　◇郵便制度や通信制度が遅れていた古代に、民衆は迅速に、順調に情報を伝えることを熱望していたので、自由に空を飛んだり泳ぎ回ったりできる動物が理想の通信手段となった。今も民間にはたくさんの伝説や故事が残っている。例えばある伝説では若い恋人同士が南北を往来する大雁によって手紙のやり取りをし、互いの思いを伝えあったという。これが「鴻雁が書を届ける」という故事である。この他にも「青い鳥が書を届ける」「鯉が書を届ける」などの似たような伝説がある。

資料四

◇19世紀の半ば以降、世界の一部の国家では徐々に民間の通信業務を国有に統一し、切手を発行して送り主が郵便代を払った証拠とするようになった。1840年5月、イギリスで世界で最初の切手が発行された。図案はイギリスのヴィクトリア女王の横向きの肖像画で、額面は1ペンスだったので、「ペニーブラック」とも称された切手である。中国では清の光緒四年六月（1878年7月）に最初の切手が発行された。図案は5本指の龍でこの切手は「大龍切手」と呼ばれた。これらはそれぞれ世界と中国の近代郵政事業の起源を示すものである。

図5－69　ペニーブラック切手　　　図5－70　大龍切手

これらの資料を文献資料、口述資料、現物資料に分類しなさい。
文献資料：_____
口述資料：_____
実物資料：_____

資料は私たちに何を教えているでしょうか？

私たちは集めた資料を分類、整理し、これらの資料がどんな情報をもたらしてくれているか分析しなければならない。

資料一からは、音や光によって情報を伝えることができることが分かる。これは内外の歴史の中で広く用いられてきた方法である。私たちはいろいろな文献の中から古代の人が情報を伝達するために用いたその他の方法も探し出すことができる。

その他の方法：_____
_____
_____

資料二は、情報の伝達が「制度化」されることが非常に重要であると教えてくれている。私たちは郵便事業に携わる機関や人に聞き取りをして、今日の郵便システムには厳密で効果的な運用制度がどれだけ必要か理解することができる。

分析して考える：郵便の「制度化」は情報の伝達にどのような影響があったのだろうか？

　資料三に挙げられた伝説や故事もまた、私たちが郵便制度の発展の歴史を理解するための重要な助けとなる。暮らしの中にあるこのような伝説をもっとたくさん集め、その信用度を分析してみよう。

　資料四は切手の誕生が郵便制度の新時代の到来を告げていることを教えている。私たちはさらに、異なる時代の切手やはがき、時代の特徴に富んだ郵便用品（ポスト、郵便馬車、郵便袋、封筒）などの現物や写真を集め、現代の郵便制度の発展過程を感じ取ることができる。

自分で歴史を書く

　各方面の資料と調査結果をまとめて、適当な形式で探求の成果を発表しなさい。写真や図による展示を行ってもよいし、短い文章を書いてもよいでしょう。

　これらの活動を通して、私たちは郵便制度の発展過程についての初歩的な探求をなしとげました。あなたはこのような方法を用い、実際の状況に基づいて、地名や日用家具、交通手段、住居建築など、暮らしの中にある事物を一つ選び、その由来を説明することもできます。

私の身の回りの歴史

第五単元　社会生活の変遷

歴史と社会

私たちが伝えてきた文明

八年級　上冊

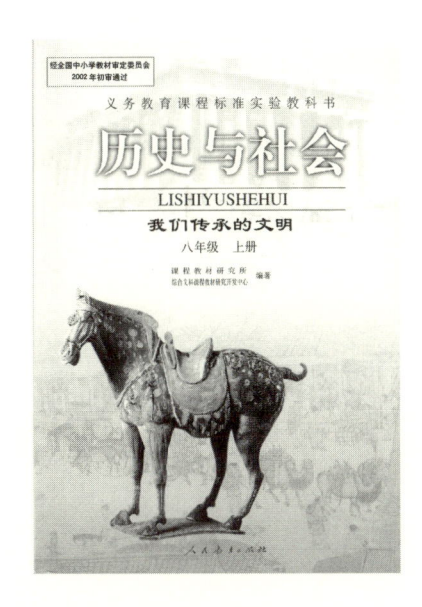

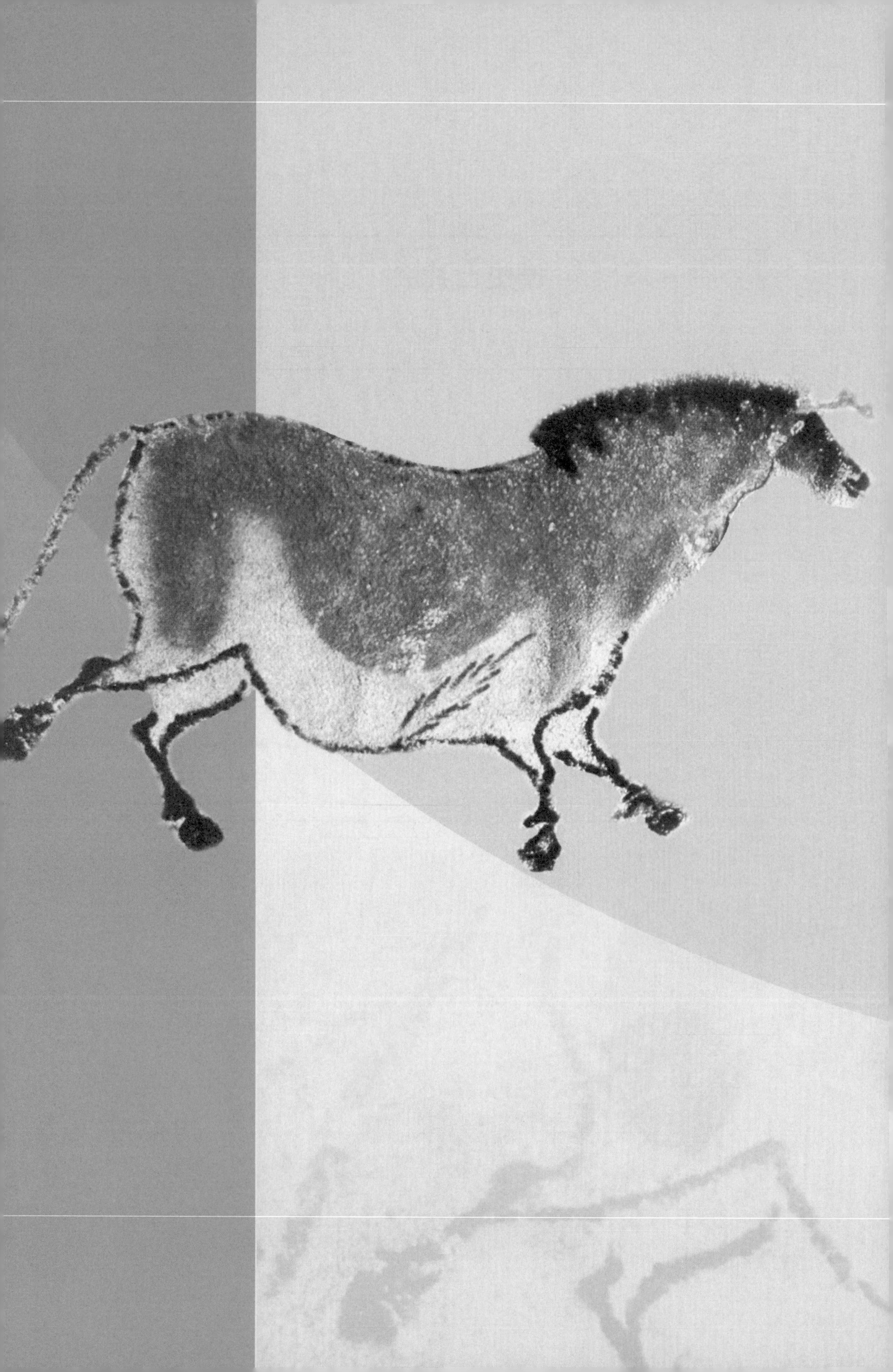

第一単元
先史時代

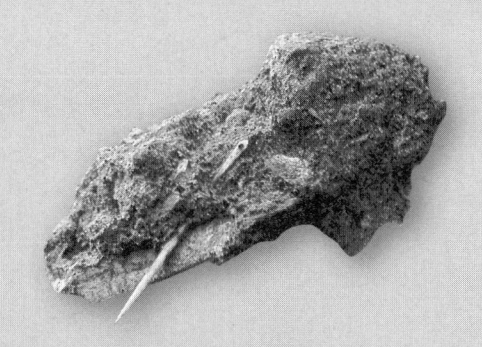

　人と猿が決別し、人類は自身の発展の道程へ踏み出した。
　有史以前の人類の歴史は、一般に先史時代と呼ばれる。はてしなく長い先史時代、人びとは主に石製や木製の道具により、狩猟・漁労・採集の生活を送っていた。そして人工的に火を熾すことに成功し、農耕、牧畜が発明され、定住生活が実現したことは、人類にとって先史時代の大きな進歩であった。
　活き活きとした壁画、素朴な首飾り、神秘的な宗教用の器、古めかしい神話や伝説は、いずれも後世の人に先人の精神世界を示してくれる。それらは太古の人類の自然界に対する崇拝と畏怖や、美しい生活への前進と追求を表現しており、人類が当時会得していた文化や芸術の成果を反映してもいる。

第一課　人と猿の決別

　人類はどうやって生まれたのか？　これは古くて新しい問題である。はじめ人びとは自身の存在を神の創造に帰結させたが、科学技術が進歩するにつれ、科学者たちの長期にわたるたゆまぬ研究により、人類起源の謎が徐々にあばかれていった。

立ち上がった祖先

読書カード

人類起源の神話と生物進化論
　世界各地には多種多様な神話や伝説があり、人類の起源を叙述してきた。西洋には神が人を造ったという伝説がある。神は世界で最初の男性アダムを、アダムの肋骨から最初の女性イヴを創造し、こうして人類が現れた。わが国には女媧（じょか）が土を丸めて人を造ったという伝説がある。女媧という名の神は、水を泥土に混ぜてたくさんの男女を造り出した。19世紀中葉になり、イギリスの科学者ダーウィンの研究により、高等生物は下等生物から長い時間をかけて進化・発展してきたことが発見され、神の人類創造説に対し勇敢に戦いを挑むことになった。

図１－１　木に登る類人猿（るいじんえん）の想像図

　１千万年あまり前、アフリカ大陸東部には南北に伸びる大地溝帯*1)が形成され、地溝東部の陸地が上昇し、降水が減少し、密生していた原生林がまばらになり始めた。地溝東部の類人猿は、地上へ降りて生活せざるをえず、徐々に直立歩行を習得し、人類の進化への道を歩み出した。

＊1）アフリカ東部大地溝帯は、現在のエチオピアからモザンビークにかけて約4,000kmに及ぶ地球の割れ目であり、その内タンザニアのオルドヴァイ峡谷からは最古の猿人であるアウストラロピテクスやホモ＝ハビリスの化石が見つかった。

図1－2　類人猿から人類への形態変化

◇古人類学者は直立歩行を人類進化の重要な要素かつ人類誕生の重要な指標とみなす。例えば、直立歩行の結果、手足が分業する。また、直立した後は、視野が広がり、大脳の発育を助けるからだ。
○直立姿勢は人類の体質の形成にさらにどのような影響を与えたと思いますか？
　猿から人への転変過程は、多くの要素の影響を受けたものだった。中でも、労働は非常に重要な作用を及ぼした。直立歩行、手の形成、言語の誕生、脳の形成は、すべて労働と切り離せなかった＊2）。

＊2）原文「労働」を極力そのまま訳出した。本頁の構成と内容は、エンゲルス「猿が人間化するにあたっての労働の役割」『自然の弁証法』（大内兵衛・細川嘉六監訳『マルクス・エンゲルス全集』第20巻、大月書店、1968年、483-489頁）と基本的に同じである。

◇労働の中で、手がだんだん器用に変化し、ついに石で打製石器を作り出せるようになったが、これは猿の「手」が人の手に変化したことを示している。

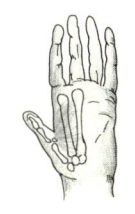

図1－3　猿の「手」（左）と人の手（右）の比較表

◇共同作業の中で、簡単な呼びかけでは相互交流の需要を満たすことができなくなり、発音器官が進化しつづけるにつれ、言語が誕生した。
◇長期の労働の中で、大脳が獲得する情報が日増しに増え、特に言語の運用は、脳の形成を促進した。
○猿の「手」と人の手の親指を観察し、最も重要な違いは何か比較しましょう。
○労働が人類の誕生について、このような重要な作用を果たしたとすれば、労働は今日どんな意義を持っていると考えますか？

第一課　人と猿の決別　｜　49

道具を製造するのは、人類特有の作業能力である。原人*3)は礫石を打って粗末な道具を作り、堅い果実を割ったり、獣の肉を切ったり、植物の根を掘り出したりした。打製石器の製造と使用を人類誕生の指標とするならば、人類はすでに2、300万年の歴史を持つことになる。打製石器を使用した時代は、旧石器時代と呼ばれる。

図1-4　先史人類の打製石器

アジアとヨーロッパで、考古学者が多くの原始人の化石を発見しており、それらはすべて発見地によって名づけられた。これらの化石は人類の進化過程を示すだけでなく、原人が生活した地域をも表している。

中国の雲南省元謀県で、わが国の科学者は原人の歯や粗末な石器、大量の炭カスや小さな焼骨の塊を発見した。ここでの一群の原人を、私たちは元謀人と呼んでいる。彼らは今から約170万年前に生息し、現在のところわが国領域内で最古の人類である。

*3)原文は「遠古人類」。ゴリラなどを類人猿、アウストラロピテクスなどを猿人、北京人などを原人、ネアンデルタール人などを旧人、クロマニョン人などを新人という区分がある。本文では特に区別せず、原始人一般を指しているが、原人に関する記載が多いため、「原人」と訳出した。以下同じ。

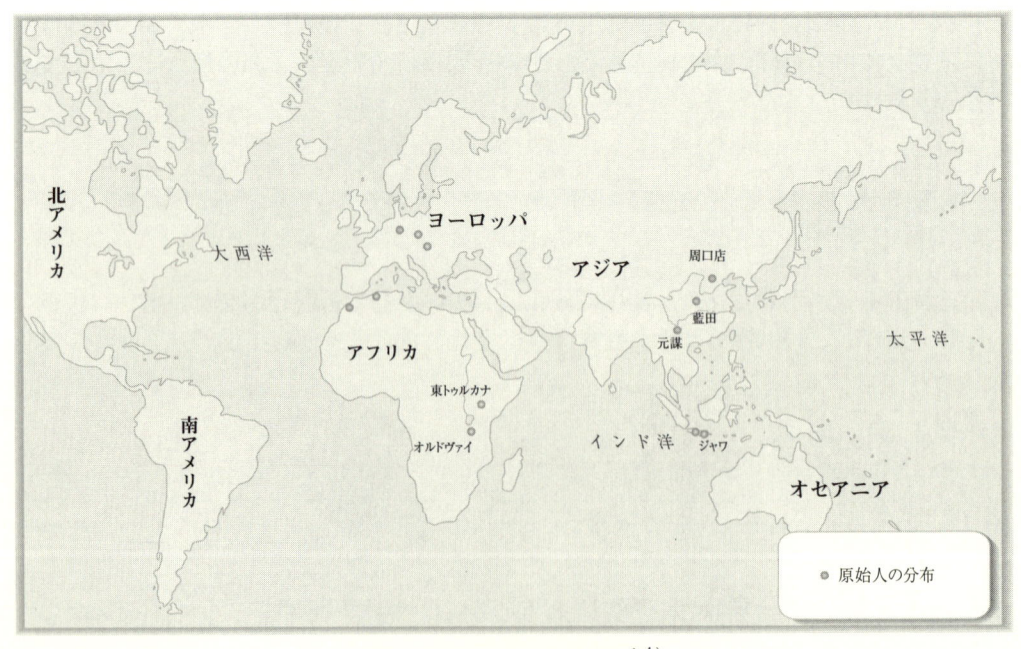

図1-5　原始人の分布略図*4)

*4)ネアンデルタールやグリマルディ、ラスコー洞穴など先史時代のヨーロッパ遺跡群は省略されている。

50　第一単元　先史時代

「北京人」の足跡

　今から約70万年から20万年前、中国の北京周口店一帯には密生した森林、草原、湖が広がり、気候は比較的温暖であった。そこには原人たちが生活しており、龍骨山の洞穴に住んでいた。私たちはそれを北京人〔北京原人〕と呼ぶ。北京人は猿の身体的特徴をまだ残していたが、彼らの手はわりあい器用で、道具を製造したり使用したりでき、下半身も比較的強く、現代人と同じように走ることができた。

　北京人は主に植物の果実や根を採集し、動物を狩ることによって食物を得ていた。彼らは石を打ち付けて粗末な石器を作り、木の枝を切り取って棒とし、これらの原始的な道具を用いて、大自然との苦しい闘争を行った。

図1-6　北京人の頭部復元像

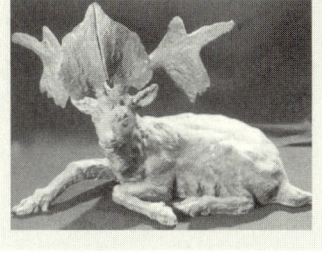

図1-7　北京人が生活していたころの動物の一部

図1-8　北京人がトナカイを囲み捕らえるようすの想像図

読書カード

北京人は火を使用した

　北京人が生活する洞穴には、やや大きな堆積灰があり、最も厚いもので6メートルに達した。堆積灰には焼いた獣骨、木の実、石や木炭の塊などがあった。これは、北京人が火を調節し管理する技術を把握していたことを物語っている。火を持つことにより、人類は食物を焼き、明かりを灯し、暖を取り、野獣を追い払うことができた。火の使用は、人類の体質の発展と脳の進化を促進し、自然環境へ適応する能力を大いに向上させた。

図1-9　北京人が火で焼いた獣骨

第一課　人と猿の決別　51

○比較してみましょう、山頂洞人の容貌は北京人とどんな違いがありますか？

図1-10　山頂洞人の頭部復元像

北京人が生活した時代は、環境が劣悪で、個人の力量だけでは生存することができなかった。当時の人びとは、共同で働き、共同でその成果を分かち合うしかなく、集住生活を送った。

今から約3万年前、北京人が活動していた地域では、ある原人の集団も生活していた。彼らの頭蓋骨の化石は、龍骨山山頂部の洞穴で発見されたので、山頂洞人（さんちょうどうじん）と呼ばれる。彼らの容貌の特徴は現代人と基本的に同じであった。

山頂洞人が使用した石器は依然として打製であったが、磨いたり穴を開けたりする処理が施された小さな器物もあった。彼らは狩や採集のほか、魚を捕らえて食べてもいた。重要なのは、彼らが人工的に火を熾せたことである。

> 原人が、人工的に火を熾す場合、それは摩擦による発火であった。エンゲルスは、「摩擦による発火は、初めて人に自然を支配する力をもたらし、その結果、人を動物界から別れさせた。」と言っている[*5)]。
> ○話してみましょう、原人はどんな方法で摩擦による発火を可能にしたのでしょうか？
> ○人工的に火を熾すことは自然の火を利用することと比べて、どんな長所があるのでしょうか？

＊5）エンゲルス「猿が人間化するにあたっての労働の役割」（前掲書、488頁）の要約か。それによれば、道具の使用により、肉食が可能となり、それが脳を発達させたというくだりの後に、「肉食から、決定的な意義をもつ二つの新しい進歩が生まれた。火を使用できるようにしたことと、動物を飼い馴らしたことである。……この両者は直接、人間にとっての新しい解放手段になった」とある。

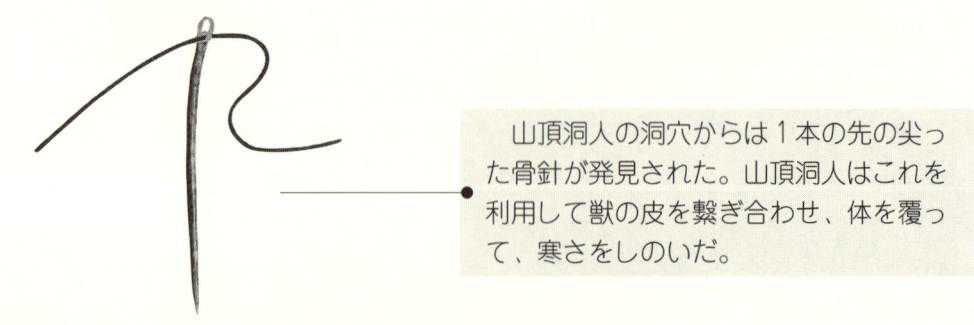

> 山頂洞人の洞穴からは1本の先の尖った骨針が発見された。山頂洞人はこれを利用して獣の皮を繋ぎ合わせ、体を覆って、寒さをしのいだ。

図1-11　山頂洞人が使用した骨針

山頂洞人の生活共同体は、血縁関係により結合した氏族（しぞく）であった。一つの氏族は共通の祖先を持ち、普通は数十人構成であった。彼らは共同で居住し、共に働き、共に食物を分かち合い、貧富貴賤の区別はなかった。

元謀人、北京人、山頂洞人以外にも、祖国の領域内には原人が活動した遺跡が数多く分布している。わが国は、世界で最も多く原人の遺跡が発見された国である。

自分でやってみよう

1. 猿から人への進化の過程では、多くの要素が合わさって作用を発揮した。以下の選択肢から、あなたが最も重要だと思う2つを選びなさい。（　　）（　　）
   A　自然条件の作用
   B　労働の作用
   C　直立歩行
   D　飲食習慣の変化
   E　類人猿特有の体質
2. 人類と類人猿にはどのような重要な違いがありますか？　少なくとも3つ述べてください。
3. 以下にある人類進化の歴史の中で発生した重大事件を、時間の順に並べなさい。（　　　）
   A　打製石器
   B　直立歩行
   C　火種の保存
   D　調理ずみの食べもの
   E　人工的に火を熾す

第二課　原始的農業と先人のふるさと

　生産道具の変化に基づき、考古学者は先史社会を旧石器時代と新石器時代に分ける。旧石器時代には、人びとは狩猟、採集によって生きたが、新石器時代の人びとは主に人工的に栽培した食料や飼育した家畜に頼って生き、定住村落が出現した。このような生活様式の変化はどうやって生まれたのだろうか？

石鎌と陶器

　およそ1万年前、気候が温暖湿潤へと変化し始めた。環境の変化と人口の増加によって、狩や採集に頼るだけでは、人類の食物への需要を満たすことが難しくなった。そこで、自然条件が適した地域では、人びとは長期的な試行や模索を経て、いくつかの野生植物を栽培し、捕獲した野生動物を飼育して、食料を補充した。こうして原始的な農業と牧畜業が徐々に生まれていった。

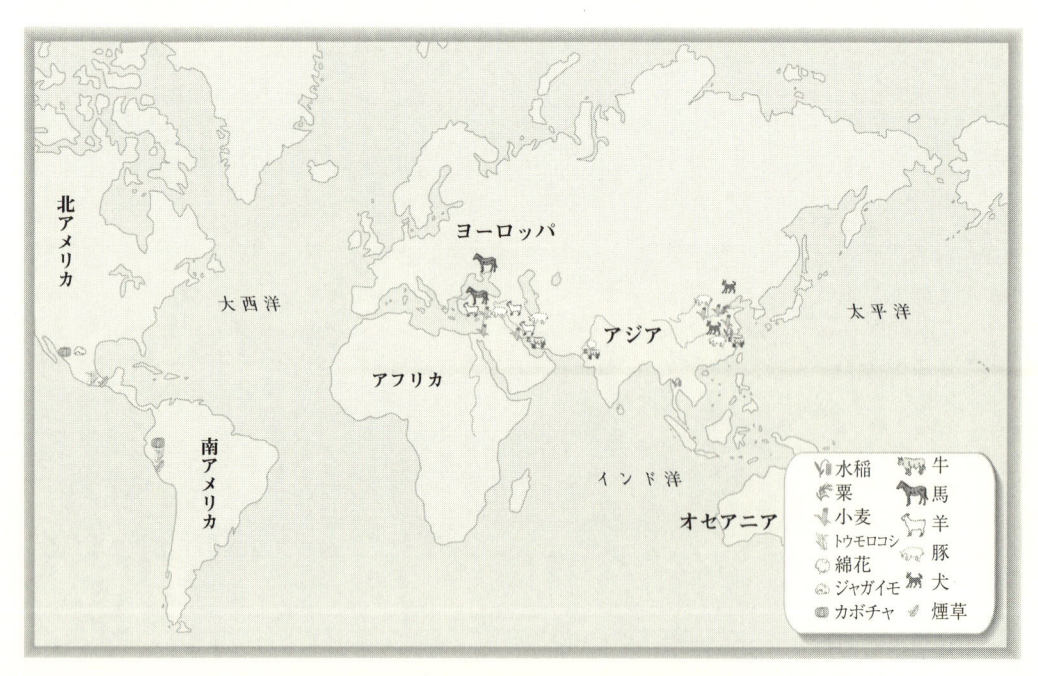

図1-12　世界の主要な農作物と飼育動物の発生地

　原始的農業・牧畜業の誕生と発展は、人類が食物の採集者から生産者へと変わったことを示しており、食物生産の革命であった。
○この変化が生み出した影響について説明することができますか？

　農耕・牧畜の出現にともない、生産道具にも顕著な前進があった。人びとは石器を打製にした後、さらに磨きをかけようとした。磨製石器を主要な生産道具とした時代は、

新石器時代とよばれる。この時期の住民は石斧、石鏟〔石製スコップ〕で耕地を開墾し、石鎌、石包丁で農作物を刈り入れ、磨かれた石皿〔原文は石盤。石製の盆、皿、臼を指す〕や石杵で穀物を加工した。

> **読書カード**
>
> ### 磨製石器
> 　磨製という方法によって石器を製造するには、まず石を必要な形状に打って作り、その後それを砥石の上に置き、水を加えて砂を混ぜながら磨く。このようにして製造された石器は平たく滑らかで、刃は鋭利である。繰り返し研磨した刃は、何回も使うことができる。磨製石器は労働生産率を大いに向上させた。

　新石器時代の人びとは陶器も発明した。陶器は食物を煮たり貯蔵したりするのに使えたため、すみやか普及し、人類が長期にわたって使用する器となった。

古代の村落

　世界最古の農業村落は現在の西アジア地域に現れた。ヨルダン渓谷で、考古学者は9千年前の農業村落を発見したが、そこには土レンガを積み上げて造られた家が百を数え、その住民は外から輸入した石斧、石鎌や弓矢を使用していた。自分を守るため、彼らはさらに村の周囲に厚くてしっかりした石壁も建築した。

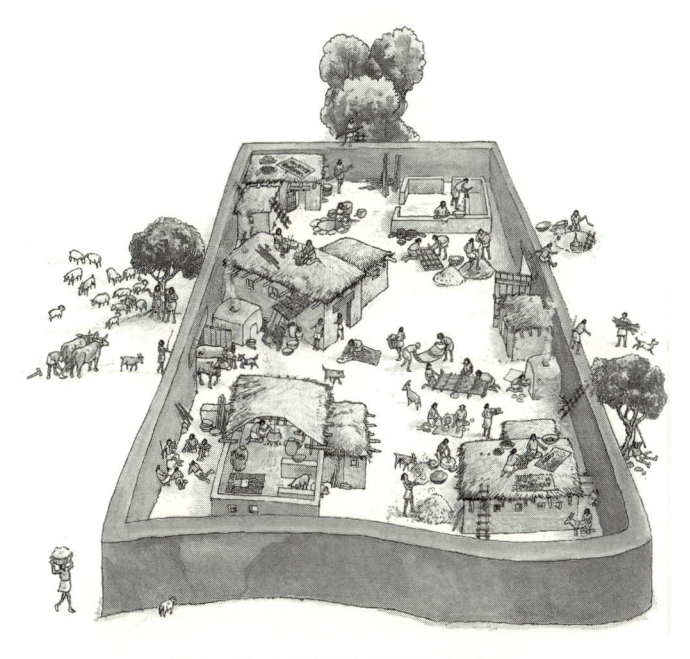

図1－13　古代西アジア村落の想像図

第二課　原始的農業と先人のふるさと

農業村落の出現は、人類が定住を実現したことを意味している。それは人類の文明の起源や伝承に、重要な意義を持つ。では、あなたの観点では、
○農業の誕生、家畜の飼育、陶器の発明は、定住の実現とどんな関係にありますか？
○あちこち漂泊するのに比べて、定住にはどんな長所がありますか？

わが国の浙江省余姚の河姆渡では、今から約7千年前に農業と牧畜業が出現した。河姆渡の原住民はすでに磨製石器を使用しており、鋤を用いて土地を耕し、水稲を栽培した。

図1-14　河姆渡の民家の様式

河姆渡人は、まず地面に杭を埋め込み、杭の頂点に梁を設け、厚めの板を敷いた。そして柱を立て、梁を通し、葦などで屋根を葺いた。このような家は高床式住居と呼ばれる。家屋が地面より高いことで、より良い通気性、防湿性を備え、さらに猛獣や虫、蛇の害を防ぐこともできる。

図1-15　もみの残骸

これら7千年前の水稲の遺物は、出土したばかりの時には黄金色をしており、外形も完全だったが、出土後、あっという間に黒褐色に変わってしまった。

黒陶は河姆渡陶器の大きな特色である。河姆渡人は窯入れする前に、植物の茎や葉を焼いて炭化させた後、粘土にもみ込んで、陶器本体が乾燥して割れるのを防いだ。

図1-16　黒陶鉢

わが国の陝西省西安の半坡村では、今から５、６千年前の村落の遺跡が発見された。半坡の原住民は大半が竪穴式住居に住んでおり、屋内にはかまどがあって、煮炊きや暖を取るのに用いた。家を建てる際、彼らはまず地面に円形または四角形のくぼみを掘り、くぼみの中に柱を埋め立て、それから木の枝などを材料にして、くぼみの壁に沿って塀を建てた。中には、さらに内外に草や土を塗って頑丈さを補強するものもあった。最後に柱と塀の上に屋根をとりつけた。

図１－17　半坡の民家の様式

　半坡の原住民は一般に磨製石器を使用した。彼らの主食は粟であった。半坡の原住民は豚、犬などの動物を飼育し、また骨製のやじり、やす、釣り針を作って魚を捕獲した。

図１－18　半坡で出土した石斧

図１－19　半坡で出土した糸車

図１－20　人面魚模様の彩陶盆

　半坡の原住民は、鮮やかで美しい彩陶を製造することができた。魚、蛙、鹿、羊、あるいは人面を描き、窯の中で焼いて陶器を作った。

○考えてみましょう、半坡の原住民の生活は河姆渡の原住民とどんな共通点や相違点がありますか？

第二課　原始的農業と先人のふるさと　57

精神のふるさと

19世紀末、あるアマチュアの考古学者が、スペイン北部のアルタミラ洞穴の岩壁に野牛や猪、母鹿、馬、狼といったたくさんの動物の描写を発見した。これらの動物には、駆け回るもの、立ち上がるもの、角を交えるもの、負傷してもがくものがあり、その姿は真に迫っていて、それぞれ異なっていた。これらは原始人が今から約3万から1万年前に創作したもので、当時のこの地の人びとの狩猟生活を反映していた。

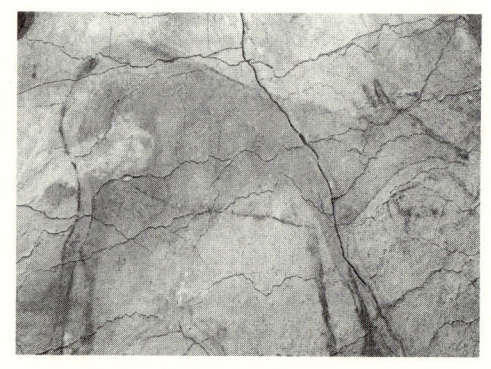

図1－21　アルタミラ洞穴の岩絵（一部）

アルタミラ洞穴の岩絵が発表されると、二つの異なった観点が出された。
◇「気がふれたのでもない限り、誰も旧石器時代の原始人がこのようにハイレベルの作品を描くことができたとは信じられないだろう」。
◇「旧石器時代に生きた原始人は、いつも野獣を追い、捕獲し、野獣のさまざまな姿や習性を非常に熟知していたので、このようなリアリズムの風格を持つ作品を創造することができたのだ」。
○上述の意見に対して、あなたの観点を述べてみましょう。

考古学者は世界各地で、動物の骸骨あるいは牙や角で作った彫刻品といった太古の芸術品をたくさん発見してきた。これらの芸術作品は祈禱や願掛けの意味合いを帯びており、人びとがすばらしい生活へ前進するよう願いを託していた。

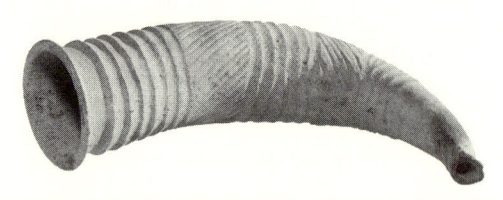

図1－22　牛角製ラッパ

旧石器時代の晩期、人びとはすでに美的観念や宗教意識を持っていた。中国の山頂洞人は、獣の牙や貝殻〔原文は海蚶殻で、灰貝、赤貝などフネガイ科の貝〕などに小さな穴を空け、穴を通してつなぎ合わせ、ユニークな首飾りを作った。さらに、山頂洞人は意識的に死者の遺体を埋葬し、また周囲に生命を象徴する赤い粉を撒いて、新生を祈った。これは彼らがすでに霊魂に関する観念を持っていた可能性を物語っている。

新石器時代には、自然崇拝や祖先崇拝などの宗教形式が現れ、また祈禱師が宗教活動を担った。

図1－23　山頂洞人の首飾り

図1-24 舞踏紋彩陶盆

原始人はいつも歌や踊りを通じて、豊作や勝利を祝い、死者を哀悼し、鬼や妖怪などを追い払った。青海〔省〕で出土した新石器時代の舞踏紋彩陶盆(ぶとうもんさいとうぼん)には、原始人が手を繋いで踊る光景が表されている。

図1-25 龍と虎のレリーフ

河南省濮陽(かなんしょうぼくよう)で、今から6千年余り前の墓から出土した貝殻レリーフの龍は、現在までに中国で発見されたなかで早期の龍の姿である。

新石器時代、実践の発展につれ、先人たちはだんだんと多くの生産や生活経験を蓄積し、科学知識が芽生え始めた*6)。

＊6）毛沢東の「実践論」はマルクス主義における生産と階級闘争を説明するにあたり、人類の生産活動を基本的実践活動ととらえ、社会的実践（物質的生産、階級闘争、科学実験の過程）を通じて、人間は発展すると解釈した。

○右の小口尖底瓶(しょうこうせんていびん)を観察し、水汲み用の瓶がなぜこんな形に作られたのか考えて見ましょう。
○水の中へ放り込んで水を汲む時、どんな状況が起こるか述べてみましょう。またそれはなぜでしょうか？

図1-26 半坡遺跡で出土した小口尖底瓶

自分でやってみよう

1. 新石器時代と旧石器時代を比べると、新しさはどこにありますか？ 双方の状況を説明してください。
2. 半坡遺跡と河姆渡遺跡の状況をふまえ、当時の黄河(こうが)流域と長江(ちょうこう)流域の文化的特徴の違いを比較し、以下の表を埋めましょう。

	自然環境の特徴	建築形式	農作物
黄河流域			
長江流域			

3. フランスのある学者は、数分以内で石斧を作り上げることができる石器作りの専門家です。しかし彼ですら、原始人の工芸製作を超える人はいないと認めています。これはどういうことを説明しているのでしょうか？

第二課　原始的農業と先人のふるさと

第三課　伝説時代の文明の曙光

　　文字が発明される前、人類の歴史は口頭伝承により伝えられ、古代史の伝説となった。古代史の伝説に描かれる太古の時代は、伝説時代と呼ばれる。伝説における英雄の多くは、偉大な功績を上げ、たくさんの感動的な物語を残した。これらの物語は、文明創始期の社会における大きな変動と無数の先人たちの創造や発明を凝縮して反映している。

英雄の史跡

　　古代西アジアには、英雄の叙事詩『ギルガメシュ』が伝わっている。叙事詩に曰く、ギルガメシュは無比の怪力の持ち主で、彼のために城壁を建築するよう住民に迫った。そのため民の不満が沸き起こり、人びとはつぎつぎと天の神に告訴した。天の神は半人半獣の勇士を遣わし、両者は激烈な闘争を経て、最後には親友となり、共に住民のために害を取り除いた。彼らは人間に害を与えるさまざまな怪物を殺し、人びとに愛される英雄となった。

図1−27　ギルガメシュ像と『ギルガメシュ』

　　その後、考古学者により、ギルガメシュその人は歴史上確かに存在したことが実証された。彼は4千年余り前の西アジアにおけるある都市国家のリーダーであり、城壁の修造や、他の都市国家に対する戦争の指揮をしたことがあった。

　　古代ギリシアの『ホメロス叙事詩』*7)〔ホメロス作『イリアス』〕には、こんな物語がある。トロイアの王子が美しいスパルタ王を誘拐した後、スパルタ王の兄であるミケーネ国王は、このため10万ものギリシアの大軍と連合してトロイアを攻めたが、9年間包囲攻撃しても攻略できなかった。その後、ギリシア軍は撤退するふりをし、一台の巨大な木馬を残していった。トロイア人は木馬を戦利品とみなし、城内へ持ち込んだ。その夜、木馬の中に隠れていたギリシア兵が突撃を始め、外と内で連携して、一挙にトロイアを攻略した。

　　長い間、人びとはトロイアの木馬作戦を感動的な物語として考えていただけだった。しかし、考古学者による苦労を重ねた発掘の結果、大量の珍しい遺跡や遺物が出土し、トロイア戦争の真実性が証明された。そして、伝説の中の古い文明は、確かにエーゲ海諸島やその周辺地区に存在していたことが明らかになった。

＊7）トロイア戦争を描いたホメロス作とされる叙事詩の正式著作名は『イリアス』である。『ホメロス叙事詩』の書名は、『イリアス』と『オデュッセイア』を合わせた中国語版ホメロス全集を指すようだ。

図1−28　〔トロイアの〕木馬の想像図

○他にどんな類似した英雄伝説を聞いたことがありますか？

第一単元　先史時代

華夏族の人文の始祖

中国の古代には、炎帝や黄帝の物語が広範に流布していた。

伝説によると、炎帝は鋤を発明し、人間に農耕を教え、またあらゆる草を試し、医薬品を発明したので、神農氏とも呼ばれる。さらに彼は陶器も発明し、市を開いた。黄帝は宮殿の建築を始め、車や船を発明し、衣服を製作し、人びとに井戸の掘り方を教え、部下の官員に文字、暦法、算術、音楽を発明させた。彼の妻嫘祖は養蚕により絹糸を紡ぐ技術を発明した。

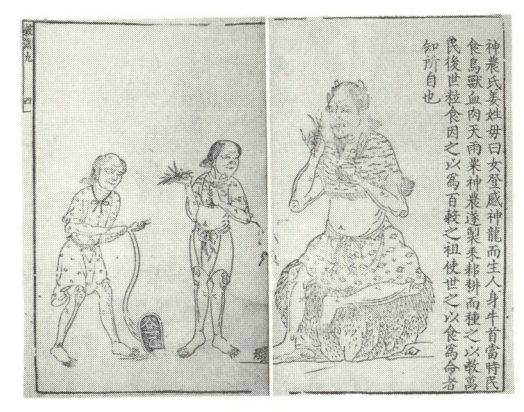

図1-29　神農が農耕を教える図

◇わが国の4、5千年前の新石器文化の遺跡からは、大量の石製農具が出土した。それは当時原始的農業が発展していた状況を反映している。浙江省紹興で出土した絹織物の残片や、黄河上流域で出土した縄模様、蚕糸模様の陶器は、当時の人びとが紡績や養蚕を理解していたことを証明している。また、半坡遺跡から出土した船形彩陶壺は、当時すでに船を交通手段としていたことを証明している。半坡で出土した陶壎〔陶製の笛〕や河南省舞陽で出土した骨製の笛は、この時期に原始的音楽が出現していたことも実証している。

○これらの文物は炎帝・黄帝の伝説のどんな内容を裏付けていますか？
○考古学的発掘と古代の伝説は、文字の記載がなかった頃の歴史を理解する上で、どんな意義を持っていますか？

炎帝と黄帝は、今から約4、5千年前、わが国の黄河流域における著名な部族の首領であった。当時、部族間ではいつも戦争が起きていた。炎帝の部族と黄帝の部族は連合し、東方の強大な蚩尤という部族を打ち破った。その後、両部族は連盟を結成し、長期的な発展を経て、後の華夏族の主体を形成した。炎帝と黄帝は華夏族の人文の始祖として崇められている。

図1-30　黄帝陵

○討論してみましょう、炎帝・黄帝の伝説に関して、どの部分が歴史的真実を反映し、どの部分が人びとの想像でしょうか？

伝説によると、黄帝の後の長い間に、黄河流域の部族はさらに連合へ向かった。これらの部族は能力の秀でた人を推挙して部族連盟の首領を任せたが、その傑出した人物に堯（ぎょう）、舜（しゅん）、禹がいる。言い伝えでは、堯は年老いた時、各部族の首領の意見を徴集し、皆は才徳ある舜を後継人に推挙した。そこで堯は部族連盟首領の地位を舜に譲った。舜が年老いた時には、同様の方式を採用し、部族連盟首領の職は禹に譲られたという。このような部族連盟首領の推選方法を、歴史上「禅譲（ぜんじょう）」と呼ぶ。

　堯・舜の時代、黄河流域では洪水や氾濫が起き、深刻な災害となっていた。舜は禹を任命し治水に当たらせた。禹は導水方法を用い、平地にたまった水を河川へ流し込み、さらに大海へ流出させた。彼は十数年の時間をかけ、三度家の門を過ぎて入らず〔大事を優先し全力で取り組む故事〕、人民を導いて、ついに洪水を克服した。

図1－31　偉大な禹の治水の石刻画（一部）

> 禹王の石刻画は人びとが治水を祝賀する場面を再現している。偉大な禹の治水伝説は、古代の人民が洪水などの自然災害と闘争した歴史を反映している。

自分でやってみよう

1. 伝説の中で、炎帝の功績には＿＿＿、＿＿＿、＿＿＿、＿＿＿があり、黄帝の主要な功績には＿＿＿、＿＿＿、＿＿＿、＿＿＿があります。
2. 教科書の中で紹介された異なる地域の伝説には、どんな共通の特徴がありますか？
3. なぜ炎帝と黄帝は華夏族の始祖と崇められているのですか？

総合研究一　私たちの身近にある古代文明を守ろう

誰が「北京人」のふるさとを保護するのか？

　北京の南西には、非常に有名な場所——周口店龍骨山の北京人遺跡があり、太古の時代、北京人と山頂洞人がそこで生活していた。1987年、周口店北京人遺跡はユネスコから「世界文化遺産」に認定された。

　しかし、資金不足や保護の非力さから、北京人のふるさとはかつて「危機遺産〔危機にさらされている世界遺産〕」への登録の危機に直面した。たくさんの化石埋蔵地が何年も未改修のままで、壊されてしまった所や、局部的倒壊が起こった洞窟もあった。一部の化石標本は近代的手段により保存されることなく、長い間地下室に積まれて放置されたり、基礎設備も古くなったりしていた。多くの国内外の専門家が、もしこれ以上有効な措置を取らなければ、この著名な世界文化遺産は「世紀の遺憾」となってしまうだろう、と表明した。

　現在、メディアの呼びかけや社会の注目、そして政府の支援により、北京の周口店遺跡は資金、人材、技術の面で援助を得ることができ、より良い保護を受け始めた。

　私たちの身の周りには、文物の旧跡が破壊に遭っている事態がまだ多い。あなたの周囲に注意してみよう、このような事態が発生していないだろうか？

図1-32　今日の周口店

図1-33　頭部が盗まれた彫像

図1-34　破損した長城

彼らの方法をどう評価するか？

資料一
◇エジプトのピラミッドは世界に名高い史跡で、毎年大量の観光客を魅了し、参観へと誘っている。しかしたくさんの観光客の到来は、ピラミッドとその周辺環境にさまざまなレベルの破壊をもたらした。現在、エジプト政府は管理保護措置を実施し始めており、例えば毎日300名しか観光客の大ピラミッド参観を認めないとか、小型の墳墓を開放して観光客の分散を図るなどしている。また管理者側も、近いうちにエジプト北部の各発掘作業を停止するよう呼びかけている。これらの措置は、史跡保護と観光開発を協調的に発展させるためである。

資料二
◇わが国の山西省平遥古城（さんせいしょうへいようこじょう）は、1997年に「世界文化遺産」に登録されてから、人びとの興味をますます引くようになった。しかしここの環境が雑然としている問題は日増しに深刻になり、あちこちに見られるゴミ、汚水、ビラ広告は、古城の景観を損なってきた。多くの専門家は、人口密度の過多が古城保護に影響する重要課題だと考えた。そこで、現地政府は4年以内に現在の居住民総数の半分を移転させる計画を立て、さらに環境、衛生、交通の整備に着手した。例えば、古城の周囲にある汚染企業30社を徹底して閉鎖し、緑地面積を増加するなどだ。

資料三
◇あるヨーロッパの旅行者がナイル川沿岸の古跡を観覧した際、「あなたたちはどうしてこんな現代建築を建てるんですか？　本来の伝統や文化を破壊してしまっていますよ」と現地ガイドを詰問した。するとガイドは、「私たちには発展する必要があります。私たちは旧来の文物を壊してはいません、ただ新しい事物と一緒に置いているだけです。何が悪いのでしょうか？　古い文明を守って、前に進まないわけにはいかないでしょう」と答えた。

上述の資料を読み、文物旧跡を保護する時、どんな方面に対して矛盾や衝突が起こりうるか、考えてみましょう。

<u>都市建設</u>　_____　_____　_____　_____

あなたは彼らの問題処理の方法を採用すべきだと思いますか？　どうすべきだと考えますか？

_____
_____
_____
_____
_____
_____

第一単元　先史時代

私たちの行動

調査：

クラスメートでいくつかのグループに分かれ、課外時間に以下の問題について調査しましょう。

> ○この地域にはどんな重要な文物旧跡がありますか？ それらの類別は国家級の文物保護部門、省級の文物保護部門、それとも県、市級の文物保護部門ですか？ それ以外に、どんな保護の価値があると考える文物旧跡がありますか？
> ○それらの現状はどうですか？ 政府や個人はいずれも『文物保護法』の規定を遵守できていますか？
> ○現地の文物旧跡の保護はどんな困難に遭遇しましたか？

討論：

> ○文物旧跡を保護することにはどんな意義がありますか？
> ○どうやって文物旧跡を保護しますか？
> ○現地社会の経済発展と文物保護が矛盾を生じたら、どうやって解決すべきでしょうか？

解決プラン：

　この地域の文物保護作業の中に存在する何らかの問題について、それぞれのグループは、調査した情況と討論の結果にもとづき解決プランを提出しなさい。内容には次のものを含んでもいいでしょう。

> ○問題が現れた原因は何ですか？
> ○問題解決の難度はどうですか？ 重点となる問題は何ですか？
> ○問題解決について実行可能な提案をしてください。

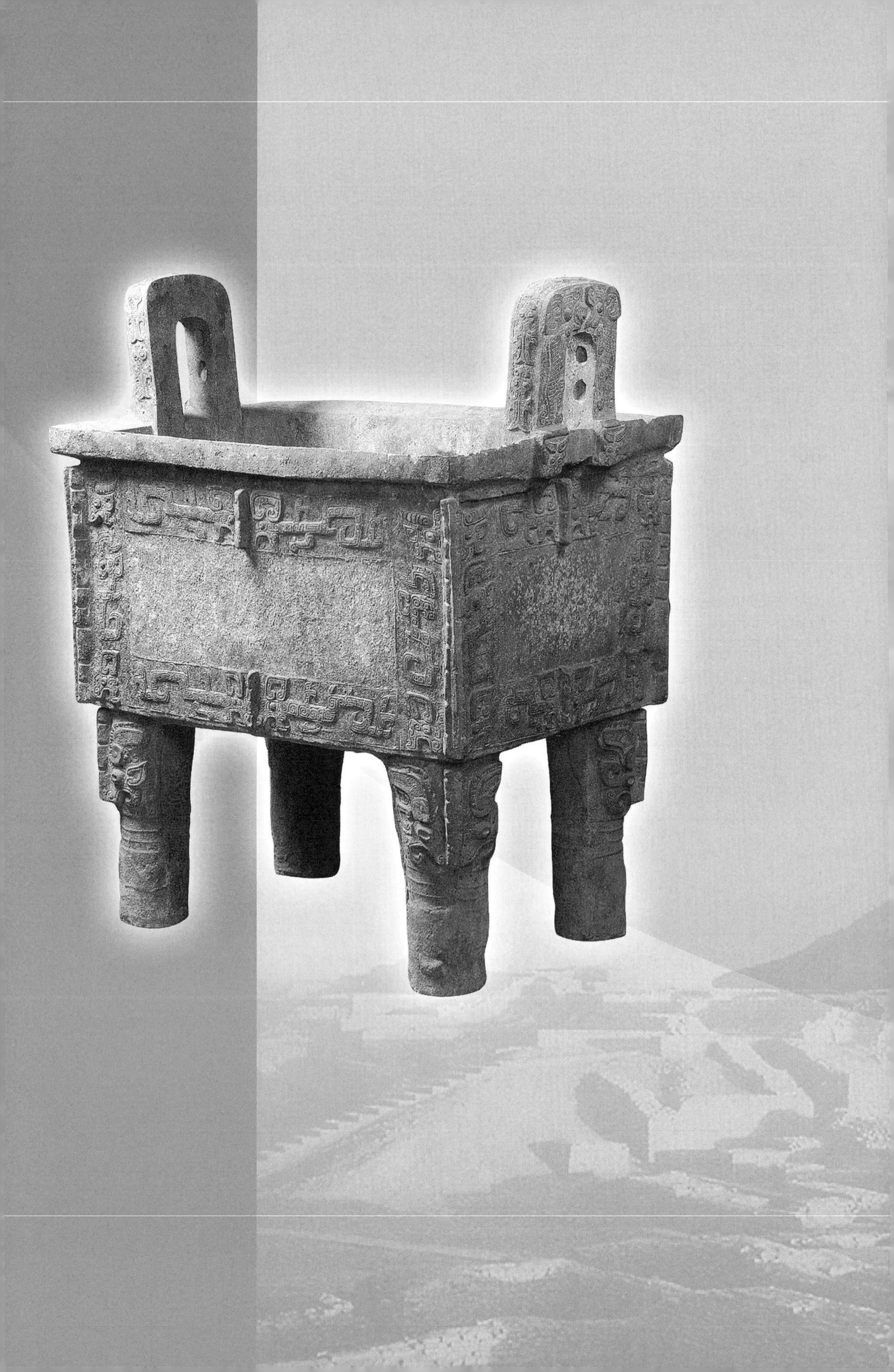

第二単元
文明の起源

　富の増大にともない、社会は徐々に分化し、都市が形成され始め、続いて国家が誕生していった。国王は絶大な権力を握り、軍隊と刑法は彼の統治のための道具であった。

　大河の奔流は、両岸の土地や居住民を潤し、大河の流域では、人類最古の文明が育まれた。また文字の出現が、文明の誕生と発展の必要条件であったことはまちがいない。

　大河流域に存在する古代エジプト、バビロニア、インド、そして中国は、いずれも多くの文明的成果を創出した。エジプトのピラミッド、バビロニアの空中庭園、中国の青銅器文明は、みな古代の労働者の汗と知恵の結晶である。天文、暦法、医学などの領域における彼らの成果は、後世の人に非常に価値ある財産を残した。

　国家の誕生、文字の発明を指標とし、人類の歴史は文明時代という一章を切り開いた。

第一課　天に恵まれた大河文明

　　世界における古代文明のほとんどは、アジア・アフリカ地域の大河流域で誕生した。古代エジプト、バビロニア、インド、中国は、いずれも大河の母に育まれたおかげで、輝かしい文明の成果を創りあげた。これらの大河に近づき、古代文明を育んだ秘訣を探ってみよう。

ナイルのたまもの

　エジプトはアフリカ大陸の北東部に位置し、気候は乾燥しており、一年中雨が少ないため、ナイル川が唯一の水源である。ナイル川は全長6,600キロメートルあまり、世界最長の川である。

　ナイル川は毎年定期的に氾濫する。夏の増水期に、氾濫した河水が上流の土砂を伴って下流に流れ込み、河岸の堤防の両脇にある広い田野を覆う。秋には洪水が後退し、体積した土砂は、本来の田野の土の上に厚い沖積層を形成し、河谷の耕地に理想的な天然の肥料をもたらす。河水が退却する度に、エジプト人は共同して沼沢の排水を行い、堤防を造り、水利を修築し、肥沃な土地で耕作に励んだ。こうしてナイル川の河谷地域は、当時世界で最も富裕な地域の一つとなり、古代エジプトもまた、世界の古代文明の発祥地となった。古代エジプト人はこのような詩を書き記している。「おお、ナイル川よ、私はあなたを賛美する。あなたは大地から湧き、流れ出て、エジプトを育んでいる……ひとたびあなたの流れが減少すれば、人びとの呼吸は止まってしまう*1)」。

＊1)『ナイル讃歌』の一部を略述。

図2-1　古代エジプト

図2-2　収穫する人

農業の発達は、川の沿岸地域に村落を形成させた。人口は増え続け、手工業や商業も発達していった。紀元前約3500年から、ナイル川両岸では、数十ヵ国の小国家が続々と出現した。紀元前3000年頃、初めて統一した古代エジプト国家が成立した。

　紀元前15世紀には、エジプトの国力は盛んになり、アジア・アフリカに跨る軍事大帝国となった。その後、帝国は興隆から衰退へと移りかわり、紀元前6世紀に、エジプトは西アジアのペルシアに滅ぼされた。

肥沃な三日月地帯——西アジア文明の発祥地

　アジア西部には、弓形をした細長い地帯があり、三日月のように見えることから、「肥沃な三日月地帯」とも呼ばれる。その東部には、ユーフラテス川とティグリス川が並行して流れ、この二つの川が流れる地域は、両河流域〔メソポタミア〕と呼ばれる。

　ここは乾燥して雨が少なく、河水の水量が不安定であるため、両河流域の農業は、人びとが築いた灌漑システムに依る部分が大きかった。紀元前約3500年に、ここには都市や神殿、宮殿、文字が出現し、最も早い文明の発祥地の一つとなった。

　数千年の歴史の流れの中で、まずシュメール人が両河流域の下流に定住し、たくさんの小国家を建てた。紀元前18世紀には、古バビロニア王国の国王ハンムラビが両河流域を統一し、強大な国家を建て、都をバビロンに置いた。

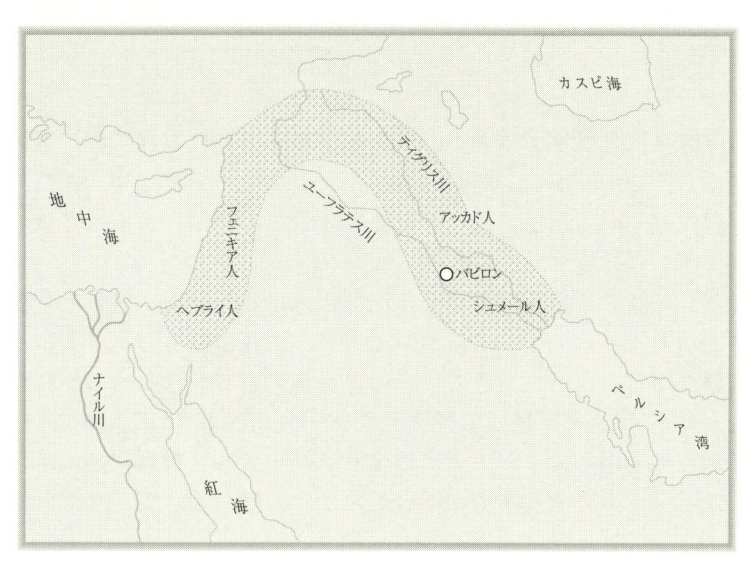

図2-3　肥沃な三日月地帯

読書カード

ユダヤ人の来歴

　両河流域には、ヘブライ人もいた。ヘブライ人は、地中海東岸のパレスチナ一帯に国家を建てたが、その後イスラエル王国とユダヤ王国の二つに分裂した。数世紀後、この二つの王国は前後して外来民族に滅ぼされた。以後長い年月の中で、ヘブライ人は世界各地に離散し、彼らを総称してユダヤ人と呼ぶ。

第一課　天に恵まれた大河文明 | 69

インダス川とガンジス川の恵み

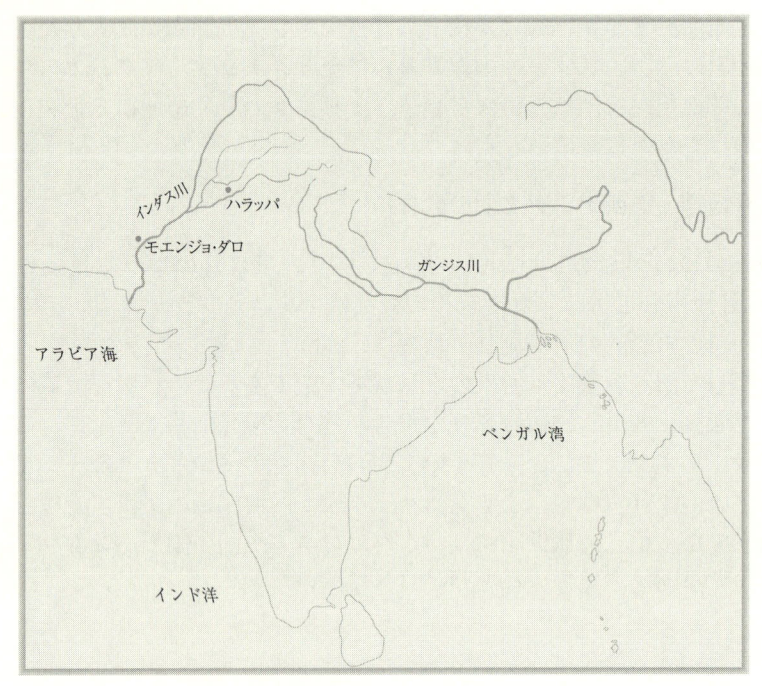

図2-4　古代インド

　インド亜大陸では、インダス川とガンジス川が滔々と海に流れ込む。毎年夏になると、上流の高山に積もった雪が溶け、河水が氾濫し、両岸の土地を潤す。ここの土壌は肥沃で、気候は温暖湿潤である。ここはインド亜大陸全体の経済、政治、文化の中心であり、古代インダス文明の発祥地でもあった。

　紀元前2500年、インダス川流域では都市国家が出現し始めた。当時、人びとはすでに堤防を築くことができ、水を引いて耕地を灌漑し、綿花を栽培し、さらに海路を通じて他の地域と頻繁な交易を行った。その後、西北から来たアーリヤ人の部族が侵入し、当地の先住民を征服して、インダス川流域とガンジス川流域に小国家をいくつか建てていった。紀元前6世紀から、インド半島は徐々に統一され、数百年後には、マガダ国のアショーカ王がインド半島を基本的に統一したが、しばらくしてインドは再び分裂状態に陥った。

　古代インドは仏教生誕の地である。仏教の伝播と商業貿易を通じて、インド文化は周辺国家の宗教と文化生活に広く影響を及ぼした。

黄河と長江——中華民族の揺籃

　黄河と長江は、それぞれ北と南にあり、西から東へと、流れてやまない。太古の黄河中・下流域では、植生が豊かで、地勢も平坦であり、開墾や耕作がしやすく、麦や粟を栽培するのに適していた。長江中・下流域は雨量が豊富で、水路網が細かく広がり、気候も温暖で、水稲栽培に適していた。両大河はいずれも比較的よい灌漑条件を備えており、その沿岸地域で今から1万年ほど前には、早期の農業が出現していた。

黄河下流域では、今から約5千年前の古代都市の遺跡に、城壁や城門、排水溝があったことが発見された。また、長江下流の遺跡からも、権力を象徴する玉器が多数出土した。さらに東北の遼河流域〔中国東北地方南部を流れ渤海へ注ぐ大河〕の遺跡には、規模が大きく、整然と配置された祭壇があり、これらは中国が文明時代の扉へと邁進し始めたことを表している。

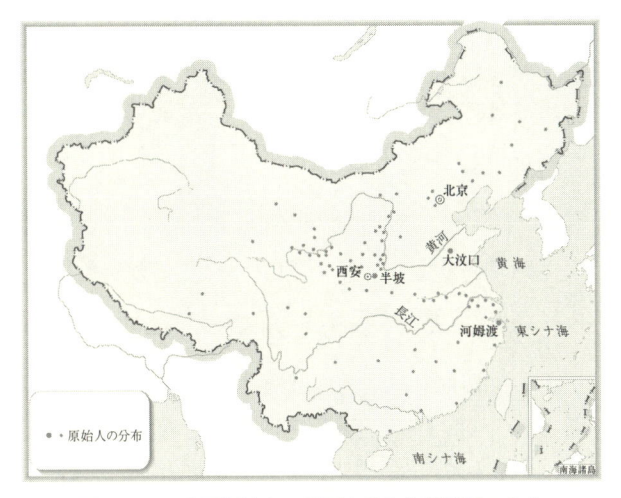

図2-5　中国領域内の重要な氏族集落遺跡の分布

図2-6　長江下流の遺跡から出土した玉器

図2-7　遼河流域の遺跡

外は方形、内は円形の筒型玉琮。十分に磨かれて光沢があり、精緻な紋様が彫られている。高度な工芸技術レベルを表している。

遼寧省西部で発見された女神廟の遺跡、人間と同じように色を施された女神の頭部塑像、多様で多彩な玉製の龍の彫刻からは、中国北方にも文明の曙光が現れていたことがわかる。

同時期の黄河下流のある遺跡からは、刀、斧、鎌、鑿〔木に穴を開ける道具。のみの一種〕、鏟〔ものをすくい取る道具。スコップ類〕、矛等の磨製石器が発見され、また相当な数の蚌器〔カラスガイの貝殻製の器〕や骨器もあった。陶製品は器形が整っており、厚さも均等で、色合いも混じりけがない。蛋殻黒陶杯〔卵の殻のように薄い黒陶杯〕は「漆のように黒く、鏡のように明るく、紙のように薄く、磁器のように硬い」といわれ、考古学界で「4千年前の地球文明で最も精緻な創作」と称される。さらに、いくつかの遺跡では、銅器も発見され、このころすでに金属器時代への過渡が始まっていたことを示している。

第一課　天に恵まれた大河文明

今から5千年ほど前、長江下流域の人びとは水稲やそら豆を栽培していた。女たちは家で桑を取り養蚕をし、絹や麻の糸を紡いで衣服を織り、男たちは土地で耕作をするか、さもなければ湖で魚を捕っていた。作業場では、工匠たちが心を込めて祭祀用の玉器を製作していた。出土した石鋤や耕作器具からは、当地の農業がすでに先んじて鋤でたがやす時代に進んでいたことがうかがえる。

○この時代の文明の成果には、半坡、河姆渡時期と比べてどのような変化があるでしょうか？

　禹が部族連盟の首領となった時、社会生産は発展し、人びとの生活水準は向上した。紀元前約2070年、禹はわが国の歴史上最初の王朝——夏王朝を建てた。夏王朝の成立は、わが国の早期国家誕生の象徴である。400年余り後、国王の桀は暴虐非道で限度を知らず、平民や奴隷の激しい抵抗を続々と引き起こした。黄河下流の商という部族が周辺各族と連合して兵を挙げ、紀元前1600年前後に夏を滅ぼし商を建てた。商王湯の統治下で、商王朝はすぐに強大になった。商の活動領域や影響力は夏王朝時代をはるかに超え、当時世界最大の国家の一つであった。

自分でやってみよう

下は、紀元前2500年頃のアジア・アフリカ文明の地図です。地図と関連づけて考えてください。

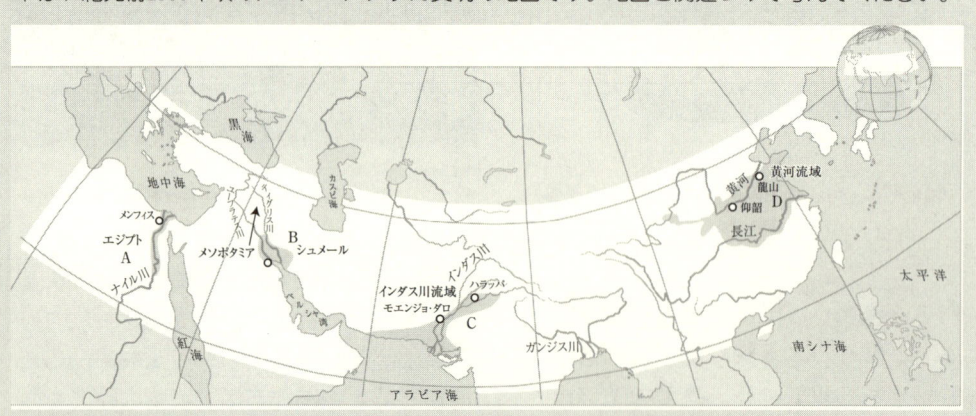

1. アジア・アフリカの古代文明の名前を書き込み、それらが誕生したおよその時間も書きなさい。
　A.　　　　　　　　　　　；B.
　C.　　　　　　　　　　　；D.
2. これらの文明はおよそどんな気候帯に属していますか？　地理環境から考えると、それらはどんな共通した特徴を持っていますか？　その原因を説明してみましょう。

第二課　早期国家の形成

　国家の出現は、人類社会が文明時代へ入った証であった。社会の生産力が絶えず向上していくにつれ、社会の分業の発展と階級の分化は国家の形成をもたらし、等級が明確に分かれた社会が出現した。自身の統治を維持し擁護するため、国家の統治者は人民を統治する機構や軍隊を設立し、法律を制定した。

都市が出現しはじめる

　紀元前3500年ごろから、両河流域のシュメール地域に城壁を持つ都市が出現した。

　ユーフラテス川東岸にそびえ立つウルは、周囲をレンガ壁に囲まれ、その外には広々とした堀があって、交通や運輸の便に供し、防衛力を強化していた。川辺にはたくさんの商船が停泊しており、それらは貨物を居住地から居住地へと運んだ。

　城壁内には狭い路地が互いに交叉し、道の表面は日干しレンガで舗装されていた。街道の両側には家屋、商店、公共施設が並び、国王の広大な宮殿もここにあった。都市の中央の土台には、月神を祭る神殿が建てられた。

　都市の周りには村々が点在していたが、大部分の耕地は神殿に属し、農民は収穫した糧食の一部を神殿に献上しなければならなかった。シュメール地域では石、金属、硬木が欠乏しており、これらを外地から仕入れなければならなかった。交換として、シュメール人は糧食、羊毛や、彼らが生産した缶や金属製品を売りに出した。

　紀元前2500年ごろ、インダス川流域には百あまりの都市や村があり、中でもモエンジョ・ダロは、規模が広大で、遺跡の保存状態も完全であった。

　モエンジョ・ダロは四方を城壁に囲まれ、面積は約1平方キロメートルである。都市の中央は巨大な人工の丘陵に建てられた堡塁(ほうるい)で、堡塁の周りには高い壁が築かれた。堡塁の内部には大きな浴池があり、宗教儀式を行う前に、祭司や統治者がここに沐浴をしに来たのかもしれない。堡塁内にはさらに巨大な食糧庫があり、食糧を貯蔵していた。

　居住区のメインストリートは、10メートルもの広さがあり、道路はまっすぐで、路面の下には下水道もあった。富裕層の住む家はレンガ造りで、路上の排水溝につながる排水設備もあった。そのほか、列をなした簡素な小屋は、兵士や労働者、あるいは奴隷が居住する宿舎のようである。

　中国の夏王朝と商王朝にも、広大な都城が建てられ、内部には宗廟や宮殿などの大型建築を中心とし、その周囲にたくさんの農業村落や銅の鋳造や陶器の製造を行う工房が散在していた。

図2-8　モエンジョ・ダロの都市遺跡

図2-9　モエンジョ・ダロ　富裕層の住宅様式

図2-10　二里頭宮殿の復元模型

早期の都市遺跡には、概ね以下のような景観が備わっている。
　　・城壁　　・宮殿　　・公共設備
　　・都市　　・工房　　・神殿
○現代の都市と比べて、それらはどんな違いがあるでしょうか？
○これらの特徴に基づき、古代都市の想像図を描くことができますか？

河南省偃師県二里頭遺跡では大型宮殿が発見され、墓から多くの青銅器や陶器も発見された。考古学からの発見と歴史文献の記載によれば、ここはおそらく夏王朝後期の都城であろう。

王権の神聖

　紀元前3500年ごろ、エジプトの小さな国ぐにの国王は行政の首脳であり、かつ軍事の首脳でもあり、また宗教的リーダーも兼任し、祭祀や儀式を主宰した。紀元前3000年ごろ、エジプトにはじめて統一された国家が建てられた。国王は「ファラオ」とも称し、自らを太陽神の子であるとし、至高無上の権威を保有した。
　その後ファラオ自身も徐々に神とみなされるようになった。臣民はファラオを見ても彼の足の前の土に口づけすることしかできなかったので、貴族はファラオの足に口づけする許しを得られれば、大変な光栄だと考えた。ファラオは掌中の権力を使い、万を数える労働者を駆使して、自分のために大規模なピラミッドを建設し、権威と財産を来世まで持って行こうと願った。

図2-11　ファラオの仮面

> **読書カード**
>
> 古バビロニアの王権
> 　ハンムラビは古バビロニアの功績ある国王である。彼が朝廷政治を勤めた40年の在位中に、バビロニアは強大な国家となった。彼は絶対的な王権統治者の地位を確立し、自らを「バビロニアの王」、「世界四方の王」と呼び、官僚統治機構を設立して、各級の官吏を直接任免した。さらに軍隊を設置し、指揮官は彼が任命した。ハンムラビは自分が神霊と密接な関係にあることを盛んに宣伝し、彼は天の神と地の神が寵愛する人であって、彼の王権は神から授与されたとした。

　中国の伝説時代に、禹は治水で功を立てたことにより、声望が大いに高まった。彼は塗山で各部族の首領を招き、彼らからの貢物を受け取った。また服従しない防風氏を誅殺し、「九つの州」を画定して、「九つの鼎」を鋳造し、権力の象徴とした。

　禹の息子は王位継承後、軍隊を設立し、刑法を制定し、監獄を設置して、国家権力を強化した。こうして、王位世襲制が禅譲制に取って代わり、王権は徐々に強化され、確立されていった。

図2−12　禹

分化した社会

　古代エジプトでは、王室、僧侶、貴族などが統治階層で、工匠、農民は自由民であり、貴族から搾取を受けた。また社会の底辺にいるのは奴隷だった。エジプトの奴隷の多くは戦争の捕虜からまかなわれ、彼らの処遇は非常に悲惨なものであった。

　古代エジプトでは、富裕な貴族は豪華な別荘に住み、美食を楽しみ、金銀の器を使用し、高価な衣服や首飾りを身につけていた。一方貧しい人びとの生活は非常に悲惨で、都市の貧民は土レンガのあばら屋に住んでいた。農民や奴隷の生活はさらに貧困で凄惨であった。

図2−13　ピラミッド建設の想像図

第二課　早期国家の形成　75

古代インド内部では、徐々に異なった階級が生じ、種姓制度〔カースト制度〕と呼ばれる厳格な社会階級制度を形成した。

　第一階級はバラモンであり、祭祀の大権を掌握した。第二階級はクシャトリアで、国王や武士、官吏などから成った。第三階級はヴァイシャで、農民、牧者、手工業者、商人を含み、前二者の身分〔種姓〕に奉仕する。第四階級は社会の最下層にあり、シュードラと呼ばれ、被征服者や貧困で破産し土地を失った者を含んでいた。四つの階級の間には厳格な境界があり、下の階級の人は上の階級の職業に従事することはできず、異なった階級の人びとは結婚できなかった。

> **読書カード**
>
> 理髪師の息子
> 　バラモンの司祭者は、階級制度を神聖な色彩で覆った。彼らは「造物主"原人"は自分の口を変えてバラモンを作り、手を変えてクシャトリアを作り、腿・脛を変えてヴァイシャとし、足を変えてシュードラとした」と述べた。また、当時にはこのような話がある。ある理髪師の息子が一人の少女に恋をした。だが彼の父親は「私の息子よ、実現できないことに望みを託すのはやめておくれ。お前は理髪師の息子、低俗な身分（シュードラ）に属すのだ。だがあの娘は高貴な身分（クシャトリア）に属す。クシャトリアの娘はお前と結婚できないのだ」と勧告した。結局、理髪師の息子は絶望の中、鬱々として死んでしまった。

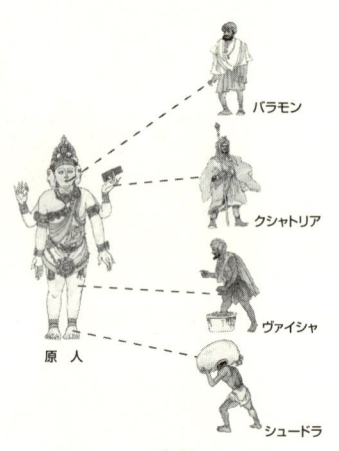

図2－14　種姓制度の様式

図2－15　婦好墓から出土した玉人

> 婦好は商王武丁の妻であった婦好墓から出土した王の彫像は、商王朝社会の各階層の人びとのようすを伝えている。

　中国の商王朝では、商王が最高統治者であり、絶対の権力を保有した。

　商王の直接統治区域には、たくさんの官吏が設けられたほか、多くの部族が商王の臣下として服従した。官吏と部族の族長は、商王朝の貴族階層を構成した。

　商王朝社会の主体は平民であり、彼らは普段集団で農耕を行い、戦時には出征した。

　国王や大小の貴族は、多くの奴隷も所有していた。奴隷の主要な供給源は戦争捕虜や刑法に触れた犯罪者であり、彼らには身体の自由がまったくなく、いつも国王や貴族によって恩賞や売買に用いられた。貴族は奴隷に苦役を強制するほか、彼らを殺して、祖先を祭る供物、あるいは死んだ貴族のための殉葬とすることもあった。

読書カード
夏・商代墳墓の中の骨
河南省二里頭遺跡から出土した夏代の殉葬者の骨30体あまりには、両手を縛られたものや、体と首が別に置かれたものもあった。殷墟(いんきょ)には商王の大墳墓があるが、殉葬された奴隷は400人あまりに達する。甲骨文の記載によれば、商王朝後期に人を殺して祀った総人数は、少なくとも1万4千人以上である。

図2-16 殉葬された奴隷の骨

軍隊と刑法

古代エジプトには常備軍(じょうびぐん)が設立され、国王自らが統帥し、軍事の将軍は比較的高い地位にあった。あるファラオはかつて強大な軍隊を率い、十数回の遠征を行い、広大な地域を征服したことがあった。

中国の夏王朝でも強大な軍隊が設立されたが、商王朝の軍隊の数はさらに多く、軍事制度も一層完備していた。

商王朝の軍隊にはすでに歩兵、車兵、弓部隊があり、戦車も出現していた。考古学者は殷墟一帯で多くの車馬坑(しゃばこう)〔主人のために殉死して埋葬された御者、馬と戦車を納めた墓〕を発見しており、坑の中には車、馬や人の骨のほか、大量の銅製の戈や矛〔いずれも鉾(か)(ほこ)の一種〕、弓矢、鉞(えつ)〔まさかり。斧の一種〕などの武器があった。

￪	(戈)じゅ	￫	(戍)(ほこ) 人が戈を担いでいる
￪	(鉞)斧鉞(ふえつ)	￫	片手で鉞(まさかり)を持ち、片手で俘虜を捕まえる
￪	(刀)	￫	人が刀を持っている
￪	(弓)(矢)	￫	(射)(きゅうぜん)弓箭で射る

図2-17 商王朝の文字に見られる武器と使用状況の簡明表

読書カード
戦上手の女将軍婦好
婦好は商王武丁の妻であり、中国で初めて文字記録に登場する女将軍でもある。彼女は勇敢で戦を得意とし、功績は卓越しており、1万人あまりを率いて出征したこともあった。彼女の墓には大量の武器が埋葬され、ある鉞〔斧〕には、彼女の名前が刻んである。婦好が兵を率いて戦を行う権力を持っていたことの証である。

図2-18 婦好の墓から出土した鉞

第二課　早期国家の形成 | 77

統治を堅固にするため、諸国は刑法を制定して、社会秩序を維持しようとした。刑法に違反する者がいれば、厳しい懲罰を受けることになった。

　古バビロニアの『ハンムラビ法典』は、今まで発見された中で最古の、保存状態が完全な、文章による法典である。それによると、ハンムラビ王は毎日処理する案件が多すぎ、対応が困難であった。彼は臣下に過去の法律条文を収集させ、さらに社会で形成されていた習慣を加え、法典を編み出した。そしてそれを石柱に刻み、バビロンの神殿に建てたという。

　この石碑の上部は精緻なレリーフで、太陽神が王権を象徴するしるしをハンムラビに授与しているところである。石碑の中部には、『ハンムラビ法典』の具体的内容が彫られている。

図2-19 『ハンムラビ法典』の石柱

　『ハンムラビ法典』の本文は全282条あり、当時の社会の情況を、ほぼ全面的に反映している。古バビロニア社会には、奴隷主と奴隷のほか、自由民もいた。『ハンムラビ法典』は奴隷主、自由民、奴隷に対し、異なった規定をしている[2]。

　『ハンムラビ法典』にはこのような規定がある。
◇二人の自由民がケンカをし、1人が片目を殴られてつぶされたら、罰として相手も同様に片目を殴られつぶされること〔第196条〕。歯を殴られて折られたら、相手の歯も折ってしまうこと〔第200条〕。
◇家が倒れ、家主の息子がつぶされて死んだら、この家を建てた者も自身の息子の命で贖わねばならない〔第230条〕。
◇奴隷主が自由民の目をつぶしたら、一定数量のお金を出せば事なきとする〔第198条〕。奴隷主が治療中に死んだら、医者は両手を切り落とされること〔第218条〕。

○考えてみましょう、これらの規定は現代の法律の精神とどのような違いがありますか？

＊2）『ハンムラビ法典』における身分の規定は、「アウィールム（貴族・自由人）、ムシュケヌム（賤民）、ワルドゥム（奴隷）」となっており（参考：飯島紀『ハンムラビ法典〜「目には目を歯には歯を」を含む282条の世界最古の法典』国際語学社、2002年）、例えば196条の本文「自由民」の原文はアウィールムであるが、198条の本文にある「奴隷主」と「自由民」はそれぞれ原文でアウィールム、ムシュケヌムである。

第二単元　文明の起源

中国の夏王朝と商王朝も厳酷な刑法を制定しており、甲骨文には鼻を削いだり、首を斬ったり、足を切断したり、生き埋めしたりするなどの刑罰が記載されている。

𢆶	(こう)(幸)	古代の手枷(かせ)、足枷
	(しつ)(執)	手を「幸」で拘束する
		足を「幸」で拘束する
	(ぎょ)(圉)	人を閉じ込める監獄
		穴の中に人を生き埋めにする
	(ぎ)(劓)	刀で鼻を削ぎ落とす
	(ぎょ)(馘)	矛(ほこ)で頭を切り落とす

図2-20　商朝の文字に見られる刑法略表

図2-21　商王朝の枷を付けられた陶器の人形

自分でやってみよう

1. 下表を埋めて、四大文明の古代国家の違いを比較しましょう。

	都市	王権	社会階級	刑法
エジプト				
バビロニア				
中国				
インド				

2. なぜ『ハンムラビ法典』は奴隷主の意志を代表する法律とよばれるのでしょうか？　少なくとも3つの理由を列挙してください。

第二課　早期国家の形成 | 79

第三課　野蛮に別れを告げる

　　ピラミッド、空中庭園などの珍しい建築は、その時代の輝かしい文明を象徴している。深奥な星空、変化してやまない季節、満ち引きをくり返す河水は、古代人に尽きせぬ想像と探索の心を引き起こした。彼らは天文学の暦法や、医学などの領域で優れた成果を獲得し、文字の発明や宗教の誕生は、人類の文明史上にさらに新しい楽章を書き込むことになった。

刻み符号から象形文字へ

　　はてしなく長い実践生活の中で、原人たちは言語を用いた交流を習得したが、その言語は口頭で伝え合うしかなかった。そこで記憶と交流のため、彼らは特殊な表記や符号を作り出し、それが文字の雛形（ひながた）となった。

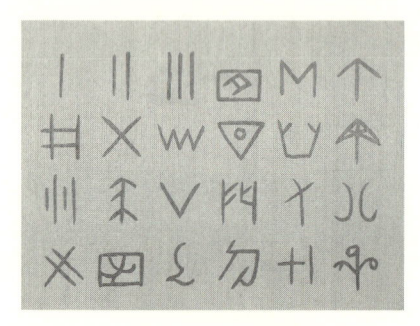

図2－22　刻み符号

図2－23　図画文字

○この二つの方法を比較しましょう。
○それぞれが伝達する情報の根拠は何ですか？
○人びとがこれらを用いて情報を伝達する場合、どんな困難がありえたでしょうか？

　　最も簡単な図画や模様の基礎の上に、エジプト人は紀元前3000余年に象形文字（しょうけいもじ）を作り出した。象形文字は事物の形状に似せた文字で、一定の読音も兼ねていた。真の文字は象形文字から発展してきたのである。

図2－24　象形文字

○これはエジプトの象形文字です。詳細に観察して、あなたはこれらの字を見分けられますか？　どんな意味か推測してみましょう。

第二単元　文明の起源

西アジアのシュメール人も象形文字を発明した。彼らは三角形に削って尖らせた葦の茎や骨の棒をペンとして用い、湿った泥版の上に文字を書いた。泥版に刻まれた文字は、筆跡が楔(くさび)に似ているため、「楔形文字(くさびがた)」と呼ばれた。この文字は、かつて西アジアに広く伝播していた。

　漢字もまた、世界で歴史が最も長く、最も古い文字の一つである。

図2-25　楔形文字

読書カード

倉頡(そうけつ)の作字

　漢字の起源については、古来さまざまな説が入り乱れているが、最も流布している伝説によると、黄帝の部下であった倉頡が作った文字だという。言い伝えでは、倉頡の智慧は群を抜いており、生まれながらに4つの目を持ち、そのうち2つは天の星が運行する様を仰ぎ見、もう2つは地上の亀や鳥による現象を眺めた。こうして彼は自然の変化から啓発を受け、文字を創出したという。

　商王朝期には、占卜(せんぼく)〔うらない〕の風潮が盛んだった。商王は大小の事柄に出くわすと、すべて占卜によって吉凶(きっこう)を確定しようとし、その占いの結果を文字で亀甲や獣骨に刻んだ。これを卜辞(ぼくじ)という。これらの亀甲や獣骨に刻まれた文字は甲骨文(こうこつぶん)と呼ばれる。

　甲骨文は比較的成熟した文字であり、商王朝の政治と経済の状況を記録し、また反映している。わが国の文字で記録された歴史は、商王朝から始まったのである。

　河南省安陽(あんよう)で出土した狩猟祭祀用の朱色で塗られた牛骨の刻文は、商王武丁の時代、牛の肩甲骨に記録を刻んだもので、商代の社会生活を知る上で重要な資料を提供してくれる。

図2-26　商王朝の甲骨文

広大な工程と精巧な技術

　ピラミッドは古代エジプト国王の墓であり、今日のカイロ一帯に、全部で約80ヵ所ある。そのうち、最大のものはクフ王のピラミッドで、高さは137メートルである。フランスのエッフェル塔が建設される前まで、それは世界で最も高い建造物であった。

第三課　野蛮に別れを告げる　｜　81

図2-27　ピラミッド

　このピラミッドの底面は正方形をしており、各辺の長さは230メートル余りである。ピラミッド全体で200万個以上の大きな石を用いて建てられ、1個の平均重量は2.5トン、中には数十トンに達するものもある。ピラミッドは石灰〔原文は泥灰。石灰や泥岩の粘土で作った接着剤〕を使わず、石の圧力のみで積み上げている。石はそれぞれ平らに滑らかに磨かれ、十分緊密に隙間なく重ね合わされたので、人びとが鋭利な刃物を石の間に刺し込もうとしても難しかった。こうしてピラミッドは数千年間そびえ立ち、倒れなかったのだ。

◇古代ギリシアの歴史学者ヘロドトスは、伝聞に基づき、こう記している。「彼（クフ王）はすべての人々に、彼のために工事で働くよう強制し、……彼らは10万人ずつの大隊に分かれ、各隊は3ヵ月間働かなければならず、……ピラミッド本体の建設には20年を要した。……ピラミッドはぴかぴかに磨かれた石を使用し、非常に精密な積石作業によって完成した」[*3]。

◇ある学者の推測によれば、汽車にピラミッドの建築石材を積んで運ぶと、およそ車両60万台が必要だという。また、これらの石を砕いて、一尺幅〔約0.3メートル〕の舗装道路を作ると、地球を一周できるという。

○では、あなたの想像では、4、5千年前の人類はどんな方法で、十数トンもの石を削ったり、運搬したりしたと思いますか？

＊3）ヘロドトス『歴史』第二巻第124節。松平千秋訳『ヘロドトス　歴史』上（岩波文庫、2004年）では該当部分を次のように訳出している：「……この王は先ずすべての神殿を閉鎖し、国民が生贄を捧げることを禁じ、つづいてはエジプト全国民を強制的に自分のために働かせたという。……常に十万人もの人間が、三ヵ月交替で労役に服したのである。……ピラミッド自体の建造には二十年を要したという。ピラミッドは（基底が）方形を成し、各辺の長さは八プレトロン、高さもそれと同じで、磨いた石をピッチリと継ぎ合せて造ってあり、どの石も三十フィート以下のものはない。」（240－241頁）。

　クフ王の息子カフラー王のピラミッドの傍らには、巨大なスフィンクスが伏せている。ピラミッド建設の際に残った天然の巨石で彫られたもので、高さは20メートル余りに達する。彫像の頭部には、カフラー王の頭像が彫られ、体は座したライオンの様子を象(かたど)っている。ファラオの頭は菱形の王冠を戴き、顔は東を向いたまま臥している。両眼はまっすぐに前を見据え、眼光は威厳と冷静さを湛えており、ピラミッドの秘密を見張っているかのようだ。

図2-28　スフィンクス

82　第二単元　文明の起源

古代バビロニアにも、人びとを感嘆させてやまない奇観の建築が造られたことがあった。古代の世界七不思議の一つと称される「空中庭園」である。

　紀元前6世紀、バビロニアのある国王がある異国の姫を娶った。彼女は故郷を思うあまり、一日中鬱々として楽しまなくなった。姫に二度と家を恋しがらせないため、国王は数万人の有能な工匠を召集し、各階のバルコニーに重なりあった庭園を造り上げた。彼らはその上に土を盛り、花や草木を植え、さらに庭園に灌漑用の水道も通した。遠くから眺めると、庭園があたかも空中に懸かっているように見えた。

図2-29　空中庭園想像図

　世界のたくさんの文明古国では、燦然と輝く青銅文化が創造された。商王朝は中国の青銅文化が光輝いた時期である。青銅器の種類は多く、造型は古風で質朴かつ独特であり、工芸も精緻を極めていた。中でも、司母戊大方鼎は、現在のところ世界で発見された最大の青銅器となっている。

　1939年河南省安陽県で発見された。出土後、それが大きく重かった（約833キログラム）ため、その時には運搬できなかった。日本の侵略者が何度も強引に探索したので、略奪を免れるため、人びとはこれを地下に埋め、抗戦勝利に至って、ようやく日の目を見ることとなった。現在、中国歴史博物館に所蔵されている。

図2-30　司母戊鼎

　わが国西南地域の成都平原でも、独特な青銅文化が栄えた。それは世間に名高い「三星堆」文化である。そこから出土した青銅製の仮面や、大型の青銅製人物立像は世の人の注目を集めた。

図2-31　三星堆青銅製人物立像

第三課　野蛮に別れを告げる　83

図2-32 商王朝期、青銅器鋳造の様式

多くの研究者によれば、商代の銅を熔かす坩堝(るつぼ)は、最大でも一度に12.7キログラムの銅しか熔かせなかったという。したがって、司母戊鼎を鋳造するには、80余りの坩堝で同時に作業する必要がある。これに試作品の製造、型取り、修飾を加え、さらに運輸や材料配合も合わせると、必要な人力と専門技術はもっと多くなる。
○図をもとに、司母戊鼎はどのようにして製造されたか想像できますか？

古代の科学的な探索

灌漑農業による生産の需要は、エジプト人にナイル川の干満を相当に細かく観察させた。彼らは、ナイル川の潮がカイロ附近に来る時に、シリウスと太陽がちょうど同時に地平線から昇ってくることを発見した。そこで、エジプト人はこの日を一年の始まりとし、二度の氾濫期の間を一年とした。

ナイル川の干満と農作物の生長サイクルに照らし、エジプト人は一年を氾濫期、種まき期、収穫期という３つの季節に分け、一期を４ヵ月、一月を30日とし、歳末に５日の宗教祭日を加えて、一年を365日とした。これが人類史上初めての太陽暦であり、これと地球が太陽を一周する回帰年(かいきねん)との誤差はわずか４分の１日である。この発明が後世に与えた影響は大きく、後のローマ暦法や私たちが今日広く用いている西暦は、すべてこの暦法をもとにしている。

マルクスは「ナイル川の干満時期を計算する必要から、エジプトの天文学が生まれた」と言う。
○考えて見ましょう、マルクスはどうしてこのような結論に達したのでしょうか？

第二単元　文明の起源

> **読書カード**
>
> ### 週の由来
>
> 　両河流域の人びとは、月の満ち欠けのサイクルを観察して、太陰暦（たいいんれき）を編み出した。彼らは7日間を1週間と決め、日曜日から土曜日までを、それぞれ太陽神、月神、火星神、水星神、木星神、金星神、土星神というように、毎日一人の星の神が「当直」するものとした。また計時方法では、1日を12時間、1時間を60分、1分間を60秒に分けた。われわれが現在使用している1週間7日制や計時方法は、こうしてできてきたものである。

　古代エジプト人は死体をよく保存しさえすれば、霊魂を不滅にできると考えた。そのため、古代エジプトでは人が死んだ後、死体をミイラにすることが流行した。ミイラを作る過程で、彼らは初歩的な解剖学の知識を知り、血液循環と心臓の拍動の関係を理解し、また診療科を分けた病気の治療も始めていた。エジプト人の医術は優れており、かつてペルシア国王がエジプトに人を派遣し、ファラオに最も良い眼科医を送ってくれるよう求めたという。

> **読書カード**
>
> ### ミイラ
>
> 　ミイラは防腐処理を施した乾燥死体である。古代エジプト人は、早くからハイレベルの防腐技術を会得しており、死体を解剖する際、香料を埋めこみ、特製の防腐液に浸し、最後に麻布でぐるぐる巻き、樹脂を塗った。人の死体がこのように保存された結果、ミイラができあがった。

図2－33　ミイラを入れる棺桶

　ゼロを含む10個の数字符号は、古代インド人の発明である。彼らは現在一般に通用している計数法も発明した。これらの発明はいずれも後にアラブ人を通じてヨーロッパに伝わったので、アラビア数字と呼ばれている。古代エジプトと古代バビロニアの幾何学の成果はさらに突出している。古代エジプトの幾何学者は、すでに二等辺三角形、長方形、台形、円の面積を計算することができ、また円周率を3.16と算出していた。

宗教の神秘

　古代エジプトは多神教の国家であり、当初、各都市や地域にはその地で崇拝される神がいた。エジプトが徐々に統一されるにつれ、宗教観念もだんだんと融合し、広範な信仰を受ける神が出現した。

　アモン神は本来、ある小さな部族の地方神にすぎなかった。この部族の地位が強まるにつれ、アモン神もますます重要になり、徐々に王国の守護神となっていった。ファラオたちはしばしばアモンの子を自負し、自己の権威を強化した。彼らはアモン神の信仰の地に、神殿やオベリスク〔方尖巨石柱（ほうせん）〕、神像などを建て、アモン神へ奉納した。

第三課　野蛮に別れを告げる

宗教は古代エジプト人の生活の中で支配的地位を占め、エジプト文明のほとんどの領域が濃厚な宗教的色彩を帯びていた。

> 古代エジプト人は来世の審判という観念を信じており、人は現世で悪い事をすれば、心臓が小さく、軽くなり、死後に審判と懲罰を受けなければならないと考えた。図2-35に示されているのは、冥界の神が天秤で人の心臓の重量を測っているところである。天秤の一方には公正と真理を表す羽毛が、もう一方には死者の心臓が置かれている。死者は戦々恐々として傍らに立ち、審判の結果を待っている。

図2-34 アモン神

図2-35 冥界の神が心臓の重量を測る

図2-36 釈迦牟尼仏像

仏教は紀元前6世紀のインドで誕生し、その創始者はガウタマ・シッダールタである。伝説によると、彼は今日のネパール領域内で生まれ、シャカ族の王子であったという。彼は29歳の時に出家して修行をし、仏教の教義を創立した。インド中部の各地で広く信者を集め、40年余りにわたって仏教を伝播し、仏陀あるいは釈迦牟尼と呼ばれた。「仏」とは大いに悟りを開いた人という意味であり、仏教創始者に対する尊称である。「釈迦牟尼」とはシャカ族の修道者という意味である。

読書カード

釈迦牟尼の物語

言い伝えでは、シッダールタは青年期に自由気ままな生活を送っていた。ある日、彼は街を出て遊びに行ったが、そこで一人の老人が木の杖をつき、歩きにくそうにしているのを、また別のある病人が汚泥の中で息も絶え絶えに臥しているのを、そして鳥の群れが死体をついばんでいるのを、見た。彼は驚いたが、道行く人はこんなことはいつも起こっていると彼に告げた。このことは彼に、人生で生、老、病、死をなくす方法について深く考えさせた。そこで彼は出家して修行を行い、解脱の道を探求した。そして菩提樹の下で、東方に向かい静座し、瞑想し、7日7晩を経て、ついに大いに悟ったという。

仏教は「衆生の平等」を提唱し、バラモンの階層制度に反対した。人の生、老、病、死はみな苦しみであり、苦しみの根源は人の欲望にあると考え、欲望を消し去り、忍耐と従順な態度で、刻苦して修行しさえすれば、「極楽世界」に到達できるとした。紀元前3世紀、アショーカ王の在位期、仏教は大きな発展を見、対外伝播を開始した。アショーカ王の在位時期に仏教は大きな発展を得た。アショーカ王はインドにたくさんの仏寺や仏塔を盛んに建立し、仏教徒を召集して集会を開き、仏教経典の整理と編纂を行わせた。さらに、僧侶を近隣諸国に派遣し布教に当たらせた。こうして、仏教は広く伝播し始め、東南へ向かって東南アジアへ伝来し、西北へ向かって中央アジアに伝来した。紀元前後に、仏教は中央アジアから中国内部に伝来し、その後中国から朝鮮や日本へ伝来した。

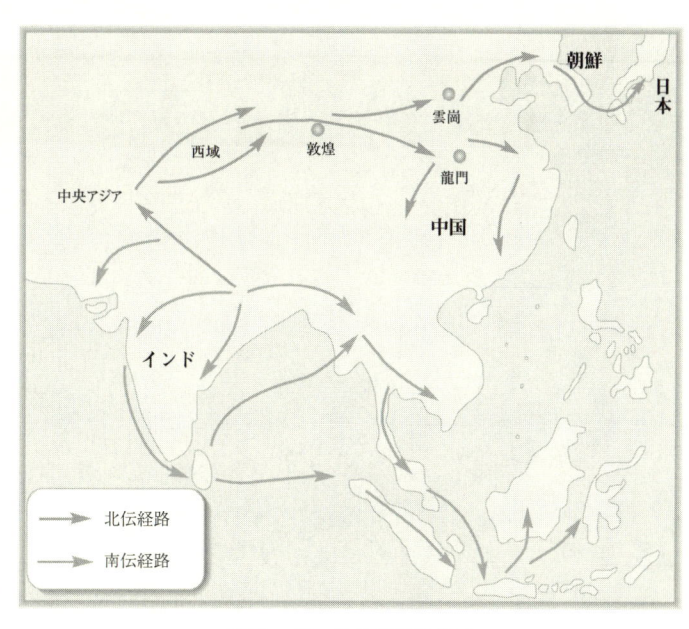

図2-37 仏教伝播の様式

自分でやってみよう。

1. 古代の四大文明の中で、どんな成果が今日になおも直接的影響を与えていますか？ 少なくとも4つ列挙してください。
2. ギリシアの歴史学者ヘロドトスは「古代エジプトはナイルのたまものである」と言いました。あなたは、どんな事例を通じて、この言説が正しいと証明できると思いますか？

3. 以下の年代尺度に、わが国の先史時代に関する事項（その間に代表的な特徴を持つ文物や伝説の年代を反映させましょう）を示しましょう。例えば、
   ・わが国領域内で最古の先住民
   ・北京人
   ・山頂洞人

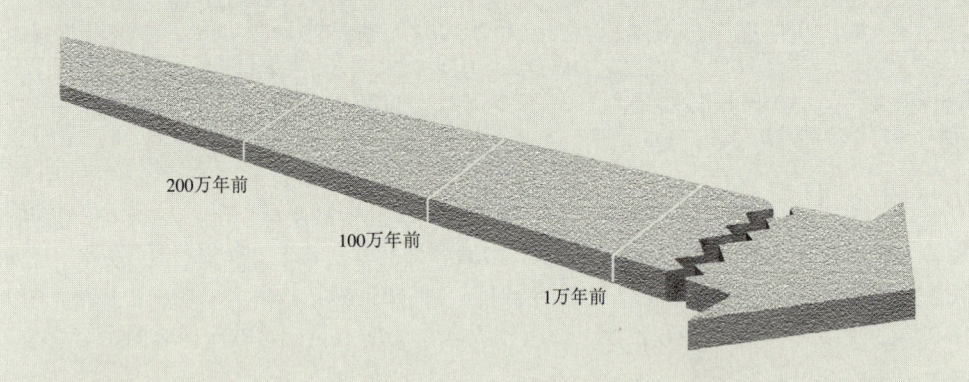

200万年前　　100万年前　　1万年前

   ・河姆渡文化
   ・半坡文化
   ・華夏族の始祖
   ・中国最古の王朝
   ・中国最古の文字記録がある王朝

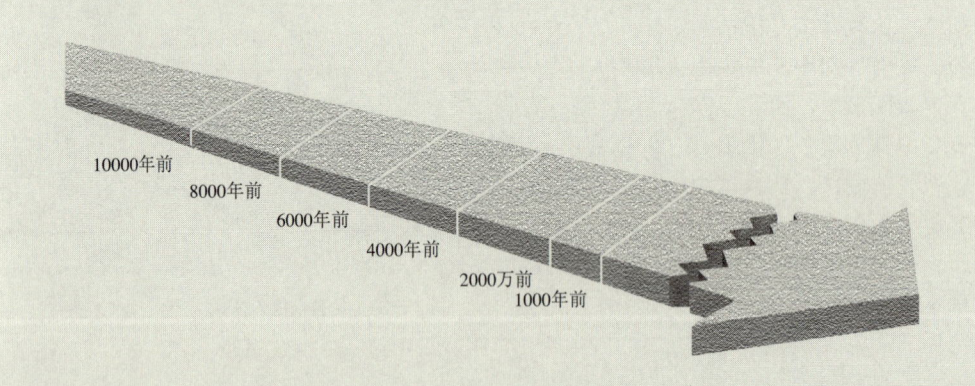

10000年前　8000年前　6000年前　4000年前　2000万前　1000年前

4. この年代尺度に基づき、中国の先史時代の発展の筋道を叙述しましょう。

総合研究二　世の激変を感じ取る

滄海・桑田の激変：藍田人(らんでんじん)のふるさとの今昔

　人びとがよく使う「滄海(そうかい)変じて桑田(そうでん)となる」という成語は、世の移り変わりが大きいことへの感慨を表わす。

　100万年から50万年前、今日の陝西省藍田県(らんでんけん)内に生活していた原人を、私たちは藍田人とよんでいる。

　藍田人が生活した時代、そこの気候は温暖湿潤で、渭河(いか)〔渭水。甘粛(かんしゅくしょう)省から陝西省を経て黄河に入る川の名〕の支流が近くをゆっくりと流れていた。ここで、虎、豹、黒熊、ステゴドン、水牛、猪、ジャイアントパンダなど森林動物の化石が発見され、また大角鹿(おおつのしか)、三門馬(さんもんば)などの草原動物の化石も見つかっている。今から100万年ほど前、ここの植生は森林が主で、草原は付属的に存在したが、今から60万年ほど前に変化が起き、草原が主となった。藍田は秦嶺山脈(しんれいさんみゃく)の北麓にあったものの、秦嶺山脈が果たす気候上の境界作用は、当時はまだあまり明確でなく、ここには熱帯や亜熱帯の動物が生息しており、南方の動物群の特徴を持っていた。また水源が豊富で、植物が密生しており、人類の理想的な生息地であった。

図2-38　藍田人の生活想像図

　藍田附近の渭河両岸は、周・秦以来たくさんの王朝が建都した地である。しかし数千年来、この地域の人口が増加するにつれ、土地が大量に開墾され、人びとの多くは薪を燃料とし、統治者もまた盛んに土木事業を行い、宮殿を築いて、森林を大量に減少させることになった。上流の森林の植生は破壊され、河床が土砂で詰まって、渭河のいくつかの支流は船で往来できなくなり、さらには流れが止まるものも出た。10世紀の初頭以後は、ここが再び中国の政治、経済の中心になることはなかった。

　人類は優れた自然環境に依存し、それを利用し、輝かしい文明を創造し、発展させてきた。しかし同時に、過度な開発が自然環境を破壊し、文明の衰退をまねいてしまった。

人類の歴史の変遷過程からこの問題を深く考えることは、私たち現代の公民一人ひとりの責任である。

図2-39　藍田人の遺跡

事実に照らそう——環境の変遷の調査

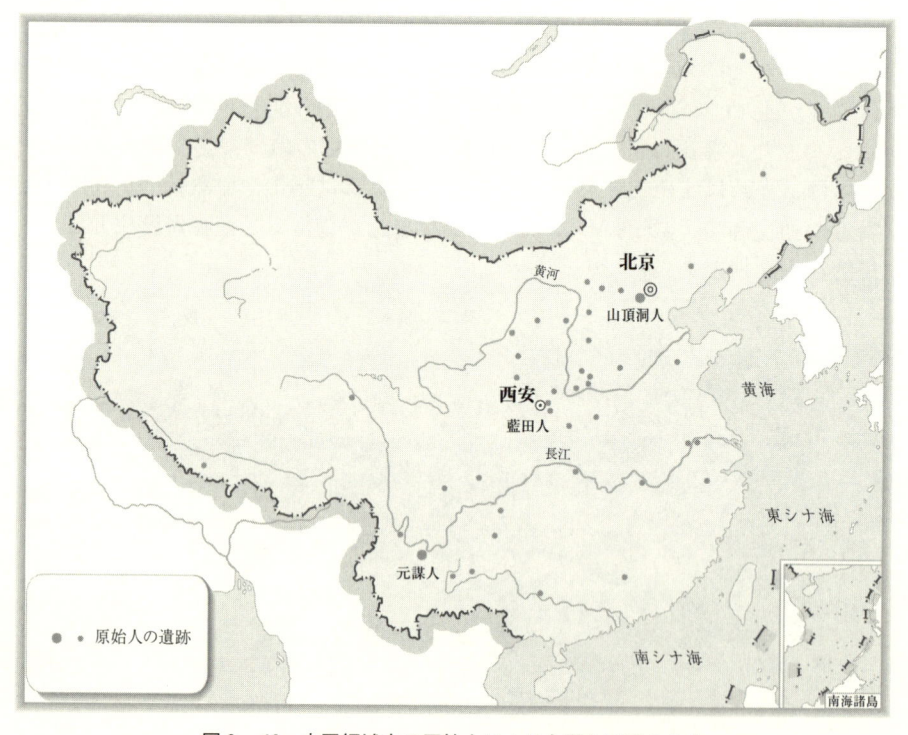

図2-40　中国領域内の原始人による主要な遺跡の分布

上の分布図を見て、あなたの故郷に比較的近い遺跡を選び、関連資料を調べて、当時の環境とその後の変化を把握し、再び現在の状況を見てみよう。調査には以下の表を参照してもよい。

調査項目	歴史時期	現在の状況
森林面積		
河流の状況		
動物の数量		
植物の種類		

第二単元　文明の起源

文明をふり返る——環境の変遷を感じよう

　調査を通じて、私たちは歴史上の異なる時期において、環境状態にたくさんの変化が生じたことを発見するだろう。調査結果を共有するため、討論会を開いてみよう。
　討論は以下の問題をめぐって行ってもよい。
○私たちの調査報告の中には、どのような良い変化があったでしょうか？　どのような悪い変化があったでしょうか？　その変化はいつ発生しましたか？　その変化を起こした原因は何ですか？　これらの変化はどのような結果をもたらしましたか？

○私たちの調査及び関連する事例を織り交ぜ、以下の格言に対して各自の見解を発表しましょう。
・中国古代の思想家孟子は言った：「斧斤時を以って山林に入らば、材木勝げて用ふべからざる也」〔適切な時期を定めて山林に入り木を伐れば、材木は使いきれないほど多く手に入るでしょう〕*4)。
・中国古代の思想家荀子は言った：「人定まりて天に勝つ」〔人力は自然にうち勝つことができる〕*5)。
・エンゲルスは言った：「われわれは、自然界に対して勝利したと過度に陶酔してはならない。このような勝利に対して、自然界はいつもわれわれに報復する。勝利するたび、最初われわれは予想通りの結果を確かに獲得するが、第二歩目と第三歩目〔二次的、三次的〕には完全に予想外の作用が生じ、最初の結果をも消し去ってしまうものだからだ」*6)。

＊4)《孟子・梁恵王上》
＊5) 本文では自然環境の考え方として「人定勝天」が挙げられているが、「天」の解釈は本来、天然、天性、天命などを含む。荀子は天と人との分離を明言し、義ある人間こそ「四時を序し万物を裁して天下を兼利する」ことができるとしたり〔『荀子』巻第五・王制篇第九（金谷治訳注『荀子』上、岩波文庫、1991年、163頁）〕、「人（事）を錯〈お〉きて天を思わば即ち万物の情を失う」とし〔巻第十一・天論篇（同前書下、42頁）〕、自然（の生産）を思慕するよりも人間的な努力を勧め、人為の有効性を説いた。
＊6) エンゲルス「猿が人間化するにあたっての労働の役割」『自然の弁証法』（大内兵衛・細川嘉六監訳『マルクス・エンゲルス全集』第20巻、大月書店、1968年、491頁）に見え、自然破壊の事例が続く。

条件的に可能ならば

条件的に可能ならば、以下のサイトにログインして資料を探してみよう。
　　人民教育出版社環境教育欄
　　世界自然基金会中国サイト
　　天地人の和
　　中国歴史博物館
〔注：日本からはアクセスできるとは限らず、ここでは省略した〕

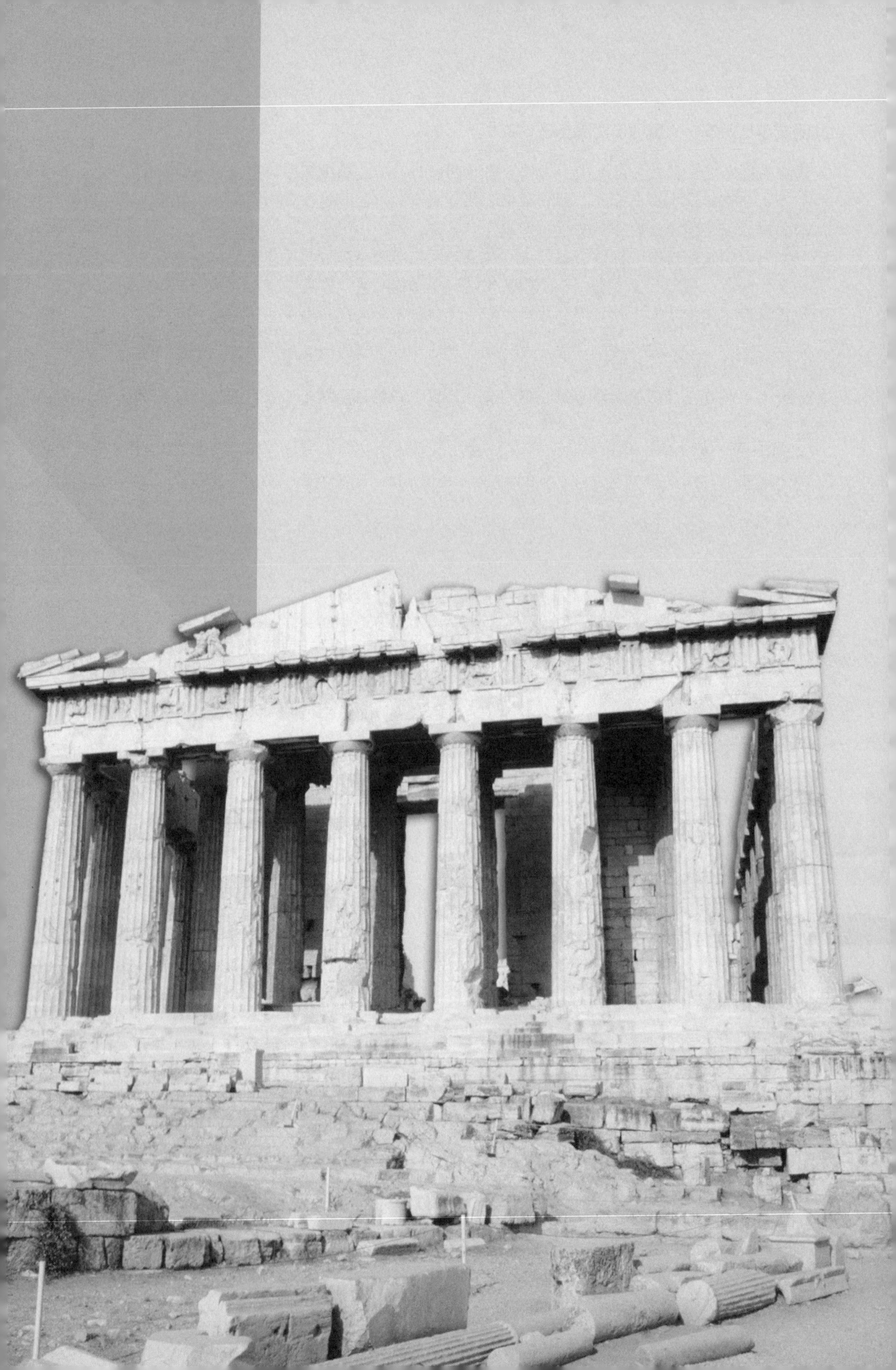

第三単元
農耕文明の時代（上）
――相次いで盛衰するユーラシアの国ぐに

　世界には古い文明をもつ国ぐにがあり、その大部分は農耕文明発祥の地に興った。4、5千年もの長いあいだ、農業生産は世界の諸地域における文明の基礎となっていた。

　農耕文明の時代に、ヨーロッパは古代ギリシアと古代ローマの盛衰過程をへたのち、戦争の頻繁に起こる中世にはいり、キリスト教勢力がヨーロッパを支配するようになった。11世紀になると、ヨーロッパの都市再建がはじまるとともに、のちに起こる社会変革のための条件がつくられた。8世紀には、アラブ人がきずいた国家が発展し、アジア・アフリカ・ヨーロッパの三大陸にまたがる大帝国となった。帝国はのちに崩壊することになるのだが、逆にアラブ人は当時の世界的な文化交流を生みだす立役者となり、イスラーム教もまた仏教・キリスト教とともに、世界の三大宗教と称されるようになった。

　農耕文明の時代における各地の文明の成長と発展は、のちの世界構造にきわめて大きな影響をあたえた。

第一課　ギリシア・ローマとヨーロッパの古典文明

　　大河流域の古い文明をもつ国ぐにと別れ、私たちは地中海沿岸の古代ギリシアにやってきた。大河文明の場合とは異なり、大小さまざまな半島や島じまに古代ギリシア人と古代ローマ人の生活の舞台がつくられた。ここに輝かしい古典文化が創りだされ、のちの西洋文明が育まれることになった。

初期のエーゲ文明とポリス

　　ヨーロッパ南部にはギリシアがあり、その東部はエーゲ海に面している。この周辺の山やまは起伏に富み、海岸線は入り込み、海にはまるで天空の星や碁盤上の石のごとく島じまがちりばめられている。クレタ島はそのなかでもひときわ大きな島である。
　　〔ギリシアの〕伝説によれば、太古の時代、この辺りはミノスとよばれる王により統治されていた。彼は、内部の通路が複雑に入り組み、一度そのなかに入ると出ることができないような、壮大な宮殿を建造し

図3－1　クレタ島の宮殿遺跡

たという。19世紀の考古学の発掘によって、これが単なる神話ではなかったことが証明された[1]。紀元前2000年ころ、クレタ島でエーゲ文明が生まれ、その後ギリシア本土に文明の中心が移り、ミケーネ文明[2]があらわれた。クレタ文明とミケーネ文明とをあわせてエーゲ文明とよび、およそ800年続いた。こうして古代ギリシア文明がはじまったのである。

　　＊1）1900年、イギリスの考古学者アーサー・エヴァンズ（1851～1941年）がクレタのクノッソス発掘に着手した。
　　＊2）ドイツのシュリーマン（1822～90年）がミケーネの発掘を行った。

図3－2　古代ギリシア

図3-3　古代ギリシアの航海の浮彫

紀元前8世紀にはいると、小アジア西岸やギリシア各地に都市を中心とする小国が数多く誕生した。歴史上、これらをポリスという。そのなかでもっとも重要なのはアテネとスパルタの2つのポリスである。

アテネはエーゲ海に面し、海上交通に便利であった。この辺りの商人は遠くエジプトなどの地にまで航海することもでき、ポリスは商業交易によって繁栄していた。

平民と貴族とのあいだで闘争が繰り返された結果、紀元前5世紀、ペリクレスが指導権をにぎった時代に、アテネの民主政は全盛期をむかえた。10日に1度、すべての男性市民の参加する民会が開催された。国家の内政・外交などの重要事項は投票で決められ、〔民会は〕国家の最高議決機関となった。休会期間には、市民のなかから抽選で選ばれた500人からなる"五百人評議会"が組織され、ポリスの日常的な行政を責任もって処理した。各クラスの役人もまたすべて抽選で選ばれた。民衆裁判所はアテネの最高司法機関であり、陪審員は市民のなかから抽選で選ばれ、さまざまな重要案件を審理した。

アテネの民主政治は、すべての市民が政治の権利と義務とをともに持つと宣言していた。しかし、実際には重要な役職はすべて貴族がにぎっていた。女性・奴隷・在留外人〔外国人〕はすべて民主政治から排除されていた。図中の市民は男性に向けて講演をしているところである。

図3-4　演説するアテネ人

読書カード
陶片追放〔オストラシズム〕
ある人物の権力が大きくなりすぎて民主制度が壊されるのを防ぐため、アテネ人は陶片追放を考案した。毎年一回、そのための民会が開催され、民主政治に敵対すると思われる人物の名を市民たちが陶器の破片〔オストラコン〕（もしくは貝殻）に書いた。この大会に出席した人数が6,000人をこえたときに、最多得票者は10年間追放される[*3]。

*3）一人で6,000票以上を得た中で最多票数者（一説には全投票数6,000以上の中で最多票数者）が10年間国外追放される（「陶片追放」『角川 世界史辞典』角川書店、2001年）。

図3-5　オストラコン

第一課　ギリシア・ローマとヨーロッパの古典文明　｜　95

アテネの民主制度は、主体的・積極的に市民が政治に参加し議論するものであったが、この民主政治は、奴隷制度を基盤として成立しており、人口の大多数を占める奴隷・女性・在留外人には政治的権利がいっさい認められていなかった。

　統計によれば、紀元前5世紀後半、アテネの人口は約30万人で、その内の半数は異邦人や奴隷であり、成年男性は5万人にすぎなかった。
◇ペリスレスは戦没者の葬儀で演説し、こう述べている。「われらの制度が民主政治であるとよばれるのは、政権が少数者の手中にあるのではなく、すべての市民のもとにあるからである」*4)。
○ペリクレスのこの言い方は全面的に正しいのでしょうか、それとも部分的に正しいのでしょうか？
○本文に関連する内容をふまえ、アテネの民主政についてどのように理解したのか説明してみましょう。

*4) このペリクレスの演説は、トゥーキュディデース『戦史』に収録されている（トゥーキュディデース『戦史』上、岩波文庫、2005年、226頁）。

　ギリシアのもう一つの大きなポリスといえばスパルタである。スパルタは軍事力を重んじ、隣接する諸国の征服にあけくれた。スパルタ人は、生涯、ポリスの軍事的要請に応えなければならず、男の子が生まれた場合、虚弱な赤ん坊であればその場で捨てられ、丈夫な子どもは7歳になると軍事訓練をはじめた。女の子もまた、将来、強壮な母親となるために競走や槍なげの練習などを行った。スパルタ全体はまるで大兵営のようであった。

図3-6　スパルタの少女

共和政から大帝国へ

　紀元前8世紀、地中海北岸のイタリア半島の中部にローマが興った。紀元前509年、ローマ共和政が成立した。共和政のコンスル〔執政官〕はたいへん大きな権力をにぎり、彼らが遠出するさいには12人の従者をしたがえた。従者は権力の象徴である棒と斧の束を肩に担いでおり、"ファスキス"とよばれた。

　ローマ人は武を尚ぶ民族で、彼らは英雄を崇拝しており、勇敢で戦いにたけるよう子どもを教育しなければならなかった。ローマ軍は勇敢に戦い、戦術巧みであった。ローマの軍団は青年兵・壮年兵・後備兵の3戦列で組織され、それぞれの軍団には工兵・機械兵・騎兵が配置され、多くの兵種が協同で戦う"密集隊"を備える優れた勢力であった。

図3-7　"ファスキス"を肩に担ぐ従者

強大な戦闘力を持ち、長期にわたって各地で戦争を行うことによって、ローマは周辺の数多くの強敵をつぎつぎに征服して、全イタリア半島を統一した。紀元前2世紀、ローマは地中海世界を制覇した。侵略の過程で、大量の奴隷や広大な土地を略奪した。版図が拡大するにつれ、共和政はますます統治の要請にそぐわなくなっていった。紀元前27年、オクタヴィアヌスは共和政の"元首〔市民のなかの第一人者〕"と自称し、大権を手中におさめて事実上の皇帝となった。これによりローマ共和政はローマ帝国に取って代わられた。帝国前期には、政治は相対的に安定し、経済も繁栄していた。2世紀になると、ローマはヨーロッパ・アフリカ・アジアにまたがる大帝国となった。地中海はローマ帝国の内海となり、それをたわむれに"ローマ人の小さな湯ぶね"と言う者もいた。当時、ローマ帝国は世界における強大国の一つであった。

図3－8　ローマの重装歩兵[亀甲陣]

図3－9　オクタヴィアヌス

図3－10　2世紀のローマ帝国

　ヤヌス〔ローマ神話のなかに登場する神〕はローマ人の門神であり、ローマの守護神でもあった。ローマの対外戦争が発生するたびに、ヤヌス神殿の扉は開け放たれた。全王政時代[5]と共和政期の700年あまりのあいだ、この神殿の扉が閉じられたのはわずかに2度のみであったと言われている。
　〇ローマが3大陸にまたがる大帝国になった要因はどこにあると思いますか？

第一課　ギリシア・ローマとヨーロッパの古典文明　｜　97

○地図をよく見てみましょう。ローマ帝国の版図には、おもに現在のどのような国ぐにが含まれているでしょうか？

＊5）紀元前753年のローマ建国から伝説上の7人の王が治めていた期間。その後、紀元前509年に共和政がはじまる。

ところが、3世紀になると、ローマ帝国は全面的な危機におちいり、のちに東ローマと西ローマとに分裂した。476年、西ローマ帝国はゲルマン人の攻撃により滅亡した。

西洋文化の源流

輝かしい古代ギリシアと古代ローマの文明は西洋文化の源流をなしている。

古代ギリシア人は宇宙・万物の起源について探究し討論することに熱中した。現代のヨーロッパ人が用いる"哲学"という言葉は古代ギリシア語から生まれ、それはもともと"智慧を愛する"ことを意味していた。

これは、16世紀に著名な画家〔イタリアの画家ラファエロ〕によって描かれた一幅の名画である。画家は古代ギリシア人がつねに考え、自由に論争する場の様子を描写した。画中のプラトンとその弟子アリストテレスは、彼らのなかの代表的人物である。

図3−11 「アテネの学堂」

古代ギリシア人と古代ローマ人もまた自然科学や人文科学に多くの成果を生みだし、彼らの科学的知識や科学的思想は西洋近代科学の源となった。

図3−12 古代ギリシアの科学者アルキメデスが発明した螺旋揚水機

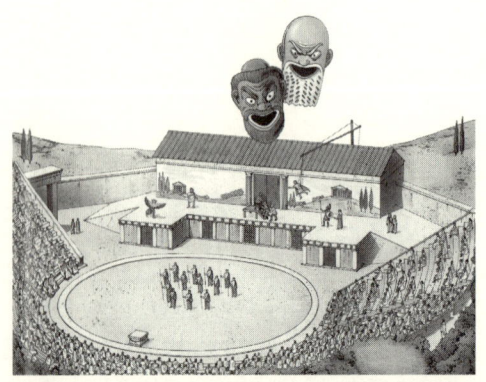

図3−13 古代ギリシアはヨーロッパ演劇の故郷であり、上演される演劇を観衆が鑑賞している

図3−14 古代ギリシアの歴史家ヘロドトスが戦争の生存者を訪ねている

読書カード

アルキメデスの原理〔浮体の原理〕の由来

　古代ギリシアの王〔ヒエロン2世〕はある者に金の王冠を作らせ、科学者〔数学・物理学者〕アルキメデスにそのなかの金の含有量を測定するよう依頼した。けれども、アルキメデスは金冠を壊すわけにはゆかず、困り果てた。ある日、彼は入浴中に自分の身体の一部がお湯につかり浮かび上がるのをみて、浮体の原理によって金冠の金の含有量を測ることができるとひらめいた。そして彼は嬉しさのあまり「分かったぞ〔ヘウレーカ（ギリシア語）〕！」と叫び、真裸のまま家にとんで帰った。アルキメデスは科学のために生涯をささげ、梃子の原理や浮体の原理を発見したことで世に名をはせている。

　ローマ法は、古代ローマが後世の人に残したもっとも重要な遺産の一つである。紀元前5世紀半ば、ローマは初の成文法を制定し、公示した。これは、12枚の銅板〔12枚の板（材質不明）〕に刻まれていたことから「十二表法」とよばれ、ローマ法やヨーロッパ法の源流である。ローマ法はのちの欧米諸国の法律に多大な影響をあたえ、近代西洋諸国の法体系の基盤となった。

　ローマ建築は荘重で、多くは柱とアーチ構造を用いている。壮大な建築は古代ローマの誇りであり続けた。オクタヴィアヌスは、「私はローマを煉瓦の町として引き継ぎ、大理石の都として残すのだ」*6) と言ったことがある。

*6）このオクタヴィアヌス（前63－後14）の言葉の出典は、①ディオ・カッシウス『ローマ史』56巻30、②スエトニウス『ローマ皇帝伝』2巻28である。ここでは、後者の邦訳＝国原吉之助『ローマ皇帝伝』（上、岩波文庫、1986年、124頁）にしたがった。

読書カード

古代ローマ建築の概観

　古代ローマには30の門、420の神殿があり、大小数十の劇場や公衆浴場があった。そのほかにも宮殿・凱旋門記念柱・水道橋などの建造物があった。さらに、広場の周囲には彫像が立ち並び、建造物には精緻で美しい浮き彫りがほどこされ、ローマはあたかも野外建築芸術博物館のようであったと言えるだろう。さまざまな公共建築のほかにも、ローマ人はローマを中心とする道路交通網をつくりあげた。これらの広大な道は相当数にのぼり、風雪を経ても堅固さは変わらず、このことから"すべての道はローマに通ず"と言われる。

図3－15　凱旋門

図3-16　古代ローマの闘技場〔コロッセウム〕

図3-17　現代の体育館

図3-18　パルテノン〔万神殿(ばんしんでん)〕

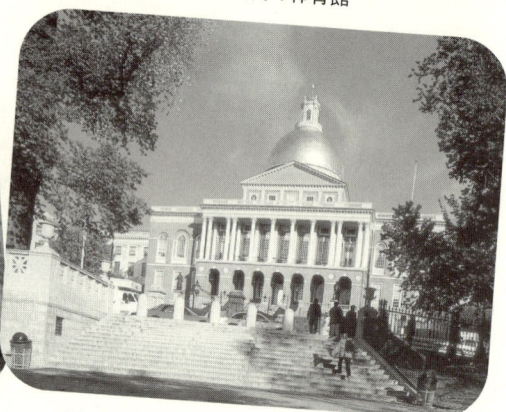

図3-19　アメリカ合衆国議会議事堂

○二組の写真を比べて、今日の建築と古代ギリシア・ローマ建築とはどのようなところが似ているのか考えてみましょう。

自分でやってみよう

1. ギリシアとアテネのポリスの国家の最高議決機関は（　）です。
   A．民会
   B．五百人評議会
   C．民衆裁判所
2. ギリシアとローマが生みだした古典文化が西洋文明の源である事実は、どのようなところに見出すことができるのでしょうか？　それぞれ例を挙げて説明してみましょう。

100　第三単元　農耕文明の時代（上）

第二課　ヨーロッパの中世とキリスト教文明

　古代ギリシア・ローマがおとろえたのち、ヨーロッパは封建社会にはいり、16世紀に至る。この時代は"中世"とよばれている。経済の衰退とともに、絢爛たる古典文化もすっかりさびれ、キリスト教が中世前期の〔ヨーロッパを〕支配する思想となった。中世ヨーロッパの社会生活は、結局どのようなものであったのだろうか？

中世ヨーロッパの王国と帝国

　西ローマ帝国が滅亡すると、つぎつぎにゲルマン諸国家がたてられた。フランク人はゲルマン人の一派で、彼らがたてたフランク王国はもっとも強大な国となった。

　カールの統治する時代にフランク王国の版図は急速に拡大し、西ヨーロッパのほとんどの地域が征服された。800年、教皇〔レオ3世〕はローマでカールに戴冠式をとり行い〔カールの戴冠〕、シャルルマーニュ*7)帝国の誕生を示し、カールは帝国の初代皇帝となった。

　数十年におよぶ拡張戦争は、人びとに深い苦しみをもたらし、財産を失った農民は領主［封建主］に保護を求めざるをえず、領主に従属する農奴となった。同時にカールは征服して獲得した大部分の土地を臣下に分けあたえた。こうして次第に封建制が形成されていった。

図3－20　6世紀初めのフランク王国

*7) シャルルマーニュは、「カール大帝」のフランス語読み。

　主君と家臣の主従関係は一連の儀式を通して結ばれるのだが、そのなかで最も重要なのは臣従礼である。忠誠を尽くそうとする者は、脱帽し、ひざまずき、武装を解き、合わせた両手を君主の手のなかにおき、「ご主人さま、私はあなたの家臣です」と言った。それから、家臣は手を『聖書』の上において誓いをたて、かれの主人に忠誠を尽くすことを示した。このようにして、主君と家臣のあいだに互いの義務である封建的主従関係を正式に確立した。

図3－21　領主に忠誠を誓う家臣

○ヨーロッパの中世のことわざに「臣下の臣下は、臣下ではない」という言葉があります。当時のどのような状況を反映しているのか説明できますか？

カールの死後まもなく、彼の子孫たちは長期にわたる内紛におちいった。843年、カールの3人の孫たちはヴェルダン条約において、帝国を3分した。この3ヵ国はのちにそれぞれフランス・ドイツ・イタリアに発展した。これらの国ぐにのほかに、当時の西ヨーロッパにはもう一つ重要な封建国家、すなわちイギリスがあった。

> **読書カード**
>
> **イングランド王国の形成**
> 　紀元5世紀、ゲルマン人の一派のアングロ＝サクソン人がブリテン〔大ブリテン島〕に進入した。彼らは今日のイギリス人の祖先である。彼らがたてた小王国は長期にわたる戦乱を経たのち、9世紀初めに統一されイングランド王国を形成した。

西ヨーロッパで盛んになったキリスト教

　1世紀、ローマ帝国支配下のパレスチナ地域では、ユダヤ人が長いあいだ苦難に遭い、"救世主〔メシア〕"の出現を渇望していた。伝道師は、イエスこそが救世主であり、イエスの教えのように、苦難に耐えれば死後には"天国"にゆくことができる、と説いた。このイエスを信仰する宗教はのちにキリスト教とよばれた。貧しい信徒は数多くの小さな教団を結成した。それらは次第に統一されてキリスト教会となった。キリスト教の経典を『聖書』という。

> **読書カード**
>
> **『聖書』**
> 　『聖書』は『旧約聖書』と『新約聖書』を含んでいる。『聖書』は単に経典を集めて一冊にまとめただけのものではなく、大量の編年史・詩歌・伝説・物語も含まれており、内容はとても豊富である。キリスト教が広まるにつれ、『聖書』は百数十種類もの異なる言語に翻訳され、もっとも広く世界に伝わる作品の一つとなった。

　やがて、ますます多くの富裕な人びとが教会に加入し、教会の主導権を獲得した。西ローマ帝国が滅亡すると、多くの国王たちはつぎつぎとキリスト教に帰依し、教会もまた国王の力を利用して自身の影響力を強めた。教会はさまざまな手段を通して大量の地所を占有しただけでなく、さらにしばしば各国の政治に干渉したり、これを支配したりするようになった。キリスト教は中世のヨーロッパを支配する思想となり、文化や教育もまた教会の意のままに操られていた。

図3－22　キリスト教の儀式に参加する人びと

領主の荘園と都市住民の都市

中世の村落では、荘園はあたかも自給自足の生活を営む小世界のようであった。荘園の主人は国王や貴族でも教会でもよく、労働者は領主に従属する農奴であった。荘園は大小さまざまで、一般的には一つから数個の村落でなりたち、荘園内には領主のやかた・教会・粉ひき場・耕地・農奴の住居があった。荘園のなかのあらゆる生産物はすべて領主と労働者自身の消費にあてられ、外部から購入する必要があったのは、例えば塩や鉄のように、そこで生産できないごくわずかの物産のみであった。

図3-23　ヨーロッパ中世の荘園

農奴は主人から小さな土地を受けとって耕作し、生活を営んでいたが、期日までに主人に租税をおさめなければならなかった。このほかにも、さまざまな雑役を負う必要があった。彼らは自由な身ではなく、結婚にも主人の承諾を得なければならなかった。きわめて貧しい生活であったため、農奴で40歳をこえる者は少なかった。

中世初期には戦乱がたえなかったため、古代の都市はひどく破壊され、都市経済もこれにともなっておとろえた。11世紀になると、経済は徐々に復活し、人びとはしばしば

読書カード

"都市の空気は自由にする"

西ヨーロッパの都市はすべて封建領地内にあり、国王や領主は都市住民から思いのままに搾取することができた。このような状況を変えようと、多くの都市は買い取りや蜂起などの闘争を通して[8]、ようやく自治権を獲得した。これと同時に、都市住民は領主のさまざまな支配から抜け出し、真の自由民となった。中世のドイツには"都市の空気は自由にする"ということわざがあるが、これは、一般に行われた習慣にしたがい、まる1年と1日間自治都市に住めば、農奴であっても自由身分を得られたということを表現している。

[8] 諸侯の力をおさえようとする皇帝や国王から特許状をえる場合が多かった。

第二課　ヨーロッパの中世とキリスト教文明

余剰生産物を市場に持ってゆき、交換しはじめた。かつての都市がふたたび盛んになり、新興の都市もつぎつぎとあらわれるようになった。これらの新興の都市のなかでも、パリやロンドンは政治の中心となっただけでなく、商人が雲霞のごとく集まる経済や交易の中心にもなった。イタリアのヴェネツィアとジェノヴァでは対外交易が大いに繁栄し、フィレンツェは手工業でヨーロッパに名声を博した。

図3－24　パリの一角

◇パリのある街路では、仕立屋・床屋・雑貨屋などが客をよびこみ、到るところに商人の呼び売りする声が響きわたっていました。
　12世紀ころ、パリの都市の規模はロンドンの5倍であり、西ヨーロッパ最大の都市となりました。パリにやってきたある田舎の学者は、周囲でにぎわう大勢の人をみて、たいへん驚きました。
○村落と都市生活の違いを比べて、この学者がなぜこのように感じたのか考えてみましょう。

　都市の勃興と手工業生産の繁栄にともない、都市の中規模の手工業者は同職手工業者の利益をまもり、外部から侵害されないようにするため、新しい社会組織――ギルド［行会］――をつくった。のちに、ギルドの代表は選挙によって都市の参事会に加わった。

図3－25　ギルドの徽章

○どのようなギルドの徽章なのかあててみましょう。

自分でやってみよう

1. 以下の現在ある国のうち、かつてのゲルマン人やゲルマン人の国家と関係のあるのは（　）です。
   （1）イギリス　（2）フランス　（3）ドイツ　（4）イタリア
   A.（1）（2）（3）（4）　B.（2）（3）（4）　C.（1）（2）（4）　D.（1）（3）（4）
2. ヨーロッパ中世の都市と村落の生活でもっとも異なる点について説明できますか？
3. ヨーロッパ中世の封建制の最大の特徴は何でしょうか？

第三課　アラブ帝国*9) とイスラーム文明

　アラビア半島はアジア西部に位置し、ここにアラブ人の故郷がある。砂漠におおわれたところで、古代のアラブ人はどのような生活を営んでいたのだろうか？　世界に大きな影響を与えたイスラーム教は、どのように誕生したのだろうか？　それはアラブ人の歴史にどのような影響をおよぼしたのだろうか？　今から一緒に探索してみよう。

＊9）日本では正統カリフ時代からウマイヤ朝時代をアラブ帝国と呼び、アッバース朝時代をイスラーム帝国と呼ぶこともある。

イスラーム教の成立とアラブ帝国

　アラビア半島はアジア西部の非常に暑い地域にあり、気候は乾燥している。長いあいだ、遊牧民が草原とオアシス上を行き来するのみであった。

　6世紀末、水源や牧草地を求めてアラブの部族同士が争い、互いに殺しあいをし、アラビア半島内部の矛盾が深まるなかで、アラブ人は統一した国家の成立を渇望するようになった。イスラーム教は、まさにこのような状況のさなかに誕生したのである。

　イスラーム教の創始者ムハンマドは、アラビア半島西部の古都メッカで生まれた。彼は多くの地を訪れ、見聞が広く、25歳のときにさまざまな宗教について熱心に研究しはじめた。610年のある日、ムハンマドは一族に者にこう告げた。「自分は、夢のなかで神〔アッラー〕の啓示をうけた。使徒として教えをひろめ、その他の崇拝を捨てて、ただ唯一の"神"アッラーのみを信じるよう人びとに呼びかける」と。イスラーム教徒はムスリムとよばれ、〔ムスリムとは〕"神"アッラーを信仰する者を意味する。ムハンマドの説いた教えは、のちにイスラーム教の教典『コーラン』に収録された。

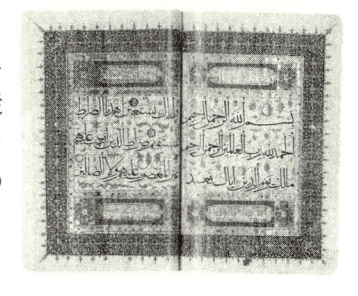

図3-26　華麗に装丁された『コーラン』

読書カード

『コーラン』

　"コーラン"とはアラビア語の"読誦する〔読みもの〕"という意味である。『コーラン』はムハンマドにくだされたアッラーの啓示を集めて編纂したもので、彼の弟子によってまとめられ書物になったと伝えられている。あわせて30巻*10) あり、その内容はたいへん豊富で、イスラーム教の教義・制度・律法などにおよぶ。イスラーム教の祭日には、断食明けの祭と犠牲祭とがある*11)。

＊10）これは「ジュズウ」juz' とよばれ、全体を30等分した場合の数え方。章や節の数とは別。ラマダーン月に1日1ジュズウずつ読誦すると、1ヵ月で全体を読みおえることができる仕組み。

＊11）断食明けの祭と犠牲祭はイスラームにおいてもっとも重要な2つの祭であり、ともにヒジュラ暦で祭日が定められている。前者はラマダーン月（第9月）の断食が開けたシャックール月（第10月）の初日、後者はメッカ巡礼のクライマックスの日であるズー・アル＝ヒッジャ月（第12月）の10日に行われる。

ムハンマドは、富める者の財産の一部を貧しい者に分配すると公言して、富裕ではない一般の人を引きつけた。しかし、金持ちで有力なメッカの大商人・富裕者層からは激しい怒りをかった。622年、ムハンマドはメディナへと逃れざるをえなかったが、この地〔メディナ〕で多くの人びとの支持をえた。この年はヒジュラ暦の紀元元年となった。その後、ムハンマドはムスリム軍を率い、数多くの勝利をおさめた。彼がこの世を去る前には、アラビア半島はほぼ統一されていた。

図3－27　8世紀のアラブ帝国

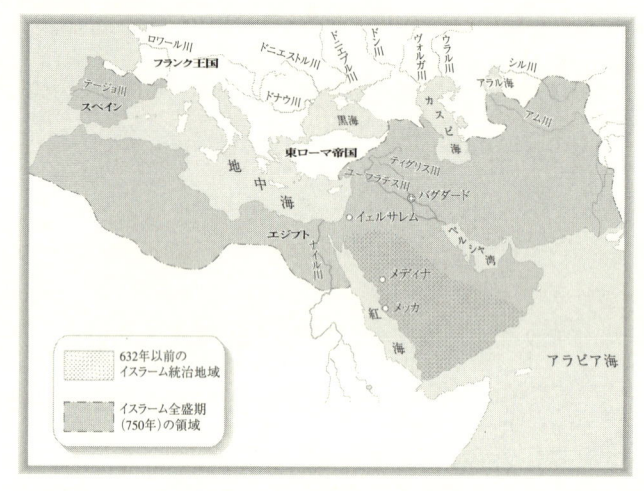

図3－28　ムスリム戦士

　通商路や土地を獲得し、内部の矛盾を緩和するため、新興のアラブの諸国家はさらに大規模な対外戦争を起こした。この1世紀あまりのあいだに、ムスリム軍は中央アジアや北アフリカの数多くの国ぐにをつぎつぎと征服した。8世紀なかばまでに、アラブにはヨーロッパ・アジア・アフリカの三大陸にまたがる大帝国がつくりあげられた。
　8世紀になると、バグダードはアラブ帝国の首都となり、また当時、世界最大の都市の一つとなって、住民は100万人に達し、商業は大いに繁栄した。しかしアラブ帝国は武力で征服してたてられた帝国にすぎず、10世紀以降は次第におとろえていった。

アラブ＝イスラーム文化

　アラブ帝国の時代には、多数のアラブ人たちがひっきりなしに三大陸を往来し、アラブの天文学や医学の知識、イスラーム教をもたらし、東方の特産物や進んだ技術をもちかえった。彼らは異なる文明のあいだの文化交流の架け橋となり、これらの地域の文化や経済の発展をうながした。
　世界各国の言葉はそれぞれ異なっているが、アラビア数字は翻訳の必要がなく、しかも誰もが知っている。実際には、インド人が最初に0から9までの記数法を創りだし、のちにアラブ人がこの方法を習得して改良を加え、さらにこの種の数字を全世界へと広めた。
　アラブ人は教育と知識を重んじており、ムハンマドはかつて次のように言ったことが

ある。「真理を求めよ、たとえ遠く中国に在ろうとも」と*12)。アラブ帝国がアジア・アフリカ・ヨーロッパにまたがっていた時代、そこではギリシア・ローマ・インドの著作物が大量に収集されてアラビア語に翻訳され、のちにさらに世界各地へと広まっていった。アラブの学者は世界の文化の発展に大きく貢献した。

*12) スンナ派の主要ハディース集（六書）などには収録されていないが、一般にムスリムのあいだで広く流布したハディースの一つ。

モスクはイスラーム建築様式の典型例である。一般に主体となるのはドーム型の礼拝堂で、正方形もしくは長方形の中庭の中央にあり、アーチ式の回廊が〔中庭を〕取り囲んでいる。さらに、その壁面にはさまざまな象眼模様がほどこされおり、モスク全体は一見してわかるように、雄大かつ華麗で、独特な風格を備えている。

メッカにある大モスク〔マスジド＝ハラーム〕は、現在のサウジアラビアのメッカ市中心に位置し、イスラーム教においてもっとも聖なる場所である。モスクの壁・階段・石段・地面はすべて純白の大理石が敷きつめられている。モスクは荘厳で、中心部にあるカーバ神殿は巡礼にやってくるムスリムが必ず礼拝する場所である。

図3-29　メッカの大モスク

アラブ帝国の版図の拡大とイスラーム教の伝播にともない、モスク建築様式もまた北アフリカ・ヨーロッパ・中央アジア・インド・中国などの各地へともたらされた。そしてさらに現地の伝統文化と結びつき、世界の文化交流の成果がそこに結晶した。

帝国時代のアラブ人は、数学・天文学・科学・医学などの科学技術の分野において、たいへん優れた成果をおさめ、当時の世界をリードする立場にあった。

上方の水が機械の人形の手中の器のなかに流れこんで一定の重さに達すると、脚の下に車輪のとりつけられている機械の人形は傾斜にそって滑り下り、扉を推しあけて、主人に水とタオルを差し出す。

図3-30　アラブ人が発明した自動機械

11～12世紀にアラブ人の地図作成は高い水準に達した。これは12世紀の地理学者イドリースィーが描いた世界地図である。図中の方位は南が上、北が下である。地図中で大陸に囲まれた海ではなく、大西洋とつながった海とされている。数百年経て、ヨーロッパにもこのような地図が出現した*13)。

*13) イドリースィーの描いた地域については、杉田英明『日本人の中東発見』（東京大学出版会、1995年、38－39頁）を参照。

図3－31　アラブ人が描いた世界地図

　アラブ人の文学作品もまた世の人にたたえられてきた。彼らの詩歌は複雑な韻律をもち、寓話は叡智にあふれている。もっともよく知られている説話集『千夜一夜物語〔アラビアン＝ナイト〕』は、広くインド・エジプト・ギリシアなどの説話を吸収し、数百年のときを経て成熟ののち完成した。そこにはアラブ帝国内の人びとの生活や思想が生き生きと映しだされている。〔本書は〕のちにさまざまな言語に翻訳されて、世界に伝えられた。『アリババと40人の盗賊』や『アラジンと魔法のランプ』はそのなかでももっとも有名である。

自分でやってみよう

1. これまで学んできたなかで、アラブ帝国以前には、ヨーロッパ・アジア・アフリカの三大陸をまたぐどのような大帝国がありましたか？
2. もし身近な地域でモスクの写真・絵などを見つけることができたら、建築様式にどのような共通点があるかを考えてみましょう。
3. 世界の三大宗教を比べ、表に記入しましょう。

世界の三大宗教

	発祥年代	創始者	主な地域
キリスト教			
仏教			
イスラーム教			

4. 関連する資料を探して調べ、世界の三大宗教と関連のある祭日や習俗について説明してみましょう。

総合研究三　宗教景観から見た文化の多様性

宗教景観とは何だろう？

　歴史上、世界のそれぞれ異なる場所で、それぞれ異なる民族が多種多様な文化を創造してきた。例えば古代のインド人は仏教を、ユダヤ人はキリスト教を、アラブ人はイスラーム教を興した。このことから、人類の文化はけっして単一ではなく、多種多様であることに気づくだろう。

　私たちは、地上で人類が活動してつくった産物を一般に文化的景観とよんでいる。宗教はある種の文化であり、それぞれ宗教と関連する寺院・彫刻・石窟の塑像・碑・塔・墻・壁画などのすべてが宗教文化的景観に属す。仏教・キリスト教・イスラーム教はもっとも広範囲に伝播していることから、"世界三大宗教"とよばれている。これらが残した多くの宗教景観は、私たちが文化の多様性を知るための格好の手がかりを提供してくれる。

それぞれの宗教景観は私たちに何を伝えているのだろう？

　張 強は関連する数組の写真・挿絵を見つけ、そのなかから問題を見出そうと試みている。

図3－32　インドの仏塔

図3－33　日本の仏寺

図3－34　中国の仏寺

張強が気づいたのは、次のよう事柄である。仏教はインドから中国に伝わり、さらに中国から日本にまで伝わったにもかかわらず、建築様式にはやはりそれぞれの地域がもつ文化の影響を見出すことができる。これらとその土地の宮廷建築または民家とは、すべて似かよっているという特徴がある。

図3－35　キリスト教会　　　図3－36　仏教寺院　　　図3－37　モスク

また張強は次のような点にも気づいた。仏教寺院・キリスト教会・モスクの建築様式には明らかな違いがある。教会建築が天を突くばかりに高くそびえたつのは、天主〔キリスト教会で神〕が高位にあるという威厳を示さなければならなかったからであり、モスクの上部がドーム状建築になっているのは信徒を呼び集めるためであるが、仏教寺院は王宮に似た建築を用いることによってその地位〔の高さ〕を表している。

建築様式のみならず、そのほかの宗教景観にも文化の違いが現れている。

図3－38　教会前の広場

図3－39　中国北方の舞台　　　図3－40　中国南方の舞台

第三単元　農耕文明の時代（上）

中国の一部の寺院本堂には、その向かい側にたいてい舞台があるが、西洋のキリスト教会の前方にはなぜそれがないのだろう？　中国の南方では舞台と位牌とは同じ建物のなかに置かれるのに対し、中国の北方ではそれらが２棟の建物に分けて置かれているのはなぜだろう？　張強は、先生に教わったり資料を調べ探したりするなかで、それが異なる地域の伝統文化と関連することや、自然条件にもある程度関係することが分かった。中国の人たちは、むかし、劇を上演することで神の恵みに感謝するとともに、自らも楽しんでいた。南方は雨が多いため、家屋のなかに舞台が建てられた。しかし西洋人はしばしば劇場内で劇を演じ、教会前の広場はパレードに利用していたのである。

試してみよう

　張強の方法に倣（なら）っていくつかのグループをつくり、課外の時間を利用して、世界各地または身近な地域の仏教・道教・キリスト教・イスラーム教の景観に関する画像資料と文字資料を収集してみましょう。建造物の外観のみを集めるというのではなく、壁画・神像・文字・色彩・建築材料などにかかわる資料が含まれていてもかまいません。

　その後、先生の指導のもとで、収集した資料をそれぞれ分類してまとめ、どのような問題を反映した資料なのかについて話し合い、さらに、それらにはそれぞれ異なる文明のどのような特徴が現れているのかについて話し合ってみましょう。

　最後に、グループごとに代表者一人を選んで発表し、クラスの話し合いの成果を示し、全員が各自の意見を出し合い、そして先生にまとめと評価をしてもらいましょう。

　自ら収集した画像・文字資料を整理してコラムをつくり、展示しましょう。

多様な文化的景観

画像資料

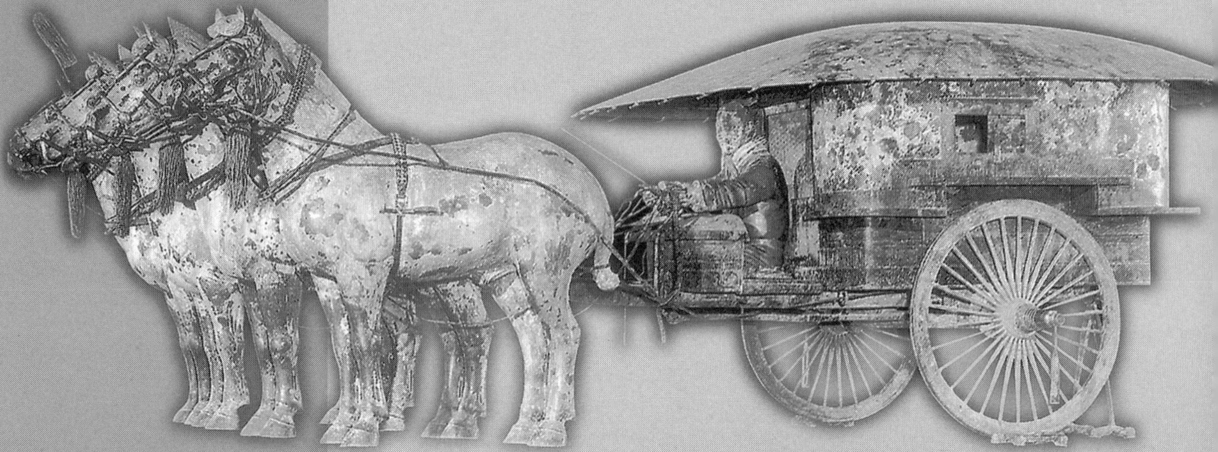

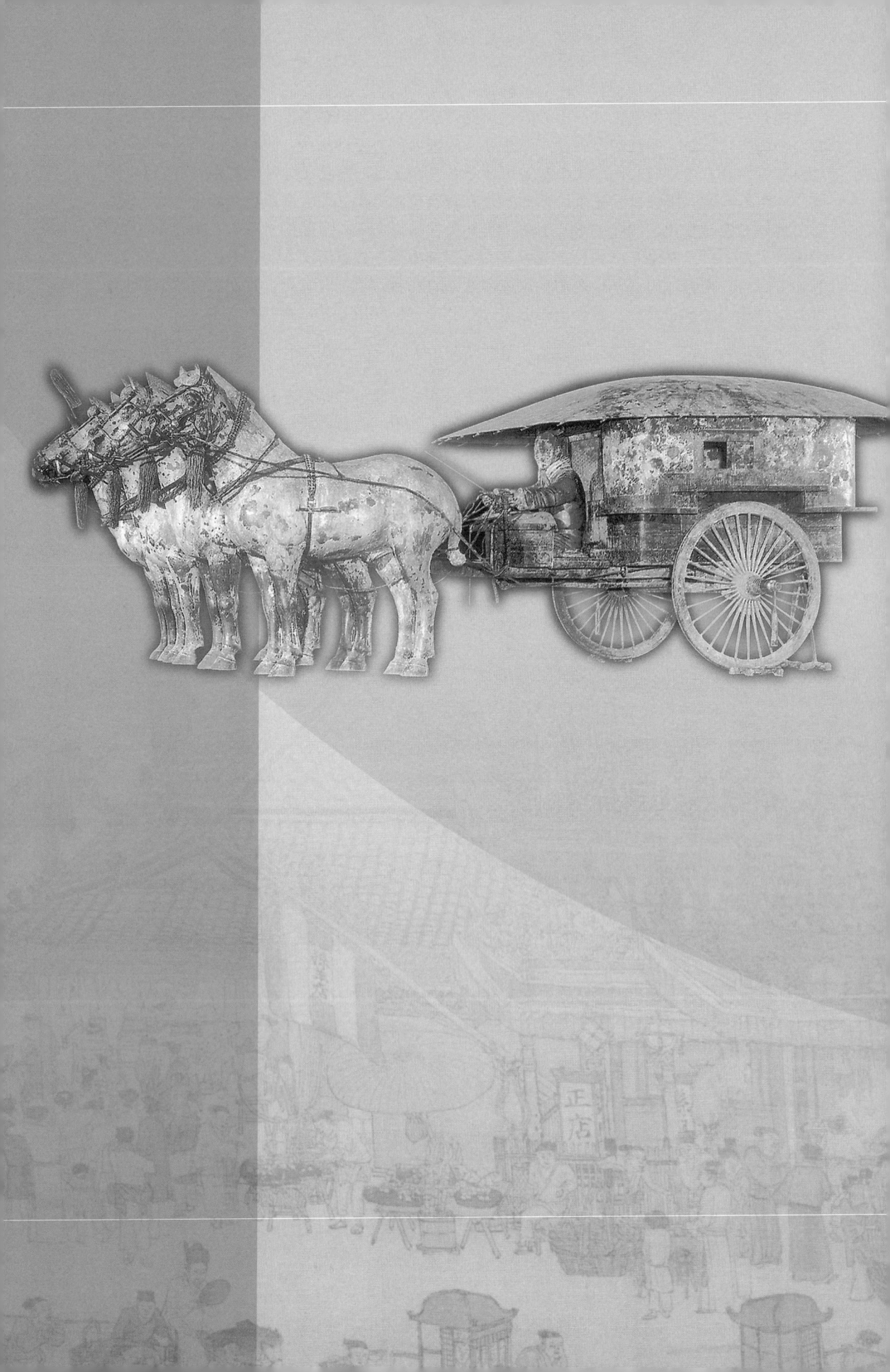

第四単元
農耕文明の時代（下）
――絶えることなく続く中華文明

　　古代ギリシア・ローマ・アラビアなどの文明が相次いで栄えては衰えていたころ、東方の中華文明はそれに反してずっと旺盛な生命力を保ち続けていた。
　　周代より、中国は成熟した礼楽文明を確立した。秦の始皇帝は中国史上はじめての統一的中央集権国家を創立し、中国2千年あまりの専制制度の基礎を固めた。漢唐の気風、魏晋の風格……長い歴史を持つ中華文明は脈々と継承され、絶えることなく新しい文化の高みを作ってきたのである。
　　多くの民族が融合していく中で、中華文明はその豊かで広い胸襟をもって各民族の優秀な成果を吸収し、多元を一体化し、包括していった。宋・元代には、中華文明はすでに当時の世界文明の頂点にあった。優れた中国の科学技術文化の成果は、世界文明の発展と人類社会の進歩の推進に突出した貢献をしたのである。

第一課　封建国家の建国から天下統一へ

　西周の礼楽制度の確立は、中華文明の長期的継続の基礎を固めた。春秋戦国期の戦争は頻繁で、社会は激烈に変動したが、秦の天下統一に伴い、中央集権的大帝国が打ち建てられ、同時にこれによって2千年以上におよぶ王朝統治の基本的体制が確立したのである。

礼楽文明の確立

　商朝の末期、国王の紂は贅沢で残酷であり、豪華な宮殿を建て、炮烙*1)という残酷な刑を実施し、民心を失った。一方で現在の陝西省渭水流域で生活していた小国・周が強大となっていった。紀元前1046年、周の武王はその他の小国と連合して、牧野において大戦を展開し、紂を破り商を滅ぼした。武王は周王朝を打ち建て、都を鎬に定めた。歴史上では西周と称される。周王朝は商王朝の制度を改革し、古代礼楽文明を発展させ完全なものとした。

　周王朝は封建制を実行し、王都の周辺地区を周王による直轄統治としたほか、周王はその他の地域をつぎつぎに親族・功臣らに封賜し諸侯国を打ち建てた。諸侯は必ず国王の命令に従い、貢物を納め、領土を守り、地方事務を管理し、周王室を守らねばならなかった。封建制は周王の権威を確立し、周王朝の支配区域を拡大した。

*1) 銅の柱に油を塗ってすべりやすくし、それを火の上に渡し罪人にその上を歩かせて火の中に落とした刑罰。

図4-1　銘文の刻まれた青銅器

この青銅器の銘文には、周王がとある貴族を宜の地に封建し、併せて多くの土地と人口と儀杖などの品を下賜した状況が記載されている。

○わが国で最も早い詩集である『詩経』の中の一首に、「溥天の下、王土に非ざるは莫く、率土の濱、王臣に非ざるは莫し」とある。これは、当時の西周のどんな社会状況を反映したものでしょうか？

　宗法制は周代の封建制の基礎であり、血縁関係の遠近に基づいて権力を継承する制度である。例えば、周の天子の王位はその嫡長子が継ぎ、その他の諸子はただ封建されて諸侯となることができるに過ぎなかった。

周王は自らを天子と称し、嫡長子によって世襲され、その他の諸子は封建され各地に赴き諸侯となった。諸侯より以下もまた同様の原則によって自分の民衆と土地を階級ごとに卿大夫・士に封建し、士より下は封建しない。嫡長子とその他の諸子とは指導者と服従者の関係にあった。周王と各諸侯国の間は、樹木の幹と枝の関係と同じであり、周王は効率よく諸侯を統率・制御することができた。
○考えてみよう、周王朝の時代の一人の人間の社会的地位と権力はどうやって決定されたのでしょうか？
○議論してみよう、これと平等を強調し競争に奮闘する現代社会とはどのような根本的差異がありますか？

図4－2　西周の等級略図

　封建制と宗法制度は結びつき、周王室と各諸侯国の政治・経済そして文化的連携を密接なものとした。周王朝は広大な領土を持った、周辺民族に比較的大きな影響力を持つ国家へと迅速に発展していった。
　同時に、周王朝は礼楽制度を通して貴族の身分的地位を規範化し、貴族が衣食住などの方面においていずれも自己の身分にふさわしいものとし、貴賤・長幼の間には明確な区別があるように求めた。「死」をどのように呼称するかですら、異なる等級の貴族で異なったのである。

◇伝説によると、周王朝の礼楽制度は周公の制定したものであるという。周公は礼を制し楽を作ったが、中国数千年来の伝統文化に対する影響は深いものである。五、六百年後、孔子はひとたび周公による礼楽制定のことに触れるや、賞賛してやまなかった。
◇春秋時代、魯の大夫であった季氏は邸宅において楽を演奏し舞踏させる際、八列六十四人の舞楽隊を用いた。孔子はこれを知ると、堪え難いほどに怒り、慨嘆して言った。「もしかような事が我慢できるとすれば、他にどんな我慢できないことがあろうか？」もともと、周礼の規定によれば、天子だけが八列六十四人の規格の楽舞礼儀を楽しむことができ、大夫は四列三十二人を用いることができるだけであった。

○孔子はなぜこれほど礼楽制度を重視したのでしょうか？
○あなたは、礼楽制度はどのような用途、あるいはどのような害があると考えますか？
○現実の生活の中で、あなたは礼楽制度の影響を未だに感じ取ることがあるでしょうか？

第一課　封建国家の建国から天下統一へ

「楽」もまた周王朝の宗法等級制度の重要部分であった。異なる等級の貴族は、享受する音楽の種目もまた異なるのである。例えば、天子が祖先を祭り時には周の文王を称える『庸』を用いることができたが、卿大夫や士は用いることができなかった。

図4－3　周王朝の編鐘

これは陝西省長安県（ちょうあんけん）で出土した編鐘（へんしょう）である。編鐘とは周王朝の貴族が祭祀や宴会などの活動を挙行する際に用いた主要な礼楽器である。異なる等級の貴族が用いる礼器は、その組み合わせもまた各々異なっていた。

読書カード

「楽」文化

夏・商・周時代の楽とは、儀式典礼の演出に用いられる音楽と舞踏をあわせたものを広く指し、後世では統一して「雅楽」と称される。古代伝説の夏王朝時代、禹の子である啓（けい）はかつて三度も天上に到り、天帝の楽を盗み学んで、『九韶』の楽舞を創作した。この種の楽舞は規模が大きく、非常に美しかった。孔子は韶楽を鑑賞した後、その善と美を尽くした様に感嘆し、「三月肉の味を知らず」（三ヵ月も肉の味が分からない）ほどであった。周代に貴族の祖先祭祀・宴会・出征などは必ず楽舞にあわせて行わねばならなかった。当時、貴族は音楽の修養を非常に重視し、ふつうには理由もなしに音楽を廃するようなことはなかった。

統治階級は封建制・宗法制および礼楽制度を道具として、社会秩序の維持に用い、その統治を固めた。

変革と争覇

西周の後期、政局は混乱した。紀元前771年、西周は滅亡した。翌年、周の平王（へいおう）は都城を東のかた洛陽（らくよう）に遷した。歴史上では東周と称される。東周の時代はまた春秋時代と戦国時代に分けられる。この時期の農業生産において、鉄製農具と牛耕技術（とうしゅう）の使用が始まり、生産の発展を促進し、社会のその他の方面の変化も進展した。

読書カード

「春秋」と「戦国」の名称の由来

春秋は、魯の編年史である『春秋』から取っている。同書は紀元前8世紀から紀元前5世紀までの歴史を記載しており、この時代の歴史は春秋時代と称される。「戦国」という言葉は元来、当時の絶え間ない戦争中の諸国を指すが、前漢（ぜんかん）に『戦国策』（せんごくさく）という書物が編纂されてより、「戦国」という言葉は紀元前5世紀から紀元前3世紀の時代の専用名詞となった。

116 | 第四単元　農耕文明の時代（下）

春秋時代、周の天子はかつての権威を失い、天子は逆に強大な諸侯を頼ることとなった。いくつかの強大な諸侯国は覇権を争奪するため、相互に戦い、覇者となることを争い、前後して春秋の五覇が出現した。

読書カード

春秋の五覇
「春秋の五覇」とは、春秋時代の激烈な競争を経て覇者となった諸侯を指す。彼らに関しては、二つの説がある。一つは、斉の桓公・宋の襄公・晋の文公・秦の穆公・楚の荘王とするものである。もう一つは、斉の桓公・晋の文公・楚の荘王・呉王の闔閭・越王の勾践とするものである。

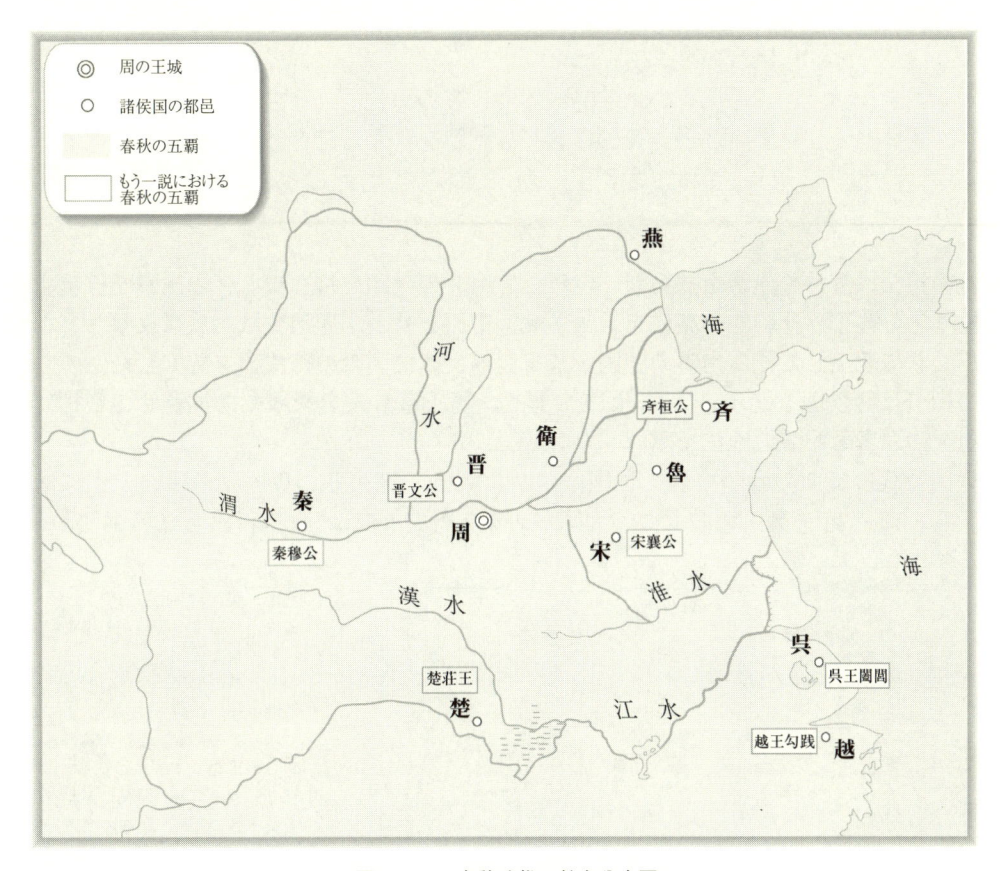

図4－4　春秋時代の勢力分布図

周　王城は現在の河南省洛陽	晋　都城は現在の山西省翼城付近	斉　都城は現在の山東省淄博の東北
宋　都城は現在の河南省商丘の南	楚　都城は現在の湖北省荊州	秦　都城は現在の陝西省宝鶏の東北
呉　都城は現在の江蘇省蘇州	越　都城は現在の浙江省紹興	魯　都城は現在の山東省曲阜

　最初に覇を称えたのは斉の桓公であり、彼は管仲を宰相に任用し、軍事・政治を改革し、経済を発展させ、斉を富ませ強い国とした。

第一課　封建国家の建国から天下統一へ　｜　117

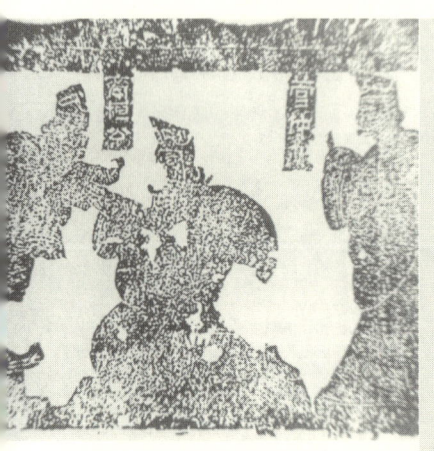

図4−5　斉の桓公と管仲

◇斉の桓公は即位の前に、その兄である公子糾と君主の位を争った。糾の部下であった管仲はかつて兵を率いて桓公を阻み、一本の矢をそのベルトの留め金に命中させた。斉の桓公は即位すると、この矢の怨みに報いることを誓ったが、彼の臣下は全力で管仲を推挙し、斉が覇を称えるには管仲を用いなければ不可能であると説いた。桓公は以前の怨みを思うことなく、管仲を宰相に任用し、彼を尊んで「仲父」と呼んだ。

◇司馬遷は言った。「管仲が用いられ、斉の政治を担任し、斉の桓公は覇者となった。諸侯を九合（しばしば会盟する）し、天下を一匡（一たび正す。周室を尊び夷狄を攘うなどを指す）したのは、実に管仲のはかりごとによったのである」と。

○斉の地理的位置や、斉の桓公の人となりと謀略などの方面から、斉の桓公がなぜ覇を称えることができたか、述べてみましょう。

　斉の桓公は管仲の建議を採用し、「尊王攘夷」の旗印を打ち出し、周王室を尊重するという名分の下、その他の諸侯を結集させ、中原を脅かす周辺少数民族に反撃し、さらに出兵して北上してくる南方の強国・楚を阻み、諸侯国の中に威信を確立した。のち、斉の桓公は諸侯国を葵丘に召集して会盟し、周王室も人をやって参加させ、正式に斉の桓公の覇者としての地位を承認した。

　戦国時代、長期の戦争を経て、国家の数は大きく減少し、（残った国には）主に秦・楚・燕・斉・趙・魏・韓の七つの大国がある。歴史上では「戦国の七雄」と称される。

図4−6　戦国時代の勢力分布図

洛邑　現在の河南省洛陽
臨淄　斉の都城。現在の山東省淄博の東北
薊　　燕の都城。現在の北京
邯鄲　趙の都城。現在の河北省邯鄲
咸陽　秦の都城。現在の陝西省咸陽の東北
郢　　楚の都城。現在の湖北省荊州
大梁　魏の都城。現在の河南省開封
鄭　　韓の都城。現在の河南省新鄭

○上の図を参照しながら、戦国の七雄の名称を述べ、それらが現在のどの地区に相当するか指摘しなさい。

第四単元　農耕文明の時代（下）

春秋の覇者と比べたとき、戦国の七雄はもはや諸侯に覇を称えることには満足せず、諸侯の長となるべく、各国を滅ぼし、自分が天下を統一しようとした。それゆえ、春秋争覇と比べ、戦国の七雄の間の戦争は規模がさらに大きく、継続時間もさらに長く、さらに残酷なものであった。

図4－7　戦国時代の青銅の剣　　図4－8　兵車の模型　　図4－9　鉄の甲冑の模型

　春秋末期、鉄製農具と牛耕の普及により、多くの荒れ地が開墾されるようになり、新たに開墾した田地を私有財産に変え、新興地主となる者も現れた。戦国時代になると、彼らは統治者としての地位を確立し、自己の利益を維持し、「富国強兵」の旗印を打ち立て、前後して各国で変法運動が起こった。たとえば李悝（りかい）は魏で変法を行い、呉起は楚で変法を行ったが、中でも最も大きな影響力を持ったものは、商鞅（しょうおう）による秦での変法であった。

　民の信頼を得るべく、新法を頒布する前に、商鞅は都城の南門に三丈の木の棒を建て、この棒を北門に移すことのできたものには十金を恩賞を与えると宣布した。民衆はこれを簡単なことであると見なし、本当に恩賞をもらえるとは信じず、試そうとする者は誰もいなかった。商鞅は賞金の額を五十金に引き上げた。ある一人が試してみようという心を持ち、木の棒を北門に移したところ、商鞅は額面通りに恩賞を下した。こうして、人々は商鞅の言葉を本物であると信じるようになった。新法発布ののちも、皆それが必ずや実行されることを信じたのである。
○考えてみよう、この故事は今日においても意義を持つでしょうか？

図4－10　商鞅像

　紀元前356年、商鞅は変法の実行を開始した。新法の主要内容は、以下の通りである。土地国有制を廃止し、土地の私有を認め、土地の自由売買を認める。農耕を奨励し、食糧や布帛〔織物〕の生産が多い者は徭役を免除する。軍功を立てることを奨励し、軍功を立てた者は、その功労の大小に基づいて異なる爵位と田

図4－11　農民の耕作の図

第一課　封建国家の建国から天下統一へ　119

宅を与える。県制を打ち立て、それまでの住民集落を合併して県とし、国家が直接任命した官吏に管理させる。

その他の各国の改革と比べたとき、商鞅の変法は更に全面的・徹底的であり、秦はこれより強大となってゆき、戦国中・後期の最も強大な国家となった。

百家争鳴

春秋戦国時代、貴族の手中に独占されていた文化教育は徐々に拡大発展してゆき、学識を備えた文士階層を形成した。社会の動揺と変革は人びとの思想の解放をもたらした。

読書カード

敬天と保民

商・周時代、人びとは敬虔に天帝のあしもとにひれ伏していた。何かあるとその大小を問わず、商王はみな占卜により吉凶を問い、天帝の意志に従った。西周になると、人民の反抗により、統治者も、もし大衆を守ることができなければ、天帝は自分の統治を支持せぬであろうと認識するに到った。こうして敬天と保民の思想が結合していったのである。

春秋戦国時代、士人たちは自己の治国の理想を実現するため、至る所で遊説したり、講義したりした。彼らは社会問題に対し異なった見解を示し、百家争鳴の局面が形成された。

儒家学派の創始者である孔子は、名を丘といい、春秋末期の魯の人である。あるとき、彼は外から帰ってくると、ちょうど家の馬小屋の失火に出くわしたが、彼は馬のことは問わず、急いで「火傷した召使いはいなかったか」と問うた。これが彼の「仁」の理想の体現である。「仁」とは人を愛することであり、統治者が大衆に気を配り愛護することを求めたのである。「仁」のもう一面は「克己復礼」、すなわち個人の修養を強め、自己の言行や挙動を社会規範に符合させることである。孔子は「徳」を以て人民を教化し、「礼」を以て国家を治めることを主張した。

のち、孔子の学説は中国古代社会の正統思想となり、後世に対する影響は極めて大きい。

図4-12　孔子像

◇孔子以前には、学校はただ貴族の子弟を募集するのみであった。孔子は私学を広く開き、「有教無類（教有りて類無し）」すなわち貧富貴賤に関係なく、人びとはみな教育を受ける機会があると主張した。彼は「因材施教（材に因りて教を施す）」すなわち異なる学生には異なる教育を施す（学生に応じて教える）ことに注意し、彼はまた学生の思考問題を啓発するのにも巧みであった。孔子は生涯で3千人あまりの弟子を教え育て、比較的著名な者は72人である。ほかにも、彼は以下のように言っている。

・「学びて時に之を習う、亦た楽しからずや」

120　第四単元　農耕文明の時代（下）

・「之を知るを之を知ると為し、知らざるを知らざると為す」
・「三人行けば、必ず我が師有り」
○孔子の教育思想の主要内容を述べてみましょう。
○あなたは、孔子の思想は当代教育に対しどのような手本とすべき意義があると思いますか？

道家の創始者は春秋末期の老子で、彼は、例えば難と易、長と短のように、一切の事物には対立面があり、対立する双方が相互に転化できると考えた。彼はまた「無為」を主張し、人びとに自然に順応するよう要求し、統治者が大衆を犯すことに反対した。戦国時代の道家の代表である荘子もまた似たような主張をした。

図4－13　老子

儒家のもう一人の代表は戦国時代の孟子であり、彼は「仁政」の実行を主張し、統治者の人民に対する搾取を軽減し、徭役と賦税を軽くするよう要求した。彼はまた「民尊」「君軽」の思想と「富貴にも惑わされず、貧困や低い身分となっても志を変えることなく、権威や武力による脅しにも屈しない」という道徳規範を提唱した。

図4－14　孟子

墨家の創始者は戦国時代前期の墨子で、彼は「非攻」を主張した。あるとき、有名な工人・魯班は楚のために雲梯をつくり、宋を攻める準備をした。彼（墨子）はこれを聞くや、ただちに日夜兼行で楚に赴き、楚王に宋を攻めぬよう勧めた。彼は魯班との摸擬攻防において、魯班のさまざまな手段を破り、魯班を屈服させ、この戦争を制止することに成功した。墨子はまた「兼愛」すなわち、一切の人を愛すること、他人を自分のように見ること、お互いの友愛を主張した。

図4－15　墨子

戦国時代末期の法家の集大成者である韓非子は「法治」を提唱した。彼は、君主は権力と威勢に基づいて、法令の執行の貫徹を保証し、それによって君主の地位を確固たるものにするべきであると考えた。彼はまた、中央集権と君主権力の強化、厳格な刑罰を用いて人びとの反抗を鎮圧し、それによって国家統治を維持することを主張した。

図4－16　韓非子

第一課　封建国家の建国から天下統一へ

当時の各派の思想家はいずれも各地を遊説した。孟子は至るところで諸侯に仁政の実行と民心の獲得を勧め、結果として、孔子と同じく、一貫して重用されることはなかった。そして逆に法家は秦の統治者の愛顧を受けた。
○あなたから見て、各家の主張にはどのような違いがありますか？
○当時の社会形勢と結びつけて、考えてみよう、なぜ法家は秦において重視されたのでしょうか？

　兵家の始祖は春秋末期の傑出した軍事家・孫武である。当時の著名な兵法書には『孫子兵法』と『孫臏兵法』がある。

読書カード

『孫子兵法』と『孫臏兵法』
　『孫子兵法』は孫武の著した軍事の名著であり、「知彼知己、百戦不殆（彼を知り己を知れば、百戦殆うからず）」などの軍事名言はこの書より出たものである。今日、この書は世界で誉れ高く、西方の軍事学校の多くで教材として取り入れられている。戦国時代、孫武の子孫である孫臏はその軍事思想を継承・発揚させ、『孫臏兵法』を著した。彼らは当時において「兵家」と称された。

図4-17　多種の言語に翻訳された『孫子兵法』

　百家争鳴の中で、各派は自己の主張を述べるのみならず、相互に論争・批判しあい、互いに合理的部分を吸収し、思想文化と社会の発展を強力に促進した。

読書カード

稷下の学
　斉の都城である臨淄の西の城門は稷門といい、斉王は稷門の外に大規模な殿堂を建て、各派の学者を招聘し自由に講義・著述・弁論をさせ、国家のために策謀を献上させた。彼らは「稷下先生」と号された。その人数は多いときには数百人にもなり、前後百年余りも続いた。同地は諸子百家の争鳴と思想交流の中心となり、学術文化の発展と繁栄を促進した。

秦朝の統一

　紀元前230年から紀元前221年、秦王嬴政はつぎつぎに六国を滅ぼし、広大な領土を有する統一的な中央集権の大帝国—秦朝を打ち建て、都を咸陽に定めた。

「世界文化遺産」の一つである秦始皇帝陵・兵馬俑(へいばよう)は、その様子が真に迫った、生き生きとしたものである。広壮なる地下部隊は、往年の秦の軍隊が六国を統一した威風を再現している。
○考えてみよう、なぜ秦は強大となり、最終的に全国を統一することができたのでしょうか?

図4-18　秦始皇帝陵・兵馬俑

秦王嬴政は六国を統一した後、自分の功績と徳は古代の三皇五帝よりも高いものであると考え、そこで「皇帝(こうてい)」の称号を用いた。彼は自らを「始皇帝(しこうてい)」と称し、後世の子孫が「二世」「三世」から「万世」まで伝わると夢想した。これより、「皇帝」という言葉はその後2千年の中国古代社会の最高統治者の称号となった。

図4-19　秦始皇帝像

秦の始皇帝は、皇帝の至高にして無上の地位を確立し、中央集権的官僚制度を打ち立てた。中央の官僚たちはみな皇帝に対し直接責任を負った。地方においては封建制を廃止し、全国を郡と県に分け、中央による直接の管轄を実施した。中央と地方の主な官僚は皇帝によって任免された。

諸侯割拠の戦国時代には、各地の道路は幅が異なっており、各国は道路上に多くの防衛用の障害物や堡塁を設置しており、車輛の全国における通行は非常に困難であった。秦の統一後、始皇帝は大いに「馳道(ちどう)」を整備するよう命じ、あらゆる障害物を排除し、全国の車輛の両輪の間隔も統一した。これにより、車輛は全国を妨げなく通行するようになった。

図4-20　秦朝行政システム略図

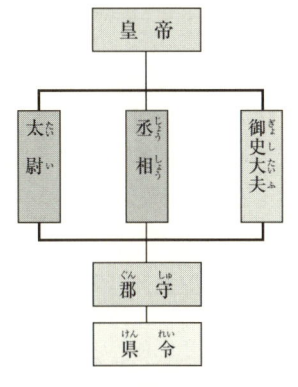

（皇帝 — 太尉(たいい)・丞相(じょうしょう)・御史大夫(ぎょしたいふ) — 郡守(ぐんしゅ) — 県令(けんれい)）

読書カード

馳道

秦帝国の都城である咸陽から各地へと通ずる交通大道は「馳道」と呼ばれた。これは秦の始皇帝が中央と地方の連携を強めるために修築させたものである。馳道は広さ50歩で、道の両側は三丈ごとに樹木を一本植えてあった。今日の道路にも往年の馳道の遺跡を修築して受け継がれたものがある。

第一課　封建国家の建国から天下統一へ

南方の越族を征服し嶺南を統一する過程において、兵糧を運輸するため、始皇帝は人を派遣して現在の広西興安に霊渠を開鑿した。霊渠は長江・珠江の二大水系と繋がっており、後世には南北の水路を繋ぐ重要な水路となった。

図4-21　今日の霊渠

北方遊牧民族・匈奴の進攻を防ぐため、秦の始皇帝は大量の人員を徴発し、長城を修築した。長城は西は臨洮から東は遼東まで、一万余里〔里は約0.5km〕も連綿と続き、後世「万里の長城」と呼ばれた。

図4-22　秦の長城の遺跡

　秦の統一以前、各諸侯国の文字はその差が大きく、統一後の秦帝国の政令の推進と各地区間の経済文化交流に大きな妨げとなった。これらの局面を改変すべく、秦の始皇帝は小篆を標準の文字とし、全国に施行するよう命じた。これは後に、さらに簡便さを加えた字体—「隷書」へ変化していった。中国は土地が広く人びとも多く、方言も各地で異なっており、統一された文字は中華民族の歴史的発展と連携を維持するのに重要な要素となった。

円形方孔銭はもともと秦の貨幣であったが、始皇帝はこれを標準様式とし、全国の貨幣を統一するよう命じた。彼はまた統一された度量衡制度を規定し、後世において各種の単位の量数には変化はあったものの、基本的な計量単位名称、例えば寸・尺・丈、升・斗・両・斤などは、一貫して2千年あまり踏襲されてきた。

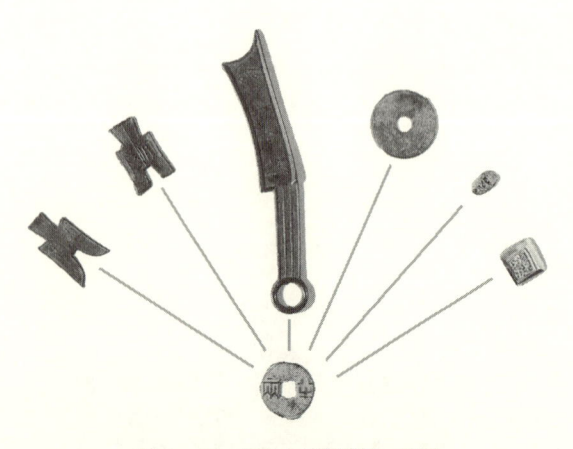

図4-23　秦による貨幣統一略図

第四単元　農耕文明の時代（下）

◇思想統制を強化するため、紀元前213年、始皇帝は丞相・李斯（りし）の建議を採用し、全国において秦の史書以外のその他各国の歴史に関する書籍や、『詩』『書』および諸子百家の著作を焼却するよう命じた。民間の医薬・占卜・農業に関する書籍は焼却されなかった。「古を以て今を非（そし）」る者は一族皆殺しとなった。翌年、咸陽の儒者たちは始皇帝を「権勢を貪」り「楽しみて刑殺を以て威と為」している、と非難する議論をした。始皇帝は人をやって調査させ、誹謗のかどで400名余りの儒者たちを生き埋めとした。これが歴史上有名な「焚書坑儒（ふんしょこうじゅ）」である。

> これは秦の始皇帝の暴政であり、秦朝を滅亡に導いた原因の一つです。

> 秦の始皇帝のこういった措置は統一に有利なもので、肯定に値するものです。

○当時の歴史状況と結びつけて、あなたの「焚書坑儒」に対する見方を話してみよう。これは中国古代社会・文化に対しどのような影響をもたらしたのでしょうか？

　秦朝の領土は広大で、さまざまな民族の人びとが生活していた。秦はわが国の歴史上最初の統一民族国家であり、当時の世界における大国でもあった。

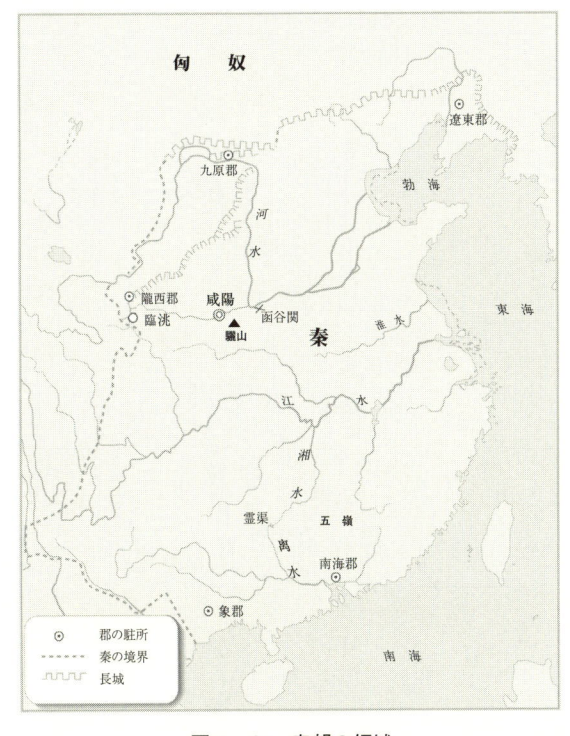

図4-24　秦朝の領域

咸陽　　現在の陝西省咸陽の東北
遼東郡　郡治は現在の遼寧省遼陽
隴西郡　郡治は現在の甘粛省臨洮
勃海　　現在の勃海
臨洮　　現在の甘粛省岷県
南海郡　郡治は現在の広東省広州

第一課　封建国家の建国から天下統一へ　125

自分でやってみよう

1. 資料を読み、あなたの商鞅変法に対する評価を語ってみましょう。
   ◇秦朝の丞相・李斯は、「孝公は商鞅の法を採用して風俗を改革し、国は富強となり、諸侯は親しんで服し、楚・魏の兵を破り、土地を広めること千里、今にいたって、国が治まり兵は強いのです」と述べている。
   ◇漢代の思想家・王充(おうじゅう)は、「商鞅は孝公を輔佐し、秦のために帝の業を開いた」と言っている。
2. 以下の格言は諸子百家のうちいずれから出た言論か分類しましょう。
   ◇己の欲せざる所、人に施すこと勿れ。
   ◇民を貴しと為し、社稷 之に次ぎ、君を軽しと為す。
   ◇人の身を視ること、其の身を視るが若し。
   ◇禍は福の倚る所、福は禍の伏す所。
   ◇彼を知り己を知れば、百戦殆うからず。
3. 秦の始皇帝は中央集権国家を強固にするために、どのような措置を採ったでしょうか？

_____
_____
_____
_____

第二課　漢唐の繁栄

　　漢朝と唐朝は中国古代史上もっとも強盛となった二つの王朝であった。この二つの時期、経済は発展し、政治は比較的安定し、文化は栄え、領域は絶えず拡張していった。その中間には魏晋南北朝の分裂期があったが、各民族の融合と各地域の経済文化の交流はさらに発展し、隋唐による統一の条件を整えた。

新しい大統一

　　秦の建国後十数年の間、統治者は頻繁に賦税と徭役を徴発し、人民の負担は非常に重く、社会矛盾は尖鋭化していった。紀元前209年、陳勝・呉広はむしろ旗を樹てて立ち上がり、秦末の農民蜂起が勃発した。これはわが国の歴史上はじめての大規模な農民戦争であり、秦朝の残忍で暴虐な統治に深刻な打撃を与えた。

　　紀元前202年、劉邦が漢王朝を打ち建て、都を長安に定めた。歴史上では前漢と称される。劉邦こそは漢の高祖である。

　　前漢の初期、経済は不景気であり、至る所が荒涼たるありさまであった。漢の高祖およびその子孫である漢の文帝・景帝などは、秦が滅亡した教訓に学び、農民の徭役・兵役などの負担を軽減し、農業生産の発展を重視した。文帝・景帝の時期には、倹約が提唱され、「徳を以て民を化」することが重視され、社会は比較的安定し、経済は発展した。歴史上ではこの時期は「文景の治」と称される。

図4−25 「漢并天下」（漢が天下を統一した）とある瓦当*2)

　　漢朝は基本的に秦朝が統一を打ち建てた各種制度を継承し、ならびに新機軸を開拓し、新しい大統一の局面の形成を促進した。

　　漢初、統治をかためるため、高祖は大量に同姓（劉氏）の子弟と功臣を封建した。彼と臣下は白馬を殺して「もし劉姓子弟でないものが王に封ぜられ、功臣でないものが侯に封ぜられれば、天下は共同してこれを誅せよ」と誓いを立てた。だが王侯を封建した結果は、却って漢の高祖の予想もつかぬものとなった。諸侯王は徐々に封国内で各々自ら政治を行い、皇帝の詔令を無視し、甚だしくは皇位を奪取しようとする者まで現れた。漢の景帝の時、彼は大臣・鼂錯の建議を入れ、諸侯王の封地の削減に着手した。

読書カード

「七国の乱」

　　呉王・劉濞はかなり早くから皇位簒奪を目論んでいた。朝廷が彼の封地を削減しようとすると、彼はその他の6名の諸侯王とともに兵を起こし謀叛した。この叛乱は、歴史上では「七国の乱」*3)と称される。七国はいずれも元来劉邦が封建した同姓諸侯王であったが、彼らは「鼂錯を誅し、君側を清」めることを口実に兵を起こし、漢の景帝は迫られて鼂錯を殺し、それによって叛乱を起こした諸侯王を落ち着かせようとした。だが劉濞は兵を退かぬばかりか、却って「我已に東帝為り」と揚言した。景帝はそこで大将軍・周亜夫を起用して反乱を平定した。

漢の武帝の時代、諸侯王の勢力は依然として大きかった。河間王・劉徳の声望は大変に高く、天下の英傑はみな競って彼に身を投じた。あるとき、漢の武帝は彼に治国の道を訊ねたところ、彼の返答は流れるようであり、また返答の中で、歴史上の商の湯王と周の文王が小国を以て天下を取った事情についても述べた。漢の武帝はこれを聞いて非常に腹を立て、皮肉を込めた口調で劉徳に対し、「商の湯王は七十里を以て天下を取り、（周の）文王は百里を以て天下を取った。河間王よ、よくよく努力するが良い！」と言った。漢の武帝は諸侯王の問題が重大であると感じ取り、そこで「推恩の令」を頒布した。これは諸侯王の元々持っていた封地と勢力を大々的に削減するものであった。

図4−26　漢の武帝

＊2）瓦当とは、あぶみがわらの丸い端の部分で、絵や文字の刻まれたところをいう。
＊3）日本では「呉楚七国の乱」という。

> **読書カード**
>
> 推恩の令
> 　推恩の令とは、諸侯王が嫡長子に王位を継承させるほかに、「私恩」を推すことができ、自分の封地にその他の子弟を封建して侯国を建てることができるというもので、侯国の名号は皇帝によって制定された。新たに封ぜられた侯国は元々の（本家）の王国の統轄を受けることなく、郡の管轄下に直属することとなり、そのため朝廷の命令を聞かねばならなかった。

　このほか、漢の武帝は監察制度を強化し、中央と地方の各階級の官僚に対し監察を行い、皇帝の権威を強化した。
　国家統治に有効な方法を求めるべく、漢の武帝は各地に定期的に中央に対し人材を推挙させ、また自ら出題をした。儒家学者の董仲舒も推挙された人材であった。当時、諸子百家の各派の人物は非常に活動的であり、彼らは常に皇帝の政策を批評し、朝廷の責任を指摘しており、中央集権（体制）にとって非常に不利であった。こういった局面を改めるため、漢の武帝は董仲舒の提案した「百家を罷黜し、独り儒術を尊」ぶという建議を入れた。

◇董仲舒は、「皇帝の権威は上天の意志を体現するものであり、神聖にして不可侵である。一切の権力は皇帝の掌中に集中すべきであり、思想上において「大一統」を実行すべきである」と考えた。そこで彼は、「およそ孔子の思想と符合しない諸家の学説は禁絶すべきである、ただ人びとの思想を統一することによってのみ、皇帝の権威と朝廷の政令の推進が保証できる」と主張した。

> ぼくは董仲舒の主張に賛成しません。なぜなら、これは百家争鳴を許さぬものであり、学術文化発展に不利だからです。

> わたしは賛成です。なぜなら、これによって思想を統一することができ、皇帝権力の強化と国家の統一に有利だからです。

○当時の社会政治情勢と結びつけて、あなたはどの観点により賛同しますか、またそれはなぜか、述べてみましょう。

　漢の武帝は全国において大々的に儒学教育を推し進めた。長安には儒家経典を専門に教授する太学を設立し、成績優秀な学生は考査を経て直接役人となることができた。地方に官学を設立し、予備官僚を育成した。これより、儒家思想は徐々に中国古代社会の正統思想となってゆき、こういった状況は2千年にわたって続くことになるのである。
　漢代はまた領土開拓の時代でもあった。前漢の初期、漢帝国最大の脅威だったのは北方の遊牧民族—匈奴であった。紀元前200年、軍を率いて匈奴に出撃した漢の高祖劉邦は、匈奴の大軍に包囲されてしまい、七日七晩してやっと包囲を解くことができた。辺境の相対的安定のため、漢帝国は一貫して匈奴に対し和親政策を採った。「和親」とは漢王朝が公主〔皇女〕を匈奴の首領である単于に妻として嫁がせ、同時に大量の礼物を送り、それによって北部国境地帯の暫時の安寧に換えることである。
　漢の武帝の時代、漢王朝の国力は既に十分に強勢であり、そこで武力で匈奴に反撃する戦争を開始した。大将・衛青と霍去病の統率下に、漢朝の軍隊は幾度も大勝利を得、漢朝北部の辺境の騒乱は基本的には除かれた。漢の武帝は河西回廊につぎつぎに郡を設け、長城を敦煌より西の地区にまで延ばした。
　武帝より以後、漢朝と匈奴のあいだには再度「和親」と通商の局面が出現した。中原の農耕・井戸掘り・城郭修築・糧食の貯蔵といった先進技術が遊牧地区に伝播し、草原の牛馬も大量に中原に送り入れられ、中原地区の交通運輸と農耕の発展を促進した。

第二課　漢唐の繁栄

その後、匈奴は分裂し、その一部の呼韓邪単于は漢朝に帰順し、漢朝と「漢と匈奴とは一家であり、代々お互いに騙したり攻めたりしない」という約定を結んだ。彼は幾度も漢に対し縁談を申し入れ、漢の元帝は宮女・王昭君を彼に嫁がせた。その後、国境地域は比較的長期間安定した。呼韓邪単于と昭君は、漢と匈奴の友好と文化交流のために貢献したのである。

図4-27　昭君出塞の図

○これは内モンゴルにある漢代の墓の中の壁画である。遊牧民族の特徴や漢と匈奴との関係の変化と結びつけて、考えてみよう、この壁画に表現されている生産場面は何を説明しているだろうか。

図4-28　農事の図

漢代、人びとは玉門関・陽関より西、現在の新疆およびさらに遠方を含んだ地区を西域と称していた。漢の武帝より以前、同地には小国が林立し、それらの小国のいくつかは常に匈奴の制御を受けていた。大月氏と連携して共同して匈奴を挟撃するため、漢の武帝は張騫を西域に派遣した。

図4-29　張騫、漢の武帝に別れを告げるの図

紀元前138年、張騫は百余名の随従を率いて長安を出発した。途上匈奴に捕えられ、10年拘留された。彼は使命を忘れず、一計を案じて脱出し、幾多の艱難辛苦を経て大月氏に到着した。だがその頃大月氏はもはや匈奴と戦う意志はなかった。張騫は引き返すほかなく、長安に到着したときは、ただ彼と一名の随従が残っていただけであった。

130 | 第四単元　農耕文明の時代（下）

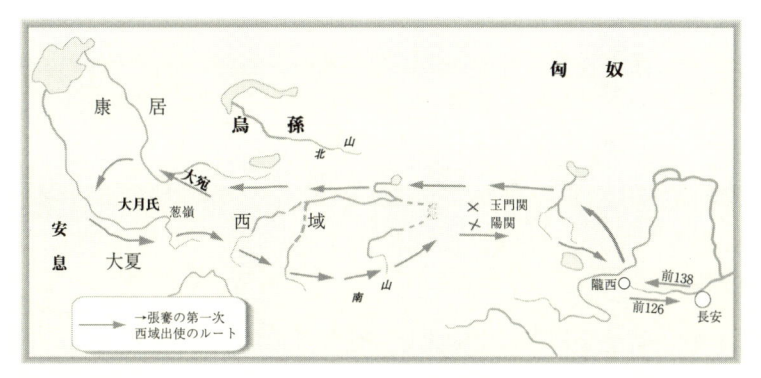

長安	現在の陝西省西安の西北	ス・ユーフラテス川両河流域	ム山
大宛	現在の中央アジア・フェルガナ盆地	玉門関 現在の甘粛省敦煌の西北	陽関 現在の甘粛省、敦煌の西南
		大月氏 現在のアム河流域	烏孫 現在のイリ川とイシククル湖一帯
安息	現在のイラン高原とティグリ	葱嶺 現在のパミール高原とカラコル	

図4−30　張騫の通った西域ルート図

　張騫は帰還後、漢の武帝に西域各国の風土人情について詳細に述べ、漢王朝が西域各国を理解する端緒を開いた。何年か後、張騫は命を奉じて再度西域に使者に出て、西域からの使者もまた彼に付き従って長安へやってきた。漢朝と西域各国はこれより友好関係を樹立し、往来は日を追って頻繁となっていった。

　張騫が西域への使者となってより後、西域の良種の馬・石榴（ざくろ）・胡桃（くるみ）などの植物、および楽器と歌舞が中原へと伝わり始めた。漢族の鋳鉄・用水路開鑿・井戸掘りなどの技術や絹・漆器・金属工具などもまた西域に伝わっていった。

　紀元前60年、前漢王朝は西域に「西域都護府（さいいきとごふ）」を設置し、天山（てんざん）南北の西域事務を管轄させた。これより、この地区は正式に前漢の版図に帰した。西域都護府の設立は、東西交易路の滞りない交通を保証し、中原地区と西域の広大な地区の交流、および西域地区

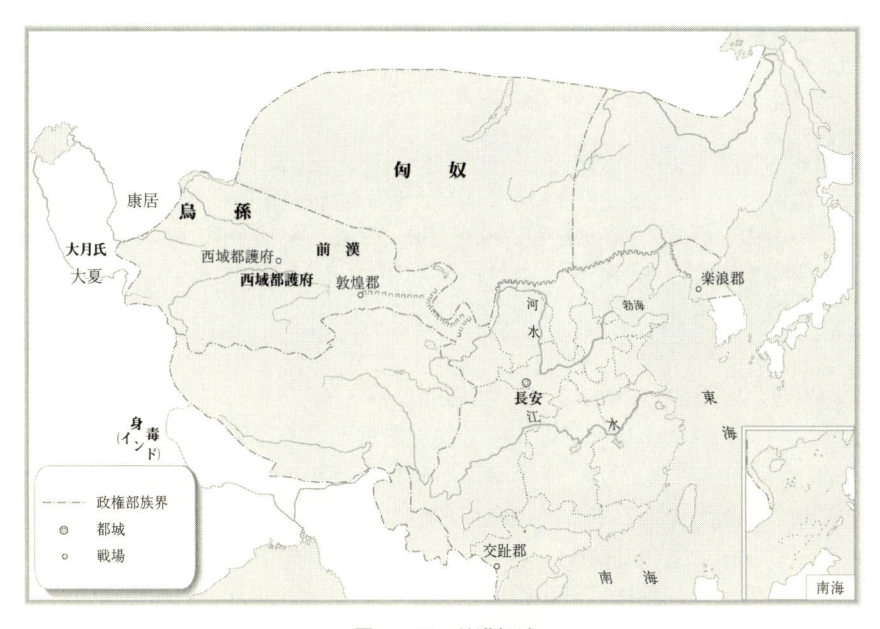

図4−31　前漢領域

に対する管理を強めた。

　前漢王朝はまた、南方経営にも十分に注意を払い、現在の浙江・福建・広東・広西など当時の越人の居住地を効果的に管理したばかりでなく、また官僚を派遣して西南地区を通る道路を造り、西南の少数民族との間の連携を強化した。

　武帝の時期、漢王朝は政治・経済・軍事・思想において大統一を実現し、最盛期に突入した。

政権分立と民族融合

　前漢の後期、統治集団は日ごとに腐敗し、社会は動揺した。西暦9年、前漢は滅亡した。

　西暦25年、前漢の皇族・劉秀が帝を称し、都を洛陽に定めた。歴史上では後漢と称される。劉秀こそは光武帝である。彼の統治時期には、賦役の負担が軽減され、清廉な官吏が任用された。社会は安定し、経済は好転した。歴史上この時期は「光武の中興」と称される。中期以降、朝政は日増しに暗黒となっていった。後漢の末期、連年天災が続き、多くの農民には着るものも食べるものもなく、蜂起のやむなきに至り、後漢王朝は名目のみは残ったが事実上は滅亡した。これより豪族が並び起ち、大小さまざまな割拠勢力が形成されていく。

読書カード

「隆中対」

　豪族が並び起った形勢下において、漢室の後裔・劉備の勢力はとても弱小であった。彼は諸葛亮の才能が傑出していることを聞くと、厳寒なのもかえりみず、連続して三回も隆中に赴き諸葛亮を訪問した。諸葛亮は劉備の誠意に感動し、出仕に同意した。諸葛亮は劉備に天下の大勢を（以下のように）分析した。「北方の曹操は『百万の衆』を擁し、『天子を擁して諸侯に号令』しており、しばらく彼と競争するのは不可能である。また孫権は江東に居を構え、土地は豊かで人口も多く、人材も豊富であるから、彼と連合するべきであって、獲得しようと謀るのは不可能である。もし劉備が荊州・益州を占有し、西南の少数民族を制御下に置き、孫権と盟約を結び、内においては政治を修めれば、最後には大業を成し遂げることができるであろう」と。この話し合いは、歴史上では「隆中対」と称される。

図4-32　古隆中の牌坊

　208年、曹操は大軍を率い南下した。劉備は孫権と連盟し、共同して曹操に抵抗した。曹操の大軍は劉備・孫権の連合軍と赤壁で決戦を展開した。曹軍は北方からやってきており、水戦には不慣れであった。孫・劉連合軍は火攻めの方法を採用し、大いに曹軍を破った。これこそが歴史上有名な「赤壁の戦い」である。

　赤壁の戦いは三国鼎立の基礎を固めた。曹操は北方への撤退を余儀なくされ、のちに北方の統一を完成した。孫権は江東の政権をさらに安定させた。劉備は荊州の一部分の地区を占拠し、その後さらに益州を取得した。220年、曹操の子・曹丕は漢の献帝を廃

し、自ら皇帝を称し、国号を魏とし、後漢は終焉した。221年、劉備は帝を称し、国号を漢とした。歴史上は蜀漢(しょくかん)と称される。222年、孫権は王を称し、国号を呉とした。三国鼎立の局面が形成されたのである。

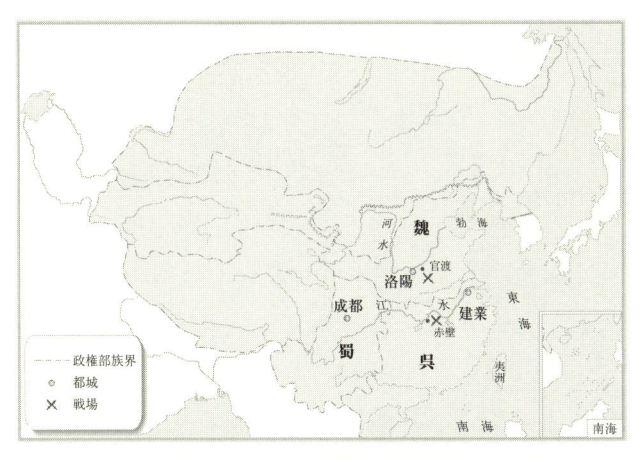

図4-33 三国鼎立の形勢図

洛陽　現在の河南省洛陽
成都　現在の四川省成都
建業　現在の江蘇省南京
官渡　現在の河南省中牟の東北
赤壁　現在の湖北省嘉魚の東北
　　　（別の説有り）
夷洲　現在の台湾

◇三国の統治者はいずれも生産の発展に注意を払った。魏では多くの水利施設を建造し、北方の生産は目覚ましい回復と発展を得た。蜀の絹織物業は隆盛を迎え、蜀錦は非常に有名である。呉の造船業は発達し、呉の船団は夷洲(いしゅう)に到達し、内地と台湾地区の連携を強めた。

> 三国鼎立はその後300年あまりの大分裂の局面の出現を招きました。肯定的意義は全く無く、一種の歴史的後退です。

> 三国鼎立は後漢末期の多くの割拠勢力の混戦の局面を収束させ、後世の統一の基礎を固めたのであり、肯定的意義があり、歴史発展的進歩です。

○述べてみよう、あなたはこの種の歴史現象をどのように考えますか？

後漢・三国より以来、西部と北部周辺の少数民族は絶えず内地に移動し、彼らは漢族と長期にわたって雑居し、相互に影響し合った。同時に、戦乱・災害などの各種の要因により、北方の人民もまた紛々として江南(こうなん)各地に移動した。

第二課　漢唐の繁栄　133

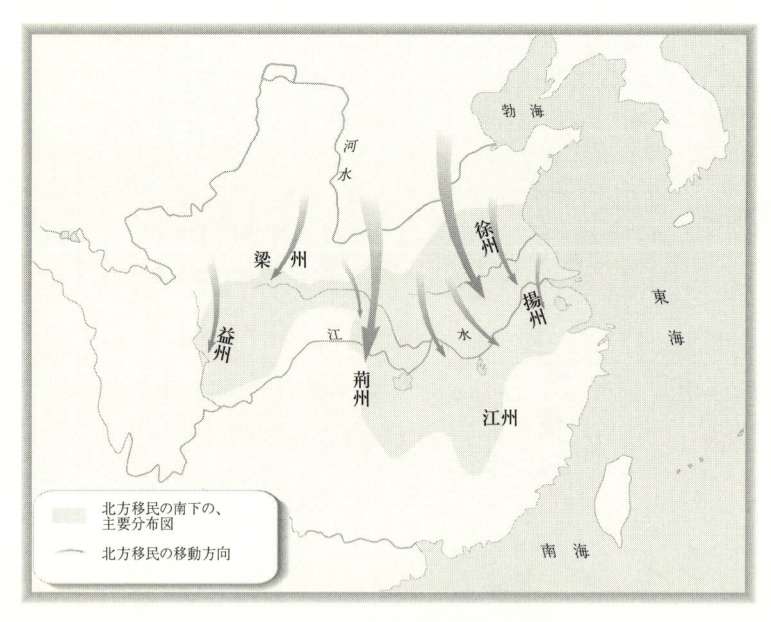

図4-34　4世紀の南遷移民分布図

　北方人民の南遷は、南方に中原の先進的生産技術をもたらし、江南経済の発展を大いに促進し、中国古代社会経済の重心が南へ遷る基礎を固めた。

◇紀元前1世紀の『史記』には、「漢の中期以前の江南は、土地は広く、人煙（人家）は稀であり、大衆は魚・米を食べていた。当時の生産技術は比較的遅れたものであり、大衆はとくに蓄積はなかったが、飢えや寒さに苦しむ人は少なかった」と記載されている*4)。

　＊4）カギかっこは訳者が補った。同部分の出典は、『史記』巻一百二十九・貨殖列伝。

◇西暦6世紀の『宋書（そうじょ）』には、「南朝前期の江南は非常に繁栄した地域であり、民戸はだんだん多くなり、今までのどの時期をも越えた。土地は広く、物産も豊富で、大衆はまじめに働き、耕作に励んだ。もし一つの郡で大収穫があれば、数郡の食糧問題を解決できる」と記載されている*5)。

　＊5）カギかっこは訳者が補った。同部分の出典は、『宋書』巻五十四。

○この二つの資料から、江南地区にどのような変化が起こったのか、自然条件・人口・技術などの方面から述べ、その中で主要な原因は何かを考えてみよう。

　少数民族の打ち建てた政権の中で、鮮卑族（せんぴ）の拓跋部（たくばつぶ）*6)が建てた北魏（ほくぎ）は北方の強大な政権であった。5世紀、（北魏は）黄河流域を統一した。北魏の孝文帝（こうぶんてい）は在位期間に、一連の改革を行い、鮮卑族の古い習俗を廃し、自発的に漢族の進んだ文化を学んだ。
　鮮卑人は中原に到ったばかりの頃、用いていたのは鮮卑語であった。孝文帝の改革時、彼は朝廷において鮮卑語およびその他の各族の言語を用いることを禁止し、統一して漢

第四単元　農耕文明の時代（下）

語を使用する命令を下した。官員とその家族は必ず漢族の服飾を着ねばならなかった。鮮卑族の氏姓も漢族の氏姓に改められた。鮮卑の貴族と漢族の貴族の婚姻が奨励された。漢族の官制・律令が採用された。漢族の礼法が学ばれた。

＊6）教科書原文では「拓拔」としているが、訳文では広く一般に用いられている「拓跋」の表記を採用する。

鮮卑の姓が漢の姓に改められた〔対応表〕

鮮卑姓	漢姓
拓跋	元
丘穆陵	穆
歩六孤	陸
賀頼	賀
独孤	劉
素和	和

図4－35　胡服俑

図4－36　北魏帝后礼仏図

○図4－36中の人物はどのような様式の服装を着ていますか？　図4－35の服装とどのような違いがあるでしょうか？
○鮮卑族の氏姓と服装の変化は何を意味しているでしょうか？

　北魏の孝文帝の改革は、社会経済の発展に適応したものであった。鮮卑族の人は積極的に中原の漢族の先進的文化を学び、吸収し、北方民族融合の足並みを大いに加速させた。

　後漢以来、内遷してきたそれぞれの少数民族の文化習俗もまた、漢族に影響を与えた。漢族はもともとは地面に座っていた。のち、少数民族の胡床〔ベッド〕・方凳〔四角い腰掛け〕・円凳〔丸い腰掛け〕などの家具が中原に伝わり、漢族の愛好する家具となって、徐々に漢族の生活習慣を変えていった。

○私たちの現在の日常生活の中において、あなたは漢族と少数民族が相互に影響しあった結果としてほかにどのような事物を知っていますか？

第二課　漢唐の繁栄　｜　135

帝国の新政

581年、楊堅が隋王朝を打ち建て、長安を都と定めた。ついに400年の長きにわたってつづいた民族紛争と南北分裂の局面に終止符を打ち、南北の統一を実現した。隋の末期、人民は重い兵役と徭役に耐えきれず、全国的な蜂起が勃発し、隋朝の統治を瓦解させた。618年、隋の貴族・李淵が隋に背き、唐王朝を打ち建てた。李淵こそは唐の高祖である。

唐の太宗・李世民は唐の第二代君主である。彼は人を用いるのに優れ虚心に諫言を聞き入れたことで有名である。魏徴は有名な諫臣で、太宗は彼を非常に重く用いた。あるとき、太宗は泰山に赴き封禅〔天をまつる天子のまつり〕を行い、それによって功績・徳行と国家の富強さを誇示しようと考えた。群臣はみな同意したが、魏徴だけが反対を唱えた。太宗が不思議に思うと、魏徴は「戸口は未だ回復しておらず、倉庫も未だ空っぽであり、此度の（泰山への）御幸は、出費は莫大であり、道中の大衆は耐えきれぬでありましょう」と説明した。太宗はこの意見を受け入れた。

図4-37　唐の太宗像

魏徴が亡くなると、太宗は心を痛め、「銅を以て鏡とすれば、衣冠を正すことができる。古を以て鏡とすれば、興亡を知ることができる。人を以て鏡とすれば、得失を明らかにすることができる。朕は常にこの三つの鏡を保ち、それによって己の過ちを防いできた。いま魏徴が逝ってしまい、鏡を一つ失ってしまった」と語った。

○太宗のこの話が表すのは、どんな意味でしょうか？
○この話は、太宗のどのような治国態度を反映しているでしょうか？

唐の太宗は農民戦争の中から人民群衆の力を見て取り、隋が滅亡した教訓を体得した。彼は君臣関係の処理に長けていたのみならず、君民関係に対しても深い認識を持っていた。彼は君主と人民を分けて船と水に喩え、「水は船を載せることも、転覆させることもできる」と語った。彼はまた、食事の折、「もし常に食べられる飯を望むならば、農民の負担を重くするでないぞ」と太子を誡めた。そして太宗は農業生産を非常に重視し、幾度も租税減免の詔令を公布し、徭役を減らして、農事を誤らぬようにした。

読書カード

天可汗

唐の太宗がひとたび古来の中華を貴び夷狄を賊と見なす概念を改め、各少数民族もすべて平等とすると、〔太宗は〕各少数民族の敬愛を獲得した。彼らは太宗を尊んで「天可汗」と呼んだ。「可汗」は西北の各少数民族の君主に対する呼称で、太宗を「天可汗」と呼ぶことは、太宗を彼らの共同の君主として擁したことを意味する。

第四単元　農耕文明の時代（下）

唐の太宗の在位期である貞観年間は、政治は比較的清廉明朗で、経済は回復と発展を得、民族関係はうち解け、国力は増強され、史家に「貞観の治」と讃えられた。

> 　中書省は皇帝の代わりに詔勅を起草する責務を負い、門下省は詔勅の内容審査の責務を負い、尚書省は六部を管轄し、政令の執行に責務を負った。三省は共同して国家政務を相談し、行政効率を高めた。各省の間には各々分担があり、お互いに共同作業をしたり、お互いに牽制しあったりして、中央集権を改善・強化した。

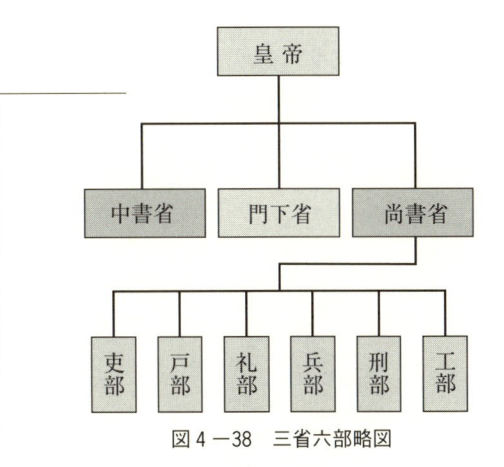

図4－38　三省六部略図

　太宗の在位期間、国家の政治体制もまた重大な変化が発生した。中でも最も重要なものは、隋代の三省六部制を継承・完備したことである。
　隋より以前、官吏の選抜は主に推挙あるいは出自によっていた。高官で権勢盛んな一族の子弟は、その優劣に関係なく、みな高い位に就くことができた。低い身分の出身だが才能のある者の多くは、中央あるいは地方で高官に就任することはできなかった。隋王朝は科挙試験の制度を創立し、唐代にはさらに発展・完備させた。科挙制度は試験を通じて役人を選抜するもので、才能が官僚を選ぶ基準であることを強調しており、一種の比較的公平な選抜制度であり、読書人〔知識人〕に比較的平等な競争の機会をつくり、社会発展のためにより多くの人材を提供した。
　太宗は人材の育成と選抜を非常に重視し、貞観年間、進士科の試験に参加した人は毎年千人以上となった。

> 　科挙試験後、唐の太宗は自慢げに、「天下の英雄は、みな我が掌中だ」と語った。
> 　だが、とある宰相は、朝廷の高官はみな公卿の子弟によって担当されるべきだと考えていた。寒門層出身の人は、よしんば傑出した才能を持っていても高位に就くことは難しかったのである。
> ○あなたは、太宗とこの宰相の見方はどのような相違点があると思いますか？
> ○読書人〔知識人〕から見たとき、科挙制度はどのような作用があったでしょうか？
> ○統治者から見たとき、科挙制度はどのような役割があったでしょうか？

図4－39　新規合格の進士、連なって出る

第二課　漢唐の繁栄

唐代の科挙制度はその当時の隣国にも影響をあたえ、新羅〔日本では「しらぎ」とよんだ〕・日本はいずれも試験を通して官僚を選抜した。多くの外国留学生もまた、長安にやってきて科挙の試験に参加した。

盛んな唐の情景

貞観期に開かれた帝国の新政は、則天武后〔武則天〕期の発展を経て、玄宗の時に最盛期を迎え、唐帝国は「開元の治」に入った。

武則天は、中国史上唯一の女帝である。彼女は在位期間、彼女に反対する元老・重臣たちを厳しく攻撃し、大いに科挙の門を開き、普通の地主の中の優秀な人材を大量に抜擢した。武則天の統治期、社会生産は発展を続け、歴史上「貞観の遺風」有りと称された。

図4-40　武則天像

武則天以後、唐王朝の政治は不穏となり、玄宗の即位によって、はじめて安定するようになった。玄宗は改革精神に富んだ賢人を任用し、精励してよく国を治めようとした。その統治期の前半は、政治は明朗であり、経済は空前の繁栄を見せ、倉庫は充実し、人口は明らかに増加し、唐朝は全盛期に突入した。歴史上「開元の治」と称される。

この時、社会経済は繁栄の情景を示し、農業・手工業の生産品の種類・生産規模・技術水準はいずれも前代を凌駕した。

筒車とは一種の新型灌漑農具で、水流による自動運転が可能であり、竹筒が水を低い所から高い所へ汲み上げ、省力できる。

図4-41　筒車模型

図4-42　曲轅犂略図

唐代の江東地区で用いられた曲轅犂は、巧妙に設計されており、土をすき起こすのに用いる犂壁〔撥土板、またはへら〕があった。重量は軽減され、回転させるのに人力は省かれた。深く耕すのにも浅く耕すのにも適応することができた。

大詩人・杜甫は「憶昔」の中で、「憶う昔　開元全盛の日、小邑すら猶お蔵す万家の室。稲米　脂を流し　粟米　白く、公私の倉廩　倶に豊実」と詠んだ。

○この詩は当時のどのような社会的現実を反映しているでしょうか？
○こういった局面の出現は何と密接な関係を持つでしょうか？

　唐代の絹織物の技巧は非常に優れたもので、生産された絹織物はしなやかで薄かった。一説では、あるアラビア商人が広州にやってきて、ある官僚に謁見した。彼は絹製の衣服から透き通ってその官僚の胸部に黒いアザがあるのを見て、驚いて、「とても不思議です、貴方の胸部のアザは、二枚の服から透き通って見ることができるのですか？」と訊ねた。官僚は呵々大笑し、その商人にさらに近づいて観察させた。なんと、彼は五枚の絹製の衣服をまとっていたのであった。

図4－43　唐代の絹織物

　磁器は唐王朝の人びとの日常生活用品であり、磁器の品種はとても多く、越州窯〔越、すなわち浙江省の青磁窯〕の青磁と邢窯〔河北省臨城県の窯〕の白磁が最も高い名声を得た。唐代の三彩の陶俑が、すなわち唐三彩であり、色彩はきらびやかで、造型は立派であり、世に名の聞こえた芸術珍品である。

図4－44　胡人旅者俑

　唐代の大都市には、長安・洛陽・揚州そして成都などがあった。長安城の人口は百万、多くの少数民族と世界各国の商人もつぎつぎとやってきて商業を行い、店舗を開設した。長安は国際性を持つ大都市となった。当時のペルシア商人は宝石類の商売に長けており、彼らは宝石業を長安の三番目に大きな職業にまで発展させたのであった。

図4－45　商人俑

第二課　漢唐の繁栄

> 読書カード
>
> 唐代の社会生活
>
> 　社会経済の発展は、豊富で多彩な社会生活をもたらし、少数民族や外国との頻繁な交流もまた、唐代の社会生活に中国と西方の相互交流・胡漢〔少数民族と漢族〕融合という特徴を現出させた。
>
> 　例えば胡餅のような少数民族の食品は、普遍的に流行した名物となり、唐の都・長安にはこういった食品を専門に扱う店舗が設けられ、民間でも相互に胡餅を贈りあう習慣が流行した。唐の人は少数民族の服飾、すなわち胡服を着、胡帽をかぶり、胡靴を履くことを好んだ。
>
> 　唐代の女性も胡服を着るのが常であり、また男物の服や軍服を着ることも流行した。唐代の女性の生活は比較的開放的かつ自由であり、馬に乗ったり、ポロをやったり、公開の場で各種の社交・文化娯楽・体育の活動に参加した。

　大唐帝国は開元年間に最盛期を迎えた。だが唐の玄宗の統治の後半になると、朝政は徐々に混乱し、辺境警備の将校・安禄山と史思明を指導者とした反乱が勃発し、歴史上これは「安史の乱」と呼ばれる。これより、唐王朝は繁栄から衰退へと向かっていくのである。

盛世の文化

　漢唐の時期、各族人民は共に努力を経て、前代の文化を継承し、また外来文化を吸収した基礎の上に、燦然と輝く漢唐文化を創造した。

　『史記』は前漢の史学家・司馬遷の著した史学の大著である。『史記』は伝説上の黄帝から漢の武帝までの時期の約3千年の主要な歴史事実を記載しており、わが国初の紀伝体の通史である。『史記』は、体裁は整っており、史料は詳細かつ確実で、叙述は簡潔であり、文章は生き生きとしており、後世の史書編纂の模範となった。魯迅は『史記』を、「史家の絶唱、無韻の離騒（歴史家によるこの上なく優れた詩文であり、韻律のない『離騒』である）」〔魯迅『漢文学史綱要』〕と賞賛した。

図4－46　司馬遷

> 読書カード
>
> 太史公・司馬遷
>
> 　司馬遷はわが国古代の偉大なる史学家である。彼は漢の武帝の時代を生き、小さい頃から家庭の薫陶を受け、文史を愛好した。若い時、各地方に赴いて多くの名勝古跡を訪問した。旅行中、彼は大量の資料を収集し、視野を広げた。のち、彼は父の仕事を継いで史官となった。十余年の苦労と努力を経て、彼はついに『史記』を完成させた。彼は、「人は必ず死ぬものであるが、泰山より重い死もあれば、羽毛よりも軽い死もある」と言っている。

社会経済の繁栄と、科挙制度の完備は、文学芸術の発展を推進した。
　唐代はわが国古代の詩歌発展の黄金時代であった。唐詩は数も多く、内容も豊富、風格は多様であり、社会生活の全景を反映しており、今でもなお人びとに愛されている。唐代において、影響が最も大きく、最高の業績を挙げた詩人としては李白と杜甫がおり、後世の人は彼らをそれぞれ尊んで「詩仙」と「詩聖」と称した。

　言い伝えでは、賈島はある日、驢馬に乗って詩を作り、偶然「鳥は宿る池辺の樹、僧は推す月下の門」の二句を思いついた。彼は、「推」の字を「敲」に改めるかどうか、繰り返し考えた。迷って決断がつかず、手で推〔押したり〕敲〔たたいたり〕の姿勢を作っていた。このとき、役人である韓愈がちょうど通りかかったが、賈島は思考の余り放心しており、韓愈の儀仗隊〔帝王・大官などが外出するとき、旗・傘・扇・武器を持って随行した護衛兵〕をよけるのを忘れてしまった。韓愈はその原因を問うと、賈島を責めなかったばかりか、彼と一緒に考えてやり、やはり「敲」の字のほうが良いと考えた。

○あなたは、彼らが「敲」の字に改めようと考えた理由がわかりますか？　この故事は何を説明しているでしょうか？
○あなたが学んだことのある詩歌に基づいて、横線の上に以下の詩人の作った詩の名前を一首書いてみましょう。
李白＿＿＿　杜甫＿＿＿　白居易＿＿＿
李商隠＿＿＿　王維＿＿＿　孟浩然＿＿＿

　仏教は前漢末期に中国内地に伝わり、魏晋南北朝時代には影響力が日ごとに増していった。隋唐期の頻繁な対外交流は、さらに仏教の伝播を促進していった。

図4-47　玄奘像

　玄奘は唐の太宗のときの高僧である。仏教経典の精義を求めて、彼は艱難を乗り越えて天竺、すなわち現在のインド半島に到達し、当地で仏法を17年研究した。のち、玄奘は657部の経典を携えて長安に戻り、75部1335巻の仏教経典を翻訳した。彼はまた自分の西方の見聞を『大唐西域記』として著し、天竺における仏教・歴史・地理・風土や人びとについて記述した。

第二課　漢唐の繁栄 | 141

鑑真は唐の玄宗のときの著名な僧侶である。彼は前後5回にわたって人びとを率いて日本に渡ろうとしたが、いずれも失敗した。のち、彼は両目とも失明してしまったが、誓って志を変えることなく、6回目に日本への渡航に成功した。彼は日本において、仏教を広めたのみならず、唐の医薬・建築・彫刻・絵画などの知識や技術を紹介し、日本の人びとの尊敬を受けたのであった。

図4-48　鑑真像

○考えてみよう。玄奘と鑑真で、その功績において共通するものは何でしょうか？また、その貢献において異なる点は何でしょうか？

　道教は後漢末期に登場し、老子を教主と仰ぎ、修身養性〔身を修め気を養う〕と煉丹服薬〔丹薬を煉り服用する〕を通して不老長生となることができると宣揚した。老子は李姓であったので、唐代の統治者は道教に対し特別の尊崇を払った。唐の玄宗はかつて自ら道教の経典『道徳経』に注を施し、それを諸経の最高に列し、天下に頒布し、すべての人が学ぶようにと命じた。

　漢唐の盛世は、芸術発展においても隆盛を極めた時期であった。この時期の芸術作品は異彩を放つものが入り乱れた。書道芸術は絢爛多彩であり、絵画・彫刻・音楽・舞踊などは、中国および外国の文化と各民族の文化交流の動きのもと、大いに光彩を放った。

東晋の王羲之は、漢魏の書道芸術を集大成し、後世「書聖」と讃えられた。彼の筆遣いは「飄々とした様は浮き雲のようであり、力強い様は龍を驚かせるほど」であった。

図4-49　『七月都下帖』

図4-50　『女史箴図』

東晋の顧愷之は人物画に優れ、人物の表情や態度を描くことを特に重視した。彼は、人を描くのに最も重要なのは目をうまく描くことであると考えた。

唐の顔真卿は、雄渾な勢いと重厚な形状の新書体を生み出し、「顔体」と称された。

図4－52 『多宝塔碑』

竜門石窟の中で最も大きい盧舎那仏像は、17メートルである。その表情はふくよかで雅であり、微笑を浮かべ、威厳があり、しかも美麗である。

図4－51 『歴代帝王図』

唐の閻立本は人物故事の絵に優れていた。彼の絵は、筆運びは力強く、線は曲がりくねる針金のようである。

図4－53 盧舎那仏

シルクロードと大運河

張騫が西域の道を通じさせてより、各国の商人・使者が東西を往来し、河西回廊を通って、長安から西、中央アジア・西アジアへ向かい、ヨーロッパへ直通する交通の大道が開かれた。中国の絹織物などの物品はローマに運ばれるようになった。この、中国と西方の交通の橋渡しとなる陸上の要路が、有名な「シルクロード」である。

図4－54 敦煌壁画に描かれた隊商

第二課　漢唐の繁栄

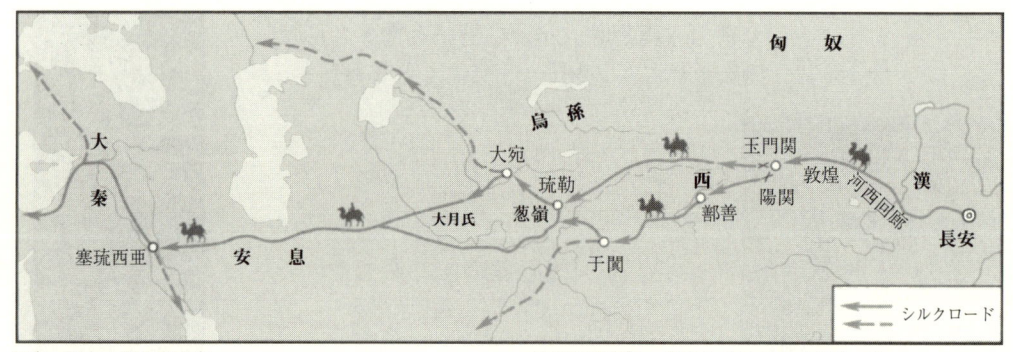

長安	現在の陝西省西安	塞琉西亜＊7）	現在のイラクのバグダード
陽関	現在の甘粛省敦煌	大月氏	現在のアム河流域
大秦	古代ローマ。現在の地中海地区	敦煌	現在の甘粛省敦煌
安息	現在のイラン高原とティグリス・ユーフラテス川両河流域	大宛	現在の中央アジアフェルガナ盆地
		葱嶺	現在のパミール高原とカラコルム山
玉門関	現在の甘粛省敦煌の西北	烏孫	現在のイリ河とイシッククル湖一帯
鄯善	現在の新疆若羌		

図4-55　シルクロード略図

＊7）塞琉西亜とはセレウコス一世の築いた都市・セレウキアが該当すると思われるが、この教科書では「バグダードの古名」としている。

○地図上において、シルクロードの通る地域はおおむねどの国家に属するかを記してみましょう。
○長安を出発してローマに到着するには、隊商はまったく人家のない砂漠を突き抜け、雪で埋もれた山々を越えねばならなかった。考えてみましょう。どのような高い山・険しい峰やゴビ砂漠を越えてゆくことになるでしょうか？

　シルクロードは東西貿易の重要な通路であった。織物のほかにも、中国の陶磁器・鉄器・漆器などの商品もまたこの道路を通って西方に送られていった。西方商人もまたこの道を利用して毛皮・香料・薬・宝石類を中国に運送した。

図4-56　敦煌壁画に描かれた隊商

　当時、中国と西方の商人は往々にして群れをなして隊を結成し、駱駝あるいは馬を用いて、大量の中国の絹織物を運んだ。彼らは長安を出発し、敦煌において飲料水・食料・飼料を補充した後、さらに玉門関あるいは陽関を通過して、苦難の旅を開始したのであった。この絵は6世紀の隊商が古道上を東西に往来した様子を反映している。

古代の宿場駅は古代商人や旅客・使者や手紙配達人などが休んだ場所であった。シルクロードにはこのような場所が無数にあった。

図4-57 シルクロードの宿場駅の遺跡

貿易の往来に伴い、シルクロードは東西文化交流の架け橋ともなっていった。漢代の城市の街頭では、古代ローマの手品芸人の演技が見物できた。唐代の朝廷においては、上下ともにポロが非常に流行したが、これはペルシアからシルクロードを経由して中国に入ったものであった。

◇紀元前1世紀、古代ローマの執政官カエサルは、豪華な絹の長い服〔中国風の服〕をまとって劇の鑑賞に赴いた。その服の精巧で美しい様は、劇場全体の観衆が賛美してやまぬものであった。のち、中国の絹で作られた衣服はローマ貴族の流行となった。
◇図4-58はローマの廃墟から発見された漢代の絹である。この数十年来、わが国の新疆でも多くの漢代の絹織物が発見されている。
○上述の資料を組み合わせて、こういった史実と考古的発見がどのようなことを説明しているか考えてみましょう。

図4-58 ローマの廃墟の中から出土した漢代の絹

シルクロードは、アジア・ヨーロッパ両大陸を結び、古代における東西の経済・文化交流史において巨大な作用を発揮した。

読書カード

亜欧大陸橋〔ユーラシア・ランド・ブリッジ〕
　亜欧大陸橋は、ユーラシア大陸をまたがる大陸間鉄道であり、東は中国の日照港・連雲港から、西はオランダのロッテルダム・アントワープ港に至り、〔その途上〕30あまりの国家を経る。亜欧大陸橋の貫通は、昔日の広大なゴビ砂漠をゆっくりと西へ進むラクダのキャラバンに取って代わり、現代の新シルクロードと呼ばれている。

第二課　漢唐の繁栄

中国古代にはもう一つ、南北を貫く水路があった。それが京杭大運河である。

隋が南北を統一した後、隋の煬帝は6年の歳月をかけ、数百万の働き手を民間から徴発し、すでにあった天然の水路と人工の運河を基礎として、南北を貫く大運河を開鑿したのであった。

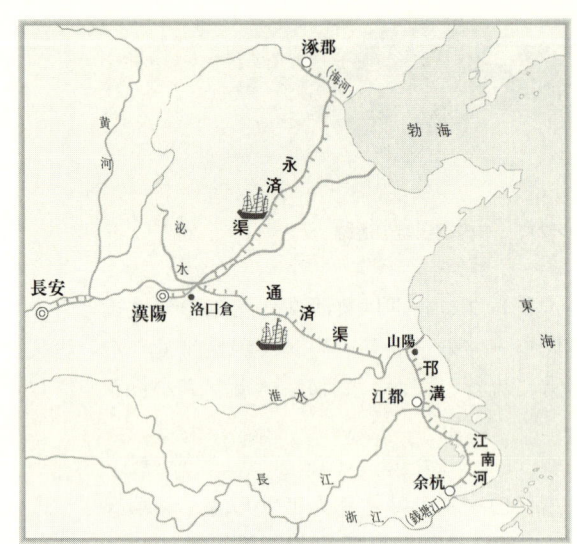

| 長安　現在の陝西省西安 | 漢陽　現在の河南省洛陽 | 江都　現在の江蘇省揚州 |
| 余杭　現在の浙江省杭州 | 涿郡　現在の北京 | 洛口倉　現在の河南省鞏義 |

図4-59　隋の大運河略図

古代、南北の物資運輸は主に陸路交通に依拠しており、大量の物資輸送は大変に困難であった。南北間の貨物の往来を便利にするため、春秋時代より、人びとは天然の河川を利用したり、あるいは天然の河川（と河川）の間に人工的に運河を開鑿し、水路による輸送を展開していったのである。

○図4-59を見て、考えてみよう。わが国の河川の流れの方向にはどのような特徴がありますか、および、人びとはなぜ南北を縦断する運河を開鑿する必要があったのでしょうか？
○大運河は洛陽を中心として、＿＿＿・＿＿＿・邗溝そして＿＿＿の四本に分かれています。
○大運河が結ぶ五大水系は、＿＿＿・＿＿＿・＿＿＿・＿＿＿そして＿＿＿です。

大運河の航路が開けて後、運河沿いの都市もまたますます繁栄していった。

隋唐期、中国の政治の中心は北方にあったが、唐朝の後期には、経済の重心は徐々に南方に移転を始めた。南方の糧食の北方への運送は、王朝の安否と政局の安定に関わる重要な要素となった。唐朝の中期以降は、戦乱が絶え間なく起こり、毎年運河を通じて長安に運ばれる糧食は200万石から10万石あまりに減少した。運河が塞がってしまうと、軍隊は十分な糧食を得ることができなくなり、人びとの生活は非常に不安定となった。唐の徳宗の治世のあるとき、長安では糧食が10日にわたって欠乏し、江南からの糧食運

搬船（の到着）の知らせが伝わると、徳宗は感動して皇太子に、「米が既に陝に到着したからには、われわれ父子は助かったぞ」と高らかに叫んだ。

図4-60　運河城市図

◇史書の記載によれば、隋の煬帝は前後百万人余りを徴発して通済渠(つうさいきょ)を開鑿し、百万人余りで永済渠(えいさいきょ)を開鑿し、十万人余りで邗溝を開鑿した。運河が開通して以後、隋の煬帝はさらに高荘で華麗な「龍舟」の建造を命じ、大小数千艘の船を率いて「南巡」を行い、護衛の兵士や船を引く働き手は数十万人の多きにのぼり、その沿岸五百里〔1里は約0.5km〕の範囲内は食物を貢がねばならず、多大な民力が費やされた。

◇明末清初の史学者・談遷(だんせん)は、「隋の煬帝はこんなにも多くの民力を動員し、大運河を開鑿し、その罪は深く重い。だがもし大運河がなければ、南北の輸送は何に頼るというのか？」と述べている。

○史書の記載や談遷の憶えた感慨に対し、自分の考えを発表しましょう。

隋唐以後、多くの王朝はいずれも大運河に対し、浚渫(しゅんせつ)（底さらい）や改造などを行い、南北を貫く水路の作用を継続して発揮させた。今日でも、大運河のうちいくつかは依然として水路による運輸の働きをしている。

読書カード

大運河の修築

20世紀50年代より、わが国は大運河改造計画の青写真を制作し始め、元来の運河河道に対し、堆積した泥の除去と改築といった作業を実施した。現在、運河流域の各地区は、いずれも運河の生態環境の改善・運河文化の発展といった方面の総合的管理を展開している。これらの河道はつぎつぎと河川運輸の機能を発揮し始めており、大運河は新しい時代において盛んなる活力を生み出しているのである。

図4-61　運河の渡し船

第二課　漢唐の繁栄

自分でやってみよう

1. 漢の武帝が集権統治を強化するために実施した政策はどんなものがあるでしょうか？ 少なくとも三つ挙げてください。

_____

_____

2. 教科書の中の関係ある地図を見て、シルクロードと亜欧大陸橋という二つの通商要路を比較し、シルクロードの古代と今日における重要性を理解してみましょう。
3. 以下の事例を分析しなさい。

図4-62　開元通宝(かいげんつうほう)

図4-63　和同開珎(わどうかいほう)
〔原書は「珎」に「ほう」にあたるルビをつけている〕

○上の二つの図にある唐朝の貨幣と同時代の日本の貨幣にはどのような共通点があるでしょうか？

◇『ブリタニカ百科全書』には、「我々の知る限りで最も早い試験制度は、中国で採用された科挙制度、およびそれが定期的に行われた試験である」とある。
◇孫中山(そんちゅうざん)〔孫文〕は、「現在の各国における試験制度は、ほとんど英国に学んだものである。その源を遡れば、英国の試験制度は、元来はわれわれ中国から学ばれたものである」と言っている。
○あなたは、上述の事例は何を説明していると考えますか？
○漢・唐期の同様の意義を具え持つ事例をさらに二つ挙げられますか？

第三課　多元的な文化の融合と世俗化が進んだ時代

　ヨーロッパ人が、まだ閉鎖的な封建的荘園のなかで生活し、頭の中は神学によって束縛されていた時に、逆に中国社会は一番活力に満ち溢れた情況になっていた。漢・唐の後を継いだ宋元時代にみられた、農耕文化と遊牧文化の融合の進展、都市と商業の繁栄、多彩な文学と芸術、伝統的な科学技術の隆盛、中国と外国との交流の活発化は、みなこの時代の性格を示す重要な指標となっている。

農耕文化と遊牧文化の融合

　唐の玄宗時代の後期には、奸臣が政権を壟断し、朝廷の政治は混乱していた。9世紀後半、唐末には、農民蜂起が勃発し、大唐帝国の統治は瓦解してゆき、その後中国の歴史はまた分裂と動乱の時代へと入っていった。そして黄河流域は五つの王朝によって代わる代わる統治された。これらの王朝はあわせて五代とよばれている。さらに南方の各地と北方の山西には十もの国が建てられたため、歴史上この時期は「五代十国」とよばれている。960年に、大将の趙匡胤が軍事クーデターを起こして、宋朝を建て、都を東京〔開封〕に定めた。この王朝は歴史上では、北宋とよばれている。

　まもなく、北宋は再び中原と南方の広大な地域を統一した。しかし、この時期の中国は、まだ多くの民族的政権が並立しているような状態で、農耕文化と遊牧文化は戦争と和睦が繰り返される状況下にあり、衝突と融合を繰り返していた。

東京　現在の河南の開封　　上京　現在の内モンゴルのバーリン左旗　　興慶　現在の寧夏の銀川
　　　　　　　　　　　　　南京　現在の北京　　　　　　　　　　　　澶州　現在の河南の濮陽

図4－64　北宋、遼、西夏が並立している状況

図4-65　契丹人引馬図

　遼は中国北方の少数民族の契丹が建てた政権である。契丹人は現在の内モンゴル、遼寧一帯に居住していたが、後に長城以南の一部の地域を占領した。遼軍は頻繁に南下しては、中原地方に進攻して略奪を行った。北宋は何度か北伐を行ったが、すべて失敗しただけではなく、かえって消極的かつ防御的な国策をとるようになっていった。
　1004年には、遼軍が大挙して北宋に進攻し、ただちに黄河の岸辺にあった澶州城に迫り、首都である汴京の情勢は緊迫した。遷都して避難することを主張する人もいたが、宰相の寇準は断固として反対し、宋の真宗に自ら兵を率いて出征することを強く勧めた。宋の真宗が澶州城に来ると、宋軍の士気は大いに高まった。この後、宋と遼は和平交渉をして、遼は兵を退去させ、各々その境界を守り、北宋は毎年遼に銀と絹をおくることになった。この和議は、歴史上「澶淵の盟」と呼ばれている。「澶淵の盟」は、宋と遼の間に百年あまりの比較的平和な状況をもたらした。

　「澶淵の盟」については、これまでずっと二つの異なる認識が存在していた。

　短期間の平和は、宋の朝廷の妥協的な政策の産物です。毎年遼や西夏におくられていた大量の金銭や物品はみな庶民が負担しなければならなかったわけですから、宋朝について言えば、「澶淵の盟」は屈辱的な盟約だったといえるのではないでしょうか。

　「澶淵の盟」以後、宋のイネ・磁器・茶、及び遼の馬・羊・ラクダなどが、境界で交易できるようになり、また、双方が再び大規模な戦争をしなかったことを考えれば、「澶淵の盟」は先見性のある盟約であったといえるのではないでしょうか。

○あなたは、「澶淵の盟」はどのような盟約であったと思いますか？

　こうした時期に、中国の西北で遊牧生活をしていたタングート族が、現在の寧夏地方に西夏政権を建てて、宋に対して戦争を起こした。後に、和平交渉が行われ、宋と夏は友好的な関係を維持する状況となった。
　1115年、中国の東北地方において台頭してきた女真族が金を建国した。この時、遼と宋の統治体制はとても腐敗していた。遼は最終的に金に滅ぼされ、やがて金軍が南下して、宋朝を攻撃した。1126年、宋朝の首都は金軍に攻略された。その2年後、宋の徽宗と欽宗、宗室・后妃など3千人あまりの人びとが金軍の捕虜となり、宮廷の儀杖、典籍と多くの珍しい宝物も略奪されて、北宋は滅亡した。
　同年、北宋の皇族が皇帝を称して、後に南方の臨安〔杭州〕に都を定めた。この王朝は、歴史上では南宋と呼ばれている。北方の民衆と南宋の将校は奮起して金軍の南下と

150　第四単元　農耕文明の時代（下）

略奪に抵抗した。岳飛は当時最も有名であった将軍で、彼が率いていた「岳家軍」は、何度も金軍を撃破し、北方の失われた土地を奪い返した。

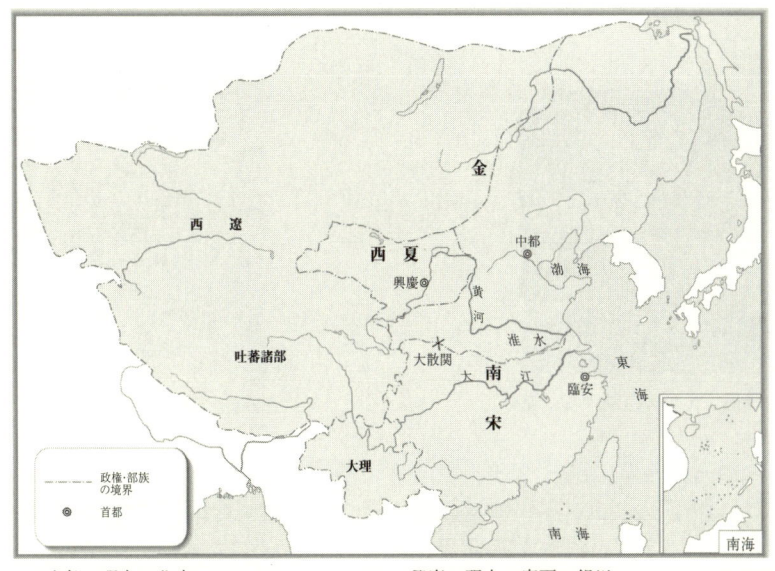

中都　現在の北京　　　　　　　　　興慶　現在の寧夏の銀川
臨安　現在の浙江の杭州　　　　　　大散関　現在の陝西の宝鶏

図4－66　金と南宋が対峙している状況

読書カード

岳家軍

岳飛は北方の民衆が自発的に組織した抗金のための義軍と積極的に連絡をとり、軍隊を増強していった。彼が率いた軍隊は勇敢に戦い、軍紀も厳正で、「凍死すれども屋を拆さず、餓死すれども擄掠せず」というような姿勢をとっていたため、深く庶民の敬愛を受け、「岳家軍」と呼ばれていた。「岳家軍」が来たところでは、父老や庶民が食糧を持参して、互いに競って道にならんで歓迎した。金軍は「山を撼かすは易し、岳家軍を撼かすは難し」と言って驚嘆した。

図4－67　岳飛

　1140年、岳家軍は河南の郾城で大勝利をおさめ、その他のいくつかの路の宋軍からも勝利の知らせが相次ぎ、抗金の形勢は南宋にとって非常に有利なものとなった。しかし宋の高宗は和睦を急ぎ、岳飛の兵権を解くとともに、「莫須有」〔むるぎぬ〕の罪名でもって彼を殺害し、彼の抗金に関する功績は一朝にして無にされてしまった。1141年、宋と金は和平交渉を行い、南宋は金に対して臣と称し、領地を割譲し、金銭を上納することになった。これにより、宋と金が南北に対峙する局面の基本がつくられた。

　遊牧民族の契丹・タングート・女真の貴族は、南下する過程で、中原の軍民の強烈な反抗に遭い、自らの立ち遅れた野蛮なやり方や政策を放棄して、中原の先進的な農耕文明を吸収する必要に迫られた。例えば、遼は中原の王朝の政治制度に倣って漢人を統治

第三課　多元的な文化の融合と世俗化が進んだ時代　｜　151

すると同時に、北宋時代の過重な賦役による弊害を是正して、人民の負担が軽減されるように気を配った。長年遼の領内に居住していた漢人は、その地においても農業生産に従事することができた。中華文明は農耕文化と遊牧文化が融合する中でさらに多様化していった。

図4-68　契丹文大字碑の残片（一部分）

図4-69　木製の活字で印刷された西夏の書物（一部分）

○図の中の契丹や西夏の文字をよく見て、それらの字形・構造と漢字が似ていると思いますか、似ていないと思いますか？　その中にどのような漢字の筆画があるか見つけ出せますか？　これをどのように説明すればよいと思いますか？

12世紀、わが国の北方のモンゴル高原における各部族は戦いの中にあり、人民は休まることがなかった。やがて、ある部族の指導者であったテムジンがモンゴルを統一した。1206年、テムジンは大ハンに推戴され、チンギス＝ハンと尊称され、モンゴル国が建てられた。

13世紀中頃、モンゴルの軍隊は相次いで西夏と金を滅ぼした。そして、フビライがハンの位を継ぎ、1271年に元朝が建てられ、翌年に大都に都が定められた。このフビライが元の世祖である。1276年に、元は南宋を滅ぼし、まもなく中国は再び統一された。

伝統的な都市における新しい景観

図4-70　チンギス＝ハン

宋代には、中国の社会経済が急速な発展を遂げた。

中原一帯では頻繁に戦乱が起きていたが、南方地域では長期にわたって比較的に平和な状態が保たれていたため、経済が急速に成長した。南宋に至って、全国的な経済の重心は黄河流域から長江流域に移った。「蘇湖熟すれば、天下足る」ということわざが、当時広く言われるようになった。

先進的な生産工具が応用されたことや優良な品種の作物が普及したことにより、農業の急速な発展が促進された。

田植えの時期において、農民が秧馬に跨って耕地で行う労働は、農民の体力の消耗を防ぐだけではなく、作業効率も大いに高めた。

図4-71　秧馬図

152　第四単元　農耕文明の時代（下）

読書カード

占城稲
占城稲（せんじょうとう）は、ベトナム中南部が原産で、早魃に強く、イネの穂が長く、成長期間が短いという利点があった。宋代、占城稲の中国における栽培面積は急速に拡大し、水稲が一躍食糧生産の首位になった。

宋代には陶磁器製造業が発達し、定窯（ていよう）、鈞窯（きんよう）など三十余箇所の重要な陶磁器の窯があった。北宋時代に盛んになった景徳鎮（けいとくちん）は、後にさらに発展して著名な陶磁器生産の中心地になった。

図4-72　孩児枕

唐・宋間の経済発展により中国の伝統的な都市の内部構造に大きな変化が生じた。都市にみられた閉鎖的な坊市構造は壊され、新しい都市の構造が、商業にさらに大きな繁栄をもたらした。

読書カード

坊市の境界線
唐代中期以前、中国の都市は坊市制という構造になっていた。住宅地区である「坊」と商業地区である「市」が互いに厳格に分離されており、さらに周囲は城壁や柵で囲まれていた。坊と市の門には専従の衛兵がいて警護しており、開け閉めの時間は役所によって統一的に規定されていた。市場の面積は狭く、都市のある場所に固定されていた。あらゆる交易はみな市場のなかでしか行えず、市場の外における交易は厳しく禁じられていた。唐代中期以後、坊市の境界線は次第に壊れていった。

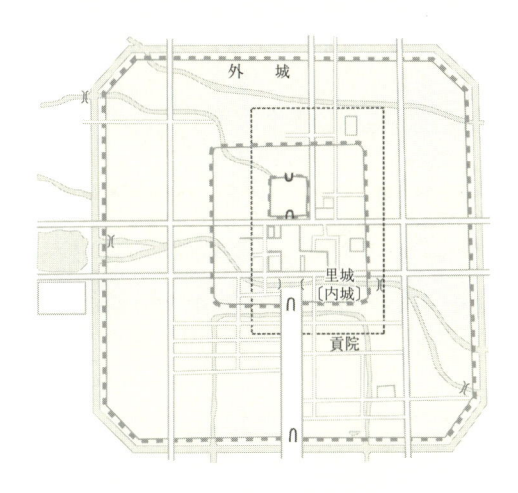

図4-73　唐長安城の平面図　　　　図4-74　北宋東京城の平面図

○二つの図を比較して、あなたはどこが違うか明確に言えますか？

第三課　多元的な文化の融合と世俗化が進んだ時代 | 153

図4-75 『清明上河図』(一部分)

宋代には、住宅地区と商業地区の境がなくなって、市場が高官や庶民の住居の間に散在するようになり、店舗が集中した場所は繁華街になっていった。北宋の首都東京にあった商業中心地には、富裕な商人が群がっていた。

商業の発達は、また多くの新しい事物ももたらした。北宋前期には、四川地方で、世界で最初の紙幣──「交子」が出現した。

商業の発達にともない、商品の交易が拡大し、次第に金属の貨幣は交易をする上で不便なものとなっていった。そのため成都では鉄銭のかわりに「交子」が流通するようになった。

図4-76 北宋の交子

宋代の「済南劉家功夫針舗」の商標は、わが国で現在発見されている中では、最も早い時期の商標である。上方には店舗の名前が書かれている。中央の絵は店舗のマークである。下方には以下のような文章が書かれている。「上等の鋼条を収買し、功夫の細針を造す。宅院の使用に誤らず、転売興販、別に饒を加うる有り、請う記し白さん*8)」。

*8) 質の良い針金を仕入れ、功夫針を製造しています。家庭で使うのに無駄にはなりません。転売、販売していただければ、別に優遇措置がございます。その際には申しつけ下さい──訳文は、稲畑耕一郎監修・劉煒編・杭侃著・大森信徳訳『図説中国文明史[7]宋・成熟する文明』、創元社、2006年、77頁を参照。

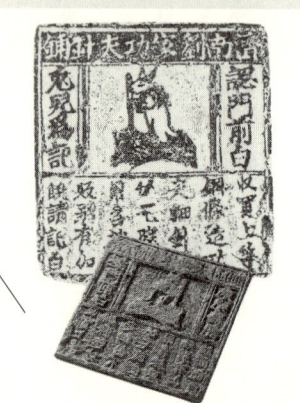

図4-77 劉家功夫針の商標と銅版

図4-78 中統元宝交鈔

元朝は世界で最初に紙幣の流通を全面的に推し進めた。

○私たちの現代の生活の需要から考えてみて、紙幣、商標、広告の出現にはそれぞれどのような意義があると思いますか？

> **読書カード**
>
> **宋代の都市における治安と消防**
>
> 　北宋の東京には、世界の都市史上最も早く専属の消防隊が置かれていた。南宋の臨安は、いくつかの消防区に分けられており、区毎にはみな防火を任務とする消防隊がおり、さらに都市全域の消防を担当する消防隊も一つ置かれていた。火災が発生すると、各区が相互に連携して消火にあたった。臨安におけるこのような消防組織と対策は、当時の世界のあらゆる都市の中で最もすぐれたものであった。宋代の都市の中には、さらに一定の距離ごとに治安巡警所が設置されていて、夜間パトロールや防火などを担当していた。

　宋元時代、中国の都市には繁栄した情景がみられた。北宋の東京、南宋の臨安、元朝の大都はみな百万人の人口を擁する大都会であった。蘇州や泉州などといった多くの中規模の都市も、人家が密集して、発展が急速に進んでいた。さらに、商工業の中心地である市鎮・草市・墟集が、雨後のタケノコのように大量に出現していた。

風情あふれる世俗の生活

　唐・宋の間に、人びとの日常生活には大きな変化が起きた。都市の居住民の活動は再び時間的、空間的制約を受けることはなくなった。人びとは新年や節句のたびに餃子〔ギョーザ〕を食べ、花火をして爆竹をならすようになった。机、椅子、腰掛などといった家具が使われるようになった。これらの変化により、基本的な中国人の伝統的生活様式が形作られていった。

　宋代の都市における大型の総合娯楽地区は「瓦子」と呼ばれていた。瓦子の中には、芸人たちが綱、柵あるいは布で仕切ることにより比較的に固定された演芸場を作っていた。それは「勾欄」と呼ばれていた。「勾欄」のなかには、日差しや雨を遮る屋根を備えた「看棚」があるものもあった。北宋の末年、東京で最大の瓦子には数千人を収容することができた。宋元時代のその他の都市の中にも、多くのにぎやかな瓦子があった。

　勾欄では、多種多様な出し物が上演されていたが、その中でも最も観衆を引きつけた出し物は雑劇であった。雑劇の起源は宋金時代にさかのぼるが、宋代の雑劇はまだ短編の喜劇といったものにすぎなかった。一方、元の雑劇は成熟した戯曲芸術となっていた。それは詩歌、音楽、舞踏、演技など多種多様な芸術様式が融合したものであり、完全な物語が上演されていた。元の雑劇が民間に広まるのに従って、戯曲に登場する多くの人物が人びとに広く知られるようになっていった。

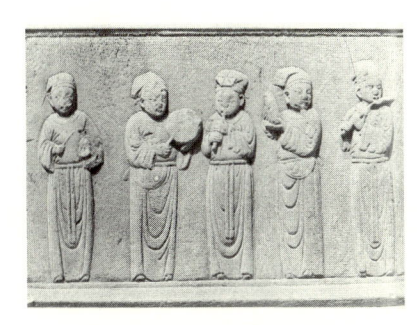

図4-79　宋代の墓の石刻

図4-80　元代の雑劇役者の陶製の人形

図4-81　山西省洪洞にある広勝寺の元代の壁画　　図4-82　元代の郷村の舞台

　都市の勾欄・瓦子以外でも、民衆は大通りや横町、或いは集市〔定期市〕や廟会〔廟の縁日〕において芸人のすばらしい公演を楽しむことができた。

　　元代の「説話」は現代の講談に相当するもので、色々な様式をもっており、人びとからは特に「小説」と「講史」が好まれた。「小説」とは、庶民が主人公となっている恋愛物語とか、清廉な官僚や義侠心のある盗賊が活躍する裁判事件小説である。「講史」の中で最も流行っていたのは、「説三分」と「売五代史」である。
◇塗巷中の小児の薄劣にして、其の家の厭苦する所となるもの、輒ち銭を与え、聚坐して古話を説くを聴かしむる。三国の事に至り、劉玄徳の敗るるを聞けば、顰蹙して涕を出す者あり、曹操の敗るるを聞けば、即ち喜んで、快と唱う*9)。（蘇軾『〔東坡〕志林』）
◇斜陽、古柳、趙家荘、鼓を負える盲翁、正に場を作す。死後の是非、誰か管し得ん、満村、蔡中郎を説くを聴く*10)。（陸游〔「小舟にて近村に遊び、舟を捨てて歩んで帰る」〕）

○この二つの史料のどちらが「小説」で、どちらが「講史」なのか、言い当ててみましょう。
○あなたはこれらの内容が何の物語か分かりますか？

　*9) 街の悪ガキたちは、その家でうるさがられると、金をやって昔語りを聴きに行かせる。三国のことになって、劉玄徳が敗れると、まゆをしかめて泣き出すものもあり、曹操が負けたと聞くと、喜んで快哉を叫ぶ。――訳文は、藤井省三・大木康『新しい中国文学史―近世から現代まで―』、ミネルヴァ書房、1997年、40頁を参照。
　*10) 趙家荘という村へ行ったら、夕日が斜めにさしこんでいる柳の古木の下で、太鼓を背負った盲目の老芸人が、ちょうど蔡中郎の物語を語っているところで、村ぢゅうの人々が熱心に聴き入っていた。しかし死んでしまってからどんな評判を立てられても、これはもうどうしようもないことなのだ。――訳文は、松枝茂夫編『中国名詩選（下）』、岩波文庫、1986年、321頁を参照。

　宋元時代には、すでに今日伝統的な祝日となっている春節、元宵節、端午節、中秋節などに多種多様な行事が行われていた。

第四単元　農耕文明の時代（下）

読書カード

元宵節

　元宵節の起源は漢代にさかのぼり、隋代より盛んになった。宋代の元宵節では花火も始められていた。南宋の孝宗の時代には、五色の瑞雲が、きらきらと回転し、天地に照り輝く「金炉脳麝」と呼ばれる花火があげられていた。この見事な光景を鑑賞するために、孝宗を輿に担いでいた人びとはやむなく後退しながら通行しなければならなかった。その日は、街中に花灯〔飾りをつけた灯篭〕がかけられた。人びとは花灯を鑑賞しながら、花灯に施された謎々をとき、その楽しみはつきることはなかった。

○あなたはこの詩の中にどのような北宋の年越しの風俗が反映しているのか言うことができますか？
○現在のあなたたちの郷里の年越しには、こうした習俗はまだ残っていますか？

元　日
爆竹の声中一歳除き、春風暖さを送って屠蘇に入らしむ。千門万戸瞳瞳たる日、総て新桃を把りて旧符に換う*11)。──王安石

*11) にぎやかに鳴る爆竹の音とともに旧年は過ぎ去り、新春の風が屠蘇酒に暖気を送りこんでくる。あかあかと昇る初日の中で、家という家がすべて門前の桃を描いた魔除けの護符を新しいものにはりかえる。──訳文は、佐藤保『漢詩のイメージ』、大修館書店、1992年、75頁を参照。

　新年や節句のたびに、民間の廟会〔廟の縁日〕や社火〔祭りの時に大衆が行う娯楽演芸〕はとてもにぎわっていた。庶民は祭神儀式の名を借りて娯楽を行っていた。祝祭行事は旱龍船、獅子舞、撲蝴蝶などといった歌舞が中心であった。人びとは街頭にどっとでて、さまざまな舞踊隊が行きかうのを見ていた。その楽しみは比べるものがないくらいであった。

文人の世界

　唐末五代には、軍閥・武将が横暴を極め、政局の安定に支障をきたしていた。宋初の統治者はこの教訓をしっかりと心に刻んでいて、宋の太祖趙匡胤は人に命じて誓いの碑を一基建てさせた。碑文の誓いの言葉には、「士大夫及び上書して事を言う人を殺すを得ず」とあった。こうした国策の影響下で、宋代の科挙試験は非常に発達し、教育活動も民間でより発展を遂げた。

唐代には年平均わずか二十余人しか進士〔科挙合格者〕がいなかったが、宋代には毎年平均百人強の科挙合格者がいた。

各地で広く学校が設立され始めた。印刷術の発展に伴って、『三字経』『百家姓』『千字文』などといった子どもむけの読み物が民間に広く流布するようになり、識字率もある程度高くなった。

図4-83　宋代科挙試験図

図4-84　宋代村童鬧学図（一部分）

第三課　多元的な文化の融合と世俗化が進んだ時代

宋代の文人は、多才多芸で、風雅なおもむきがあり、哲学的思索や内心的修養に関心があった。宋代の文化の中には、そうした文人の息吹が濃厚に浸透している。

抒情に偏重していた唐詩と違って、宋詩の最大の特徴は詩歌の哲理性を重んじることにあった。詞は宋代の文人が情感を表すのに用いた新しい様式の詩歌であった。文の長短は同一ではなく、歌ったり吟じたりするのに適していた。

◇蘇軾が廬山(ろざん)を遊覧した時に書いた詩歌「西林の壁に題す」：「横より看(み)れば嶺を成し、側(かたわら)よりすれば峰を成す、遠近高低おのおの同じからず。廬山の真面目を識らざるは、只だ身の此の山中に在るに縁(よ)る」*12)。この詩の中には詩人の自然の風物に対する哲理的な思考が現れている。

◇蘇軾の詞の作風には豪胆さがあふれ出ていた。当時の人びとは、蘇詞は関西〔函谷関以西の陝西・甘粛地方〕の大男に鉄板をたたかせて歌わせるべきであると言っている。彼は「念奴嬌(ねんどきょう)・赤壁懐古」でこのように詠っている。「大江は東に去り、浪は淘い尽くす千古風流の人物を。故塁の西の辺り、人は道う、是れ三国の周郎(しゅうろう)の赤壁なりと。乱石は空を穿(うが)ち、驚濤(きょうとう)は岸を拍(う)ち、捲き起す千堆の雪。江山は画の如し、一時多少の豪傑(いくばく)ぞ」*13)。

○蘇軾のこの詞から、あなたは彼のどのような心情や思想を感じとれますか？
○あなたが学んできた或いは読んだことがある宋の詩や詞をいくつか探して、その中に含まれている哲理的な文を探し出してみましょう。

*12) 横から見れば長い尾根つづきだが、側面から見ると切り立った高い峰だ。見る人の位置の遠近、高低によって山の姿がそれぞれちがって見えるのだ。廬山のまことの姿を知りえないのは、自分がこの山の中に身をおいているからにほかならぬ。——訳文は、松枝茂夫編『中国名詩選（下）』、岩波文庫、1986年、280頁を参照。

*13) 大江は東へ東へと流れ去り、千年も昔からのすぐれた人びとを洗いつくしてしまった。あの古いとりでの西のあたりこそ、人の話では、かの三国時代の英雄周瑜の戦って勝った赤壁の遺跡であるとか。乱立する岩は天空をつき（翻訳者注：「穿空」を「崩雲」とするものもあり、松枝氏は、「崩雲」によって「雲を突きくずし」と訳している）、逆巻く怒涛は岸を叩きつけて、無数の雪の山を巻き上げている。山も川も、まるで絵に描いたようだ。それにしても、当時あれだけ沢山いた豪傑たちは、いまどこへ行ってしまったのだろう。——訳文は、松枝茂夫編『中国名詩選（下）』、岩波文庫、1986年、366頁を参照。

絵画は宋元文人の重要な精神的探求の一つであり、彼らは自己の独自の思想や感情を表すために絵の創作をするようになり、やがて詩、書、絵が一体となった「文人画」が形成された。梅、蘭、

図4-85 『墨蘭図』

図4-86 『梧竹秀石図』

○梅、蘭、竹、菊は「花中四君子」とたたえられた。宋代の文人がなぜこれらのものを偏愛したのか、説明してみましょう。

竹、菊は文人たちが最も好んで描いた風物であり、山水画も彼らの美への理解や情趣を表現する重要な様式となっていた。

　宋元時代、文人は民間の文化に関心を持って、その中から創作のための素材を発掘するようになった。そしてそのなかには直接民間文芸の創作に身を投じるものもでてきた。元代には科挙試験が長期にわたって中止されていたため、多くの文人が戯曲の創作に携わるようになった。元代の百年たらずの歴史のなかで、姓名が分かる雑劇作家は約二百人おり、記載されている芝居の題目は六百種あまりある。

読書カード
元曲（げんきょく）

　元曲とは元の雑劇と散曲（さんきょく）を包括した言葉である。散曲は詩や詞が発展変化した流行歌曲であり、起源は民謡と少数民族音楽にある。その様式は単純で、清新純朴であったため、人びとから好まれていた。雑劇作家の多くは散曲も大量に創作しており、その中では馬致遠の散曲が最も人びとによく知られている。

天浄沙・秋思
枯藤、老樹、昏鴉（こんあ）。小橋、流水、人家。古道、西風、痩馬。夕陽西に下り。断腸の人は天涯に在り*14)。——馬致遠

*14) 枯れた藤、老いた木、たそがれの鴉。小さい橋、流れる水、人家。古い道、西風、痩せた馬。夕陽は西に沈み、断腸の人は天のいやはてに。——訳文は、松枝茂夫編『中国名詩選（下）』、岩波文庫、1986年、429頁を参照。

　1958年、一人の中国古代の演劇家が世界的に著名な文化人とされ、各国のあちこちで彼の演劇創作700周年を記念する行事が挙行された。この演劇家とは、元の雑劇作家関漢卿（かんかんけい）である。関漢卿は博学で文章に優れ、面白味があり機知に富んでいた。彼は年中歌楼や酒肆〔居酒屋〕、瓦子・劇場に出入りしていたため、民間の生活をよく知っており、雑劇の役者との交流も盛んに行い、時には自ら舞台に立って演出もした。関漢卿が一生の間に創作した作品は沢山あるが、その中でも悲劇『竇娥冤（とうがえん）』が最も有名である。

図4－87　関漢卿

読書カード
『竇娥冤』

　これは「天を感ぜしめ地を動かす」冤罪劇である。寡婦の竇娥は無実の罪を着せられて死ぬが、彼女は死ぬ前に、自分の鮮血が白絹の上に飛び散り、六月に雪が降り、大旱魃が三年続くという三つの予言をした。彼女の死後それは全て現実のものとなり、冤罪ははらされた。関漢卿は竇娥に「地や、なんじは好歹（こうたい）を分からずしてなんぞ地なるか。天や、なんじは賢愚を錯勘して枉げて天となるか」*15)と叫ばせて、直面していた「官吏らは正法心になく、百姓をして口あれども言い難からしむ」*16)という暗黒の現実を伝えることにより、人民の怒りと反抗心を表現した。

*15) 善きと悪しきを分かちえず、地が聞いてあきれます。賢きと愚かを裁きえず、天の名がすたります。——訳文は、田中謙二『中国古典文学大系第52巻戯曲集（上）』、平凡社、1970年、165頁を参照。
*16) これぞ上なる官吏が法を正すを怠りて、あわれ下なる民草が口はあれどのべがたきため。——訳文は、前掲『戯曲集（上）』、167頁を参照。

図4－88
『竇娥冤』の挿絵

古代の科学技術の手本

　宋元時代は、中国古代の科学技術が発展し最高峰に到達した時代である。

　火薬は中国古代における偉大な発明の一つである。宋元時代、戦争に広く応用され、火薬製の武器が大量に使われるようになった。モンゴルのえりぬきの騎兵と金の兵隊が交戦した際には、金の兵隊が「震天雷」と呼ばれる武器を使っていた。それは雷が落ちたように、火煙が四方に噴射され、その爆発は周辺半畝〔1畝は約0.6アール〕以上にわたり、人と牛の皮はみな引き裂かれ、鉄の鎧も貫通するというものであった。

> **読書カード**
>
> 　　　　　　　　　　　火薬
> 　火薬、つまり「着火する薬品」は、煉丹家が不老長生をもとめ、悟りを開いて仙人になるために丹薬を精錬している時に偶然発明された。この種の火薬は、硝石と木炭、硫黄の三つの成分を配合した黒色の火薬であり、唐代中期の書籍のなかに記載がある。

　火薬製の武器の戦争への応用は、人類の戦争史上の大きな転換点となった。

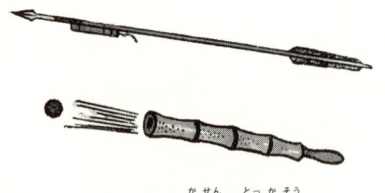

図4-89　火箭と突火槍　　　　　図4-90　元代の火銃

　隋唐時代、人びとは印章などの制作に啓発されて、木版印刷術を発明し、それを広範に応用していた。しかし、こうした印刷にはとても大きな欠陥があった。原版をつくる時、同一の文字が出るたびに同じ文字を彫らなければならなかった。一旦間違って彫ると訂正することがやさしくなく、しばしばもう一度全頁作り直さなければならなかった。木版は保存が容易ではなく、虫くいにあったり、破損したり、変形しやすかった。北宋初年、『大蔵経』が印刷されたが、制作に12年もかかり、版木は13万枚にもなった。

　北宋時代、平民の畢昇は活字印刷術を発明し、木版印刷術の欠陥を効果的に克服し、近代印刷術の発展の基礎を確立した。

図4-91　『金剛経』　　　　　図4-92　畢昇

第四単元　農耕文明の時代（下）

図4-93　活字印刷で使用する鉄板

職人はまず粘土で活字の白地をつくり、そこに一つの文字を反対に彫り、火であぶってかたくして、活字をつくった。印刷する時には、四方を鉄で囲った鉄板を二つ使った。まず、一方の鉄板の上に粘着剤を一度塗り、原稿に従って植字して版を組み終わった後、火であぶってこれを解かして、活字に貼り付けた。そしてもう一つの鉄板で字の面を平らにおさえると、墨をつけて印刷することができた。印刷が完了すると、版を火の上であたため、活字を取り、次回使うのに備えた。

○木版印刷術と比べて、活字印刷術にはどのような進歩がみられたのか、考えてみましょう。

図4-94　輪転植字盤

元代には、科学者の王禎（おうてい）が輪転植字盤を発明した。版をならべる時には、ただ、活字が装着されたハンドルを回すだけで、必要な字を選ぶことができたため、字を選ぶ時間や労力が省かれて、さらに便利になった。

　早くも戦国時代には、中国人は方位を示す器具を発明していた。宋代には、人びとが指南針を制作し、航海をする際に用いるようになった。南宋になると、人びとは指南針を具体的な方位が刻まれた羅盤〔大皿〕の中に置くようになり、指南針は羅針盤と呼ばれるようになった。宋元時代、中国の船舶は指南針を使って船を誘導するようになったため、外国人はみな中国に来る時には中国の船に乗りたがるようになった。

図4-95　羅針盤を持つ南宋時代の陶製の人形

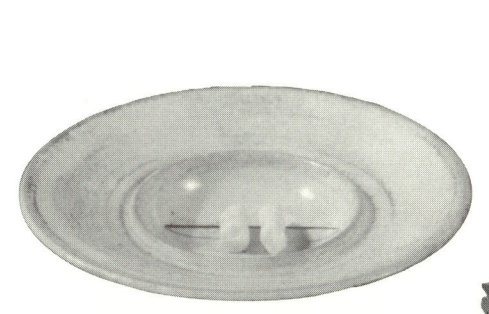

図4-96　水に浮かす方式の指南針

図4-97　糸でつるす方式の指南針

第三課　多元的な文化の融合と世俗化が進んだ時代　161

ちょっと試してみましょう。
○油土、泥状粘土、ジャガイモなどを使って活字を作り、あなたが好きな詩の一節や格言を植字してみましょう。そして、墨をつけて紙におせば、古代の活字印刷の効果を体得することができます。
○一本の針を磁石の上で一方向に向かって何回かとげば、磁針になります。そうしたのち、それを干草にとおして、水を盛った碗の中に置けば、簡単に指南針が水面で方向を示す状況を観察することができます。

宋元時代には、人びとの服装の原料にも変化がみられた。綿花が普通に植えられ、綿糸紡績技術が日に日に普及進歩してゆくのに従って、やわらかくて保温性があり丈夫な綿布が日増しに流行るようになり、次第に価格の高いシルクや品質のよくない麻布に代わって、多くの人民の主要な衣料となった。

元代の労働婦人である黄道婆は、若い頃放浪していて海南島に至り、その地の黎族の人民から綿紡績の先進的な技術を習得した。故郷の松江に帰った後、彼女は技術を同郷の人びとに伝授した。松江では綿紡績業が急速に発展して、「衣は天下を被う」と呼ばれるような綿紡績業の中心地となった。

図4-98　黄道婆像

図4-99　木製綿糸紡績車

18世紀にジェニー紡績機が発明される以前のヨーロッパの工具の発展状況について、マルクスはこう述べている。「同時に二つの糸を紡ぎ出せる紡績職人を探すことは、双頭の人を探すこと以上に容易とはいえないであろう」。
○早くも14世紀の初めに黄道婆が改造して作った綿糸紡績車と比べて、あなたはどのような結論を出すことができますか？

開放と交流

　元朝の領域は空前の広さをもっていた。効果的な統治を行うために、元朝は中央に中書省、地方に行中書省、略称では行省というものを設けた。わが国の省級の行政区の設立は元朝から始められた。元朝政府はチベットに対する支配を強め、チベットは元朝の正式な行政区になった。それ以外に、さらに比較的に完全な宿駅組織〔ジャムチ〕が作られ、滞りなく交通できるようになり、中国と外国の文化の交流は空前の繁栄をみせ、多くの中国古代の科学技術と文化の成果が、みなこの時期に世界各地へと伝播していった。

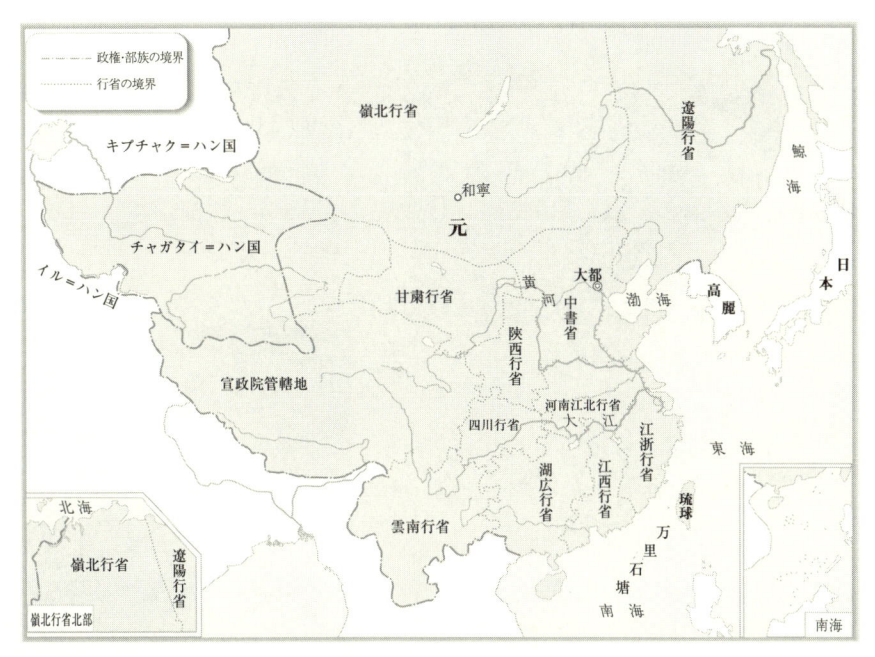

図4—100　元朝の領域

　13世紀末、マルコ＝ポーロという名前のベニス人がおり、一人の友人に自分が東方で経験したことや見聞したことについて語り、その友人がそれを書きとめて本にした。こうしてできあがったのが有名な『マルコ＝ポーロ旅行記〔東方見聞録〕』である。

　旅行記の記述によれば、マルコ＝ポーロは父親と叔父に従ってベニスを出発し、ペルシャを通って、昔のシルクロードに沿って東に行き、パミール高原を越えて、河西回廊を通って、4年かけて、元帝国に到達したとされている。中国に留まっていた17年の間に、マルコ＝ポーロはたびたび元の世祖フビライの命を受けて各地に使いに行き、揚州では3年間地方官を勤めた。後に、彼らは海路でベニスに帰った。この本には生き生きとした筆致で、マルコ＝ポーロが中国で見聞した珍しいことが描写されていたため、多くのヨーロッパ人に中華文明に対するとても大きな関心を引き起こした。

図4—101　マルコ＝ポーロの像と『マルコ＝ポーロ旅行記』

　中国にやってきた旅行家は彼らの著作の中で、つねに、Zaitun〔ザイトン〕という名前の中国の大きな海港について触れている。マルコ＝ポーロは、そこでは船舶が頻繁に往来し、商人が雲集し、貨物が山のように積まれていると言っている。モロッコのある旅行家〔イブン＝バットゥータ〕は港の中に数え切れないほどの大小の船が停泊しているのをみて、これを世界で一番大きな港といっても過言ではないといっている。このZaitun港が、元代の泉州港であり、ここには刺桐〔デイゴ（梯姑）マメ科の高木〕の木があちこちにあった。Zaitunとは刺桐の音訳である。

第三課　多元的な文化の融合と世俗化が進んだ時代

図4−102　泉州古港図

宋元時代の泉州は国際性のある大きな港であり、ここには各国の商人や船舶が集まっていた。

刺桐の花の色は鮮やかな紅色で、人びとにふかい印象をあたえた。そのため、多くの外国人は刺桐港の名だけ知っていて、泉州港という名は知らなかったのである。

図4−103　刺桐の花

元代には、中国と貿易するためにやってきて在留し、中国で亡くなった蕃客〔外国人〕も多かった。泉州では、いたるところで蕃客の墓碑を見ることができる。左の図のようにアラビヤ文字と漢文の両方を使って書かれた墓碑が、泉州にはとても多い。最も典型的な墓碑は、一面にアラビヤ文字で『コーラン』と死者の名前が書かれ、もう一面に漢字で死者の息子が父親のために書いた墓誌銘があるものである。
○このような状況をどのように説明すればよいのか、ちょっと考えてみましょう。

図4−104　イブン・ウバイドッラーの墓碑

　賑わい繁栄した泉州は元代の社会の開放性や中国と外国の文化交流の隆盛を示す縮図である。国際性のある海港であった泉州はまた多様な宗教が合流した場所でもあった。

図4−105　泉州のイスラム教の清浄寺

図4−106　泉州のマニ教関連の遺跡

　トルコのある博物館には、中国の磁器が1万点あまり収蔵されていて、その中には元代の染付磁器が80点あまりあるが、今のところこの種の磁器は世界にわずか400点あまりしかない。これらの精緻で美しい中国磁器の多くは海上の「陶磁器の道」を経由して西方に運ばれたものである。

読書カード

「陶磁器の道」

　「陶磁器の道」はまさに「海のシルクロード」である。中国古代のシルクは、河西回廊を通って大量に中央アジア、西アジア、アフリカ、ヨーロッパの国々にもたらされる以外に、海上航路も経由して絶え間なく世界各地に売られていた。そのため、人びとはこうした東西をつなぐ海上航路を「海のシルクロード」と呼んでいる。中国の陶磁器も、この海上航路を経由して各国に売られたため、これはまた「陶磁器の道」とも呼ばれている。

　宋元時代、海の「陶磁器の道」を使った貿易はますます盛んになった。イタリアでは、宋代の陶磁器の破片が出土している。元代に至って、中国の陶磁器はアジア、アフリカ、ヨーロッパに広まり、銅器やガラス製品などに取って代わって、各国人民の日常生活用品となった。一部の地域の人びとは中国の陶磁器を祭祀用具や婚約のひきでものとして使用している。西方では、中国の陶磁器が、シルクに取って代わり、中華文明の象徴となった。

第三課　多元的な文化の融合と世俗化が進んだ時代

自分でやってみよう

1. 唐代中期以前の中国の都市と比べて、宋代の都市にはどのような新しい特徴がありますか？
2. 宋元時代にはどのような重要な科学技術上の成果があり、それらが社会生産と生活にどのような影響を与えていたのか、見分けることができますか？
3. どうして元代にはこのような空前の開放性と交流が進展する局面が見られたのでしょうか？こうした開放性と交流の影響はどのようなところに現れていますか？
4. わが国の経済の中心は南に移っていきました。
○それはいつ頃始まり、いつ頃おわりましたか？
○どのような要因によりこの過程が促されたのか、少なくとも二点は列挙してみましょう。
5. 中華文明の形成と発展の歴史は、綿々として絶えることのない多民族が融合する過程を経てきました。あなたは自分で西周から宋元時代までの年表を作って、年代毎に説明を加え、その過程がはっきり分かるようにできますか。
  A．政権の分裂と統一
  B．民族の融合と交流
  C．各地区の発展と変化

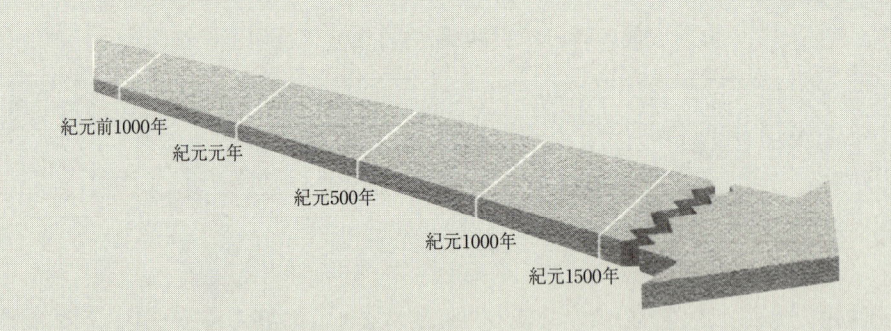

紀元前1000年　紀元元年　紀元500年　紀元1000年　紀元1500年

第四単元　農耕文明の時代（下）

総合研究四　年越し——私たちの身の回りの伝統を感じる

中国人が最も重視する祝日とは何ですか？

　中国は果てしなく広く、歴史は悠久で、多くの民族が集まっている国家であり、各民族にはみな自らの民族の祝日がある。春節は漢族人民の最も盛大な祝日の一つである。

　古代の春節には「元日」「元旦」などといった多くの名称があり、それは民間では「過年」と呼ばれている。

　一年という単位の発生と農耕生活は密接に関係していた。それは、最初は作物が成長する周期を指していた。西周の農夫が旧暦の11月に豊作と新年の到来を祝っていたことが、新年の習俗の起源であると言われている。しかし、この時にはまだ日にちは特定の日に固定されていたわけではなかった。漢の武帝の時代になって、正式に旧暦の正月初日を一年の初めとすることが確定され、春節が固定化していった。新中国が成立すると、太陽暦の１月１日を「元旦」と呼び、旧暦の正月を「春節」と呼ぶようになった。

　春節の期間には、守歳〔寝ずに年越しをすること〕、祭祖〔祖先のお祭り〕、春聯貼り、爆竹鳴らし、拝年〔年始回りをすること〕、餃子作りなど、多くの伝統的な民俗行事がある。これらの伝統的な習俗は伝承される過程で、時代により絶えず変化していた。

　春聯貼りを例にして見てみると、古人は年越しの時に二枚の桃の木の板の上に伝説で鬼を追い払うことができるとされている二人の神の名前を書いて邪気を避け、それを「桃符」といっていた。五代の時には、後蜀の宮廷で桃符の上に対になる言葉、つまり春聯が書かれるようになった。宋代になると、春聯貼りが民間の年越しの風習となった。長い歴史の中で、発生変化したのは春聯の形式だけではなかった。聯に書かれる言葉の内容にも時代や地域、稼業の性格の違いが反映していた。

　歴史の移り変わりの中で、春節の風俗には次第になくなっていったものと、新しく出現したものがある。前者の例としては先秦時代に盛んであった鬼を家の門より出す行事が挙げられ、後者の例としては20世紀80年代以降中央電視台で放送されている春節交流の夕べが挙げられる。

図４-107　歳朝図

図４-108　清代の春聯と門神

歴史の発展の中で、春節を過ごす行事は民族や国家の境界を越えるようになった。現在、わが国では、独自の暦をもっているチベット族、タイ族、ペー族など以外の、チワン族、満州族、プイ族、トン族、朝鮮族、コーラオ族、ヤオ族、ショオ族、ダフール族その他の各民族も漢族と一緒に春節を過ごしている。さらには中国の近隣にある日本、朝鮮、韓国、ベトナムなどの国にも春節を過ごす風習がある。

伝統的な祝日の伝承と変遷の跡を尋ねる

　春節以外にも、各民族各地域には多くの伝統的な祝日がある。例えば、漢族の元宵節、清明節（せいめいせつ）、端午の節句、中秋節、重陽（ちょうよう）の節句、ウイグル族のクルパン節、イ族のたいまつ祭り、タイ族のみずかけ祭りや、西方のクリスマスなどがある。自分の地域の状況に従って、文字資料や古い写真を調べたり、老人に聞いたりしながら、重要な祝日とその祝日の風習の伝承と変化の過程について調べてみましょう。
　○その来源について調べてみましょう。
　○その変化とその変化の原因について調べてみましょう。
　○それが生活に及ぼす影響について調べてみましょう。

考察と討論

　社会の発展に従って、伝統的なもののいくつかは引き継がれ、いくつかは次第に私たちから遠いものになっていった。私たちはこれらの伝統の持続と変化についてどのように認識すればよいのでしょうか？　同級生とグループを作って、テーマを選んで討論してみましょう。
　○これらの祝日はなぜ何千・何百年間もずっと続いていたのでしょうか、また、多くの人びとに好まれたのでしょうか？
　○年長者に、過去の祝日と現在の祝日にどのような違いがあるのか、またその変化の原因は何なのか、ちょっと聞いてみましょう。
　○あなたはこれらの伝統的な祝日が私たちの今日に与える影響はまだ大きいと思いますか？
　○多くの地方において爆竹を鳴らすことが不許可となり、家を訪ねて挨拶をする代わりに電話やE-mailをするようになるなどの変化がみられたため、今は「年味」〔1年を過ごす面白味〕がなくなってきたという人もいますが、これらのことについてあなたはどのように思いますか？　あなたはこれらの伝統は保存する必要があると思いますか、ないと思いますか？
　○現在の中国ではクリスマスやバレンタインデーなどといった「洋節」〔西洋の祝日〕が流行っていますが、あなたはこれについてどのように思いますか？
　これらの問題をめぐって、みんなで作文をして、伝統が私たちの今日の生活に与える重要性や、その伝統がなぜ絶えることなく継承され変化してきたのかということについて話し合ってみましょう。可能であれば、作文にこれらの祝日とその習俗に関する絵を添えて、特定のテーマに関するミニパネルを作ってみましょう。
　当然、「祝日」は多くの選択肢の一つにすぎないので、伝統の形成とその私たちの生活への影響や作用について詳細に研究する際には、飲食、服飾、民家なども、みな研究対象となります。

付録1

中国歴史大事〔重要事項〕年表
（古代部分　上）

今から約170万年前　元謀人が雲南の元謀一帯で生活
今から約70万－20万年前　北京人が北京の周口店一帯で生活
今から約30000年前　山頂洞人が北京の周口店一帯で生活
今から約7000－5000年前　河姆渡・半坡で原始の居住民が生活していた時代
今から約5000－4000年前　伝説上の炎帝・黄帝・堯・舜・禹の時期

夏（前2070ころ－前1600年ころ）
　　紀元前2070年頃　　　　　　禹、夏王朝を建てる

殷〔商〕（前1600ころ－前1046年）
　　紀元前1600年頃　　　　　　殷〔商〕王朝成立

西周（前1046－前771年）
　　紀元前1046年　　　　　　　西周はじまる
　　紀元前771年　　　　　　　　西周おわる

春秋（前770－前476年）
　　紀元前770年　　　　　　　　東周はじまる

戦国（前475－前221年）
　　紀元前356年　　　　　　　　商鞅、変法をはじめる

秦（前221－前207年）
　　紀元前221年　　　　　　　　秦、六国を統一
　　紀元前209年　　　　　　　　陳勝・呉広の乱起こる
　　紀元前207年　　　　　　　　秦滅ぶ

前漢（前202－9年）
　　紀元前202年　　　　　　　　前漢建国
　　紀元前138年　　　　　　　　張騫、はじめて西域に使する
　　紀元9年　　　　　　　　　　前漢滅ぶ

後漢（25－220年）
　　紀元25年　　　　　　　　　後漢建国

三国（220－280年）
　　紀元220年　　　　　　　　　後漢滅ぶ

西晋〔晋〕(226−316年)
316年　　　　　　　　　　西晋〔晋〕おわる

東晋 (317−420年)
317年　　　　　　　　　　東晋建国

南北朝 (420−589年)
420年　　　　　　　　　　宋成立

隋 (581−618年)
581年　　　　　　　　　　隋建国
589年　　　　　　　　　　隋、南北を統一
605年　　　　　　　　　　隋、大運河をつくりはじめる

唐 (618−907年)
618年　　　　　　　　　　唐建国、隋滅ぶ
627−649年　　　　　　　「貞観の治」
貞観年間　　　　　　　　　玄奘、インドに西遊する
唐玄宗の時　　　　　　　　鑑真、日本に渡る
713−741年　　　　　　　「開元の治」

五代十国 (907−960年)
907年　　　　　　　　　　唐滅び、五代十国はじまる
10世紀初期　　　　　　　〔耶律〕阿保機、遼を建国

北宋〔宋〕(960−1127年)
960年　　　　　　　　　　北宋〔宋〕建国
11世紀前期　　　　　　　元昊、西夏を建国
11世紀中期　　　　　　　畢昇、活字印刷法を発明
12世紀初期　　　　　　　〔完顔〕阿骨打、金を建国

南宋 (1127−1276年)
1127年　　　　　　　　　金、北宋を滅ぼし、南宋はじまる
1206年　　　　　　　　　成吉思汗(チンギス＝ハン)、モンゴル政権を樹立

元 (1271−1368年)
1271年　　　　　　　　　フビライ、国号を元と定める
1276年　　　　　　　　　元、南宋を滅ぼす

付録2

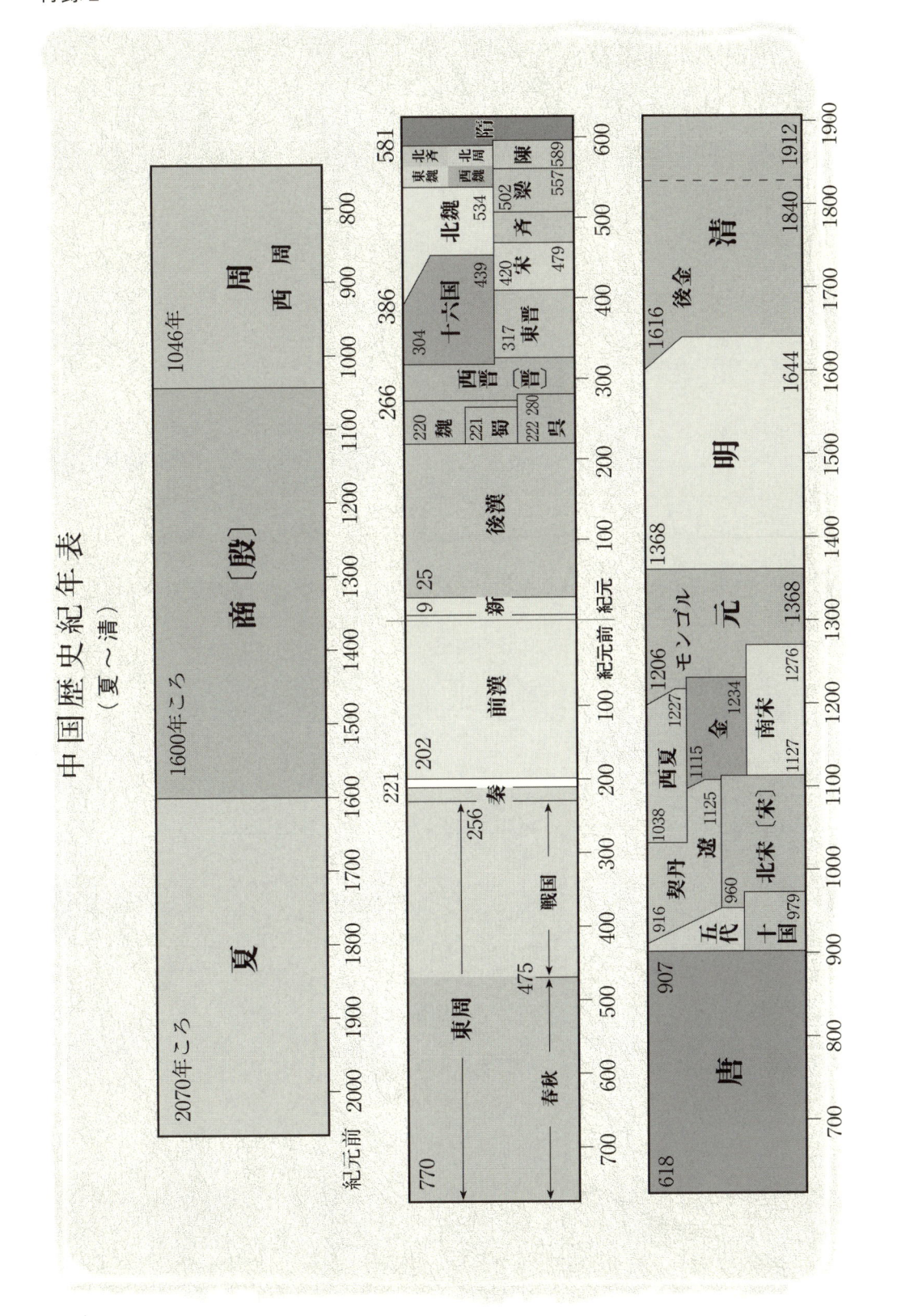

中国歴史紀年表
(夏〜清)

付録3

世界歴史大事〔重要事項〕年表
（紀元前3500—14世紀）

紀元前3500年	両河流域〔メソポタミア〕に奴隷制の小王国があらわれる
紀元前3000年ころ	古代エジプトの統一国家がつくられる
紀元前2500年	インダス川流域に奴隷制の都市があわられる
紀元前2000年—前12世紀	エーゲ文明
紀元前18世紀	古バビロニア王国〔バビロン第1王朝〕、両河流域を統一
紀元前8世紀	スパルタ・アテネでポリス成立
紀元前6世紀より	インド半島、次第に統一
紀元前6世紀	仏教の誕生
紀元前509年	ローマ共和政成立
紀元前27年	ローマ帝国成立
紀元1世紀	キリスト教の誕生
395年	ローマ帝国の分裂
476年	西ローマ帝国滅亡
5世紀末	フランク王国建国
7世紀初め	イスラームがおこる
622年	ムハンマド、メッカからメディナに逃れる
8世紀中期	アラブ諸国家が大帝国となる

付録 4

本書中の主要語彙、中英対照表
（本文に登場した順による）

旧石器時代　Old Stone Age　旧石器時代	斯巴達　Sparta　スパルタ
新石器時代　New Stone Age　新石器時代	羅馬帝国　Roman Empire　ローマ帝国
埃及　Egypt　エジプト	屋大維　Gaius Octavius〔Octavianus〕〔ガイウス＝〕オクタヴィアヌス
尼羅河　Nile River　ナイル川	
幼発拉底河　Euphrates River　ユーフラテス川	柏拉図　Plato　プラトン
	亜里士多徳　Aristotle　アリストテレス
底格里斯河　Tigris River　ティグリス川	阿基米徳　Archimedes　アルキメデス
巴比倫　Babylon　バビロン	希羅多徳　Herodotus　ヘロドトス
哈拉帕　Harappa　ハラッパー	基督教　Christianity　キリスト教
摩亨佐・達羅　Mohenjo-Daro　モエンジョ＝ダロ	『聖経』　Bible　『聖書』
	耶蘇　Jesus　イエス
印度　India　インド	封建社会　feudal society　封建社会
金字塔　pyramid　ピラミッド	中世紀　Middle Age　中世
種姓制度　Caste System　カースト制度	伊斯蘭教　Islam　イスラーム教
『漢謨拉比法典』　Code of Hammurabi　『ハンムラビ法典』	『古蘭経』　Koran　『コーラン』
	穆罕黙徳　Muhammad　ムハンマド
象形文字　hieroglyph　象形文字	清真寺　mosque　モスク
楔形文字　cuneiform　楔形文字	『天方夜譚』　The Arabian Nights' Entertainments　『千夜一夜物語〔アラビアン＝ナイト〕』
木乃伊　mummy　ミイラ	
佛教　Buddhism　仏教	
釈迦牟尼　Sakyamuni　釈迦牟尼	凱撒　Caesar　カエサル
希臘　Greece　ギリシア	絲綢之路　Silk Road　絹の道
雅典　Athens　アテネ	馬可・波羅　Marco Polo　マルコ＝ポーロ

本書中の主要語彙、中英対照表 | 173

付録5

課外読物

　教科書は、紙幅に限りがあるため、これ以上の中外歴史〔中国史と外国史〕と歴史的観点を一つひとつ示すことはできません。もしさらに一歩進めて歴史の意義を探ってみたくなったなら、以下の書物を読んでみましょう。もちろん、これらはすべて現代の歴史学者によって書かれたものにすぎません。必要があれば、さらに『史記』・『漢書』などのような第一次資料にあたってみるのもよいでしょう。

1．『中国少年児童百科全書』人類・社会巻、文化・芸術巻、浙江教育出版社、1991年版。
2．『中国小通史』中国青年出版社、1995年版。
3．沈起煒 主編『華夏五千年』辞書出版社、1997年版。
4．任継愈 主編『中国文化史知識叢書』商務印書館、1996－1998年版。
5．王宏志 主編『龍的伝人』人民教育出版社、1984年版。
6．呉晗 主編『中国歴史小叢書』（再編集『中国歴史小叢書合編』）中華書局、1982－1996年版。
7．林漢達 著『林漢達中国歴史故事集』少年児童出版社、1988年版。
8．林漢達・曹余章 著『上下五千年』少年児童出版社、1991年版。
9．段万翰 等 編著『世界五千年』少年児童出版社、1991年版。
10．朱庭光 主編『世界歴史名人譜』古代巻（4冊）、人民出版社、1998年版。
11．陳翰笙 主編『外国歴史小叢書』商務印書館。
12．斉世栄 主編『人類歴史的進程』人民教育出版社、1988年版。

付録6

推奨ウェブサイト

1．人民教育出版社歴史天地　　http://www.pep.com.cn/lishi/index
2．人民教育出版社歴史与社会　http://www.pep.com.cn/lsysh/index
3．中国国家博物館　　　　　　http://www.nmch.gov.cn
4．中国文物之門　　　　　　　http://hanage.com
5．中青網史海泛舟　　　　　　http://cycnet.com/history
6．中国文物報　　　　　　　　http://www.ccrnews.com.cn
7．世界歴史　　　　　　　　　http://zip.vip.sina/index.html
8．歴史縦横　　　　　　　　　http://www.freehistory.net/default.asp
9．陝西歴史博物館　　　　　　http://www.sxlb.museum.com

歴史と社会

私たちが伝えてきた文明

八年級　下冊

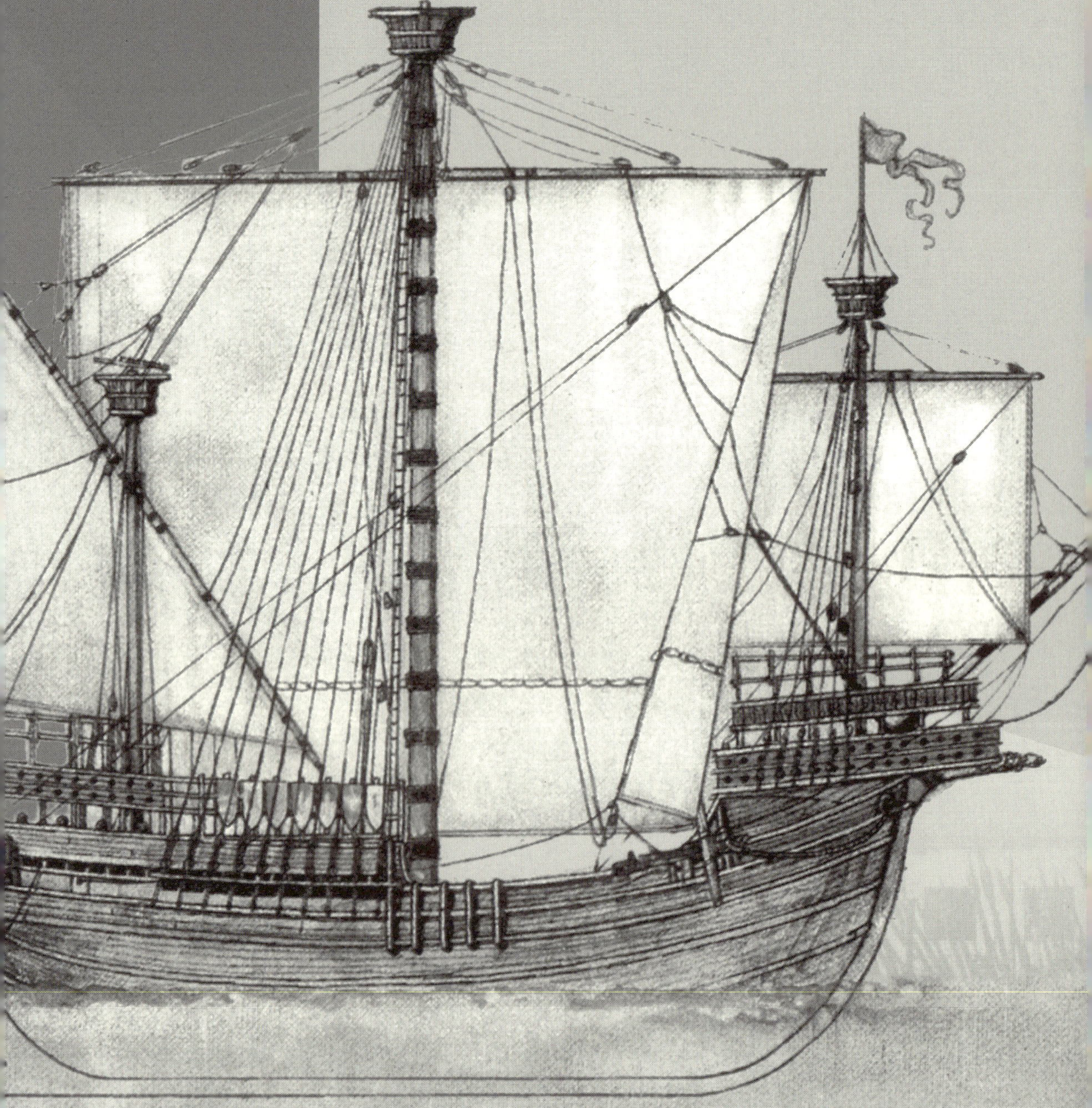

第五単元
工業文明の到来

　16世紀前後、工業文明の光が、まず西欧に現れた。工場の前身である、工場制手工業が興隆し、新しい社会階層がうまれ、人びとの思想・観念に変化が現れた。その後、現在多くの人がよく知っている民主・科学といった思想が伝わり、専制制度が破壊され始め、新たな政治文明が打ち立てられた。

　新航路の発見により、各地域の孤立し閉鎖された状況が打ち破られ、世界は一つになりはじめた。この時期、西欧では海外への植民が始められた。

　燦爛たる農耕文明を擁していた中国では、古くからの軌道のまま発展が続き、同時に、未曾有の危機と挑戦に直面することとなる。

第一課　商工業の興隆

　商工業の興隆は、農業社会の様相を変化させていた。工場制手工業の出現以降、手工業産品の生産量は増加し、商業も日増しに繁栄していった。手工業の工場を経営する商人たちは、工場主となり、経済力が強まるのと同時に、社会的地位も高まっていった。多くの農民は工場に入り、手工業労働者となっていった。

工場はここから発展した

　磁器、時計、毛織物といった手工業品は、もともとは職人たちの小工房で作られていた。15世紀ごろ、英国には多くのこのような小工房があった。毛織物工場を開いていた職人たちは、家から数千メートル離れた市場で羊毛を買い、その羊毛を使って、毛織物を作っていた。職人は自分で織り上げるほかに、その家族も作業を手伝った。人手が足りないときには、徒弟を一人増やしたり、女性二人に手伝いを頼むこともあった。数日後、職人は織り上がった毛織物を市場で売りさばき、同時に羊毛を買って帰った。

　商業の発展に伴い、職人の小工房だけでは市場の需要を満たすことはできなくなり、生産規模はますます大きくなり、工場制手工業へと発展した。工場制手工業が最も早く出現したのは、14世紀のイタリアであり、その後、ほかの西欧の国ぐにへ広がっていった。16世紀、ある裕福な英国人が手工業工場を開設した。彼は200台の織機を購入し、1,000人以上の労働者を雇い、給料を日給制で支払い、自分では生産に参加することはなく、生産管理と産品の販売に精力を傾けていた。

図5-1　工房

図5-2　手工業工場

　ある歌の一説にはこのイギリスの手工業工場での仕事の様子が描かれている。広く細い部屋のなかには、織機が二百台。二百人の労働者が、長い列を作る。……近くにはもう一部屋、少女が二百人、懸命に糸を紡ぐ。……外にも一部屋、貧しい子供百五十人が、糸くずを拾う。もうひとつの広間には、織物を切りそろえる五十人、……ほかにも八十人、織物を洗う。染物職人が八十人、一斉に色を染め始める。二十人の串さし担当が、織物をたたんでまとめて行く。

　〇この歌の中から、毛織物工場に何種類の職種があるか、さがしてみましょう。

工場制手工業の規模の拡大は、多くの労働者を雇い入れ、労働者の間で分業を行い、生産効率を向上させた。イギリスの炭鉱業でも、多くの手工業工場が現れ、150年の間に、石炭産出量は15倍になった。今日の工場は、このような工場制手工業から、発展してきたものである。

> 　明清時代の中国にも工場制手工業は現れた。あるフランス人宣教師は、以下のように清代の景徳鎮の磁器の工程を描いている。「作業は、ひとつの工場の中で、多くの労働者によって、それぞれ別々に行われる。最初の労働者は丸い絵柄を磁器の口に描き込む。二番目の労働者は、花の輪郭を描く。三番目の労働者は色を塗りつける。山水だけを描き込む人がいるほか、動物だけを描き込む人びともいる」。

図5-3　磁器制作の全工程

　工場制手工業の発展は人びとの生活を改善した。ますます多くの人が絹製の服を着、部屋のなかに磁器を飾り、木製のベッドで休み、窓に張る蝋布[1]や紙はガラスにとって代わられた。これらは、以前は高官や身分の高い人しか、利用できなかったものである。

＊1）蝋布は蝋を塗りこんだ布。保温性に優れ、窓に張ることが多かった。

第一課　商工業の興隆

> **読書カード**
>
> 時計の歴史
>
> 　13世紀、ヨーロッパには時計があったが、非常に大きく、値段も高く、にぎやかな大都市や、裕福な教会でしか利用できなかった。その後、一部の貴族の家に掛けられるようになった。17世紀、ある工場では技術革新を進め、小さく、元手のかからない家庭用の時計を生産した。これ以降、時計は人びとの日常生活の中で必要不可欠なものとなっていった。

図5-4　時計（左から　教会の鐘　暖炉の上に置く時計　家庭用の時計）

工場制手工業の出現は、貿易の発展をさらに促進した。

イギリスの海外貿易会社

創業	名称	経営範囲
1554年	ロシア会社	ロシア、中央アジア
1579年	イーストランド会社	バルト海沿岸
1581年	レバント会社	地中海東岸
1588年	ギニア会社	アフリカ
1600年	東インド会社	アジア

◇16世紀、毛織物製品はイギリスの主要な輸出品であり、1542年から1544年には、毎年99,000匹〔1匹＝4丈、33尺＝100メートル〕の毛織物がロンドンから輸出され、1545年から1547年にかけては毎年119,000匹が輸出された。

○イギリスの工場制手工業の発展状況と上記の資料の分析から、私たちはどのような結論が出せるでしょうか？

　中世の終わりごろ、西欧の工場制手工業は、紡績業、採掘業、冶金業、造船業などに集中的に現れ、イギリス、フランス、ドイツなどの国ぐにの発展が特に早かった。しかし、農業は依然として当時の主要産業であり、西欧はまだ農業社会の中にあった。

商人の地位が変った

　工場制手工業と商業の発展に従い、商人の経済力は迅速に拡大した。16世紀、ヨーロッパのフッガー〔Fugger, Sigismund〕という豪商の一族は、採掘と冶金の手工業工場の建設に投資を行った。一族はみな手工業工場の工場主として、生産を組織し、さらに商人として製品を販売していた。フッガー一族は極めて高い経済的地位にあり、国王すら彼にお金を借りていた。当時、このような豪商は多く、新しい社会階層、早期資本階級を形成した。

図5-5　フッガーと彼の帳場

　フッガーは国王に宛てた手紙の中でこう書いている。「陛下は私の助けなしには即位できなかったことをお忘れになってはなりません。このことに関しては、私は陛下の宮廷が下した書類などの証拠すべてを提示することができます。現在、私は陛下に私の損失を補填していただくべく、お貸しいたしましたお金に利子を付けて、速やかにお返しいただきたいと存じます」。
○上記の資料をまとめて、この時期の商人にどのような特徴があるか、話し合ってみましょう。

　16世紀以降、西欧各国の君主は富国強兵のため、商工業の発展に力を注ぎ、商人に有利な政策を推し進めた。イギリスのエリザベス女王は商品生産を促進するため、国内の関所を取り払い、技術を持った外国の職人を受け入れ、イギリスの工場で働かせた。政府の中でも商人を重用し、商人に女王自身の財政顧問を担当させ、直接財政政策の策定に参与させた。エリザベス時代、ロンドン市長はすべて商人出身者であった。

図5-6　エリザベス女王

○エリザベス女王の商工業重視政策は商人の地位にどのような影響を与えたでしょうか？
○商人の地位の変化は、社会の発展にどのような作用があったでしょうか？

第一課　商工業の興隆

商人の社会的地位が上昇していた時期、貴族たちはまだ特権を享受していたが、経済的には困窮し、没落へ向かい始めていた。たとえば、16世紀の100年間で、スペインの公爵の年収は2倍となったが、支出は5倍に増加した。収入が支出に追いつかない貴族は、商人から借金するほかなかった。一部の貴族は金儲けのため、それまで目もくれなかった商人に協力して、商工業を経営しなければならなかった。

図5－7　商人はますます儲かった

読書カード

没落した貴族

　フランスの有名な作家、バルザックの小説『ゴリオ爺さん』の中には没落する貴族の困窮が生き生きと描かれている。ある伯爵夫人がパリの薄汚い集合住宅に引っ越してきたが、相変わらず偉そうで、ほらばかり吹き、お金持ちの友人が二人ここに住むのだ、と大家のおかみに言っていた。6ヵ月間、ただで飲み食いしたのち、伯爵夫人は去って行った。「彼女は6ヵ月分の下宿代を払い忘れたまま、そして5フランばかりの古着を残したままどこかへ行ってしまった」[2]。

＊2）バルザック作、高山鉄男訳、『ゴリオ爺さん』岩波文庫（岩波書店）、1997、上巻48頁参照。

　雇われた多くの労働者たちは、もともと土地を失った農民であった。工場制手工業の時代に、彼らもまた新しい社会階層、労働者階級の前身を形成した。彼らの手工業工場での労働は、労働時間が長いにもかかわらず、給料は低く、夜に日を継いで働かないと、生活を維持できないことがしばしばあった。

労働者：俺の人生と職業は、悲哀の源だ。こいつのおかげで俺は自分が生まれたことをのろっている、どうせなら生まれてこないほうがよかったのになあ。

商　人：われわれの羽振りと財産は、とにかく貧乏人が汗水たらして働くおかげだ。もしあいつらが怠けだしたら、われわれにはすぐ終末がきてしまう。

○これは、この時代に広く歌われた民謡である。ここから私たちは社会のどのような変化を感じることができるでしょうか。

自分でやってみよう

1. 磁器の工程に関する部分をよく読んで、二班に分かれて同じ作業をやってみて、たとえば、凧などを作ってみよう。片方の班は分業方式を採用し、もうひとつの班はそれぞれ分業せず一人で作ることにして、規定の時間内に、どちらの班が効率が高かったか見てみましょう。
2. 16世紀の西欧では、新しく誕生した社会階層に（　　）と（　　）があり、没落したのは（　　）です。
3. 教科書の説明をもとに、職人の工場と、工場制手工業に関する以下のいくつかの比較をしてみましょう。

	所有者	労働者	生産方式
職人の工場			
手工業工場			

第二課　思想の殻を破って

　工場制手工業と商工業の発展、新しい階級の誕生と成長は思想文化の変化をもたらした。人びとは中世の宗教的な愚かさや専制主義から抜け出し、自由と民主と科学を追い求めた。

モナリザの微笑み

　中世ヨーロッパはキリスト教会の絶対的な統治下にあった。教会は人びとに「神」の序列に服従することを要求し、誰も自分の考えを持つことはできなかった。14世紀イタリアの商業が発達した都市においては、新興有産階級は自らが富を創造することができ、人生を享受すべきであると考えた。彼らは人間の役割や必要性を重視するように求め、一部の進んだ知識人は、古代ギリシア・ローマの文化研究をてがかりに、文芸創作を通して、人文主義［人文精神］を広めた。これが"ルネサンス"である。"ルネサンス"は続いてフランス、ドイツ、イギリスなどの国々にも伝わり、人間性を讃える芸術作品が相次いで現れた。

　イタリアの芸術家レオナルド・ダ・ヴィンチは「ルネサンス期における最も完全な代表的人物」と称される。彼は非常に多才で、その中でも特に絵画に優れていた。彼の作品である『モナリザ』は生き生きと一人の若い婦人の姿を描き出しており、人間の豊かな精神世界を表現している。

　シェークスピアはルネサンス期のイギリスの劇作家で、数十編に及ぶ人文主義にあふれる戯曲や詩を創作し、その中には有名な『ロミオとジュリエット』や『ハムレット』などがある。

図5-8　シェークスピア

◇ハムレットは言う。「人類とはなんとすばらしい傑作であるか！　なんと高貴な理性！　なんと偉大な力！　なんと優美な容貌！　なんと上品な振る舞い！　行いは大いに天使に似たり！　知性は神に似たり！　宇宙の精華！　万物の霊長！」*3)

図5-9　中世のモザイク　　図5-10　『モナリザ』

○上の二つの絵を比べて、描かれている人の表情にどのような違いがあるだろうか？　また、ハムレットの言葉も組み込み、何がルネサンスの中の人文主義であるのかまとめてみよう。

　ルネサンスは斬新な思想解放運動であり、当時の新興資産階級の希望を反映し、人び

との思想を中世的な宗教の無知の中から解放するものであった。

杜麗娘（とれいじょう）は明代の戯曲家湯顕祖（とうけんそ）の作品『牡丹亭』（ぼたんてい）のヒロインである。彼女は名門の出身であり、小さいころから両親や塾の先生に厳しくしつけられ、服に綺麗な花鳥画を刺繍することにさえ干渉されていた。杜麗娘は自分が鉄のおりの中で生きているように感じていた。ある日、彼女は夢で愛する人とともに遊び、押さえつけられていた人間性が回復しはじめた。そして、家庭の束縛を打ち破り、愛情と幸福を追い求めようと決めたのである。

図5-11 『牡丹亭』の一こま

○似たような作品を見たことはありますか？ いくつか挙げて、あらすじと特徴を話してみましょう。

「ローマの牝牛〔教皇の乳牛〕」からの解放

16世紀、ローマカトリックは日増しに腐敗していき、人びとの信仰への支配を通じ、あらゆる方法を駆使して人びとから財産を奪い取って行った。

読書カード
贖宥状（しょくゆうじょう）〔免罪符〕
贖宥状はラテン語で「慈しみ」あるいは「許し」を意味し、後に税金や債務の免除を意味するようにもなった。14世紀以降、ローマカトリックは贖宥状の発売を開始し、贖宥状を購入したお金を献金箱に放り込む時の音によって、魂が地獄から天国へ昇ることができるとした。これはローマカトリックによる、西欧各国の人びとからの財産を奪い取ろうとする卑劣な手段の一つである。

図5-12 贖宥状の発売

ドイツではローマ教皇の搾取がもっとも厳しい地域であり、毎年、多くの資産がいろいろな名目のもとにローマに流れ込み、そのためドイツは「ローマの牝牛」と呼ばれていた。ほかのドイツ人と同様に、宗教改革家マルティン・ルターも早くからローマカトリックに対して極度の不満を抱いていた。16世紀はじめ、教皇レオ10世が教会堂修復のために贖宥状を売り出したとき、ルターは勇敢にも教会堂の扉に意見書を貼り出し、そこには、すべてのキリスト教徒は、ただ自分で心を込めて悔い改めればいいのであり、贖宥状を買わずとも、罪を許され、罰を受けずにすむと書かれていた。

教皇は神の代理人ではなく、権力は人為的なものであるから、教皇はわれわれに自由、権力、財産、身体、そして霊魂を返すべきである。

私は神の命のもとすべての教会と教徒を統治している。

図5-13　教皇

図5-14　ルター

○教皇とルターのとった行動の根拠にはどのような違いがあるでしょうか？
○ルターの主張とルネサンスの人文主義にはどのような共通点がありますか？

　ルターのローマカトリックの権威への挑戦は、ヨーロッパの宗教改革のプロローグであった。彼は、信仰上の問題に関してはすべての人が平等であると主張した。ルターのプロテスタンティズムは広範な支持を受け、宗教改革は全ドイツを席巻し、各地の教会はつぎつぎに独立していった。この時期、スイス、イギリスなどの西欧の国々では怒濤のごとく宗教改革が巻き起こり、相次いでローマ教会の支配から抜け出し、独立した発展の道を歩みはじめた。

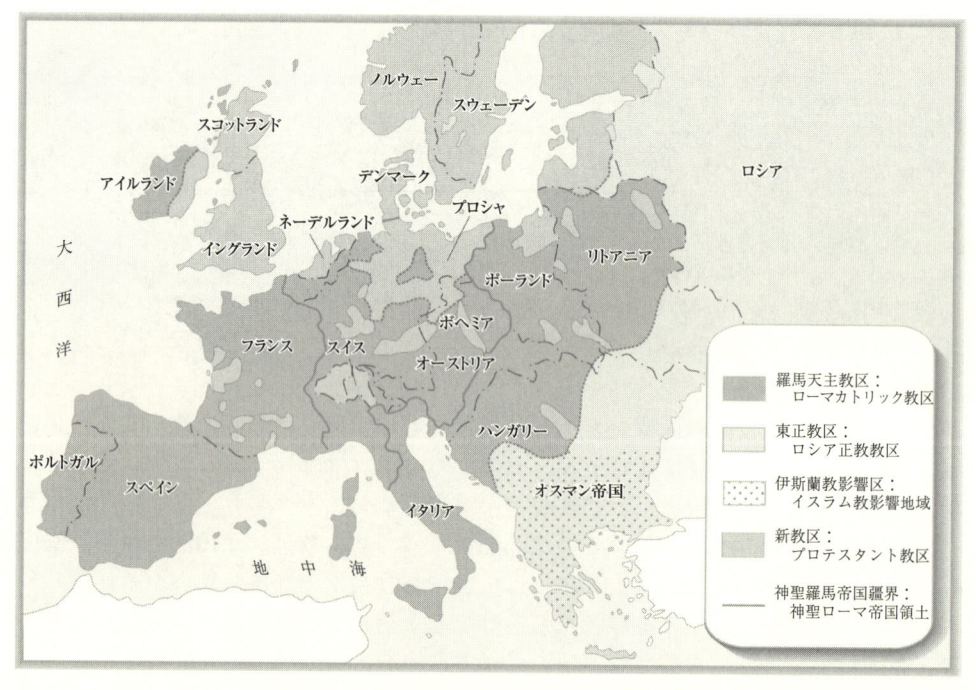

図5-15　17世紀初頭ヨーロッパの宗教勢力図

近代科学の誕生

　人類社会が生まれたばかりのころ、人びとは大自然の強大なエネルギーの前に、なすすべもなく、恐れるばかりであった。社会の発展と生産力の進歩に従い、人びとの自然への考えも変化した。15世紀以降、まったく新しい自然に対する考え方が現れた。

　ルネサンスは人間を世界の中心として考え、人間を自然よりも高い地位に置いた。どうすれば自然界を人間のために奉仕させることができるか？　イギリスの科学者ベーコンは重要な思想を提示した。「知は力なり」。人類は科学の発見と発明を通じて、自然の法則を把握し、それによって自然を征服すれば、自然界は人類に幸福をもたらすと彼は考えた。

図5-16　フランシス・ベーコン

　「知は力なり」という名言について討論したとき、以下の二つの意見がありました。

> 自然を征服するという考えは偉大です。人間は自然に頼っているなんて古い考えは完全に改めなければ、自然が人間に奉仕するようにはできません。

> 人間が自然を凌駕するなんていう考えは、最後には自然環境を破壊して、人間自身の生存を危うくしてしまいます。

○歴史上の人間と自然の関係の変化と私たちの現実の生活のなかの実例を組み合わせて、あなたの考えを話してみましょう。

　ルネサンス期、科学者たちはさまざまな自然現象とその発生原因についての研究を始め、自然への認識は大いに深まった。

　長い間、カトリック教会は地球が宇宙の中心であると強調してきた。16世紀ポーランドの科学者コペルニクスは自分の長年の観察と研究に基づき、「太陽中心宇宙説」を唱え、太陽こそが宇宙の中心であり、地球はその周りを回っていると考えた。「太陽中心宇宙説」はカトリック教会の権威を否定し、人びとの自然現象への探求を奨励した「科学革命の始まり」として評価されている。

第二課　思想の殻を破って

図5-17 古代ギリシャの天文学者　プトレマイオス

「地球は宇宙の中心である」

「宇宙は無限であり、中心は無い」

図5-18 ポーランドの天文学者　コペルニクス

「太陽は宇宙の中心である」

図5-19 真理を守るため火刑に処せられるブルーノ

○私たちは太陽も宇宙の中心ではないことを知っているにもかかわらず、人びとはコペルニクスの学説に高い評価を与えているが、これはなぜでしょうか？

　17世紀、イギリスの科学者ニュートンは、科学の発展のひとつのピークを形作った。ニュートンは小さいころから、自然を愛し、いつも頭を動かし、いろいろなおもちゃを作ることが大好きであった。大学に進学した後は、人生を科学にささげることを決心した。ニュートンはそれまでの研究の基礎の上に、深い研鑽を積み、多くの基本原理を提唱した。ニュートンの貢献は主に物理学の領域においてなされたが、その中でも突出していたのが万有引力の法則の発見である。

　1846年、天文学者は天王星の動きが不規則であることに気づき、万有引力の法則にしたがって、天王星よりもさらに遠くに惑星が存在すると予想した。後に人びとは屈折望遠鏡［高倍望遠鏡］を用いて、その存在を確認した。これが海王星である。

○上の事例やあなたが知っている類似する事例を組み合わせて、科学が人類の自然界に対する認識に与えた影響を説明しましょう。

　近代科学の誕生により、自然界は神秘で計り知れないものではなくなり、人びとは次第に自然界の脈動に手を触れるようになった。科学のさらなる発展とともに、人類は技術発明の高潮を迎える。

読書カード

寝食を忘れて研究にいそしんだニュートン
ニュートンは科学に身をささげており、いつも寝食を忘れて研究に没頭していた。ある日、彼は友人を食事に呼んだが、自分はずっと実験室で仕事をしていた。友人はおなかをすかせ、鳥料理を食べて帰ってしまった。少しして、実験室から出てきたニュートンは鶏がらを見て、驚いて言った。「もう私は食事をし終わっていたのか」。そして、また仕事を続けた。

図5-20 ニュートン

理性の光

科学の発展は人びとの自然界への認識を深めたばかりでなく、人びとの社会に対する考えを発展させた。17・18世紀、西欧の進んだ思想家たちは人類社会は一定の法則に支配されており、自分の思考や判断により、その法則を発見できると信じていた。そして、その理性の力を広めるため、啓蒙運動を始めた。

読書カード

啓蒙運動
フランス語では、「啓蒙」〔訳者注；lumière〕はもともと「光」を表す言葉であった。当時の先進的な知識人は、これまで人びとは暗黒の中にあり、理性の光によって暗闇を駆逐し、人びとを光の中へ導かねばならないと考えていた。彼ら知識人は著作の中で、専制主義や宗教的な無知を激しく批判し、自由、平等、民主を称揚した。これが「啓蒙運動」である。18世紀後半、啓蒙運動はフランスでピークを迎えた。

フランスの思想家ヴォルテールは啓蒙運動の旗手であった。彼は天賦の人権という考えを提唱した。すべての人生は自由で平等なものであり、すべての人は生きることと幸福を追求する権利がある。そして、この権利は天賦のものであり、奪い取ることはできないものであると考えた。

ヴォルテールは言った。「自分が自由で、周りの人びとも自分と平等であったなら――それこそが本当に生きるということであり、人びとの自然な生活なのである」。同じ時期の別のある啓蒙思想家もまた自由という概念を以下のように説明した。「自由とは制限のない自由ではない。自由とは法律の許す範囲内においていかなることもできる権利である」。

○ヴォルテールが追求したのはどのような自由でしょうか？
○本当の自由とは、思ったとおりに何でもしていいということなのでしょうか？

第二課　思想の殻を破って

ヴォルテールは一生を通じて、宗教的な神権と君主制に激しく反対し、二度投獄され、フランスから追放された。84歳になったヴォルテールが28年ぶりにパリに帰ってきたとき、人びとから熱烈な歓迎を受けた。

図5-21　ヴォルテール

　ルソーは啓蒙運動期のフランスの思想家である。彼はすべての権力は人民に属し、政府と官吏は人民に任命されたものであり、人民は彼らに権力を委任しているのであるから、彼らから権力を取り上げることができる、すなわち人民には反乱を起こし、人民を奴隷のように扱う統治者を滅ぼす権利があると考えた。これこそ人民主権思想である。この思想は後世に影響を与えた。

図5-22　ルソー

読書カード

フランス百科全書派
　18世紀中後期、フランスで著名な思想家と科学者160名あまりが、共同で『百科全書』を編纂し、科学と理性を宣揚し、迷信と専制を批判した。彼らは百科全書派と呼ばれ、人数も影響力も大きく、フランスの啓蒙運動の重要な推進力となった。

図5-23　百科全書派

自分でやってみよう

1. 以下の二つの資料をもとに、あなたの考えや、どのような違いがあるか話しあってみましょう。

キリスト教イエズス会の規定
　部下はキリストに接するように上司に接するべし。部下は上司に服従し、死体のように自由に動かされ、杖のように自由に使われ、蝋燭のように自由に痛めつけられるようにしていなければならない。

ルネサンス期のイタリアの詩人ペトラルカ
　「人としての栄光さえあれば私には十分である。これこそが私が祈り求めるすべてである。私は普通の人間であり、私は普通の人の幸せがあればそれでいい」。

2. 産業革命以前に、人びとの思想には大きな変化がありました。学習したことによれば、「天賦の人権」という思想が提出されたのは（　　）のころです。
　A．ルネサンス期　　B．宗教改革期　　C．啓蒙の時代

3. 下の図はレオナルド・ダ・ヴィンチが設計した飛行装置の下書きです。400年あまりのち、この夢は現実となりました。あなたはダ・ヴィンチの設計図の価値はどこに表現されていると思いますか？

図5-24　飛行装置設計図

第三課　一体化へ向かう世界

　文明はさまざまな地域で起源を持ち、さまざまな地域の文明は衝突と融合を繰り返してきた。しかし、16世紀以前においては、世界全体の範囲を考えると各地域間の関係は密接であったとはいえない。人びとはばらばらに暮らし、世界の全体像を理解することはなかった。では、世界はばらばらでそれぞれに隔絶された状態から、どのようにして相互につながりを持つ一つのものとなっていったのだろうか？

新航路の発見

　古くから、ヨーロッパとアジアの間では交易が行われていた。ヨーロッパ人は東方の商品を非常に好み、東方の絹製品、磁器、宝石、香料などの奢侈品がヨーロッパへ流れていった。ヨーロッパ人にとって、東方は非常に裕福な地域であるととらえられていた。マルコ＝ポーロの『東方見聞録』のなかに描かれる黄金があふれる東方というイメージが広く伝わると、多くの人びとを刺激し、東へ向かうための新しい航路の開発が強く求められるようになった。

図5－25　コロンブス

　ポルトガルとスペインは大西洋沿岸に位置し、どちらも豊富な航海に関する知識と進んだ航海技術を持った探険家を擁し、海上探検の最前線にいた。

　1492年、イタリア人コロンブスはスペイン国王の指示の下、遠洋航海を開始した。コロンブスはほかの西洋人と同じように、豊かな東方世界を目指していた。彼は、地球は丸いことを信じ、ヨーロッパの海岸からまっすぐ西へ向かえば黄金や香料の産地——中国やインドにたどり着くと考えていた。

　2ヵ月あまりの苦しい航行の末、コロンブスは陸地を発見した。これは現在アメリカとよばれる大陸である。しかし、コロンブスは自分が到達したところはインドであると思い、その地の人びとをインドの人すなわちインディアンと呼んだ。

　スペインに戻った後、コロンブスはヨーロッパの人びとにインドへ向かう航路を発見したと宣言した。人びとは深く刺激を受け、ますます多くの探検家たちが海上探検をはじめ、東方への新航路の開発に乗り出した。

図5－26　アメリカ大陸に到達したコロンブス

読書カード

アメリカの名前の由来

　コロンブスは、自分がたどり着いた場所はインドであると死ぬまで信じていた。後に、アメリゴ・ヴェスプッチというイタリア人探検家により、コロンブスが発見したのはインドではなく、これまでヨーロッパ人に知られていなかった新しい大陸であることが明らかになった。そのため、人びとはそこをアメリカ大陸と呼んだ。

　ヨーロッパ人が15世紀末に新たな航路を切り開いたのは、いろいろな原因があった。
◇スペインとポルトガルがすでに遠洋航海に適した大船を製造することができるようになっており、さらにイタリア人から多くの航海技術を学んだ。ポルトガル国王はさまざまな国から来た船員を擁していた。
◇中国で発明された羅針盤が欧州に伝わり、当時すでに航海の際、一般に使用されていた。
◇古代ギリシアの学者プトレマイオスの地球球体説が次第に人びとに受け入れられた。
◇スペインとポルトガルの国王は東方から直接、金銀や香料などの商品を獲得するため、遠洋航海を積極的に支持した。
◇15世紀、東西を結ぶ伝統的な陸上の交易ルートが遮断されていた。
◇コロンブスなどの探検家たちが、勇気と超人的な意思や知恵を持っていた。

○以上の要素のうち、一番重要なのは何だと思いますか？　またほかの要素もあるでしょうか？

○机の上にどのような道具があるか、探してみましょう。当時の歴史的な背景と組み合わせて、この状況が何を反映したものか話し合ってみましょう。

図5-27　さらに遠くの土地をいかにして探検するか検討するヨーロッパの探検家たち

第三課　一体化へ向かう世界

> 📖 **読書カード**
>
> ### 新航路の開発
>
> 　コロンブスのアメリカ航海に前後して、ほかの探検家も積極的に航路の発見に取り組んでいた。1487－1488年、ポルトガル人バルトロメウ・ディアスが船団を率いてアフリカ沿岸を南下し、インド洋に入り、アフリカ最南端の喜望峰を発見した。1497－1498年、ポルトガル人バスコ・ダ・ガマはバルトロメウ・ディアスの航路からさらに先に進み、インドに到達した。1519－1522年、ポルトガル人マゼランがスペイン国王の命令の下、船団を率いて、大西洋、太平洋、インド洋を横断し、アフリカを回って、人類の歴史上初めて地球一周を果たした。

図5－28　バルトロメウ・ディアス　　図5－29　バスコ・ダ・ガマ　　図5－30　マゼラン

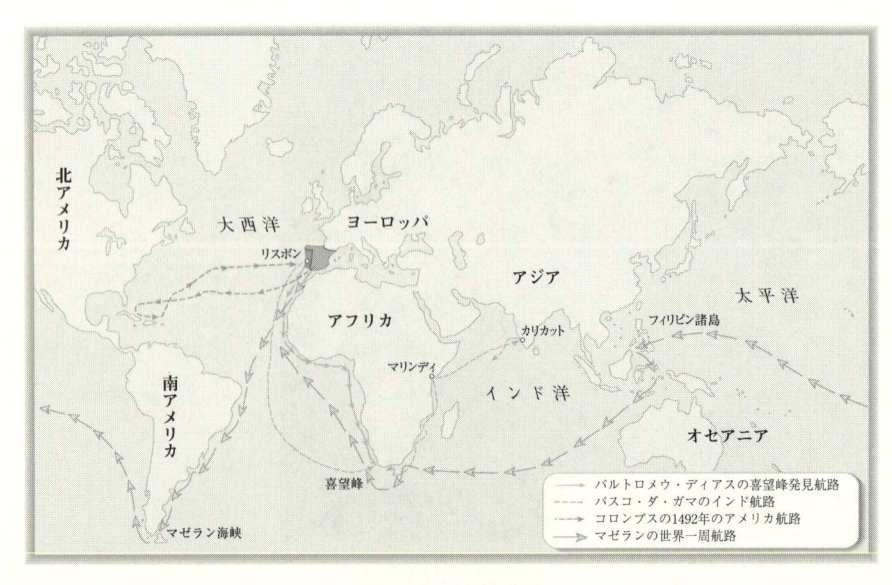

図5－31　新航路図

第五単元　工業文明の到来

ヨーロッパの探検家の活動は人類の歴史に極めて大きな影響を与えた。新航路の発見は各大陸間のつながりを深め、人びとの視界を大きなものとし、人類の文明の伝播と融合を促進した。

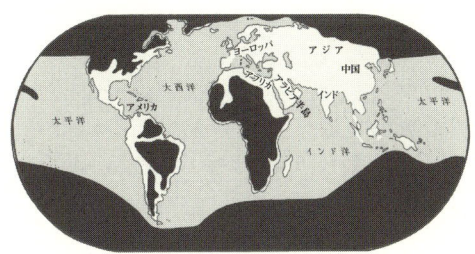

図5－32　1420年以前のヨーロッパ人が認識していた世界の範囲

図5－33　1620年にヨーロッパ人が認識していた世界の範囲

○上の二つの図にはどのような違いがあるでしょうか？　なぜこのような違いが生まれたのでしょうか？

強まる世界全体の関係

　新航路の発見は各大陸の間の移動を便利なものとした。多くの違う大陸に暮らしていた人びとが故郷を離れ、新しい土地で生活し始めた。違う土地から来た人びとは相互に融合し、新しい民族を形成した。

読書カード

アメリカ民族の形成

　アメリカ大陸でもともと生活していた原住民はインディアンであった。コロンブスの新大陸到達後、多くの移民がアメリカにやってきた。そのなかで、北アメリカの東部の移民は日常の交際と発展の中で、次第に想像力、進取と奮闘の精神を養った。18世紀中ごろまでに、新しい民族——アメリカ民族[3]が形成された。今日、アメリカ民族の中に、私たちは世界各地から来た、違う皮膚を持つ人びとを見ることができる。

[3]　中国においては、日本語で言うところの民族にあたる56の民族の上部概念として中華民族がある。ここで言うアメリカ民族は、ある程度アメリカという国の精神を共通に持つ現在のアメリカ国民の母体となるような人びとをさすと思われる。

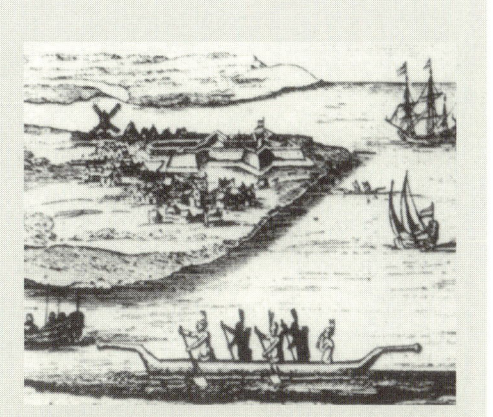

図5－34　ヨーロッパ人が初めてアメリカにやってきた

第三課　一体化へ向かう世界　195

新航路の発見は、国際貿易の飛躍的な発展を促進した。動植物の相互の伝来は、人びとの飲食の習慣や栄養の構成を変化させ、生活条件は一新された。アジア、ヨーロッパなど世界各地で、アメリカから来たトウモロコシ、ジャガイモ、トマト、ピーナッツなどが珍しくないものとなり、馬、牛、羊さらにオリーブや葡萄がヨーロッパからアメリカ大陸に伝わった。

17世紀初頭、アフリカのコーヒーとアジアの茶葉がヨーロッパに伝えられると、非常な人気を博し、コーヒーショップがつぎつぎに開業した。人びとは、コーヒーショップでコーヒーや中国茶を飲みながら新聞を読んだり、おしゃべりをした。

図5-35　17世紀ヨーロッパのコーヒーショップ

読書カード

「海の御者」

オランダは17世紀におけるもっとも発達した商業国家のひとつであり、1万隻を超える商船を擁していた。17世紀ほぼ全部を通じて、オランダ商船は世界各地で活動し、それぞれの国の間で交易を行い、世界中の港に姿を現した。当時、オランダ人はそのイメージから「海の御者（海上馬車夫）」と呼ばれた。

図5-36　オランダ船が世界中の港に出現

新航路の発見以前、起源を異にする文明は地理的な制限から、お互いに影響を与える機会は多くなかった。新航路の発見後、違う地域の文明の間での交流が世界中でどんどん頻繁に行われるようになった。

インディアンについて話が及んだとき、アメリカの思想家フランクリンは言った。「私たちは彼らを野蛮人とよんでいるが、これは彼らの生活が私たちと違い、私たちが自分の生活方式こそが完全で美しい文化の賜物であると考えているからである。彼らもまた彼らの生活方式に対して同じように（自分たちの文化こそ完全で美しいと）考えている」。

○なぜフランクリンとインディアンはどちらも自分の文化こそが完全で美しいと考え、相手の文化が野蛮であると考えたのでしょうか。
○私たちはこれらの違った文化をどのように取り扱えばいいのでしょうか？

196　第五単元　工業文明の到来

ヨーロッパ人の科学技術の成果、特に優れた武器はアジア・アフリカ・ラテンアメリカの人びとに深い印象を与え、一部ではヨーロッパの先進技術を学び始めた。同時に、ヨーロッパへの外来文化の影響も明らかに増加した。多くのヨーロッパの学者が中国の儒教理論やインドの宗教に心酔した。長い歴史を持つ中国の文化を非常に尊敬した人も少なくなく、ヴォルテールなどは孔子の肖像画を自分の書斎に飾っていた。

読書カード

　16世紀はじめ、新しい火器がポルトガル人によって中国へ伝えられた。1522年、明朝軍がポルトガル船の挑発に反撃した際、2隻の船を拿捕し、船に装備されていた大砲を手に入れた。当時、中国ではポルトガル人はフランキ（佛郎機）とよばれていたことから、この射速に優れた大砲もフランキとよばれるようになった。
　すぐに、明軍は日本の海賊からヨーロッパ人が製造した火縄銃を手に入れた。火縄銃は銃身が長く、湾曲した銃床（台尻）が鳥のくちばしに似ていたことから、「鳥嘴銃」、「鳥銃」、「鳥槍」などとよばれた。これは弾薬の装填が簡単で、射速も早く、命中精度も高かったため、殺傷力も大きかった。

黒人はいかにしてアメリカに来たか

　新航路の発見後、ポルトガルやスペインなどの国々はアメリカ大陸やアフリカ大陸で植民政策の拡張を進め、野蛮にも地元の住民を殺害し、土地や財産を略奪した。

　ヨーロッパの植民者は狂ったように黄金や象牙、香料などの貴重な品々を探し回り、略奪した大量の財宝を本国へ送った。記録によれば、ペルーではスペインの征服者たちにより、一度に4万キログラム以上の黄金が本国へ送られたという。その中には金で作られた4つのリャマ像や、12個の等身大の女性の像などが含まれていた。

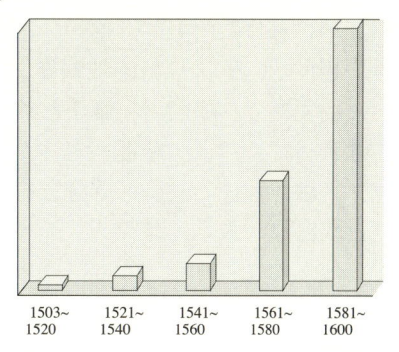

図5－37　スペインがアメリカから掠奪した金銀（1503～1600年）

　ヨーロッパからの植民者による使役と虐殺によりインディアン人口は急速に減少した。16世紀の40年代には、サント・ドミンゴ島にいた6万人のインディアンは500人に減り、ジャマイカ、プエルト・リコ、キューバなどのインディアンはほとんど絶滅させられてしまった。古きインディアン文明は壊滅的な打撃を受けた。

読書カード

黄金海岸

　ポルトガル人は早くからアフリカでは金を多く産出することは知ってはいたが、正確な場所はわかっていなかった。彼らはアフリカに到達するとすぐに金を探し始めた。しばらくして、彼らはガーナ沿海に砂金が産出することを発見し、そこを鉱脈（鉱山）を意味する「エル・ミナ」と名づけた。後に、黄金海岸と呼ばれるようになり、極めて多くの財宝がここから略奪されヨーロッパ本土へ運ばれた。

読書カード

インディアン〔原文、印第安〕文明の災難
　ヨーロッパ人がアメリカ大陸に到来したとき、インディアンが作り上げたマヤ文明はすでに衰退していたが、ほかの二つの文明——インカ文明とアステカ文明はまだ輝きを放っていた。貪婪で暴虐なスペイン植民者は狂ったようにインディアン文明を破壊した。彼らはまず武力と詭弁を用い、インディアンの国王を捕虜にすると、残酷にもインディアンの人びとを虐殺し、町を平地になるまで破壊し、無数のインディアンの文物を破壊した。

図5-38　鉱山労働を強制されるインディアン

◇コロンブスがアメリカを発見して五百年記念の日、ボストンのある博物館では15世紀以降の3,000万人あまりのインディアンが侵入者により殺害されたことを証明する実物、図表、データが展示された。あるインディアンのリーダーは批判的に言った。「この五百年は種族の絶滅と悲痛の五百年であった。コロンブスの記念日はわれわれにとっては追悼の日であり、暗黒の日である」。

◇19世紀のアメリカの教科書はこのように書かれている。「コロンブスは真面目な人物であり、謙虚で礼儀正しく、言葉遣いも慎み深く、道徳的に非難すべきところはまったくなく、模範的なキリスト教徒であったと言える」。アメリカではコロンブスは「移民の父」と尊称されており、コロンブスの名前を冠した州、都市、町、行政区画、大学、歴史的な観光名所は70ヵ所以上ある。

○この二つの違ったコロンブスに対する評価について、新航路の発見後の関連する歴史と組み合わせて、なぜこのようなまったく異なる観点が存在するのか話し合ってみましょう。

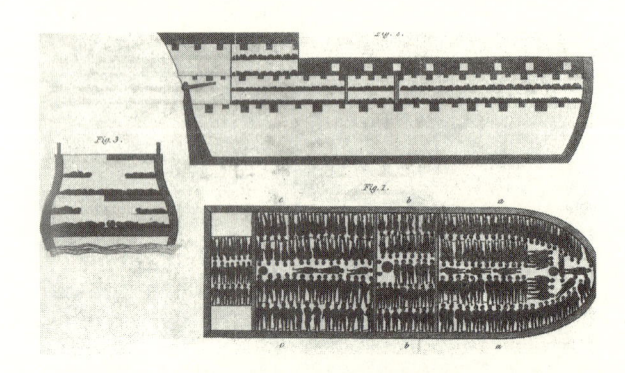

図5-39　奴隷船の断面図

　ヨーロッパ植民者はアメリカ大陸にプランテーションを建設し、タバコ、サトウキビ、綿花などを生産した。彼らはインディアンを強制的にプランテーションでの極めて厳しい肉体労働に従事させ、多くのインディアンを死に追いやった。そして、労働力を補充するために、16世紀から、アフリカの黒人を買い付け、アメリカ大陸で奴隷として使役した。これにより大量のアフリカの黒人がアメリカ大陸に到来したのである。

奴隷貿易はアフリカに甚大な損害を与えた。推計によれば、アフリカから1億人以上の労働人口が失われた。黒人奴隷はアメリカ大陸でさまざまな苦しい労働に従事させられ、生活は非常に悲惨なものであった。

　これらの残酷な手段を用い、ヨーロッパ各国はアフリカ、アメリカ、アジアの多くの地域に植民地を建設した。イギリスは植民地争奪戦を通して、競争相手を打ち破り、もっとも多くの植民地を獲得した。その植民地は世界全土にあまねく広がり、「日が沈むことのない」と称される植民地帝国を築き上げた。

図5-40　奴隷船の奴隷

ヨーロッパ各国早期植民拡張状況

国家	ポルトガル	スペイン	オランダ	フランス	イギリス
主要拡張対象	アフリカ、アジア	中南米、アジア	アジア、北米	北米、インド東海岸	インド、北米

　南アメリカに位置するペルーの公用語はスペイン語である。その隣国であるエクアドルの公用語もスペイン語である。一方、もう一つの隣国ブラジルの公用語はポルトガル語である。スペイン語とポルトガル語はどちらもラテン語系に属するため、アメリカ以南の地区をラテンアメリカと呼ぶ。

○ほかにこのような例を挙げることができますか？

自分でやってみよう

1. 教科書の中から関連する箇所を抜き出して、以下の表を埋めてみましょう。

新航路発見後のポジティブな影響	新航路発見後のネガティブな影響

2. 世界地図を用いて、自分の家からもっとも近い港を選び、そこから地球一周航路を計画してみましょう。それから、新航路発見時の航路を比較して、どのように違うか見てみましょう。
3. ある人はアメリカの発見はコロンブス個人の功績であるとし、ある人はスペインという国家の歴史的な貢献であるとする。この課の内容をよく読んで、どちらの言い方が正しいか？　それはなぜか？　ということについて考えてみましょう。

第三課　一体化へ向かう世界

第四課　ブルジョア革命　新体制の成立

　経済の発展に伴い、資産階級は日増しに強大になり、彼らの封建統治体制に対する不満も大きくなっていった。さらに思想の解放により専制統治体制の精神的支柱も大きく揺らいだ。17、18世紀、イギリス、フランスでは前後して革命が起こり、アメリカでは人民の闘いをへて、国家の独立を達成した。これらの国ぐにではつぎつぎと資本主義の民主制度が打ち立てられた。人類の文明は大きな一歩を踏み出したのである。

議会の王権に対する勝利

　17世紀初頭、イギリス国王チャールズ1世が即位した。彼は好き放題にお金を使い、重税を加え、食塩や石鹸などの生活必需品を政府の専売とし、専売権を利用して財産を集めていた。これは多くの民衆の不満を引き起こすのみならず、国王と、議会の中の新興資産階級および彼らに同情的な貴族との間で激しい衝突を生むこととなった。

　1640年、チャールズ1世は軍事費を集めるために、議会を召集した。議会の多くの議員は徴税に関する法案の通過を拒絶し、さらに王権の制限を求めた。議会と王権の闘争の中で、議会は民衆の支持を得た。チャールズ1世は何度か軍を派遣して議会を解散させようとしたが、武装した民衆に撃退された。

読書カード

イギリス議会の起源

　13世紀、強大な勢力を持っていた貴族は自分の特権を維持するために、王権を制限しようとし、国王に貴族・聖職者・騎士・市民の代表を参加者とする議会の成立を迫った。議会は徴税の決定・法律発布などの権力を持っていた。14世紀前半、議会は上・下両院に分かれ、上院は貴族院、下院は平民院と呼ばれた。17世紀、多くの新興資産階級の代表が下院議員となった。

図5－41　イギリス国会議事堂

　チャールズ1世は自分の権力が制限されることを受け入れられず、1642年、"議会の討伐"を宣言し、内戦を起こした。議会側も軍隊を組織して応戦し、多くの農民や手工業者が議会軍に参加して戦った。彼らの紀律は厳しく、勇敢に戦い、議会軍の戦闘力を大いに高めた。議会軍はクロムウェルの指揮の下、最後には勝利を得た。1649年、チャールズ1世は断頭台に送られた。

図5－42　クロムウェル率いる議会軍の戦い

資産階級は革命を通じて政権を得たが、そ
の後、旧王朝が再び政権を握った。1688年、
資産階級は政変を起こし、血を流すことなく、
再び政権を握っていた王朝を倒し、彼らの要
求を満たしてくれる新しい国王を擁立した。
この後、議会は王権を制限する多くの法令を
通過させた。その中でもっとも重要なのが、
1689年に議会を通過した「権利章典」である。

図5－43　議会により処刑されるチャールズ1世

　「権利章典」では以下のように規定さ
れた。議会の同意なく、国王は法律の実施を停止したり、法律を廃棄することは出
来ない。議会の同意なく、常備軍を設立してはならない。議会の選挙にあたっては
自由でなければならない。議会はしばしば開かれなければならない。

○「権利章典」の規定による革命後のイギリス国王と過去の専制君主の間にはどの
ような違いがあるか、比較してみましょう。少なくとも、二つ相違点を探しましょ
う。

　この種の議会による国王の権力を制約する政体は立憲君主制と呼ばれる。イギリス
では立憲君主制が現在まで続いており、一部の資本主義国家でも採用されている。

世界最初の大統領の誕生

　17・18世紀、北アメリカ東部沿海地域には、13のイギリス植民地があり、資本主義経
済が発展していたが、イギリスは植民地からの搾取を緩めようとはしなかった。

　1773年、イギリス政府は東インド会社を保護するため、彼らに北アメリカにおける茶
葉の専売権を与えた。これにより、北アメリカの人びとを反英闘争に駆り立てた。多く
の港では茶葉をもたらす英国船の荷下ろしを拒否し、東インド会社の茶を飲むことを拒
否した。ある夜、ボストンの若者がインディアンに扮装し、港に停泊していた茶葉運搬
船に乗り込み、船に積まれていた300箱あまりの茶葉を海に投げ込んだ。この知らせを
受けた各地の民衆はつぎつぎと民兵を組織し、武装闘争に備えた。

図5－44　ボストン茶会事件

○推計によると、東インド
会社がダンピングした茶葉
は北アメリカ植民地が自分
で輸入した茶葉よりも50％
安かった。北アメリカの人
びとがどうして東インド会
社の茶葉を利用することを
拒否したか、考えてみま
しょう。

第四課　ブルジョア革命　新体制の成立 | 201

1775年、イギリス軍の部隊が民兵の武器庫の捜査に向かっていた。ボストン付近のレキシントンで、イギリス軍は民兵と遭遇し、戦火を交えた。レキシントンの銃声は、アメリカ独立戦争の幕明けとなった。

　1776年7月4日、北アメリカ各地の植民地の代表は会議を開き、「独立宣言」を通過させた。アメリカ合衆国の誕生である。

　戦争が始まったとき、アメリカの経済力・軍事力はイギリスにはるかに及ばなかった。成立したばかりの大陸軍はほとんどが急に募集された民兵であり、軍事訓練を受けておらず、武器も旧式で、兵站にも大きな問題を抱えていた。しかし、大陸軍は人びとの幅広い支持を受け、総司令官ワシントンの指揮の下、勇敢に戦い、次第に劣勢を跳ね返した。1781年にアメリカ国民はついにイギリス軍を打ち破り、和平交渉が始まった。1783年、イギリスは正式にアメリカの独立を承認した。

図5-45　独立宣言の調印

　1776年冬、ワシントンは3,000人足らずの軍隊を率い、氷ったデラウェア川を渡り、英国軍に奇襲を行い、1,000人あまりを捕虜にした。

図5-46　軍を率い川を渡るワシントン

読書カード

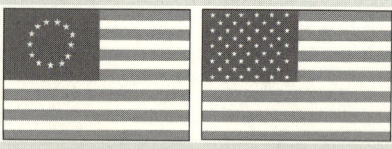

図5-47　アメリカ国旗

星条旗物語

　アメリカの国旗には独立当初の13の州を表す、13本の紅白の横線が描かれている。独立後、アメリカは戦争や金銭による購入などを通じてイギリス・フランス・スペイン・ロシアなどの国々の北米植民地を獲得し、メキシコ領を併合し、多くの州を設立した。これに対し、アメリカ国会は、州がひとつ増えるたびに、国旗に星をひとつ書き込むが、横線は変えないとする法案を成立させた。このようにアメリカの領土拡張に従い、いまでは星条旗には50の星が描かれているのである。

図5-48　アメリカの版図の変化

202　第五単元　工業文明の到来

1787年、アメリカでは憲法を制定し、共和政を採用することを決めた。ワシントンは初代大統領に選ばれた。後に、多くの国家がよく似た政治体制を採用した。

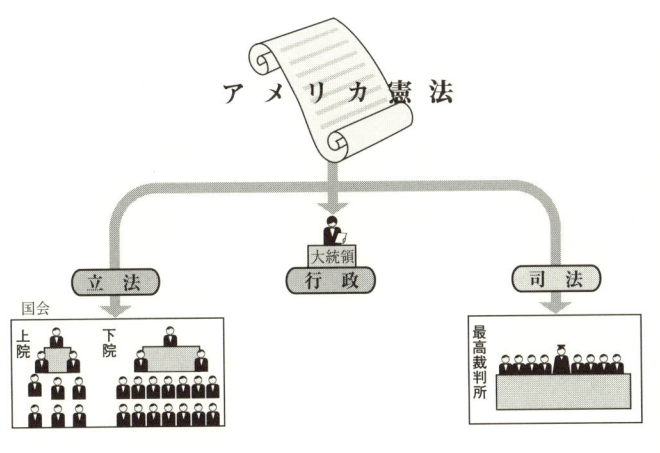

図5－49　アメリカの三権分立

図5－50　アメリカ初代大統領ワシントン

わが身を忘れて献身したフランス国民

　フランスは革命以前は絶対王政国家であった。国王ルイ14世在位中は絶対王政の最盛期にあり、"朕は国家なり"と宣言した。しかし、彼の後継者たちは湯水のごとく金を使い、財政危機を生み出した。財政赤字を補填するため、政府は重税を課し、負担は第三身分、特に農民にのしかかり、階級矛盾は日増しに先鋭となった。1789年、国王ルイ16世は三部会を招集し増税について討議し、これにより第三身分の不満はさらに高まった。ルイ16世は軍隊を召集し、増税に反対するものを鎮圧しようとしたため、各階層の人民は激怒した。

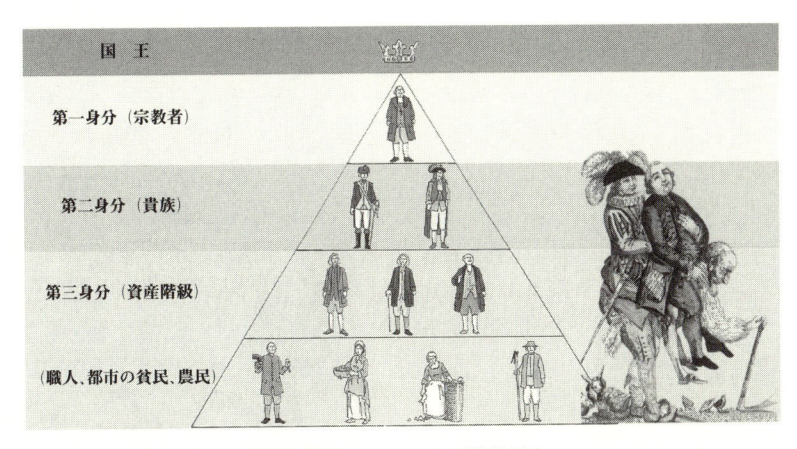

図5－51　フランスの階級社会

第四課　ブルジョア革命　新体制の成立　｜　203

7月14日、パリの人びとはバスティーユ監獄の大砲が労働者の居住地に向けられていることを知り、群集は憤激し、「バスティーユに行こう！」と高らかに叫び、監獄を守る国王の軍隊と激戦を繰り広げた。4時間あまりの戦闘の末、群集はバスティーユ監獄を占領した。バスティーユの占領はフランス革命の火蓋が切って落とされたことを示していた。この日はフランスの建国記念日とされている。

　バスティーユ監獄は14世紀に建設され、もともとは要塞で、後に監獄となり、国王が政治犯を収容する施設になっていた。ヴォルテールもここに拘禁されていた。そのため、フランスの人びとにとっては、ここは封建専制の象徴であった。当時、群集によってバスティーユ監獄が占領された時、ルイ16世は非常に怖がり「これは叛乱か？」と聞いた。「いえ、陛下、これは革命でございます」と侍従が答えたという。

図5-52　バスティーユ監獄の占領

　バスティーユ監獄の占領の後、国王は屈服し、フランスでは「人権宣言」が頒布され、立憲君主制国家となった。「人権宣言」では、人びとには生まれながらに、かつ一生の間自由と平等である権利があるとされた。
○この「人権宣言」の内容にはフランス革命と啓蒙運動との間のどのような関係が反映されているか、考えてみましょう。

　フランス革命はヨーロッパ各国の君主を非常に驚かせた。彼らはルイ16世と手を結び、武力干渉を行おうとした。フランスの人びとは、国内外の封建専制勢力との闘争の中でも、絶え間なく革命を推し進めていった。

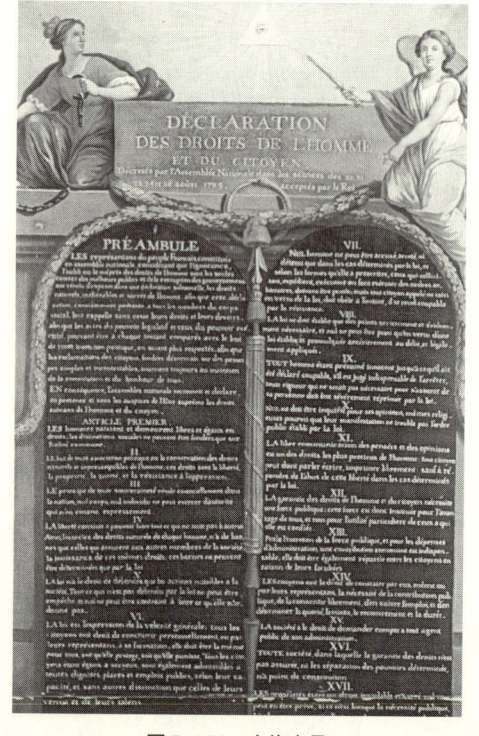

図5-53　人権宣言

第五単元　工業文明の到来

読書カード

フランス国歌の誕生

外国の王たちの連合軍が国境付近に兵を展開し、革命が危機に陥ったとき、フランスの人びとは立ち上がった。正義の血を沸き立たせたある工兵大尉は、夜を徹して、「ライン川行進曲」を書き上げた。この歌はマルセイユからの志願兵が歌いながら前線へ赴いたため、のちに「ラ・マルセイエーズ」とよばれた。歌詞にはこうある。「進め！祖国の士卒たちよ、栄光の時は来た！　専制暴政がわれらを圧迫している、われらの祖国は血にまみれている……国民よ、武器を取れ！　国民よ、戦いに身を投じよ！　進め！　進め！」*4）

*4）いざ進め　祖国の士卒らよ　栄光の日は　やって来た　我らに対し　暴君の　血塗られた軍旗は　掲げられた　血塗られた軍旗は　掲げられた　聞こえるか　戦場で　蠢いているのを　獰猛な兵士どもが　奴らはやってくる　汝らの元に　喉を掻ききるため　汝らの女子供の　コーラス　武器を取れ　市民らよ　組織せよ　汝らの軍隊を　いざ進もう！　いざ進もう！　汚れた血が　我らの田畑を満たすまで。

図5-54　「ラ・マルセイエーズ」

1792年7月、パリの人びとは再び蜂起し、干渉した外国の連合軍を撃退した。9月、フランスは君主政を廃し、共和国——歴史上、フランス第一共和国を立てた。しばらくして、ルイ16世はギロチンに送られた。

フランス共和国の成立の後、ヨーロッパの一部の国では正式に反フランス同盟を結び、フランスを攻撃した。1793年、パリの人びとは三度目の蜂起を行い、ロベスピエールなどが政権を掌握し、一連の果断な措置を実施し、外国の軍隊を撃退し、国内の反乱を鎮めた。共和国では逃亡貴族の土地を細かく分けて農民に売り、生活必需品の価格を制限し、反動分子を厳罰に処し、フランスのすべての力を内外の敵に集中させた。フランス革命は最高潮に達した。

図5-55　ルイ16世の処刑

ロベスピエールはルソーの思想の影響を深く受けた、フランス革命における重要なリーダーの一人である。

図5-56　ロベスピエール

第四課　ブルジョア革命　新体制の成立　205

フランス革命はフランスの封建専制統治を終わらせ、ヨーロッパのそのほかの国々の封建制度に激しい衝撃を与えた。フランス革命は資産階級に主導されたが、群集の偉大なエネルギーを大いに示すものであった。フランス革命以降、何度か王政復古が行われたが、共和政体が確立し、今に至っている。

読書カード

ワーテルローの戦い

　フランス革命後期にナポレオンが政権を掌握し、皇帝を自称した。彼は法典を制定し、革命の成果を強固なものとした。ナポレオンは軍事的天才であり、彼は軍を指揮し、多くの国家からなる反フランス同盟を撃退した。後にナポレオンは対外拡張に失敗し、ヨーロッパ反フランス同盟軍がフランスに攻め込んだ1815年のワーテルローの戦いで敗北した。

図5-57　ワーテルローの戦い

自分でやってみよう

1. 以下は二人の生徒によるブルジョア革命後の英国で実行された政治体制の展開についての会話である。史実と組み合わせて、あなたはどちらの意見に賛成か、なぜ賛成するのか、について話してみよう。

> イギリスでは議会の主権が確立して、国王は有名無実になりました。イギリスの政治体制は根本的に変ったのです。

> イギリスでは立憲君主制が実行されたけれど、まだ国王が残されました。だから、イギリスの政治体制は革命の前後で実質的な変化はないと思います。

2. 関係する資料を探して、ロベスピエール、ワシントン、クロムウェルのなかから一人を選んで、彼の本国での歴史的な変革に関するエピソードを調べてみましょう。
3. いくつかのルートから有効な情報を探し、現在の世界でどの国が英国やフランスの政治体制と似ているか、それぞれ例を二つ挙げてみましょう。

第五課　挑戦に直面する中国

　西洋各国でブルジョア革命が続き、工業文明が発達していたころ、中国は明清時代に入った。この時期、中国の社会経済は発展を続け、多民族国家の統一が固まっていったが、皇帝権力が強まり、国は外部との接触を断っていくなど、盛世の繁栄の裏に危機が隠れていた。世界的な工業文明の潮流の中で中国社会の発展は巨大な挑戦にさらされた。

最後の盛世

　1368年、農民蜂起のリーダー朱元璋が明朝を建て、元朝の統治を覆した。1644年、明朝もまた、大規模な農民戦争の中で滅び、山海関の外から来た清軍が農民軍を破り、中国史上最後の王朝——清朝は中国を次第に統一していった。

　17世紀はじめ、中国の人口はすでに2億人に近かったが、19世紀初頭には3億人を超え、世界全体の人口の三分の一を占めた。

　明清時代には、中国の一部地域でも商品経済が発展した。江南では農民が桑を植えて蚕を飼うのは一般的であり、多くの人が絹織物業に従事した。松江一帯では綿紡績業が発達し、農村の女性たちは朝早く織りあがった綿布を市場に売りにいき、綿花に換え、また布を織るというたいへん忙しい生活を送っていた。

> 　宋代の有名なことわざに「蘇湖熟すれば、天下足る」というものがある。「蘇湖」は太湖周辺の蘇州と湖州をさす。明清時代、人びとは土地の開墾に力を注ぎ、特に湖南・湖北などでもっとも効果を上げた。各種の水利設備の整備は耕地面積を広げ続け、多くの穀物がほかの地域へ移出された。民間では「湖広熟すれば、天下足る」ということわざがささやかれるようになった。
> ○宋代と明清時代の経済発展から、なぜこのようなことわざの変化が起こったのか話してみましょう。

　このほか、搾油、食糧加工、陶磁器制作、鉱業、冶金、造船などの各種工業が繁栄した。手工業の繁栄は商業の発達を促進し、一部の地域の商人の資本は大変豊かになり、有名な徽州商人や山西商人などによる商人のグループ（商幇）を形成した。

図5-58　山西の両替商　日昇昌

市場の繁栄により、多くの農村が商工業都市（市鎮）に発展した。蘇州付近の昆山県方泰鎮は、清代初期には住民も少ない、小さな村であったが、商人が多く住み着くようになり、多くの店舗が現れ、建物が増加し、町並みも一新され、住民も増え、規模の大きな商業都市となった。

　明清時代において、中国の絹製品、茶葉、磁器などが国際市場に大量に流入した。ポルトガルの王宮には、「磁器の間」が設置され、天井は260あまりの中国からは運ばれた皿や椀で覆われていた。これらは中国の磁器を大変気に入っていたポルトガル国王が長い年月をかけて収集したものである。ヨーロッパ人はこれらの中国製品を購入するため、大量の銀を支払い、その結果、中国に流入する銀の総量は増え続けた。

図5-59　にぎやかな蘇州の市場

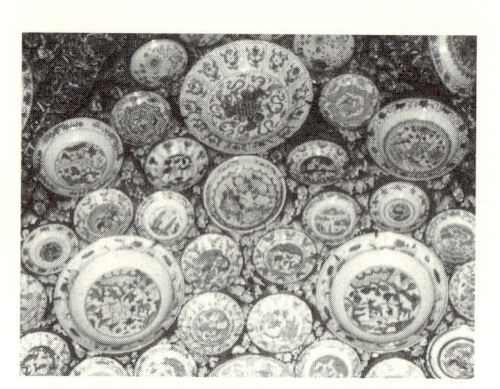

図5-60　「磁器の間」の天井

イギリスの中国茶葉の需要の変化	
1720年	181,600kg
1800年	10,442,000kg

中国に流れ込む銀の総量	
18世紀60年代	毎年300万両
18世紀80年代	毎年1,600万両

　当時、中国の経済力は世界第一位にあり、対外貿易は長期的に出超であった。

○ちょうどこの時期、西洋ではどのような変化が起こっていたか、考えてみましょう。

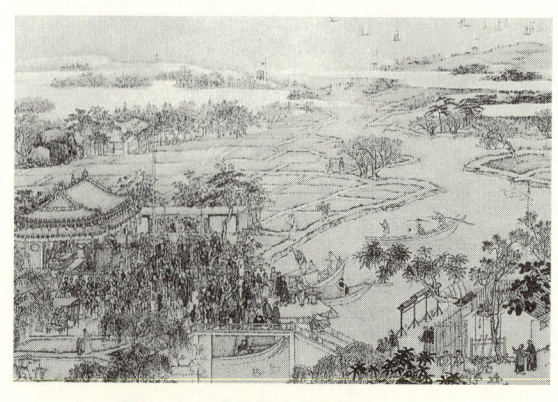

図5-61　盛況を見せる劇場

　経済の繁栄は社会生活に変化をもたらした。都市住民の商品に対する需要は日増しに増加し、多くのサービス業が盛んとなり、茶館、酒楼、劇場も増加し、市民の需要を満たしていた。

明末の陸楫という人が、以下のように言っている。「天下の大勢を見ると、贅沢をしている地域の人びとはよい生活を送っており、節約している地域の人びとの生活は苦しい。江蘇・浙江の人びとがよい生活を送っているのは、贅沢な風習があり、商工業に従事する人が多いからである。」

> これは節約を否定して、贅沢や浪費を主張しているのですか？

> 当時の人びとにこんな考え方があるなんてすばらしいです！「贅沢」を主張するのはいいことではないけれど、「贅沢」のなかには消費拡大の概念があって、これは当時の経済発展に有利に働いたのです。

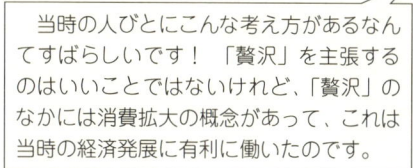

○あなたはどちらの考え方が正いと思いますか？

この時期、いまだに農業が中国経済の主体であり、男耕女織（男性が田畑を耕し、女性が家で機織をする）が中国の農民の絶対多数の基本的な生産と生活の方式であった。

統一された多民族国家の強化と発展

わが国北方のモンゴル・女真族の統治者らが南下して略奪するのを防ぐため、これまでの王朝と同様に、明朝は長城の大規模な修復を行った。今、私たちが見ることができる長城のほとんどは明代に修築されたものである。清朝の統治者は長城以北から来たため、長城を再度修復しようとはせず、康熙帝は長城を訪れた際、以下の詩を作った。「形勝は固より憑むに難し、徳にありて、険にあらず」*5)。

*5）長城のような要害も頼るに足らない。徳さえあれば、壁は要らないのだ。

現在の河北省承徳市にある避暑山荘は清代の皇帝の避暑地であった。避暑山荘およびその近くの木蘭囲場で、清代の皇帝たちはモンゴルの王侯やチベット仏教のリーダー、少数民族の上層部の人びとと接見し、婚姻・宴会・狩猟などを通して友好を深めていた。明代に西方のヴォルガ河流域に移動していたモンゴル族トルグート部は後に帝政ロシアの圧迫を受け、辛酸を嘗め尽くした後、祖国に回帰した。乾隆帝はこの避暑山荘で彼らと接見したのである。

図5-62　祖国に戻ってきたトルグート族

第五課　挑戦に直面する中国

チベット族の人びとは仏教を信仰し、清代初期のチベット仏教の指導者は清朝皇帝からダライラマとパンチェンエルデニの称号を与えられていた。後に、チベットのダライとパンチェンは中央政府の冊封を受けなければいけないこととなった。1727年、清朝政府はチベットに駐藏大臣を設置し、中央政府を代表して、ダライ・パンチェンと共同でチベットを統治した。チベットと中央政府の関係は日増しに密接となっていった。

図5-63　金瓶

◇ダライ・パンチェンが死去するたびに、一人の条件に見合う赤ん坊が見出され、転生霊童として死去した者の後継者とされた。1792年、清朝はダライラマ・パンチェンラマの転生霊童の選択は、必ず駐藏大臣の監督下において、朝廷から与えられた金瓶を利用したくじ引きによって決めることとした。これを金瓶掣簽制度とよぶ。

◇乾隆帝70歳の祝賀にあたり、六世パンチェンラマが遠路はるばる承徳を訪れ、祝典に参加した。乾隆帝は大変喜び、自ら接見し、チベット語で話をした。以前から、乾隆帝は避暑山荘の北側にパンチェンラマが暮らすシガツェのタシルンポ寺を模倣して須弥福寿の廟を建立し、パンチェンラマの滞在先とした。このような大型の寺院が避暑山荘の周囲のいたるところに建設された。これらの寺院は、漢・チベット・モンゴル・ウイグルなどの各民族の建築様式が融合したものであり、清王朝の辺疆における民族政策を反映したものである。

図5-64　須弥福寿の廟

○清朝が金瓶掣簽制度を設立した目的はどこにあると思いますか？
○ある人は「明朝は長城を建設し、清朝は寺院を作った」といった。この一文に反映されている明朝と清朝の民族問題の処理における態度の違いについて考えてみましょう。

　わが国の西南地方には多くの少数民族が生活している。明朝初年、統治者は元朝の中央政府が任命した当地の少数民族の首領を官員に任命するという方法を踏襲し、管理を行っていた。永楽年間にさらにコントロールを強化するため、明朝は中央から官員を西南の少数民族地区に派遣して、直接管理を行うようになった。
　17世紀末から18世紀中期にかけて、わが国のモンゴル草原西部のジュンガル部が帝政ロシアの支持のもと、たびたび清朝を挑発した。清軍は数十年に及ぶ戦闘を経て、国を分裂させようとするジュンガル貴族の勢力をついに粉砕した。さらに、清朝は天山南路

の回族の貴族による反乱も鎮圧した。
　これらの措置により国家の統一が保たれ、辺疆における経済開発と内地との文化交流が促進された。これにより、今日のわが国の多民族国家としての境域が定められたのである。

図5-65　『ジュンガル平定絵巻』(部分)

読書カード

盟旗制

　現在の中国の行政区画は省・市・県などの単位で行われているが、内モンゴル自治区の一部では「盟(めいき)」・「旗」などの行政単位、たとえば伊克昭盟(イフジョーめい)、達拉特旗(ダラトき)などがみられる。これは清代の統治者たちが、盟と旗という単位を用いて管理を行っており、その名称が今に残っているからである。今日の「盟」は「地区」に、「旗」は「県」に相当する。

図5-66　清朝の領域

凡例：
　―――　1820年清朝境界線
　①　中露ネルチンスク条約で協議された地区

○上の地図と中華人民共和国の地図と比較して、違っているところを探してみましょう。

第五課　挑戦に直面する中国　｜　211

読書カード

図5―67 ネルチンスク条約の制定した中露の国境図
①中露「ネルチンスク条約」による改定が必要であった地区
②中露「ネルチンスク条約」で確定した国境
③もと清朝に属した達爾罕茂明安旗の放牧地

ヤクサの戦い

17世紀中期、帝政ロシアがわが国の黒竜江領域に侵入し、ネルチンスクとヤクサに植民の拠点を建設した。康熙帝は武力により帝政ロシアの侵入に対抗することとした。1685－1687年、清軍は二度にわたりヤクサ城を包囲した。辺疆の各少数民族の支持の下、清軍は侵略軍の頭目を戦死させるなど、勝利し、帝政ロシアに清朝と交渉の席に着くように迫った。1689年、中露双方で対等な交渉が行われ、ネルチンスク条約が締結され、法律上も黒竜江とウスリー江流域の広大な地域が中国の領土となった。

専制帝国

　明清時代には中国の専制的な皇帝権力は極度に強化された。明の太祖朱元璋は丞相胡惟庸の専権に気づき、彼を罷免したうえ、丞相の職自体を廃止し、中央政治を六部に分かち、それぞれ皇帝に直接責任を負うようにした。朱元璋の在位中、ある大臣が退朝したあと、「四鼓冬冬として起きて衣を着、午門に朝見するも尚お遅るるを嫌う」と歌った。これは、四更（午前一時から三時）に起床して、急いで午門に駆けつけても遅い、という意味である。次の日、朱元璋はその大臣に対していった。「昨日作った詩はなかなかよい。しかし私は"嫌う"ということはないぞ。"憂う"にしては如何かな」。この大臣は驚き、冷や汗をかきながら、あわてて平伏して謝罪した。また別の時には、朱元璋はある大臣に、昨日は酒を飲んだか、どのような客が来たか、どのようなものを食べたかを質問した。その大臣は真面目に答えたところ、朱元璋は笑っていった。「すべて本当のことだな。汝は私をだましていないようだ」。

　朱元璋がこれほどまでに大臣たちの私生活について知っていたのは、彼が自分の腹心を監視役として派遣していたからである。朱元璋は皇帝を保護する軍隊である錦衣衛を秘密警察として、臣下や民衆の言行を監視し、偵察するために利用した。後に明朝の皇帝は続々と専門の特務機関である東廠と西廠を設置し、宦官に管理させ、正式な法律上の手続きを経ずに、好きなように臣下や民衆を監視、逮捕、取調べできるようにした。東廠、西廠と錦衣衛はあわせて"廠衛"と呼ばれた。

図5―68　朱元璋

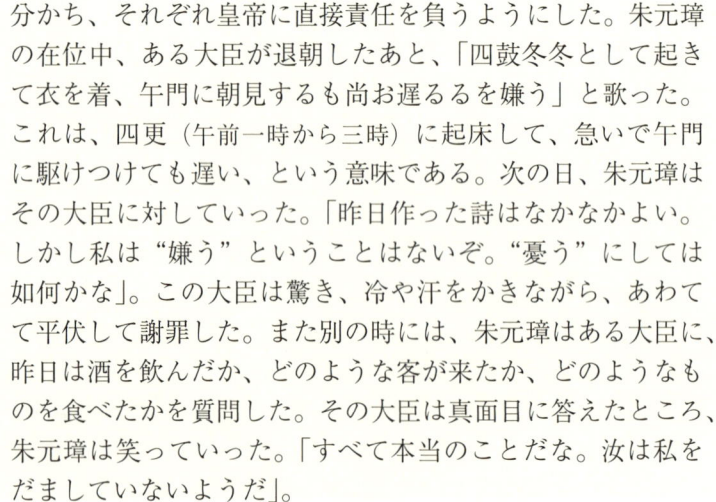

図5―69　錦衣衛の印

読書カード
廷杖（ていじょう）

明朝ではさらに"廷杖"とよばれる刑罰を採用し、官員の処罰に用いた。官員が皇帝の命令に背いた場合、宮殿において長い板で激しく打たれた。1519年、群臣が皇帝に江南に遊ぶことを中止するように進めた際、皇帝の逆鱗に触れ、中止を進言した146名の大臣が杖（長い板）によって罰を与えられ、11人が打ち殺されてしまった。

　清代には皇帝権力はさらに強化された。雍正帝（ようせいてい）は軍機処（ぐんきしょ）を設立し、軍事など国家の大事はすべて皇帝が裁決することとし、軍機大臣はただ跪いて記録をとった後、命令を外部に伝えて実行させるだけであった。乾隆帝の在位中、ある数十年にわたって高位にあった官僚が自分の保身の経験をふり返って、他人と文章のやり取りをしないようにし、使わない原稿はすべて焼き捨てたと述べた。これはなぜだろうか？　もともと清朝の統治者は文人が不満を抱くことを非常に恐れており、特に文章の中でタブーに触れている場合、その文章の作者を厳しく罰していた。このようなやり方は"文字の獄"と呼ばれた。

読書カード
文字の獄

　文字の獄は古くからあったが、清代のものが最も規模が大きく、回数も多かった。朝臣胡中藻（こちゅうそう）の詩の中の"一に心腸を把し、濁清を論ず"という言葉に対し、乾隆帝は「"濁る"という字を国号である"清"の上に書いたのには、何のつもりだ？」と詰責した。そして胡中藻とその一族は殺害され、その累は師や友人にも及んだ。また『詠黒牡丹（えいこくぼたん）』という詩の中の「朱を奪うは正色にあらず、異種や、王を称せり」という二つの句が、明朝を懐かしみ、清朝を貶める表現であるとされ、作者は重い罰に遭うこととなった。

　明清時代の科挙試験においては、"四書（ししょ）""五経（ごきょう）"の範囲の中から問題が出され、受験生は指定された観点から答えを書くことしかできず、自分の見解を展開することは許されなかった。答案の文体は必ず8つの部分からなることとされ、八股文（はっこぶん）と呼ばれた。

読書カード
"四書""五経"と八股文

　"四書"は儒教の経典『大学（だいがく）』『中庸（ちゅうよう）』『論語（ろんご）』『孟子（もうし）』の総称であり、"五経"は『詩（し）』『書（しょ）』『礼（れい）』『易（えき）』『春秋（しゅんじゅう）』の総称である。八股文は明初に始まるもので、明代中ごろに完成された。これは文章を破題（はだい）・承題（しょうだい）・起講（きこう）・入手（にゅうしゅ）・起股（きこ）・中股（ちゅうこ）・後股（ごこ）・束股（そっこ）の八つの部分に分けるもので、形式が複雑で型にはまりきったものであった。

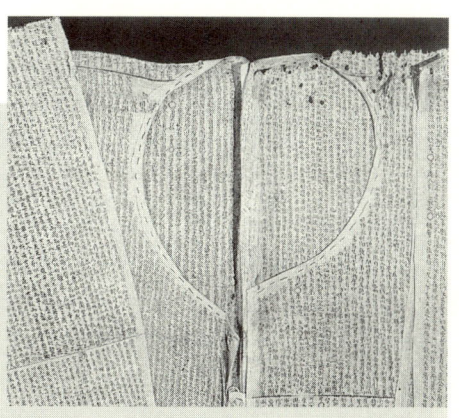

図5-70　例文を書き写したカンニング用の下着

第五課　挑戦に直面する中国

清代の小説『紅楼夢』は中国古典名著の一つであり、当時の社会生活を反映したものである。主人公賈宝玉は科挙に参加しようとせず、科挙を"濁った男ども"や"国賊、給金に狂ったやつら"が利用する売名の手段であると考えた。清代のある歌は次のように科挙に参加する受験生を皮肉っている。「時間を無駄にして、一生を棒に振る。こんな人物を高官にならせるなんて、朝廷と民衆の不運だ」。

> 隋唐時代に創立された科挙制度は、試験を通じて人材を選ぶ、古代ではかなり公平な方式です。歴史的に非常に大きな影響があると思います。こんな批判は合理的じゃないです。

> 歴史は絶え間なく発展していくものです。明清時代になるまで、科挙制度には何度も大きな変化があって、統治者による思想統制の道具になってしまったのです。この批判は正しいと思います。

〇科挙制度の変遷と組み合わせて、この問題についてどのように考えたか話してみましょう。

明清時代の統治者の専制政治は、社会生活の各方面にも現れていた。

図5-71 貞節牌坊

明清時代の統治者は多くの地方に節婦・烈女を表彰する貞節牌坊を建て、寡婦に夫に殉じたり、節を守って再婚しないように奨励した。

図5-72 清代北京の戯楼

これは明清時代の戯楼である。清初に一度、劇の上演は禁止されているが、これは統治者が戯曲や小説は風俗を破壊すると考えていたためであった。

専制的な皇帝権力が絶え間なく強化されていくのと同時に、専制的な皇帝権力に反対する思想家も現れた。明末清初の学者黄宗羲はその代表である。彼は大胆にも、王権神授説の神秘的な色彩を批判し、"天下に大害をなすものは、君主のみである"と宣言した。

黄宗羲は言う。君主は「天下の利をことごとく自分のものにし、天下の害を人のせいにする」。
〇ちょうど同じころ、ヨーロッパのどのような啓蒙思想家がいましたか？ 彼らの思想と黄宗羲の思想とにはどのような点が似ていましたか？ 調べてみましょう。

図5-73　黄宗羲

海上からの挑戦

　明朝成立以降、農業生産は回復し、さらに発展し、商工業は繁栄し、国力はさらに上がった。1405-1433年にかけて、明の成祖永楽帝は7回宦官鄭和に艦隊を率いさせて"西洋"への遠洋航海を行わせた。これは世界の航海史上に残る壮挙である。この航海により、ヨーロッパ人の航海に比べ、半世紀早く新航路を開拓し、船団の規模もはるかに大きかった。鄭和の"西洋下り"は中国とアジア・アフリカ諸国の経済・文化交流を促進し、中国人の世界への認識を広めるのに役立った。しかし、鄭和の西洋下りの目的は海外貿易の発展ではなく、毎回航海を行うたびに、莫大な費用が必要となった。官僚たちは皇帝に、航海が民衆を疲弊させ、財政に負担をかけると上奏し、航海は停止された。

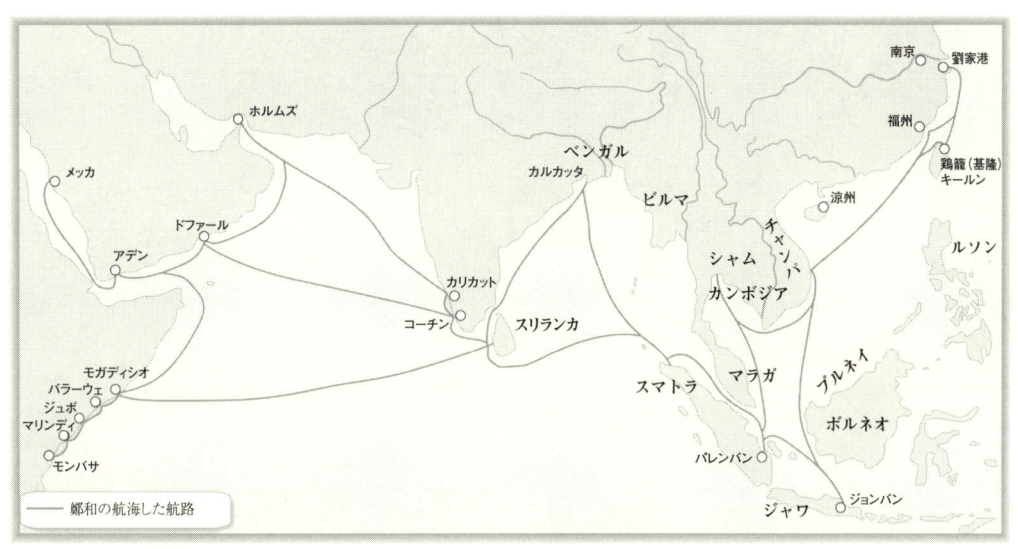

劉家港　：現在の江蘇省太倉瀏河　　　　チャンパ：現在のベトナム中南部
マラガ　：現在のマラッカ周辺　　　　　ルソン　：現在のフィリピン、ルソン島
ブルネイ：現在のカリマンタン島の北部ブルネイ一帯　ジャワ　：現在のインドネシア、ジャワ島

図5-74　鄭和の大航海の航路図

第五課　挑戦に直面する中国　|　215

これとは対照的に、新航路の開発に随い、ヨーロッパの植民者は絶えず東進を続け、キリスト教の宣教師がその先頭をきって、次々と現れた。

明代、イタリア人宣教師、マテオ・リッチ（利瑪竇）が中国に渡来した。彼は中国語を勉強して儒教の経典を深く学んだ。彼は新しい科学知識と機械製品をもたらし、さらに当時官僚であり学者であった徐光啓と協力して『幾何原本』（ユークリッド『ストイケイア』）を翻訳し、ヨーロッパで普及していた数学理論を紹介した。清代には、ドイツ人宣教師は中国の暦を修正し、さらに精密なものとした。康熙帝がマラリアにかかった際には、フランス人宣教師がキニーネと呼ばれる薬を用い、治療した。

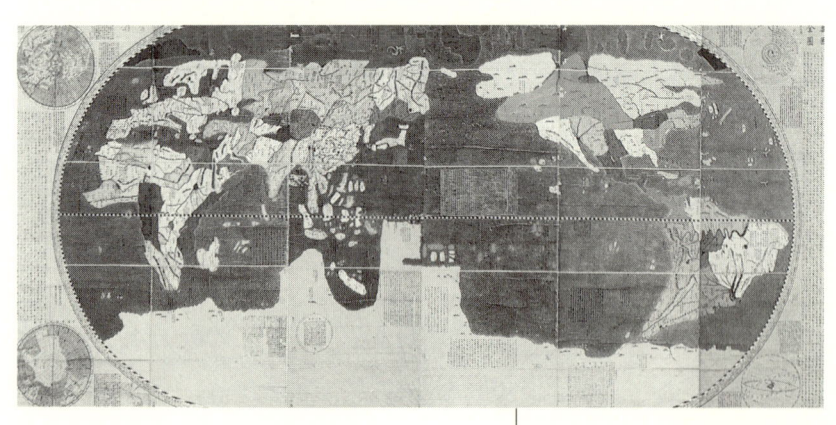

図5-75　マテオ・リッチと徐光啓

図5-76　『坤輿万国全図』

マテオ・リッチが作成した「坤輿万国全図」は当時の世界地図であった。

イタリア人宣教師カスティリオーネ（朗世寧）は中国で宮廷画家となり、円明園の西洋風建築の設計に携わった。

図5-77　円明園西洋楼

第五単元　工業文明の到来

宣教師は西洋文明をもたらしたが、これは西方の商船と砲艦がそれに続いてやってくることを示していた。

　1553年、ポルトガル人がマカオに渡来し、中国の官員に賄賂を贈り、貨物を干すために海岸を借りると称して、次第に居住権を掠め取り、貿易基地とした。

　17世紀初頭、オランダ人が台湾(たいわん)に渡来し、地元の人びとを騙してこういった。「船に穴が開いてしまった。われわれに牛の皮の大きさの土地で休ませてほしい。」そして、牛の皮を細く切って、つなげ、広く土地を囲い込んだ。これ以降、オランダ人は台湾を占領し、植民地統治を始めた。1661年、東南沿海の抗清の名将鄭成功(ていせいこう)は軍隊を率いて台湾海峡を渡り、オランダ植民者に深刻な打撃を与えた。オランダ植民者側は毎年朝貢する代わりに、中国軍に台湾から退出するように求めた。鄭成功は厳しい言葉で拒絶した。「台湾は一貫して中国の領土であり、そちらが占領を続けるならば、われわれは断固として進撃を止めない。」激しい戦闘の末、オランダ植民者は投降を迫られた。かくて台湾は祖国の懐に戻ってきたのである。

図5−78　マカオの媽祖廟

図5−79　オランダ植民者の投降

　台湾城内で、オランダ軍は8ヵ月にわたり包囲され、戦死者、餓死者を多数出し、数百人を残すのみとなっていた。中国軍は徹底的にオランダ植民者に打撃を与え、1662年初頭、オランダ植民者を屈服させ、投降のサインをさせた。

　1683年、清軍が台湾に入り、鄭成功の子孫は清朝に帰順した。翌年、清朝は台湾府を置き、福建省に所属させた。

　しかし、西方からの植民者の到来に直面した清朝統治者は外国から領土を侵略されることや、沿海の人びとが外国人と頻繁に交わることによって統治上の問題が起こることを恐れて、外部との交わりを断絶してしまい、乾隆時代には、4つの通商港を減らして広州だけにしてしまった。

　1793年、イギリスからマカートニー使節団が中国に到来した。彼らは乾隆帝の誕生日を祝うと称していたが、実際にはイギリスの海外市場を拡大することを目的としていた。彼らは使節を北京(ぺきん)に駐在させること、通商港を開放すること、関税を減らすこと、舟山(しゅうざん)付近の島に英国人が居住し、積荷を置くことを許可すること、キリスト教宣教の自由などを要求したが、乾隆帝に拒否された。

第五課　挑戦に直面する中国　217

天朝の物産は豊かに満ちており、無いものはない、外夷の物と交換する必要などない。

図5-80　乾隆帝

もし中国が英国人の貿易を禁止したり、重大な損失を与えるようなことがあれば、何艘かの三本マストの全装帆船で海岸の清朝の艦隊を粉砕できる。

図5-81　マカートニー

○あなたは乾隆帝とマカートニーのどちらに道理があると思いますか？

　西洋で天地がひっくり返るほどの変化が起きていたころ、古い歴史を持つ中国は依然として自分の軌道に乗って発展を続けていた。新航路の発見により、世界中の関係が密接なものとなり、西洋人は富を求めて中国に目を向け始めていた。19世紀以降、中国という古き文明国はいまだかつてない巨大な挑戦に直面することとなる。

自分でやってみよう

1. 明清時代の経済や政治の発展の特徴をまとめ、同時期のヨーロッパと比較し、少なくともひとつの共通点と相違点を見つけましょう。
2. それ以前の時代と比較して、清代の民族政策にはどのような特徴的な点があり、どのような積極的な影響があったか、話してみましょう。
3. これまで学んだ中国と外国の歴史知識から、なぜ中国が巨大な挑戦に直面することになったのか、考えてみましょう。

総合研究五　鄭和の西洋下りとコロンブスの航海の比較

歴史学者の議論

　鄭和の西洋下り600周年を記念して、国内外で一連の催し物が開催された。たとえば、2004年には香港の"鳳凰号"が、鄭和が当時出発した江蘇省太倉州から"鄭和の西洋下り"の航路をたどる航海を始めた。2005年7月初旬には、中国とマレーシアが共同で世界規模の記念式典をクアラ・ルンプールで開催した。7月11日は鄭和の西洋下り600周年記念日であり、中国では正式に「航海日」に制定した。

　鄭和の西洋下りは、一貫して世界各国の歴史学者の関心を集めてきた。歴史学者たちはかつて、コロンブスの航海と鄭和の西洋下りを比較した。多くの学者は、鄭和の西洋下りは海外貿易発展のためではなく、国威発揚のためであったとし、一方、コロンブスの航海の原動力は商業利益の獲得のため、新興資産階級の新しい活動空間を与えることにあったとする。このほか、両者には航海の規模、技術、影響など各方面で違いがある。

　歴史学者の考証によれば、鄭和の西洋下りの船隊は宝船、馬船、糧船、座船、戦船など、百隻あまりから組織されていた。その中でも宝船がもっとも大きく、積載量1,500トンで、400人から500人を収容することができた。船隊に加わり出航した人数は最高で27,800人あまりに達し、その中には使節、随員、航海技術員、軍人、通訳、医者が含まれていた。船上には航海図・羅針盤などが配備されていた。鄭和は遠洋航海にあたり、中国の絹製品、磁器、茶葉、柄物の織布、鉄器などの貨物を携え、各国で売却した。そして、東南アジア各国の香料、染料、薬や皇室で利用される真珠、瑪瑙、宝石、象牙などの奢侈品を持ち帰った。以上の研究から、多くの学者はコロンブスの航海の規模は鄭和の西洋下りに比べるべくもないと考えている。

図5-82　鄭和の宝船とコロンブスの旗艦の模型の対比

自分の手でやってみよう

1. 鄭和とコロンブスの航海規模に関する資料をあつめ、整理したうえで、まとめて、船の数、大きさ、携帯した貨物、随行した人数などを下に表に書き込みましょう。

	鄭和の西洋下り	コロンブスの航海
船の数		
船の大きさ		
携帯した貨物		
随行した人数		

2. 鄭和の西洋下りの航路図と、〔ヨーロッパ人が〕発見した新航路図を参照して、鄭和とコロンブスの航路の対比表を作りましょう。少なくとも以下の点についてはっきりと比較すること。

◇鄭和の西洋下りの主要な経過点
_____
最も遠い到達点_____
◇コロンブスの航海の主要な経過点
_____
最も遠い到達点_____

じっくり考えてみよう

以下の資料を読んで、どのような観点の違いがあるか、説明してみましょう。

◇「兵を異域に輝かせ、中国の富強を示す」――明史　鄭和伝
（武力を外国に見せつけ、中国の富強を示した）
◇「三保、西洋に下り、銭銀を費やすこと数十万、軍民死するは且つ万を数う。よしんば奇宝を得て帰るといえども、国家に何の益するや？」――『殊域周咨録』巻八（三保〔鄭和〕の西洋下りには数十万に及ぶ莫大な金銭が必要となり、万単位で兵士や民が死ぬこととなった。たとえすばらしい財宝を持ち帰ったとしても、国家の役に立つようなことがあっただろうか）。
◇「ポルトガル人はアフリカの海岸、インド、極東で探していたのは黄金に他ならない。黄金という言葉はスペイン人に大西洋を渡りアメリカに赴かせる呪文となった。黄金は白人が新しく発見したばかりの海岸で探す最初のものであった」。
――エンゲルス『封建制度の瓦解と国民国家の誕生について』

◇「アメリカの発見、アフリカ迂回航路は新興の資産階級に新たな活動場所を与えた。東インドと中国の市場、アメリカの植民地化、対植民地貿易、交換手段と一般的な商品の増加は、商業や航海業、工業をして空前の発展を経験せしめた。これに

220　第五単元　工業文明の到来

より、まさに崩壊しつつあった封建社会内部の革命の要素が速やかに発展したのである」。──『共産党宣言』

みんなで話し合ってみよう

　関連する資料を読み、整理して考えることを通じて、自分たちが興味を感じる問題について討論してみましょう。
　〇鄭和の西洋下りとコロンブスの航海にはそれぞれどのような目的から行われたものでしょうか？
　〇コロンブスの世界全体への影響と比べて、鄭和の西洋下りにはどのような影響があったでしょうか？
　〇あなたは鄭和の西洋下りは禁止すべきであったと思いますか？　それはなぜですか？
　〇あなたは"鄭和はなぜアメリカ大陸を発見できなかったか"という問題をどう思いますか？

　以上の問題について考えたことをもとに、鄭和の西洋下りとコロンブスの航海という二つの歴史事象に対して自分で評価してみましょう。

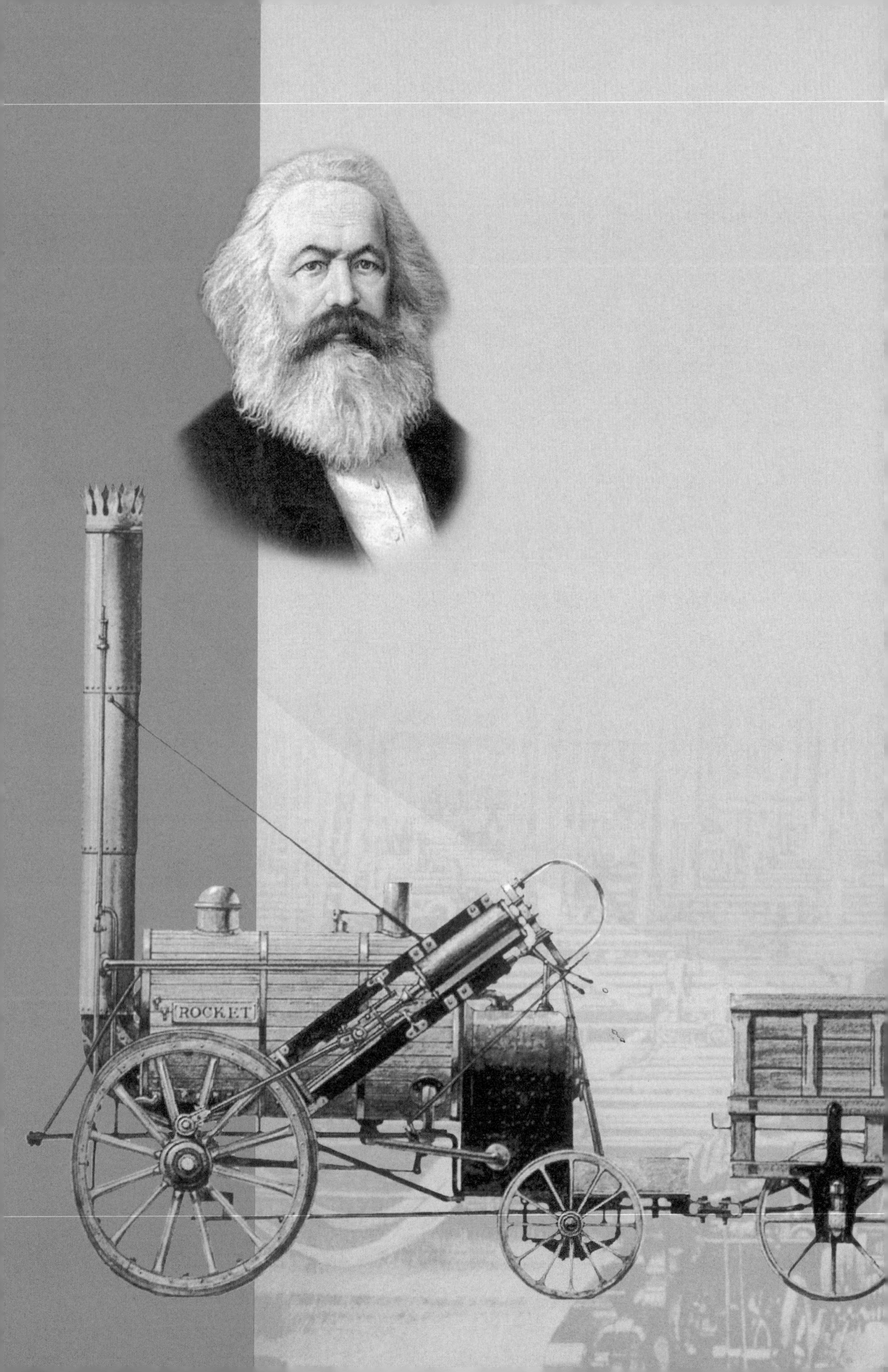
ROCKET

第六単元
全世界を覆った工業文明の波

　18、19世紀には工業革命の発生とその急速な発展が経済と文化の繁栄をうながしたので、社会の様相は根本的に変化し、われわれの現代生活の基礎が築かれた。しかし同時に、工業文明は新たな矛盾と問題をもたらした。

　欧米では労働者階級が大いに拡大したことによってマルクス主義が誕生し、労働者階級と圧迫を受けるあらゆる民族が解放を求める時の旗印、指針となった。

　工業文明が西欧から全地球へと拡散し、ついに一体化された世界が形成された。しかしこの間に、アジア、アフリカ、ラテンアメリカ諸国は相次いで西方の資本主義国家の植民地や半植民地に成り下がってしまった。中華民族もまた西方列強からこぞってひどい扱いを受けた。そして工業文明の大きな流れの中に巻き込まれてゆく中で、祖国の滅亡を救い生存を図ると共に民族を奮い立たせるという二つの大切な任務に直面したのである。

第一課　世界を変えた工業革命*1)

　18世紀の半ば、機械生産が手工業労働に取って代わる工業革命がイギリスで始まり、その後徐々に欧米諸国に拡散していった。工業革命の過程では、科学技術がますます大きな役割を果たすようになり、機械工場が工場制手工業に取って代わった。工業革命は伝統的な生産方式を徹底的に変化させ、人類社会に蒸気の時代、電気の時代がつぎつぎと到来した。

＊1）日本ではふつう産業革命という。

工業革命の始まり

　1760年代以降、イギリスの綿紡績業に一連の重要な発明が現れ、機械生産が徐々に手工業労働に取って代わるようになり、それが後に他の産業にも拡大していった。この変化の過程を工業革命〔産業革命〕と呼ぶ。新しい動力機器——蒸気機関の発明と応用は人類を蒸気の時代へといざなった。

　工業革命が最初にイギリスで始まった理由としては、少なくとも以下のような要因があったと考えられている。
◇新航路が開かれた後、世界市場が開拓され、特に紡績品を中心とした商品生産の需要が拡大した。
◇イギリスでは比較的早くから資産階級革命が進められており、生産発展を束縛する障害が取り除かれていた。
◇イギリスは比較的早くから海外植民地での略奪を通してさらに生産を発展するための資本を蓄えていた。
○これまで習った内容と結びつけて、これらの要因について自分なりに説明しましょう。

図6－1　ワットと蒸気機関

ワットは先人の成果を汲みながら世界で最初の本当に実用価値のある蒸気機関を製造し、1785年には正式に工場での使用が始まった。

第六単元　全世界を覆った工業文明の波

ワットが発明した蒸気機関は炭と薪を燃料としていたので、効率が高く、季節や場所の制約を受けなかった。工業生産の動力機器として徐々に紡績、製鉄、石炭の採掘などの領域に拡大していった。

図6－2　手動紡績機

図6－3　ジェニー紡績機

図6－4　水力紡績機

一旦乾燥した天気になって河が枯渇すると、工場は休業せざるを得なかった。

人の力には限りがある。

ジェニー紡績機は旧式の手動紡績機に比べると糸を紡ぐ能力は8倍になったが、それでもやはり人の力が必要だった。

石炭さえあれば工場を開くことができ、しかも効率が良かった。

図6－5　蒸気機関を用いた紡績機

　すでに紀元前120年の古代エジプトでは、蒸気を動力として用いる研究がされていたという。ある統計によれば、その後1800年あまりの間に蒸気を動力として用いる発明をした人の数は20人を下らなかったとされるが、誰も十全な蒸気機関を作り出すことはなく、広く生産の場で用いられることもなかった。そこで「もしワットが100年早く生まれていたら、彼も彼の発明も同時に死んでいたに違いない」と言う人もいる。
○あなたはこのような言い方はもっともだと思いますか？

　蒸気機関がもたらした生産方式の変革は、交通や運輸の分野で特に顕著に現れた。1814年、イギリス人のスチーブンソンが蒸気機関車を発明した。絶えず改良を加え、1825年9月に試運転に成功した。その日、「ロコモーション号」と名づけられた機関車には三十数輌の小型車輌が連結され、車輌には600人以上の乗客が乗り、たくさんの貨物が積み込まれた。ある物好きな馬車の御者が、4頭立ての馬車を走らせて蒸気機関車と競争したが、遙か後ろに置き去りにされてしまった。その後、大規模な鉄道建設が始められ、工業革命の発展はさらに押し進められた。

図6－6　蒸気機関車

　人類の歴史から見てみると、摩擦によって火を起こすというのは機械運動を熱に転じさせることであったが、蒸気機関の発明とその利用というのは、再び熱を機械運動に転

第一課　世界を変えた工業革命　225

じさせることであった。これは人類が自然の力を知り、利用する上での大きな進歩であった。

　1831年、イギリスで『機器の功績』という本が出版された。この中で工業革命前後の状況が以下のように対比されている。「200年前、靴下をはいている人は1,000人中1人もいなかった。100年前、靴下をはいている人は500人中1人もいなかった。現在、靴下をはいていない人は1,000人中1人もいない。」
○どうしてこのような大きな変化が起こったのか考えてみましょう。

　19世紀初めに工業革命はイギリスからアメリカ、フランスなどに広がった。1840年代にはイギリスは真っ先に工業革命を完成させ、当時世界で唯一の工業国となった。

「科学の世紀」

　工業革命の間に西ヨーロッパ各国は科学技術の重要性に気づき、科学研究を大いに奨励した。例えばフランス皇帝ナポレオンはしばしばパリ科学院の科学者を宴会に招き、彼らと語り合い、科学研究の進展への理解に努めていた。フランス政府は毎年一定の経費を捻出して科学団体の活動を支援していた。

　この時期、大学はすでに科学研究が行われる重要な場となっていた。ドイツ政府はベルリン科学院をベルリン大学に合併させたので、科学院の人員も大学教授となり、さらに大学は彼らに最良の実験器具を備えた広い実験室を用意した。

図6－7　16世紀にヨーロッパの科学者が使っていた小さな屋根裏部屋

図6－8　19世紀のヨーロッパの科学者の実験室

　科学の人材を育てるため、多くの古くからあった大学では自然科学の分野の課程が増設され、また、ドイツのベルリン工科大学やアメリカのマサチューセッツ工科大学のような、理工科の人材を育成するための専門の大学もつぎつぎに現れた。

226　｜　第六単元　全世界を覆った工業文明の波

15世紀のパリ大学の課程

神学　医学　法科　文科

19世紀にパリ大学に新設された課程

化学　物理　電機　機械

○上の図から、時期によってパリ大学の課程にどのような変化が起こったか説明しましょう。
○工業革命以降の西ヨーロッパ各国での工業化の進展と結びつけて、なぜそのような変化が起こったのかを説明しましょう。

読書カード

『種の起源』
1859年、イギリスの科学者ダーウィンによる『種の起源』が出版された。ダーウィンはすべての生物はみな下等なものから高等なものに、単純なものから複雑なものへと発展してきたと考えた。この、環境に適応できる生物だけが生存し、適応できないものは淘汰される、という理論が生物進化論である。

図6-9　ダーウィン

　大学を中心として専門的に科学研究を行う科学者の集団が形成された。彼らは安定した研究経費と給料の支給があり、刊行物の発行や学会の組織、学術交流などを行っていた。学会は科学研究組織や科学の普及にも重要な役割を果たした。
　このような時代背景のもと、科学研究は一連のめざましい成果を収めた。19世紀中期には科学者たちはガス、ガソリン、重油などの燃焼によって発生した熱を機械の動力に変える理論を確立し、ディーゼルエンジンの発明によってその基礎を固めた。そのため、19世紀は「科学の世紀」と呼ばれている。

工業革命の新段階

　19世紀後半、科学理論に導かれて技術の発明が相次ぎ、工業革命は新たな段階に入った。この時期の最も目立つ特徴は電力が生産や生活の中に広く応用されていったことである。
　発電機の登場によって電力は徐々に蒸気に取って代わる重要な動力になった。電力で機械を動かすために、ベルギー人のグラムが1870年に電動機を発明した。蒸気機関と比べ、電動機は効率が高く、汚染も少なく、応用範囲も広い上に使いやすかったので、徐々に工業生産にも広く取り入れられるようになった。

第一課　世界を変えた工業革命

1831年、イギリスの科学者ファラデーは10年近い労苦の結果、ついに電磁誘導の実験を完成させた。当時は彼の研究を理解しない人びとが多く、ある婦人は彼をあざ笑って「あなたの発明は何の役に立つのでしょう？」と尋ねた。するとファラデーは「奥様、生まれたばかりの赤ん坊は何の役に立ちますかな？」と答えたという。ファラデーの研究成果に基づき、1866年、ドイツの技師シーメンスがついに実用可能な発電機を発明した。

○科学理論と技術の発明にはどのような関係があると思いますか？

図6－10　ファラデーは電磁誘導の原理を発見した

　1879年、アメリカの科学者エジソンが電灯を発明し、1880年代にはパリに電気鉄道が現れた。以来、電気は日常生活の中で日に日に重要なものになっていった。

図6－11　エジソンが発明した電灯

図6－12　19世紀パリの電気鉄道

図6－13　最も早期の映写機

　十分な電力の供給を確保するため、1882年、エジソンは小型発電所を設立し、付近の200～300個の電灯に電気を供給した。その後さらに大型の発電所が各地に現れ、遠距離の電力輸送網も作られるようになった。電力は広く工場や家庭でさまざまに用いられるようになり、人類は電気の時代へと邁進していったのである。

　エジソンは1931年にこの世を去った。葬儀が行われる日、アメリカの人びとは彼を記念して1分間電灯を消した。この時、アメリカ全土はまるで石油灯とガス灯時代に戻ったかのようであった。そのため人びとはエジソンの発明の大切さをより強く感じるようになった。

図6－14　実験室のエジソン

○われわれの今日の生活の中で、もし電気がなかったらどのようなありさまになるか、考えてみましょう。

228　第六単元　全世界を覆った工業文明の波

電力工業の出現と同時に、化学工業、石油工業及び自動車工業などの新たな工業部門が次々と誕生し、工業分野の中で主導的な地位を占めるようになっていった。この時期、後から工業化を進めていたアメリカとドイツがイギリスを追い越して先に電化を実現し、工業発展の勢いはイギリスを追い抜いてしまった。

図6－15　電話の実験をするベル

図6－16　エンジンを搭載した初期の自動車

図6－17　ライト兄弟が製作した飛行機

工場の人びと

　1771年、イギリスに最初の綿紡績工場が誕生した。当時の工場は規模も小さく、通常は数百人の労働者しかいなかった。ワットが蒸気機関を発明し、蒸気を動力とする工場ができはじめると、その規模は徐々に拡大してゆき、労働者の総数が1万人を越えるような綿紡績工場も現れた。1840年前後には、イギリスでは機械生産を主とする工場が工場制手工業にほぼ取って代わることとなった。

図6－18　蒸気機関を用いた初期の工場

図6－19　林立する工場

　工場には厳格な労働規律があった。工場で働く労働者の工場への出勤や帰宅、食事などはすべて規則に定められた時間通りに行われ、作業場ではそれぞれの労働者が決まった役職に就き、時間通りに仕事を終わらせなければならなかった。
　工場制手工業時代は、農繁期になると労働者は工場を離れて家に戻り、農作業に従事したが、工場の労働者は都市の労働者地区に住んで一年中工場で働かねばならず、完全に農業との関係が断ち切られたのである。

第一課　世界を変えた工業革命

◇図6-20は工場制手工業時代のスコットランド高原で布を織る女性たちの絵である。女工たちは作業をしながら歌を歌っている。

図6-20　布を織る女性たち

◇以下は日本のある生糸工場が女工に対して定めた労働規律である。
……
　　第2条：女工は午前4時に起床し、20分後に担当の仕事を始める。
　　第3条：午前6時に朝食、10分後に終了する。
　　第4条：正午に昼食、休憩とを合わせて30分とる。
　　第5条：午後6時に煮繭を停止、6時半にその日の労働が終了する。
　　第6条：女工が工場内でむだ話をしたり歌を歌ったりすることは禁止する。

○スコットランドと日本の女工の労働環境にはどのような違いがあるか、比較してみましょう。

　工業革命のさらなる発展にともない、工場の生産能力は急速に高まっていった。多くの新たな生産方法も生み出され、工場の管理制度は徐々に完成されていった。
　19世紀後半にはマスケット銃を製造していたあるアメリカ人が、部品の標準化による大量生産方法を試行した。これはまずマスケット銃の一つ一つの部品のモデルを作り、労働者にこのモデル通りに標準化された部品を生産させ、最後に最低限の手作業でこれらの部品を組み立てて銃を製造する、というものであった。この標準化された部品による生産方式は大いに成功し、短時間のうちに大量のマスケット銃を製造できるようになった。
　20世紀初めにはアメリカ人ヘンリー・フォードが初めてライン生産の手法を採り入れて自動車を大量に生産し、ついに有名な自動車王となった。

読書カード

ライン生産
　フォードの工場では専門化された分業が非常に細かく設定され、たった一つの生産単位の工程が、多いものでは7,782種類にも分けられていた。労働者の労働効率を高めるために、フォードは何度も試験を繰り返しながら、一本の組み立てライン上に必要な労働者の数や、それぞれの工程の間の距離を決めていった。このようにしたことで、一つの車台の組み立て時間は12時間28分から1時間33分にまで短縮された。自動車の生産量は年々増加していった。

図6-21　フォードの自動車生産ライン

映画『モダン・タイムズ』の中で、有名な喜劇映画の王様チャップリンはライン上で働く労働者に扮した。この映画には、両手で長時間同じ動作を繰り返していたため、食事をするときにも習慣的にナイフとフォークをスパナのように絶えずふり回してしまう、という場面がある。映画は誇張した手法で生産ラインが人の心にもたらす影響を表現している。この生産方法に対してはさまざまな意見がある。

図6-22 『モダン・タイムズ』の1シーン

> ラインは必要です。このようなライン生産方式を採用することで初めて大量に製品を生産することができ、人びとの生活水準を高めることができるからです。

> ライン生産はひどいと思います。このような単一の生産方式は労働者の心身の健康を害するからです。

○どの意見に賛成しますか？　どうしてそのように考えましたか？　あなたが考える理由を説明してください。

自分でやってみよう

1. 教科書の記述から関連する内容を探し出し、下の表をうめましょう。

	工業革命の初期段階	工業革命の新段階
主要な技術発明の成果と発明者		
工業発展の先進国		
主要工業部門		

2. クラスの仲間と話し合い、工場生産と工場制手工業生産ではどのような違いがあるか、比較しなさい。少なくとも3つその違いを挙げてください。

第一課　世界を変えた工業革命

第二課　ついに形成された一つの世界

　今日、私たちはよく「地球村」という言葉を耳にする。歴史的に見れば、人びとが「地球が小さくなった」と感じるようになったのは、工業革命が完成したあとの、19世紀末から20世紀初めにかけてのことである。この時期、ヨーロッパで始まった工業文明がさまざまな方法で世界各地に広がり、アジア、アフリカ、ラテンアメリカの各国は大きな圧力と挑戦に直面することとなった。そして世界はついに一つとなったのである。

地球が小さくなった

　工業革命以後、世界各地のつながりは日増しに強くなった。機械生産が生み出した巨大な生産力は一国の範囲を超え、世界全体を市場とした。鉄道、遠洋大型船、電話、電報などの新型の交通手段と通信手段が現れ、世界が結びつきを強めてゆくのに必要な条件を整えた。

> **読書カード**
>
> 新型の通信手段と交通手段の発展
> 　1914年までには、地球上の陸地という陸地に巨大な電報と電話回線網が敷かれただけでなく、各大洋の海底に全長51万6,000キロメートルあまりのケーブルが敷かれていた。また、総トン数5,000万トンの船3万隻あまりが貨物だけを積んで世界各地を行き来していた。1869年のスエズ運河の開通は西ヨーロッパからインドへの航程を5,000〜8,000キロメートルも短縮し、1914年に完成したパナマ運河はニューヨークからサンフランシスコまでの航程を1万2,000キロメートルも短縮した。各大陸を横断する鉄道もつぎつぎと完成した。

図6-23　大西洋を航行する汽船

　19世紀末には、ヨーロッパとアフリカ、アメリカの結びつきはさらに強まり、アジアとの往来も日に日に頻繁になっていった。ヨーロッパで生産された工業製品が大量にアジアに流れ込み、ヨーロッパ人はアジアにますます多くの工場を建てていった。国際貿易は以前よりもさらに大きく発展した。世界全体がほぼ統一された市場となり、各国の商品はこの巨大な市場で流通するようになった。

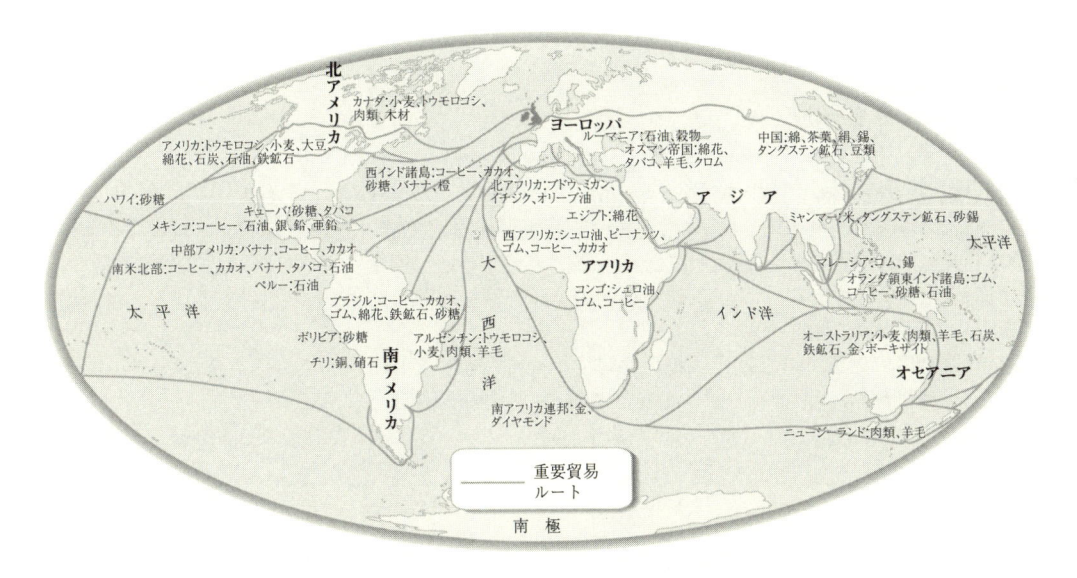

図6−24　19世紀イギリスとその他の国家の貿易関係

　鉄道はヨーロッパだけに広がったのではなく、アジアやアメリカにも現れた。海港都市が各国で発展し、やがて各国を結びつけるかなめとなり、賑わいを見せ始めた。

図6−25　賑わいを見せる19世紀のロンドンの埠頭

図6−26　19世紀末の上海外灘(ワイタン)

　汽車、汽船などの新しい交通手段が現れると、人びとはさらに便利に世界各地を往来できるようになった。19世紀末のたった30年の間で、海外に移民したヨーロッパ人の数は2,100万人にのぼった。その半数はアメリカに渡った。
　各国の文化交流もさらに広がった。工業文明の先進的な思想、科学技術や生活方式は世界各地に伝播し、深い影響を与えた。

第二課　ついに形成された一つの世界　｜　233

> **読書カード**
>
> **中国における西洋の書物の翻訳**
> 19世紀中頃から徐々に西洋の著作が中国語に翻訳されるようになっていった。
> 1895年、厳復がイギリス人ハクスリーの『天演論』(日本語訳題『進化と倫理』)を翻訳し、進化論を紹介して国内思想界を揺るがせた。後に彼はつぎつぎと『原富』(アダム・スミス『国富論』)、『法意』(モンテスキュー『法の精神』)などの7冊を翻訳しており、これらは『天演論』と併せて「厳訳八大名著」と呼ばれている。
> 林紓は他の人と協力しながら大量の西洋の小説を翻訳している。有名な『茶花女』(デュマ・フィス『椿姫』)、『伊索寓言』(『イソップ物語』)、『魯浜孫漂流記』(デフォー『ロビンソン・クルーソー』)、『堂・吉訶徳』(セルバンテス『ドン・キホーテ』)などの最初の中国語訳はすべて彼の手によるものである。

　この時期、いくつかの世界規模での活動も現れた。例えば、われわれがよく知っているオリンピック大会も世界的な体育の催しとして始まり、今日まで続いている。

図6-27　近代オリンピック大会の開幕式

　古代のオリンピックはギリシアの町の間でだけ行われており、規模は小さかった。現代のオリンピック大会の父クーベルタンの提唱により、第1回の近代オリンピック大会が1896年4月6日にアテネで開幕され、13の国家から311名の選手が参加した。
○なぜオリンピック大会が近代に発展し、世界的な催しとなることができたと思いますか。

　世界の結びつきがますます密接になるにつれ、地球は明らかにますます小さくなっていった。各民族は相互に依存し、どんな場所で起こった重大事件もみな、瞬時に地球全体に伝わり、世界各地に影響を及ぼすようになった。20世紀初め、世界はついに一つとなった。

文明と野蛮の交錯

　工業革命の進行に伴い、先陣を切って発展してきた西洋の資本主義国家は海外市場と原料生産地を独占するため、植民と侵略の歩みを加速した。19世紀末には世界中がほぼ欧米の主要な資本主義国家に分割され、これらの国家が世界の大部分の土地と人口をコントロールし、酷使するようになった。そのため、これらの国家は帝国主義国家と呼ばれる。こうして世界は、発展し続ける工業文明と、野蛮な植民統治と略奪とが交錯する様相を呈し始めた。

1914年の西洋国家の植民地状況

国家	面積（平方キロメートル） 本土	面積（平方キロメートル） 植民地	本土／植民地
イギリス	313,268	31,193,458	1：100
フランス	536,327	10,645,959	1： 20
ドイツ	540,870	3,188,262	1： 6
ベルギー	29,456	2,356,900	1： 80
ポルトガル	91,945	2,083,500	1： 23
オランダ	33,051	1,975,815	1： 60
イタリア	286,514	1,531,338	1： 5
合計	1,831,431	52,975,232	1： 29

あるイギリスのインド総督がまさにインドを離れようという時にこう言ったことがある。自分は在任中に「3つの巨大な社会改良政策を導入した——鉄道、郵政の統一、そして電報である」と。これは工業文明がインドに伝播したことを反映している。

読書カード

インドにおける工業文明
1851年、インド国内に最初の電報が登場した。1853年、インドで最初の旅客を乗せた鉄道が開通した。1854年、ガンジス河の運河が完工した。1865年、イギリスとインドの間の電報通信が開通した。

図6-28 電信ケーブルを敷くインドの労働者

しかしこの時期のインドは、最もひどい植民地化と侵略を受けたアジア国家の一つでもあった。イギリスのインドに対する植民統治は17世紀に始まり、19世紀中期にはイギリスはすでにインドの約3分の2の土地を占拠していた。

イギリスの工業製品はインドに持ち込まれ、安い価格で売られたので、すぐにインド市場を占領してしまった。インドの伝統的な手工業はまたたく間に衰退して破綻し、手工業者が大量に失業した。植民者はさらにほしいままにインドの各種の原料や富を略奪し、1757年から1815年の間に、イギリスはインドから約10億ポンドの富を搾取した。インドの社会と経済は極めて重大な打撃を受け、破壊された。

図6-29 インドでぜいたくに暮らすイギリス植民者

第二課　ついに形成された一つの世界

挑戦と応答

　西洋工業文明の植民、略奪に直面し、アジア、アフリカ、ラテンアメリカ諸国はかつてない衝撃を受け、重大な民族の危機が現れた。

　すでに植民地となっていたいくつかの国家は、不撓不屈の反抗闘争を通して独立を勝ち取った。例えば18世紀末、ハイチで黒人奴隷が蜂起した。長い血みどろの奮戦を経て、ハイチはフランスの植民統治を脱し、ラテンアメリカで最初の独立国家となった。

　また、もし遅れた、劣勢の局面を変え、民族の危機を救いたいのなら、工業文明の波に順応して改革を進め、自らを富強の国へとしていかねばならないことに思い至る国家もあった。その中では、日本の明治政府の改革が最も成功した。

読書カード

倒幕運動

　19世紀中期の日本は徳川幕府の統治下にある、封建農業国家だった。1853年、アメリカの軍艦が日本にやってきて「開国」を強要した。その後アメリカを始めとする国々は日本と不平等条約を結んだ。民族の危機に直面し、日本国内では幕府の統治体制を倒そうとする運動が起こり、1868年、改革派の新政権が建てられ、年号を明治とした。

　明治政府は改革を進めることを決心し、特別に使節を欧米に派遣した。査察と研究の後、明治政府は一連の改革を行った。例えば政府は積極的に西洋に学ぶことを提唱し、国外の先進的な技術や設備を導入し、工業の企業を興し、西洋にならって学校教育体系を作りあげた。また、風俗や習慣、生活方式の面でも政府や国民に西洋に学ぶよう求め、「改暦」「易服」「断髪」などを行った。これが有名な「明治維新」である。

図6−30　使節が出発する様子

○左の図を見て、どれが新しいもので、どれが古いものか探してみましょう。またこのことは何を表していますか。

　明治維新後、日本は徐々に立ち遅れた様相を改めてゆき、経済は発達し、軍事力も強大となり、アジアで最初に工業化した国家となった。

図6−31　明治年間の日本の街頭

第六単元　全世界を覆った工業文明の波

自分でやってみよう

1. これまで学んだ知識に基づいて、以下の言葉を関連するもの同士を線で結びなさい。

    厳復　　　　　　　　　　『茶花女』(『椿姫』) 中国語訳
    林紓　　　　　　　　　　本土の百倍に相当する植民地を持つ
    イギリス　　　　　　　　ガンジス川の運河
    日本　　　　　　　　　　『法意』(『法の精神』) 中国語訳
    インド　　　　　　　　　明治維新

2. 19世紀中期、あるイギリスの経済学者がこう言った。「オーストラリア州にはわれわれの牧羊地があり、アルゼンチンと北アメリカ西部の草原にはわれわれの牛の群がおり、ペルーは白銀をよこし、南アフリカとオーストラリアの金はロンドンにやってくる。インド人と中国人はわれわれのために茶を栽培し、しかもわれわれのコーヒーと砂糖と香料の農園は西インド群島一帯に広がっている。……」

    この言葉はどのような問題を説明していると思いますか？　当時のどのような状況を反映しているのですか？

3. 20世紀初め、世界はついに一つとなったが、それはどのようなところに現れていますか？　少なくとも3つ挙げてください。

4. 19世紀、工業文明の波に直面し、それぞれの国家は違う反応を示しました。教科書の内容と関連させると、以下のアジア、アフリカ、ラテンアメリカの国家の中で、チャンスをつかんで強く栄えるようになったのは（　　）です。

    A. インド　　B. ハイチ　　C. 日本

第二課　ついに形成された一つの世界 | 237

第三課　工業文明の大波に合流する中国

　1840年の中英アヘン戦争以降、輝かしい農耕文明の歴史を持つ中国は、苦難に満ちた探求と発展の時代へと入った。この時期、中華民族は一方で勇敢に外国の侵略に反抗しながら、他方で「中国はどこへ行くのか」について繰り返し思索し、近代化への道を選び取る辛く苦しい模索の中で、徐々に工業文明の大波に合流していった。

屈辱の歳月

　中国市場を開拓し、高額の利潤を得るために、18世紀後半以降、イギリス商人は中国に対して大量にアヘンの販売を始めた。1830年代には、イギリスが中国に持ち込む商品のうちの半分以上をアヘンが占めていた。

読書カード

アヘンの危害

　アヘンは俗に「大煙」と呼ばれるもので、けしの汁から錬成して作られる。非常に強い麻酔性を持ち、吸い込んだり口にしたりすることで簡単に人を中毒にさせ、枯れ木のようにやせ細って死に至らせる。アヘンの吸飲は中国人の身体に大きな損害をもたらしただけでなく、中国の白銀を大量に流出させることにもなった。清朝の大臣林則徐は皇帝への上奏の中で、アヘンが天下に毒を流しており、「数十年後には中原はほとんど敵を防ぐことのできる兵がなくなり、食を満たすことのできる銀もなくなるであろう」と指摘している。

図6-32　アヘン窟でアヘンを吸う人

図6-33　虎門におけるアヘン廃棄

　アヘンの危害が極めて大きいため、清政府はアヘンの禁止を決定した。1839年、欽差大臣林則徐は広州の虎門海岸で外国商人が中国に持ち込んだ200万斤〔1斤は約0.5kg〕以上のアヘンを廃棄した。虎門でのアヘン廃棄はイギリスのアヘン商人の利益に打撃を与えた。イギリスはこれを口実に、1840年、中国に対してアヘン戦争を発動した。

238　第六単元　全世界を覆った工業文明の波

イギリスは虎門でのアヘン廃棄を口実に中国に対して開戦したので、われわれはこれを「アヘン戦争」と呼んでいるが、イギリスはこれを「通商戦争」と称してきた。しかし、当時もし華人がイギリスにアヘンを密売すれば、法律によって絞首刑に処されたであろう。

○イギリスがこの戦争を発動した本当のねらいは何であったと思いますか？

1842年、中国は敗北し、南京(なんきん)でイギリスと中国近代史上最初の不平等条約である中英「南京条約」を締結した。この条約により、中国は香港島をイギリスに割譲し、銀2,100万元を賠償し、広州、厦門(あもい)、福州(ふくしゅう)、寧波(にんぽう)、上海(しゃんはい)を開港して通商港とし、イギリスが輸出商品を持ち込む際に収めるべき関税の税率はイギリスと協議することとなった。

図6-34　中国とイギリスは「南京条約」を締結した

「南京条約」の締結後、アメリカやフランスなどもつぎつぎとやってきて中国と不平等条約を結ぶことを強要した。こうして中国は独立自主の地位を失い、一歩一歩半植民地半封建社会に陥ってゆくこととなった。

図6-35　「南京条約」の一部

第三課　工業文明の大波に合流する中国　｜　239

租界はアヘン戦争後に列強が中国に建てた「国中の国」である。そこには会審公廨〔合同裁判所〕が設置されていた。
○図の中で事件を審理している人と審理を受けている人はそれぞれどんな人ですか？
○合同裁判所の出現はどのような問題を明らかにしていますか？

図6-36　合同裁判所

　明治維新以後日本は強大になり、中国を侵略する隊列に加わった。1894年、日本は侵略戦争を発動し、中国をうち破った。この年は中国の旧暦では甲午年であったので、歴史上この戦争は甲午戦争〔日本では「日清戦争」〕とよばれている。
　1895年、日中双方は日本の馬関〔下関〕で条約を締結した。条約は、中国が遼東半島、台湾及びその付属島嶼、澎湖列島を日本に割譲し、通商港を増やし、日本が中国に工場を設けることを許可し、日本に白銀2億両を賠償する、などの内容であった。その後遼東半島の「買い戻し」のために支払われた3,000万両を加えると、中国が賠償した白銀はその年の日本の国庫収入の4倍強に相当した。
　「馬関条約」〔すなわち「下関条約」〕の締結は中国の民族が受けている災難をより一層重くした。続く数年間のうちに、列強はつぎつぎと中国で租借地を強制的に占領し、勢力範囲を線引きしていった。こうして中国分割の嵐が吹き荒れた。

図6-37　中国における帝国主義国家の勢力範囲

○どんな国家が中国に勢力範囲を持っていたか探してみよう。それらの勢力範囲はそれぞれどこにありましたか？

240　｜　第六単元　全世界を覆った工業文明の波

読書カード

八ヵ国連合軍と「辛丑条約」

甲午戦争の後、民族危機が深まるにつれて中国人民による帝国主義侵略への反抗闘争は途切れることなく高揚していった。1900年、中国人民の反抗闘争〔義和団〕を鎮圧するため、イギリス、アメリカ、ロシア、日本、ドイツ、フランス、イタリア、オーストリアの八ヵ国による連合軍が北京を攻撃、占領した。

1901年、清政府が強制的に結ばされた不平等条約の中には、以下のような規定があった。清政府は白銀4.5億両を賠償する。人民が列強に反対する活動に参加することを厳禁することを保証する。大沽砲台を撤去する。列強が北京から山海関にいたる鉄道沿線の要地に派兵駐留することを認める。北京に公使館区域を画定する。各国派兵してこれを保護することを認める。中国人がそこに居住することを許さない。この年は中国の旧暦で辛丑年であったので、この条約は「辛丑条約」と呼ばれている。

「辛丑条約」の締結は中国に重くのしかかる負担を与えただけでなく、国家主権を深く傷つけ、損なわせた。これ以後、清政府は帝国主義の中国支配の道具となってしまった。

悲壮な抗争

列強の侵入に直面し、中国の軍隊と民衆は意気盛んに英雄的な抵抗を見せた。

アヘン戦争では、60歳を超えた老将関天培が自ら戦陣に立ち、虎門砲台で指揮をとった。重傷を負ってからも、彼は自ら大砲に点火して敵に射撃し、ついに400名以上の将兵とともに壮烈に殉国した。

図6-38 関天培

甲午戦争では、中日の海軍が黄海で激戦を行い、中国北洋艦隊の将兵が勇敢に奮闘した。致遠号はすでに弾薬も尽きていたが、それでも全速力で敵艦に向かって突っ込んでいった。しかし不幸なことに敵艦の魚雷が命中し、管帯（艦長）鄧世昌と艦上の将兵200人以上が壮烈な犠牲の死を遂げた。

図6-39 激戦中の致遠号

第三課 工業文明の大波に合流する中国

図6-40　新竹で日本侵略軍を痛撃する台湾の軍隊と民衆

「馬関条約」締結の知らせが伝わると、台湾人民はどらを鳴らしてストライキし、抗議デモを行って「戦死して台湾を失おうとも、手をあげて台湾を割譲することはしない」と誓った。徐驤率いる義勇軍は英雄的に日本軍と戦った。彼は臨終の時に大声で「大丈夫は国のために身を捧げ、死んでも悔いはしないものだ」と叫んだ。

外国列強の侵入は、中国の社会的危機を日に日に深め、人民の清政府に対する反抗闘争は絶えることなく続いた。その中でも最も規模の大きかったのが洪秀全率いる太平天国農民運動であった。農民運動は清政府の統治に重い打撃を与え、外国の侵入者にも重い打撃を与えた。アメリカ人ウォードは清軍と協力するために「洋槍隊」〔洋式銃部隊〕を組織したが、太平天国の農民軍に大敗し、彼自身も戦死した。

まさに中国人民がつぎつぎと不撓不屈の英雄的な抗争をしたがゆえに、列強はついに中国を滅亡させることはできなかったのである。

読書カード

太平天国農民運動
1851年、洪秀全は広西桂平県金田村で群衆を率いて蜂起し、太平天国を号した。蜂起軍は戦闘を14年間堅持し、中国の大半を席巻したが、ついに内外の反動勢力の連合による鎮圧のもとに敗北した。

図6-41　かつての金田の蜂起指令部

「夷の長技を師として以て夷を制する」

アヘン戦争以前は、中国の統治者はずっと自分たちが世界の中心であると考え、外部の世界に対する理解が欠如していた。中国とイギリスが開戦して2年を経ても、道光帝はまだイギリスがどれだけの大きさでどこにあるかも知らなかった。

清朝開国後、西方との通商は200年近くに及んでいたが、為政者はその間始終地球が球形であることも、世界にはいくつの大陸がありいくつの大洋があるかということも知らなかった。彼らは祖先が定めた「騎射を重んじる」決まりに固執し、長い間鉄砲や大砲を軽視していた。清軍が入関してから200年経た後も、半数の将兵はまだ弓矢や刀、矛を使っていた。

○アヘン戦争でイギリス軍はわずかに50隻の戦艦、3,000名の船員と4,000名の陸軍を用い、たった500人の戦死者を代価として清王朝の数十万の大軍を破りました。これはなぜなのか、考えてみましょう。

アヘン戦争は一部の比較的開明的な知識人に外部の世界へと注意を向けさせ、西洋各国の状況を理解させることとなった。

林則徐は広州でアヘン禁制と抗英闘争を指揮している間に、外国語の書物や新聞を翻訳し、また外国船や大砲を購入するなど、西洋を研究し学習する先駆者となった。彼は近代中国で「世界に目を開いた最初の人物」と賞賛されている。

魏源はアヘン戦争の時期に浙江防衛に協力したことがあり、イギリス軍の「堅固な船と鋭利な大砲」を目の当たりにし、西洋に学ぼうと考えるようになった。魏源はその編著『海国図志』の中で、「夷の長技を師として以て夷を制する」ことを提唱し、西洋の長所に学んで西洋の侵略に抵抗することを主張した。

図6-42　林則徐

○林則徐や魏源の西洋に対する態度はそれまでの人とどのような違いがあるか比較してみましょう。どうしてこのような違いがあるのでしょうか？

19世紀の60年代から90年代にかけて、清朝の中央と地方の一部の官員は「自強」「求富」をスローガンとし、西洋に学ぶ洋務運動を起こした。これらの人びとは洋務派と呼ばれており、その主な代表的人物は奕訢、李鴻章らである。洋務派は最初、中国は軍事力が西洋に追いつかないだけなので、西洋の軍事技術を学びさえすれば中国は強大になれると考えた。そこで洋務派は積極的に新式の軍事工業を興し、新式の軍隊を訓練した。1870年代中期から80年代にかけて、洋務派は南洋、北洋と福建の3つの海軍を創設した。

新式軍事工業を建て創業するなかで、洋務派は西洋の軍事力が強大なのは堅固な経済実力を基礎としているからであり、中国が強大な国家へと変貌したいのならば、まず富める国へと変貌しなければならないことに思い至った。そこで彼らはつぎつぎと汽船、鉄道、採鉱、紡績などの新式の民間企業を興していった。

1872年、輪船招商局が上海に設立された。これは洋務派が初めて創設した民間企業で、中国近代の最初の新式運輸企業でもあった。

図6-43　輪船招商局とその汽船

第三課　工業文明の大波に合流する中国

この時期、洋務派は新式の学校も創設し、留学生を派遣して洋務の人材を育成した。1862年に北京に設立された同文館は中国で最初の新式学校である。通訳の人材を育成するため、ここではまず英文、仏文などの言語科目が開設され、その後天文、数学、化学、物理などの科目が増設されて総合学校となっていった。

図6-44　かつての同文館

　最初、同文館は13、4歳の満州族の子どもをごく少数受け入れただけであった。その後奕訢が科挙出身者を入学させて勉強させることを建議し、さらに西洋の天文、数学の課程を増設した。この建議は一部の大臣の猛反対にあったが、その理由は、中国古来の文化はすでに完全なものであり、さらに西洋の天文や数学を学ぶ必要などまったくない、科挙出身者は孔子孟子の書物だけを学ぶべきで、もし天文や数学などというものを学んだら、人びとの心がけを悪くし、国家が危機にさらされる、というものであった。
○同文館とそれまでの学校ではどのような違いがあると思いますか？
○科挙出身者が同文館に入ることを望まなかったのはなぜでしょうか？

　1861年、洋務派は上奏して各国の事務をとりまとめる役所を設立することを願い出た。この役所は「総理衙門」と略称される。これは中国近代における最初の正式な外交機構である。

図6-45　かつての総理衙門

　洋務運動は中国の社会に多くの変化をもたらしたが、中国が甲午戦争で惨敗したことは人びとにこの運動に対する大きな失望を抱かせた。そしてこの間に、新しい救国運動が醸成されつつあった。

維新から革命へ

　1895年、「馬関条約」締結の知らせが北京に伝わると、北京で科挙試験に参加していた挙人たちは大いに憤慨した。彼らは康有為の指導のもと、光緒帝に上奏文を提出し、和議の拒絶、遷都、変法を要求した。古代、読書人が北京に入って科挙に参加する時には政府が車を用意して送り迎えをしたので、「公車」は挙人の代名詞となっていたことから、この時の上書は「公車上書」と呼ばれた。

244　第六単元　全世界を覆った工業文明の波

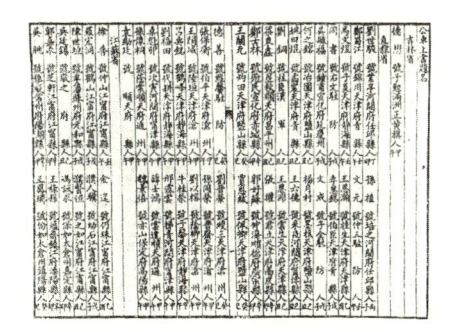

図6-46　康有為　　　　図6-47　「公車上書」題名（部分）

「公車上書」は維新変法運動の幕開けとなった。1898年、光緒帝は維新派の建議と主張を受け入れ、詔書を発布して変法を始めた。この年は中国旧暦の戊戌年であったので、この変法は「戊戌変法（ぼじゅつへんぽう）」と呼ばれる。

変法の主要な措置

政治	経済	軍事	文化教育
重層化した機構を簡潔化し、冗員（じょういん）を淘汰する。維新人士を任用する。民衆が朝廷に上書することを許可する、など。	農工商総局、鉄道、鉱産総局を設立し、民間人が鉱工業企業を興すことを奨励する、など。	新式の海陸軍を訓練し、旧軍隊を撤去する、など。	科学制度を改革し、八股文を廃止し、京師大学堂を開設する、など。

維新運動の指導者康有為は、日本が強大になれたのは君主立憲を実行したからであり、中国が悲惨な命運を逃れるためには、軍事、経済、教育の面で西洋に学ぶだけでなく、日本のように政治上でも西洋に学び、君主立憲制を実行するべきであると考えた。

○洋務派と比べて、康有為ら維新派の観点にはどのような明らかな違いがありますか？

京師大学堂は戊戌変法期の措置によって1902年に設立された新式学府である。後にその仕学館を前身として北京大学が設立され、その師範館を前身として北京師範大学が設立された。

図6-48　京師大学堂の校牌

第三課　工業文明の大波に合流する中国　245

しかし、実権を握っていた慈禧太后〔西太后〕は変法に反対した。慈禧太后は光緒帝を監禁し、維新派を逮捕、処刑し、変法は失敗した。

戊戌変法の失敗後、ますます多くの人が清朝の統治者に失望を抱いた。彼らは中国を救うには革命を起こして清朝の統治を倒し、西洋国家に倣って民主共和制度をうち立てねばならないと考えた。

読書カード

図6-49 『革命軍』表紙

『革命軍』
「革命」という言葉はわが国の歴史上、あまりよく使われてきた言葉ではなく、往時の人びとの反抗闘争はみな「造反」と呼ばれていた。本当に革命の風を起こし、近代中国を震撼させたのは、資産階級革命家の宣伝にその功を帰すべきである。鄒容はその中でも傑出した代表者である。彼はその名著『革命軍』の中で以下のように述べている。「わが中国が独立しようと欲するならば、革命しないわけにはいかない。わが中国が世界の列強と並び立とうと欲するならば、革命しないわけにはいかない。わが中国が二十世紀の新世界にながく存在しようと欲するならば、革命しないわけにはいかない」。

図6-50 孫中山

図6-51 武昌蜂起の際の城門出入証

1905年、中国民主革命の先駆者孫中山〔孫文〕は各地の革命家を連合して、中国同盟会を設立し、「韃虜を駆除し、中華を回復し、民国を創立し、地権を平均する」という革命綱領を提唱した。後に彼はこの綱領を民族、民権、民生の三民主義学説としてまとめ、革命の指導思想とした。同盟会は中国で最初の全国規模の資産階級革命政党であり、その成立は全国の革命の情勢を大いに進展させた。

1911年10月10日、革命党員は武昌で蜂起し、各地もつぎつぎと呼応して革命政府が成立した。清朝の統治は急速に瓦解した。この年は旧暦の辛亥年であったため、この革命は辛亥革命と呼ばれる。1912年元旦、中国最初の共和政政府である中華民国臨時政府が南京で成立を宣告し、孫中山が臨時大総統に就任した。

辛亥革命は数千年にわたって中国を統治してきた君主専制制度を倒し、民主共和の思想を人びとの心に植え付けた。しかし革命の力は十分ではなかったため、革命派は清朝の内閣総理大臣の袁世凱に妥協を迫られた。1912年4月、孫中山は臨時大総統の職を袁世凱に譲った。この時から中国の歴史は北洋政府統治期に入った。この時期、中国各地に多くの軍閥が現れ、軍閥の混戦状態が何年にもわたって続いたので、人民の生活は非常に苦しかった。

第六単元　全世界を覆った工業文明の波

読書カード

北洋政府

1895年、袁世凱は清政府で新式の陸軍の編成を開始していた。後に彼をリーダーとする軍事集団が形成された。袁世凱は長期にわたって北洋大臣を務めたので、この軍事集団は通常、北洋軍閥と呼ばれる。北洋軍閥が執政していた時期の政府を北洋政府と呼ぶ。

図6-52 北洋軍閥統治下の飢えに苦しむ民衆の惨状

清朝時代、男性はみな辮髪にしていたので、辮髪は清朝統治を象徴するものとなっていた。辛亥革命後、一晩のうちに辮髪を切り落としてしまう地方もあった。ある老人は70年以上伸ばしていた辮髪を切り落とした。

辛亥革命後、人びとはつぎつぎと清朝統治の象徴である辮髪を切り取りました。これは人びとの思想が開放されたということで、革命は成功したということです。

図6-53 「皇帝が倒れたら、お下げも切れた」

辮髪を切るというのは表面的なことに過ぎません。辛亥革命後も、中国の半植民地半封建という社会の性質は変わっておらず、政治的にはばらばらに分裂していて、軍閥同士が混戦状態だったので、革命は成功していません。

○上記の二つの考え方について、それぞれにどんなもっともな点があると思いますか？

第三課　工業文明の大波に合流する中国 | 247

自分でやってみよう

1. 年表を作り、以下の歴史事件を年表の中に書き入れましょう。
   虎門でのアヘン廃棄、アヘン戦争、中英「南京条約」、金田蜂起、洋務運動、甲午戦争、「馬関条約」、公車上書、戊戌変法、「辛丑条約」、辛亥革命、中華民国成立

2. 学習してきたことを生かして、以下のような比較をしましょう。
   維新派と革命派それぞれの政治目標は何でしたか？ 彼らはどのような方法で自分たちの目標を実現しましたか？

3. これまで学んだ内容に基づいて、以下の重要な歴史人物と事件を一つ一つ対応させ、彼らが近代中国の社会発展の過程に及ぼした影響を考えましょう。

孫中山	虎門でのアヘン廃棄
康有為	維新派
李鴻章	洋務派
林則徐	辛亥革命
洪秀全	太平天国
鄧世昌	甲午戦争

4. 工業文明の大波に合流したことで、中国は屈辱と苦難の道のりを経験しました。
   ○中国の西洋列強への反抗闘争が何度も失敗したのはなぜか、少なくとも二つの原因を挙げてください。
   ○中国が西洋に学ぼうとして何度も挫折したのはなぜか、二つ以上原因を挙げてください。

第四課　工業時代の社会の変遷

　工業革命以後、人類は工業文明時代に入った。政治、経済、文化などの各方面で社会には真新しい様相が現れた。これらはわれわれの今日の生活の基礎を定めたが、同時に人類を新たな問題と困難に直面させることとなった。理想的な社会を追求する中で、この時期の最も重要な思想的成果として、マルクス主義が誕生した。

工業化と都市化

　工業革命以前は、イギリスの主要生産部門は農業であった。大多数の人びとは大小の村々で生活し、農耕を生業としていた。工業革命が始まると、工業と農業が国民の収入に占める比率に変化が生じ、工業が徐々に農業を超え、主要な地位を占めるようになり、農業が占める比重は下降線をたどった。工業の発展は農業に脱穀機、草刈り機、刈り取り機などの多くの機械設備や各種の化学肥料を提供した。農業にも巨大な変革が起こった。

読書カード

三大産業

　農業社会では、農業と手工業が主要な生産部門であった。工業革命以後、農業は人びとに食料と生産原料を提供するので、一般的に「第一次産業」と呼ばれるようになった。機械工業が大規模に発展してそれまでの工業制手工業に取って代わり、大量の良質で安価な物品を生産するようになると、それは、「第二次産業」と呼ばれるようになった。この二つの産業の基礎の上に発展してきたその他の産業の範囲は拡大し続けているが、そのような商業、交通運輸業、銀行業、サービス業などを総称して「第三次産業」と呼ぶ。

　工場の規模が大きくなればなるほど、労働者もますます多くなっていった。多くの農民が農耕をやめ、工場で労働者となった。このようにしてもともとは農民が人口の大多数を占めていたイギリスでは、労働者の数が農民の数を超えるようになっていった。

図6-54　早期工業化過程にあるイギリスの郊外の小さな町

図6-55　1840年のロンドン

イギリスのマンチェスターはもともとただの小さな町であったが、工業革命の時期、紡績業の発展が非常に速かったため、たくさんの紡績工場が建てられただけでなく、ガス工場や印刷工場などの工場も建てられ、経済が急速に成長し、徐々に大型都市へと発展していった。

イギリスでのこのような変化は、その他の多くの国家でもつぎつぎと起こった。これがわれわれが通常「工業化」と呼ぶものである。

アメリカのニューヨークはハドソン川が大西洋に注ぐ河口に位置し、運河の開通と鉄道の敷設によって交通の便が非常に良くなり、またたく間にアメリカ最大の都市になった。

近代都市人口の変遷（単位：万人）

場所＼時間	1800年	1850年	1880年	1900年
ニューヨーク	6.4	69.6	191.2	343.7
ロンドン	95.9	268.1	476.7	658.1
東京	80	／	105	160
シドニー	0.8	2	22.5	48.2

○なぜ都市の人口がますます増えてゆくのか、考えてみましょう。

工業革命は農業の機械化を推進し、農村での労働力の需要を大いに低下させた。そのため、大量の農民が都市の工場に流れ込んだ。工業の発展にともない、都市の人口が全国の人口に占める割合は上昇し続け、都市の生活様式がもともとの農村の生活方式に取って代わり、都市が工業文明の中心、象徴となった。このような変化は都市化と呼ばれる。

工業化と都市化は文明をもたらしたのと同時に、多くの問題をも生みだした。都市の発展には最初は企画がなかったので、交通渋滞や重大な汚染などの「都市病」が現れた。

読書カード

「都市病」

初期の都市化過程にはさまざまな問題があった。都市の大気汚染は深刻で、衛生条件も劣悪であり、ゴミ、糞便、汚水の処理は間に合わず、住宅がひしめき合っていた。疫病が蔓延し、都市の人口の死亡率は農村よりも高かった。交通状況も劣悪であった。この他、上昇し続ける犯罪率も都市の大きな問題の一つであった。このような都市の弊害は「都市病」と呼ばれた。

図6-56　混み合った都市

250　第六単元　全世界を覆った工業文明の波

◇工業化と都市化の発展に対し、良いという人もあれば、良くないという人もいます。それぞれを列挙してみましょう。
◇工業化と都市化にはどのような良いところがありますか？
◇工業化と都市化にはどのような悪いところがありますか？

○その後で、どのように工業化と都市化に向き合うべきか話し合いましょう。

現代の文明生活のみなもと

　工業化は社会、経済を変えると同時に、人類の生活にも広く深い影響を与えた。19世紀末には、先に工業社会に入った国家では、人びとの生活のさまざまな面がすでに農業社会とは根本的に異なっており、現代生活の基礎が定められていた。

　農業社会と比べると、人びとの物質的な生活水準は明らかに高くなった。

　西欧各国やアメリカでは19世紀以降、牧畜業の発展と冷蔵技術の出現によって肉食の習慣を身につける人がますます多くなった。1882年、ニューヨークのある雑誌は「安価な牛肉の時代」がやって来ると予言した。以前は上層社会にだけ享受されてきた多くの食品、チョコレートやジャム、茶などが徐々に大衆の食品となっていった。新鮮な果物の栽培と消費が欧米各地に普及した。人びとの飲食の習慣に対する認識にも変化が現れ、飲食システムの合理化が追求され始めた。

図6－57　19世紀末のアメリカ、ニューヨークの街頭

図6－58　鉄筋コンクリート建築

　物質的な生活水準の上昇は医学の進歩をも促し、医療水準は上がり続けた。以前は命を脅かす病であったコレラやチフスは抑制され、人びとの平均寿命は長くなった。

　科学技術の絶え間ない進歩により、生活に密接に関わるたくさんの製品が発明され、生活の質が向上した。1851年、ロンドンの水晶宮での博覧会では初めて洗濯機が展示された。

図6－59　ロンドン博覧会の展示場の一つ

図6－60　1910年国際女性代表大会

　工業化の過程で、多くの女性が家庭から社会に出て、労働者の列に加わった。アメリカでは、わずか1890年から1910年の間だけで、労働女性の数は400万から750万近くまで増加した。欧米の国々の女性は平等な権利を勝ち取るための闘争を巻き起こし、アメリカの女性たちは1909年3月8日に集会とデモを行った。翌年、国際女性代表大会は、3月8日を国際婦人デーとすることを決定した。女性の社会的地位は徐々に高まっていった。

　農業社会では正規教育を受けられる機会を持つ人は非常に少なかった。工業化の発展に伴い、質の高い労働者の需要がますます高まっていった。19世紀後半には欧米ではつぎつぎと教育政策が整えられてゆき、大いに教育が発展した。イギリス、フランスなどでは小学校の義務教育制度が実施され、全体的な文化水準が向上した。

○私たちの身の回りの生活を観察し、関係する資料を集めて、どのような生活内容が19世紀の工業化の過程で生じてきたか、列挙しましょう。
◇生活用品では＿＿＿＿＿＿＿＿＿＿＿＿＿＿＿＿＿＿＿＿＿＿＿＿＿＿＿＿＿＿
◇生活方式では＿＿＿＿＿＿＿＿＿＿＿＿＿＿＿＿＿＿＿＿＿＿＿＿＿＿＿＿＿＿
◇娯楽では＿＿＿＿＿＿＿＿＿＿＿＿＿＿＿＿＿＿＿＿＿＿＿＿＿＿＿＿＿＿＿＿
◇生活習慣では＿＿＿＿＿＿＿＿＿＿＿＿＿＿＿＿＿＿＿＿＿＿＿＿＿＿＿＿＿＿

　都市化と人びとの文化水準の向上は、新聞や雑誌などの大衆メディアの発展を可能にした。イギリスの『デイリー・メール』は大衆向けに娯楽性を重視して作られ、19世紀後半には発行量は百万部を超えた。

　農業社会では、服飾は階層を示す重要な目じるしであった。工業革命のさなかにあった欧米国家では、豪華ではあるが実用的でない上流社会の服装は徐々に廃れ、簡素で実用的な服装が流行した。余暇の娯楽活動も徐々に階級の壁をうち破るようになり、多くのスポーツにさまざまな階層の人びとが参加できるようになった。

図6-61　16世紀の貴族の服装と19世紀の市民の服装

図6-62　新聞を読む人が増えていった

図6-63　社交ダンスの流行

○以上のような生活の変化は、多くの人びとの生活が根本的に改善され、政治的地位が極めて高くなったことを示すものなのか、考えてみましょう。もしそうでないとしたら、そのわけを説明してください。

マルクス主義の誕生

　イギリスの作家ディケンズは工業革命時期のイギリスを描写して、次のように述べた。「それは最も悪い時代であり、最も良い時代でもあった。絶望の春であり、希望に満ちた春でもあった。目の前には何もなく、全てがあった」*2)。これは実は工業革命は諸刃の剣であって、人類に巨大な富をもたらすとともに、社会にかつてない両極化を生じさせた、ということを示しているのである。

　工業革命以後、新興の資産階級と労働者階級は徐々に西洋社会の二大階級となっていった。資本家は工場、鉱山、土地などの一切の生産資料の所有者であり、労働者は資本家に雇用され、最低限の賃金報酬しか得ることができなかった。19世紀の西洋工業化の初期には、資本家はより多くの利潤を得るためにできる限り労働者の労働時間を延ばし、毎日18時間に及ぶところもあった。彼らは大量の女性や子どもを雇用した。イギリスの工場では、かつては70％が女工と子どもであった。

＊2）ディケンズ『二都物語』の冒頭からの部分的な引用である。

第四課　工業時代の社会の変遷　253

> **読書カード**
>
> 階級間の大きな差違
>
> 　19世紀、ある人は以下のように労働者階級と資産階級の間の違いを形容した。彼らはまるで「二つの民族のようなもので、彼らの間に往来はなく、共感もない。彼らは違う場所に住む人びとのよう、つまり違う星に住んでいるかのようで、互いの習慣、思想、感情を理解しない。彼らは異なる生活環境の中で生まれ育ち、異なる食べ物を食べ、異なる生活方式で生活し、同じ法律の支配を受けていない……」。

図6－64　19世紀ヨーロッパの労働者の生活

図6－65　19世紀ヨーロッパの資産階級の生活

　生存のために、労働者たちは団結して資本家と戦い始めた。初めはこの闘争は賃金引き上げなどの経済面に限られていたが、後には徐々に政治上の権利を争うようになっていった。1830年代から40年代にかけて、ヨーロッパでは何度も大規模な労働運動が爆発した。

図6－66　フランスのリオンで起こった労働者蜂起

図6－67　イギリスの労働者が起こした普通選挙権を求めるチャーティスト運動

　資本主義の暗黒と醜悪さに対し、フランスのサン＝シモン、フーリエやイギリスのオーウェンら、一部の進歩的な思想家は鋭い批判を浴びせたが、彼らは理想社会の実現を個別の統治者や開明的な富豪の支持に任せた。そのため彼らの学説は「空想的社会主義」と呼ばれる。

254 ｜ 第六単元　全世界を覆った工業文明の波

フーリエは理想社会の建設のための方策を提唱したが、金がなかったので実現できなかった。彼は富豪のリストを集め、その中から4,000人を選び、その中の誰かが金銭を貸してくれるのではないかと期待していた。そのため彼は、毎日決まった時間に家にいて金持ちが社会改造の大計画について相談しにやって来るのを待つ、という声明を家の入り口に貼り出していたが、10年待っても、金持ちは1人もやってこなかったという。

○フーリエの考えた方法はどうして失敗してしまったのだと思いますか？

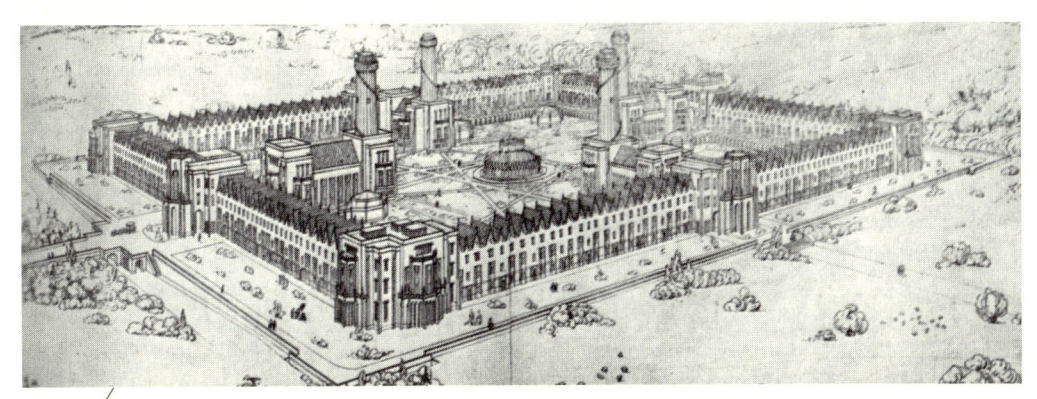

図6-68 「ニューハーモニー村」の構想図

　1824年、オーウェンはアメリカのインディアナ州に広い土地を買い、自分の構想に基づいて理想社会「ニューハーモニー村」を建設した。ここには最も多いときには2,000人の構成員がおり、全員が労働しなければならなかった。しかし何年もしないうちにオーウェンの実験は失敗に終わり、彼自身もこのために破産した。

　労働者階級の解放には、科学理論の指導が必要であった。ドイツのマルクスとエンゲルスは空想社会主義を含む人類の優秀な文化の成果を研究、吸収し、当時の労働者の状況を考察し、自ら労働者階級の闘争に参加して、科学的社会主義を創り出した。

　1848年、マルクスとエンゲルスが起草した『共産党宣言』が発表された。『共産党宣言』は労働者階級に資産階級の統治を倒し、社会主義と共産主義の社会を建設することを呼びかけた。『共産党宣言』は科学的社会主義の綱領的な文書で、これが世に問われたことによってマルクス主義が誕生したのである。

図6-69 労働者の中に入ってゆくエンゲルス

第四課　工業時代の社会の変遷

これ以降、労働者階級の革命闘争は科学理論に指導されることになった。工業革命の拡大にともない、マルクス主義は徐々に世界各地に広まっていった。搾取と抑圧のない、貧困と愚昧のない社会主義のために戦う労働者階級の政党が続々と成立した。社会主義の角笛は工業時代にひときわ高らかに鳴り響いたのであった。

図6-70　マルクス

読書カード

パリ・コミューン

　1871年3月、パリの人民が蜂起し、資産階級政府を倒して労働者政権——パリ・コミューンをうち立てた。パリ・コミューンは一連の革命措置を講じ、労働者自身の軍隊や行政、司法、立法機構を作り、さらに労働者自身に工場を管理させた。しかし、5月、資産階級政府との英雄的な戦闘の後にパリ・コミューンは破れた。パリ・コミューンは無産階級が自らの政権を築いた最初の偉大な試みであり、その実践はマルクス主義理論を豊かなものとさせた。

自分でやってみよう

1. 工業化が社会生活にもたらした変化の3つの内容を挙げ、それらの内容が現在の生活にどのように現れているか考えてみましょう。
2. フーリエは巧妙で冗談めいた筆致で、早期資本主義社会の他人を損ない利己に走る行為にあふれた情景を描写しています。そこには、「医者にとっては病人が多ければ多いほどよく、病状が重ければ重いほどよく、患う時間が長ければ長いほどよいと考えています。建築士は毎日火事が起こることを望み、火の勢いが大きければ大きいほどよく、通り全体を焼き尽くしてくれれば、あるいは街の半分を焼き尽くしてくれればなおいいと考えています。弁護士はみんなが訴えを起こしてくれればいいと思っており、ガラス商は雹が全てのガラスをぶち割ってくれればいいと思っています」[*3)]とあります。
　フーリエの資本主義への批判にはどのようなもっともな点があると思いますか？
3. 空想的社会主義と比べて、科学的社会主義の特徴は（　　）です。
  A. 資本主義を批判していること
  B. 労働階級の利益を代表し、労働階級の力に頼っていること
  C. 理想社会の予想図を設計したこと
  D. 革命闘争の道を主張すること

＊3）訳注：フーリエ『産業的協同社会的新世界』より（邦訳は『世界の名著；42』中央公論社、1980）。

総合研究六　生活の中に工業文明を感じ取る

交通手段から見る社会の進歩

　工業社会は農業社会から発展してきたものですが、農業社会とは大きく異なっています。農業社会から工業社会に進むというのは、人類の歴史上重要な進歩であり、われわれの生活のさまざまな面に表されています。
　今や、自動車、汽車、飛行機は私たちが普通に用いる交通手段です。けれども、これらの道具が現れる以前の農業社会では人びとはどんな交通手段に頼っていたのか、考えてみたことはありますか？

材料一

図6－71　歩行　　図6－72　船　　図6－73　騎馬　　図6－74　馬車

◇農業社会では、人びとが外出するのは非常に不便であった。『西遊記』にある唐の僧侶が西方に経典を取りに行くという物語は、唐代の玄奘の本当にあった事績を題材としたものである。史料によれば、彼は長安から出発して、仏教の発祥地である天竺まで経典を取りに行ったが、往復で十年以上の歳月をかけている。この路程は今日では飛行機に乗ればたった数時間しかかからない。
◇当時の人びとは多くのすばらしい幻想を抱いていた。『西遊記』の孫悟空は武芸に優れ、筋斗雲を操って瞬時に十万八千里〔1里は約0.5km〕を行くことができた。『水滸伝』の梁山の好漢戴宗は、あだなを「神行太保」といい、一日に八百里を行くことができた。

材料二

◇工業革命の時期、人々の願望は現実となった。まず蒸気機関による汽車、汽船が現れ、その後エンジンや飛行機が現れて人びとの外出はますます便利で速くなった。
◇蒸気機関の発明者ワットは家が貧しく、ほとんど学校に行くことができなかった。彼のおじいさんと叔父さんは機械を作る労働者で、父親は造船所の労働者だったので、彼は小さい頃から機械製造についての知識を少なからず身につけており、機械

製造に対する興味を養っていた。大きくなってから、ワットは大学で実験員となり、専門的に教学のための機器の製作と修理に携わるようになった。彼は自分の考えだした方法で蒸気機関を製造し、何度もテストを経て成功を収めた。
◇エンジンの発明者ニコル・オットーは科学者で、19世紀前半に提起された熱動力を機械動力に変える理論に基づき、実験室で実験を重ね、エンジンを発明した。

材料三
◇「鉄道はインドにおいて正に近代工業の先駆となった」──インドの鉄道発展についてのマルクスの言葉
◇「鉄道が延びたことによって、多くの人びとが内陸の都市や農村地区に移動していった」──歴史学者の意見
◇「このように、人類は時間と空間を征服した。古代、人類は馬車や馬に乗るか、船に乗るのに必要な時間で距離を表していた。しかし現在では人類は一またぎで七里進める靴をはいて地球を闊歩している。」──歴史学者の意見

以上の読み物を参照しながら、これまで学んだ知識と結びつけて以下の問題を考えてみましょう。

○材料一の４枚の図を観察し、当時の人びとが出かけるときには基本的に何に頼っていたか答えなさい。
○材料一の物語は人びとのどんな願望を反映していますか？
○材料二は何が人びとの願望を現実に変えたことを説明していますか？ 蒸気機関とエンジンの発明にはどんな違いがあるか比較してみなさい。これはどんなことを意味していますか？
○材料三とこれまで学んだ知識や自分が経験したことを結びつけて、汽車や自動車、飛行機などの新しい交通手段の出現が人類に及ぼした影響をまとめなさい。
○工業革命の時期と比べて、現在ではどのような新しい交通手段があるか答えなさい。
○以上考えてきた内容を総括し、「交通手段から見る社会の進歩」という題で短い作文をしなさい。

工業文明についてみんなで話し合おう

　実は、われわれの生活にはまだ同じような変化がたくさんあります。これらの変化はすべて考えてみる価値があるものです。そこで、調査をして調査報告を書いてみましょう。

　まず、下のいくつかの分野のどれかを選び、異なる内容ごとにグループを作りなさい。
◇ 物質生活　衣、食、住、交通など。
◇ 社会生産　労働に必要な道具、生産の組織方式など。
◇ 精神生活　余暇活動、娯楽施設など。
その後で、グループごとに調査し報告を書きなさい。
○自分の書きたい内容に沿って、「交通手段から見る社会の進歩」を参考に資料を集めなさい。具体的な方法としては、本を調べる、両親やお年寄りに尋ねる、工場や農村に調査に行く、などがあります。
○集めた資料に基づき、簡潔な調査報告を書きなさい。要点としては、われわれの生活のどこが農業社会と異なるか、なぜそのように異なるのか、科学技術はこのような変化の中でどんな作用を及ぼすのか、あなたはわれわれの生活の中のさまざまな変化と進歩に対してどのような感想を抱くか、などがあります。

　最後に討論会を開き、研究成果を分かちあいましょう。

「○○から見る社会の進歩」

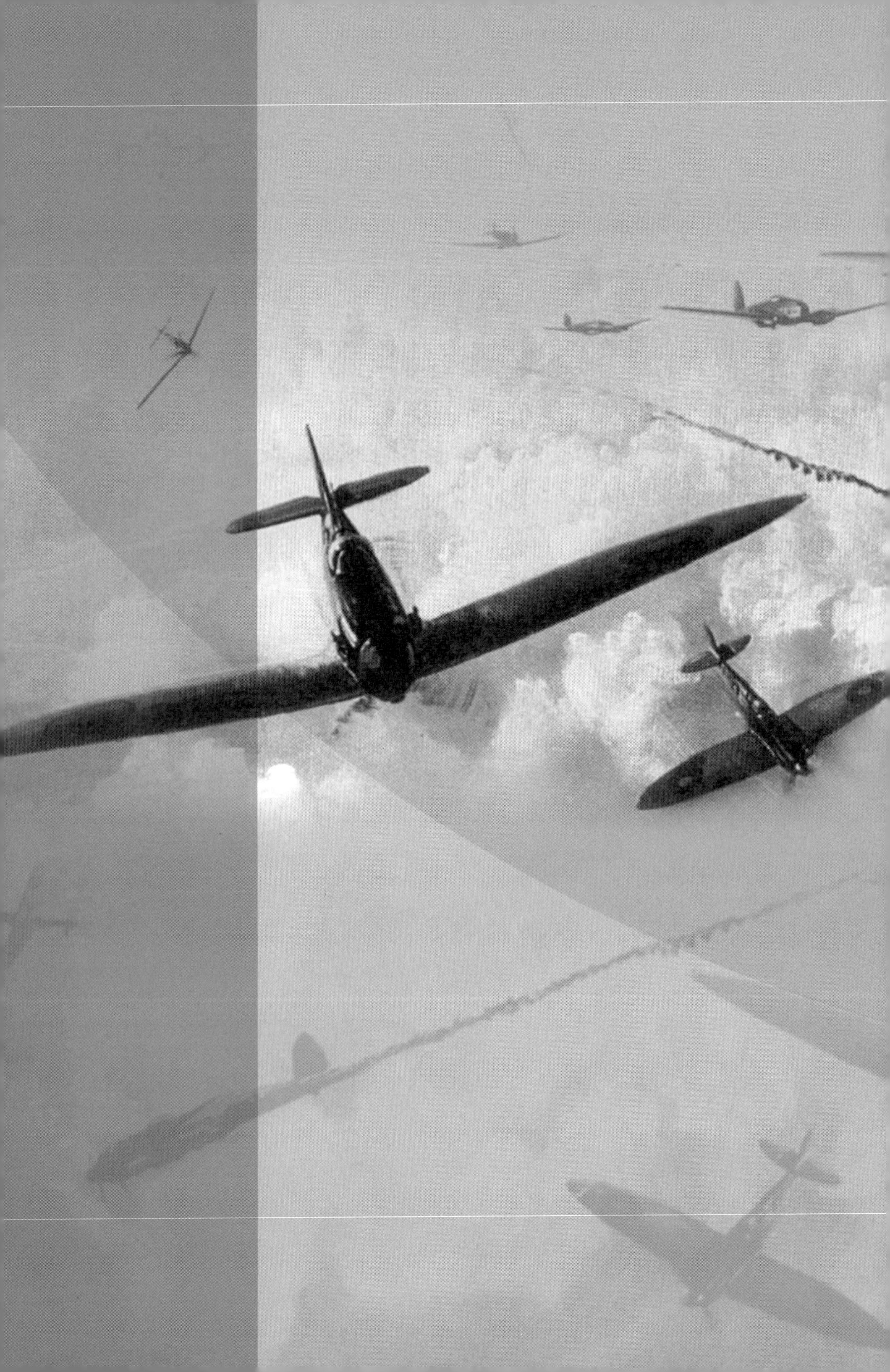

第七単元
現代世界に向かって

　文明の過程には前進もあれば、曲折もある。20世紀前半、厳しい世界経済危機と二度の世界大戦が相次いで発生し、人類の文明の発展は重大な挫折と激動を迎えることになった。そして、地球規模での激動は、人類文明の新しい突破口を生み出すことになる。ロシア十月革命は、世界で初めての社会主義国家をつくり、人類の新しい発展の道を切り開いた。アメリカ・ルーズヴェルトのニューディール政策も古典的な資本主義を改革したものであった。

　新民主主義革命から社会主義への道、これは中国人民数億人の決定的な歴史的選択である。中国共産党の指導のもと、中華民族は苦難に満ちた壮絶な闘争を経て、ついには民族独立と人民の解放を勝ち取り、中華民族の偉大な復興を実現するという長い旅路を踏破したのである。

　ここから、人類社会は現代文明へと歩みはじめるのである。

第一課　地球的規模の激動

　20世紀前半、工業文明は人びとに明るい未来を示したが、激烈な事件も起こし、人類に大きな災難をもたらした。なぜそのような激動が起きたのだろうか。それは人びとにどのような教訓を残したのだろうか。これらの問題は、今日の人びとが深く考えるに値するものである。

空前の規模の戦争とその災禍

　20世紀初め、世界は一つにつながった。同じ「地球村」に住む人びとは本来ならば仲良く暮らすべきであるが、20世紀前半には相次いで2度の世界大戦が勃発し、人類に空前の災禍をもたらした。

　第一次世界大戦は、2つの帝国主義国家のグループが、植民地の再分割のために戦争を引き起こしたものである。一方は、ドイツ、オーストリア・ハンガリー帝国を盟主とし、もう一方は、イギリス、フランス、ロシアを盟主とするグループである。この戦争は1914年から1918年まで4年間続き、参戦した国家は30前後、巻き込まれた人数は15億人、死傷者は約3,000万人に達した。

図7－1　ドイツがイギリスの覇権に向かって挑戦する（漫画）

ドイツ皇帝のスピーチ……「他民族によって地球上の大陸と海洋は分割され、われわれドイツ人が青空を自由に楽しめる時代は過去のものとなった。われわれもまた、自らのために陽の当たる場所へ出ていかなくてはならない」。
○上の言葉とあわせて、第一次世界大戦が起きた主な原因を分析してみましょう。

　1916年、ドイツはフランスのヴェルダンを攻撃した。ここでは、第一次世界大戦のなかで最も悲惨な戦いが発生した。攻撃開始後、広さ4キロほどの戦場で、ドイツ軍は1,400以上の大砲でフランス軍の要塞を攻撃し、9時間で100万発以上の砲弾が消費された。この戦いは約10ヵ月続き、双方の死傷者は100万人近くにものぼった。このため、ヴェルダンの戦場は「ヴェルダンの肉挽き機」と呼ばれた。

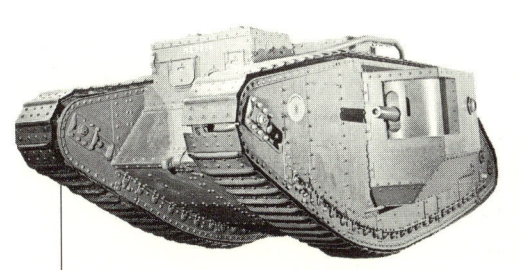

図7-2　はじめて戦争で使われた戦車

図7-3　はじめて戦争で使われた飛行機

イギリスは他国に先駆けて戦車の開発に成功した。それは内燃機関を備え、1905年に発明されたばかりのキャタピラを装備したものであった。

戦争では双方が頻繁に都市と交通の要地を空襲し、後方に住む市民の生命はこれまでにない脅威にさらされた。

19世紀は「科学の世紀」であった。しかし、第一次世界大戦では、大規模な殺傷兵器がはじめて戦場で使用され、これまでにない多くの生命と財産が失われた。

○　人類はどのように科学技術を運用すればよかったのか、考えてみましょう。

わずか20年後、第二次世界大戦が勃発した。戦争を起こしたのは、ドイツ、イタリア、日本のファシズム同盟の諸国であった。戦争は1939年に開始し、1945年に終わった。6年間の長きにわたり、全部で60以上の国家と地域、20億以上の人びとが戦争に巻き込まれ、戦争中に死んだ人の数は6,000万人に達した。

読書カード

ファシズム

ファシズムという言葉が最も早く出現したのは古代ローマである。当時は、刑罰を与える道具であり、権力のシンボルでもあった。現代のファシズムは、第一次世界大戦後に起こったものであり、ファシズムは独裁と暴力の代名詞となった。第二次世界大戦の時期における日本、ムッソリーニ統治下のイタリア、ヒトラー統治下のドイツが3つの典型的なファシズム国家であった。ファシズムは人類文明の敵である。ヒトラーはドイツで焚書を行い、マルクス、ハイネ、シラーの著作など多くの人類文化の財産が火にくべられた。

ユダヤ人に対して行われたジェノサイドは、ドイツ・ファシストが人類文明に対して起こした暴力である。ポーランドのアウシュヴィッツは悪名高い収容所である。捕らえられたユダヤ人はここで、さまざまな苦役に使われた後に毒ガス室で殺された。毒ガス室は一日で最も多いときは1万2千人あまりを殺害した。資料統計によれば、アウシュヴィッツ収容所で死んだユダヤ人は少なくとも150万人にのぼる。

第一課　地球的規模の激動

読書カード

『アンネの日記』

アンネ・フランクは、ドイツに住んでいたユダヤ人の少女である。1942年、父母と共に隠れ家で生活をはじめた。外に出られず、歌も歌えず、大きな声でしゃべることもできなかった。アンネは日記にこう書いている「わたしは行き場をもとめて部屋から部屋へ、階下へ、また階上へと、あてもなくさまよいますが、気分はまるで、つばさを切られて飛べない小鳥が、真っ暗闇のなかでばたばた籠にぶつかってるみたい。『さあ、外へお行き。お笑い。そして新鮮な空気を吸うんだよ』そうわたしの内なる声が叫びます」*1)。後にアンネは捕らえられ、1945年に収容所で死んだ。17歳だった。

＊1）アンネ・フランク著（深町眞理子訳）『アンネの日記 増補新訂版』（文藝春秋、2003年）、p.238。

図7-4　アンネ

　第二次世界大戦は、ファシズム対反ファシズムの戦争であり、正義対悪の戦争であった。ファシズムの侵略に対して、平和を愛する国家と人民は連合して、反ファシズム連合を結成して命がけの戦いを行った。1942年、ドイツ軍はボルガ河畔の戦略的要地スターリングラードに進攻したが、ソ連軍と民衆は路地や建物ごとにドイツ軍と激烈な戦闘を行い、最後には勝利を勝ち取った。スターリングラードの戦いは、反ファシズム戦争全体のなかで、一つの重要な転換点となった。

図7-5　スターリングラードの戦い

図7-6　反ファシズムの三大国首脳チャーチル、ローズヴェルトとスターリン

図7-7　ドイツの降伏文書調印

　1945年、イタリアに続き、ドイツ・日本のファシズムも相次いで降伏、正義は最終的に悪に打ち勝つことになった。人類の平和を永久に守るため、同年10月24日、アメリカ、イギリス、ソ連、中国など各国の努力によって、世界平和と安全を守ることを目的とした国際組織－国際連合がつくられた。

図7-8　国連会場

人びとに脅威を与えた経済危機

　2度の世界大戦の間、経済危機が資本主義社会を席捲していた。

　この経済危機は1929年にアメリカで始まり、銀行や工場がつぎつぎに倒産していき、多くの労働者が路頭に迷うことになった。この状況は全世界にまたたく間に広がり、1933年には資本主義各国の工業生産水準は20年前の水準に後退、工業生産は40％減少した。かつて有名なアメリカの機関車会社が毎年600台売っていたのが、1932年になると、1年間で1台しか売れなかった。この危機は広範囲に広がり、世界のあらゆる資本主義国家でこれを免れた国はなかった。

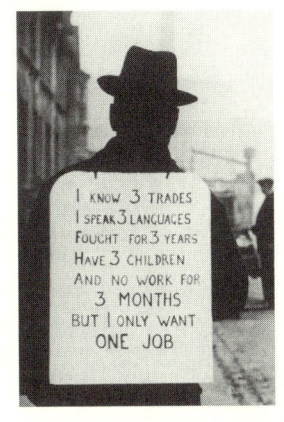

図7－9　仕事を探す失業者　　　　図7－10　取り付け騒ぎを起こした銀行

　経済危機の発生は、この時代の資本主義社会特有の現象であり、その実質は「生産過剰」の危機であった。いわゆる「生産過剰」とは、生産した商品を消費できないのではなく、消費者の購買力が低下して、これらの商品が売れずに余ってしまうことを言う。同時にさまざまなコストの高さから、資本家は値段を下げて売るより、売らずに壊す方を選んだ。例えば、アメリカのある農場主は、多くの家畜を飼っていたが、市場では1頭も売れず、かえって運送費に1ドル1セント必要としたので、ついに彼はやむをえず自らが飼っていた家畜をすべて撃ち殺したという。

娘：「お母さん、こんな寒いのに、なぜ暖炉に火を起こさないの？」
母：「家には石炭がないのよ。お父さんが失業したから、石炭を買うお金がなくなってしまったの」。
娘：「お母さん、お父さんはなぜ失業したの？」
母：「石炭が多すぎたからよ」。

○この話は、経済危機の時代に広く伝わったものです。あなたは、この話をどのように理解しますか。そして、この話で何が問題なのか説明できますか。

第一課　地球的規模の激動

資本主義的生産はこのような難病を起こし、過去にも経済危機は一定の間隔で発生していた。1825年にイギリスでは資本主義の歴史上、はじめて全国的規模の経済危機が発生した。危機の期間、主な資本主義国家は私利私欲を貪る政策を採り、自国の商品さえ売れればよいという観点から、他国の商品が国内に入ることを阻止し、世界規模の経済的混乱を加速させた。

　経済危機への対応から、一部の資本主義国家は異なる道を歩んだ。ドイツ、イタリアと日本では、ファシズムが人びとの不満を利用して政権を奪取し、ファシスト専政体制を構築し、戦争を起こす震源地となった。

　これは経済危機についての風刺漫画である。少数の金持ちが崖の上で、飲み食いを楽しみ、日々の食にすら欠ける多くの貧乏人が生きるか死ぬかという状況を理解できない。しかし、金持ちの足もとは深い崖であり、いつでも彼らが転落する危険はあったのである。

図7-11　経済危機

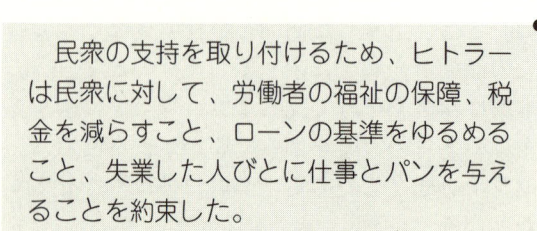

　民衆の支持を取り付けるため、ヒトラーは民衆に対して、労働者の福祉の保障、税金を減らすこと、ローンの基準をゆるめること、失業した人びとに仕事とパンを与えることを約束した。

図7-12　ヒトラー

自分でやってみよう

1. 関係する資料を調べ、図や表を用いて、戦争の動向、参戦した国家、巻き込まれた人の数、経済的損失などの各方面から、2度の世界大戦の相違点を比較してみましょう。
2. 1929～33年の世界資本主義の経済危機時期にあっては、今日から見ると特異な現象が見られた。アメリカのミシシッピー河には廃棄したミルクが流され、この河は「天の川〈ミルキーウェイ〉」になった。ブラジルでは、2,200万袋のコーヒー豆が焼かれるか海に廃棄され、デンマークでは11,700頭もの家畜が廃棄された。当時の歴史的背景と合わせて、少なくとも一つ、このような現象の原因について話してみましょう。

第二課　新たに切り開かれた発展の道

　激烈な事件は問題の所在を指し示し、危機は転機を孕んでいる。20世紀前半、ロシアでは十月革命が勃発し、世界史上初めての社会主義国家が成立し、新しい解放の道が切り開かれた。同時に、伝統的な資本主義モデルも改造を余儀なくされた。

理想を現実に変えた十月革命

　19世紀半ば、ロシア皇帝は改革を実行、工業化を推進して社会経済の発展を進めた。しかし、20世紀初期には、ロシア経済はなお欧米の資本主義列強から大幅な遅れをとっていた。

　第一次世界大戦は、ロシア人民に深刻な被害を与えた。戦争は数百万人もの生命を奪い、国民経済は破産に瀕した。約1,400万人が徴兵され、多くの耕地が荒れ、工場は倒産し、物価は高騰した。前線の多くの兵士は靴すらなく、ひどい例では、1挺の銃を何人かで共有していた。国内では食糧が不足し、首都ペトログラードでは一日並んでもパン一つすら買えないという状況に陥っていた。これらすべては、国内の各種社会矛盾をこれまでにないほど激化させていた。

　堪忍袋の緒が切れた人民は「皇帝打倒」「パンと平和を」などのスローガンをかかげた。1917年3月、ペトログラードではゼネラルストライキと武装蜂起が発生し、ロシアの皇帝専制政治は打倒された。しかしブルジョア階級によって組織された臨時政府は、労働者と農民の希望に応えず、戦争継続を宣言した。人民の革命を求める気持ちは再度高まっていった。

図7－13　貧しいロシア農民

図7－14　第一次世界大戦で、前線に赴くロシア軍の兵士たち

読書カード

レーニンとボリシェヴィキ

　レーニンは青年時代からマルクス主義の影響を受け、社会主義によってロシアを改革しようと決心した。1903年、ロシア社会民主労働党第2回代表大会での中央委員選挙の際、レーニン派が多数を占めた。ロシア語で、ボリシェヴィキとは「多数派」を意味する。ここから、レーニンを指導者とするプロレタリア政党・ボリシェヴィキが誕生した。

続いて、革命はどのように進行したのであろうか？　人びとは、みなレーニンの登場を非常に期待していた。4月16日夜、海外の亡命先からレーニンがペトログラードに帰還すると、報せを聞いた労働者、兵士たちは続々と駅の広場に向かった。列車がプラットホームに入り、車両から出てきたレーニンは群衆にすすめられて広場の装甲車に上り、簡単な演説を行い、演説が終わるときに「社会主義革命万歳！」と叫んだ。レーニンはボリシェヴィキの会議で、報告を行い、ブルジョア民主主義革命から社会主義革命への過渡期での任務を提起した。

図7-15　レーニンの帰国

○レーニンとボリシェヴィキがなぜ人民の支持を得たのか、考えてみましょう。

　革命への形勢は熟し、ボリシェヴィキは武装蜂起を行い、臨時政府を打倒することを決定した。1917年11月6日、レーニンは総司令部に赴いて自ら指揮をとった。7日の午前中に、ペトログラード市内の大部分がボリシェヴィキによって占領されたが、臨時政府の拠点である冬宮はまだ占拠できていなかった。7日夜、巡洋艦「オーロラ号」が攻撃の合図を出して、赤衛隊員と革命派兵士たちが冬宮へ突撃を行った。深夜、冬宮を攻略、臨時政府が打倒されて革命が成功した。

図7-16　蜂起した人びとが冬宮に突撃する

図7-17　巡洋艦「オーロラ号」

　11月はロシア旧暦で10月であり、そのためこの革命は十月社会主義革命と呼ばれている。レーニンとボリシェヴィキの指導のもと、ロシアは労働者と農民を代表するソビエト政府を設立し、第一次世界大戦からの離脱を宣言した。ソビエト政府は「土地に関する布告」を出して、農民に土地を分配し、銀行と大企業を国有化し、労働者が企業生産を監督した。世界で初めての社会主義国家の誕生である。

読書カード

ソ連の成立

　ソビエトとはロシア語で「代表会議」を意味する。それはロシアの労働者たちが、皇帝の専制統治に反対して結成した大衆的な政治組織である。レーニンはこれを「革命政権の萌芽」と述べていた。十月革命が成功した日、声明文「ロシア国民へ」は厳かに宣言した──「国家権力は全てソビエトに帰す」と。このようにして、ソビエトは新型の国家政権となった。1922年、ソビエトロシアと近隣のウクライナ、ベラルーシなどのソビエト共和国が連合し、ソビエト社会主義共和国連邦、略称ソ連が誕生した。

図7-18　レーニンがソビエト政権成立を宣言する

　十月革命の勝利は、ロシア史の発展の方向を変えただけではなく、人類社会全体の発展にも大きな影響をもたらした。

「西アジアの病夫」の台頭

　トルコ人が統治していたオスマン帝国は、かつてはヨーロッパ、アジア、アフリカに跨る封建帝国であり、イスラム教を信奉していた。オスマン帝国の支配層は、自分の文明が最も優れていると考え、工業と貿易を軽視し、西洋の発明にも無関心だった。20世紀初頭、トルコは西洋列強から遅れをとり、他の東アジア諸国と同様、半植民地化され、「西アジアの病夫」と呼ばれていた。

図7-19　戦勝国のトルコ侵略・分割に対するトルコ学生の抗議

　第一次世界大戦でトルコは敗北し、戦勝国による分割の対象となった。民族の危機を救うため、トルコ人民はムスタファ・ケマルの指導のもと、新政府をつくり、「トルコ独立宣言」と称した「国民公約」を発表、侵略軍に対する武装闘争を展開した。1922年、トルコ人民はついに外国軍を駆逐し、新条約を結んで、失われた多くの領土を回復し、国家の独立と自由を勝ち取った。

　ムスタファ・ケマルはトルコを強国にするためには、西洋に向かって学び、徹底的な改革を行わなくてはならないと考えていた。彼は各種の政策を採用し、後進的な習俗を変えて民族の文化水準を上げ、工業の発展を推進した。ムスタファ・ケマルが指導した革命と改革は、トルコを新しい発展の段階に押し上げた。

トルコのもとの文字は複雑で、読める人が非常に少なかった。ムスタファ・ケマルは専門家に頼んで、ラテン文字をもとにした、習得しやすい新しい文字を作りだした。

図7-20　ムスタファ・ケマルが学生に字を教える

　ある記者が、ムスタファ・ケマルに訊ねた――「あなたはすでに祖国の運命を救った。いまは何をしようとしているのですか？」ムスタファ・ケマルは答えた――「戦争は終わった。これで人びとはわれわれが目的に達したかのように思っているが、実際はこれからが始まりなのだ。いま、われわれは本当の仕事を始めたばかりだ！」

○トルコ革命と改革の歴史を踏まえたうえで、ムスタファ・ケマルがなぜ本当の仕事が始まったばかりだと考えていたのか、述べてみましょう。

弊害を改めたルーズヴェルトのニューディール政策

　1929～33年の世界経済危機は、アメリカへの打撃が最も大きかった。フーヴァーは経済危機発生時の大統領であるが、彼は日増しに悪化する経済情勢に対応できず、アメリカ民衆の強烈な不満を引き起こした。

読書カード

図7-21　フーヴァーハウス

　フーヴァーの名前が命名されたもの
　当時、人びとは鉄くずやダンボール、麻布などでできたバラックを「フーヴァーハウス」、帰る家がなく、公園で夜を明かすときに身体に巻く新聞紙を「フーヴァー絨毯」、食べるために捕えたウサギを「フーヴァー豚」と呼んだ。これらの呼び名には、当時の人びとのフーヴァー政権に対する不満が現れている。

　フーヴァー政権は、最もよい経済とは完全に自由な市場経済であり、最もよい政府とは経済に関与しない政府であるとして、生産は企業の行うことであり、国家が関与するべきではないとした。

○非常に厳しい経済危機のなかで、フーヴァー政権の政策は通用したと思いますか？　考えてみましょう。

1932年、アメリカ大統領選挙が行われた。民主党候補のフランクリン・ローズヴェルトは選挙期間中に「アメリカ人民のためにニューディール政策を行う」ことを提起し、「ニューディール政策」は選挙公約になり、民衆の支持を得て、ローズヴェルトは圧倒的優勢でフーヴァーに勝ち、大統領に当選した。

　1933年、ローズヴェルトは大統領に就任し、経済的困難からの速やかな脱却と復興の実現をめざしたローズヴェルト政権は大胆に政府の経済関与を強め、金融、工業、農業と社会福祉などの方面で、一連の積極的な改革を遂行した。

図7-22　ローズヴェルト大統領の演説

　以前は、労働者の賃金は企業が完全に自由に決めていた。資本家はより多くの利益を得る目的で、出来る限り賃金を抑えて労働時間を延ばした。経済危機の時期において、企業は大幅に労働者の賃金を減らした。ある州の工場では、労働者は毎週55時間労働して、賃金はたった60セントにしかならなかった。ローズヴェルト政権は、企業が守るべき最低賃金と労働時間の基準を定め、労働者は週40時間労働、最低賃金を12ドル／週と定め、同時に労働者が労働組合を結成し、雇用者側と団体交渉することを認めた。

○上述の文章から、ニューディール政策の規定した労働政策はどのような作用を果たしたのか、分析してみましょう。

　厳しい失業問題に対して、ローズヴェルト政権は、仕事の機会を提供して救済措置とした。国家自らが多くの公共事業を推進し、大量の失業者を募集した。テネシー川流域の開発計画は、ニューディール政策の模範例である。

図7-23　テネシー川流域開発計画でつくられたダム

　テネシー川はよく氾濫したので、流域の住民は貧しく、アメリカの貧困地帯の一つだった。しかし、治水計画を行うには大きすぎて、短期では利益が出ないために、民間企業ではできなかった。ローズヴェルト政権は直接投資を行い、失業労働者を集めて建設に参加させ、大型の水力発電所と完備された航運システムをつくりあげ、この一帯の工業や農業の発展を促進した。

第二課　新たに切り開かれた発展の道

> **読書カード**
> ローズヴェルトの「炉辺談話」
>   ローズヴェルトは大統領就任以降、次のような命令を出した――「困難なことが発生した場合、ホワイトハウスに電話してください。絶対に切らずに、政府のなかの誰かが相談に乗ります」。ローズヴェルト自身も電話に出たがった。彼は「炉辺談話」という方法を発明し、ラジオで、家のなかでの会話のように、民衆に向かって国家の形勢や政治方針をわかりやすく喋った。後にある人がニューヨークの小学生にアンケートを採ったところ、ローズヴェルトが最も人気で、票数は第2位のキリストより遥かに多かったという。

　政府はまた社会保障制度をつくり、退職した労働者が年金をもらえるように、失業者が失業保険をもらえるように、子どもがまだ小さい母親や障害者が補助を受け取ることができるようにした。

　ローズヴェルトの積極的な改革精神は、アメリカ人民を勇気づけた。ニューディール政策の実施に伴い、アメリカはだんだんと悪夢のような経済危機から脱出することができた。ニューディール政策は後に多くの資本主義国家が借用するものとなった。

> **自分でやってみよう**
> 1. レーニンは、われわれは西欧の国家とは異なる方法で文明を発展させる根本条件を創造し、他国を追いかけたいと述べていますが、この話についての理解を述べてみましょう。
> 2. 人類は20世紀に入ってから、新しい発展の道を切り開くなかで、さまざまな道が出現しました。簡単な言葉で、十月革命、ムスタファ・ケマルの改革、ローズヴェルトのニューディール政策の特徴をまとめてみましょう。

第三課　民族復興の新しい道

アヘン戦争以来、中華民族は模索をつづけ、ある時は奮起し、ある時は失敗した。人びとは苦しいなかで思索した——中国はどこへ行くのか。五四新文化運動は中華民族の覚醒を示し、中国共産党の誕生は中国革命の新しい一章を開いた。

中華民族の覚醒

辛亥革命以後、多くの中国人の精神的な様子は、まったく根本的に変化がなかった。都市から農村まで、多くの人びとが君主を奉り、旧正月の際、人びとの家の門には依然として「帝徳乾坤大、皇恩雨露深」*2）との春聯〔旧正月に貼る、めでたい対句を書いた掛け物〕が貼ってあった。孔子は、君主統治の精神的なシンボルとして、尊崇を受けていた。

*2）春聯の意味は、皇帝の徳は天地よりも大きく、皇帝の恩情は雨露よりも深い。

図7−24　袁世凱は古い衣装に身を包み、文武百官を率いて山東の孔子廟で祭礼を行った。

しかし西洋の自由、平等、博愛などの思想・観念は、既に一部の進歩的な知識人に深い影響を与えており、特に青年学生たちはこれを歓迎した。1915年、陳独秀が創刊した『新青年』は、率先して「民主」と「科学」のスローガンをかかげ、青年たちに自由平等を勝ち取り、科学的な方法で事物を認識することを訴えた。後に、李大釗、胡適、魯迅などが積極的に呼応して、新文化運動は盛んになった。

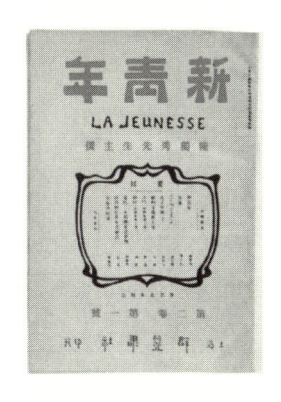

図7−25　『新青年』

新文化運動の指導者たちは、儒教の教義は、臣民に君主への忠誠を、子どもに父親への忠誠を、妻に夫への忠誠を要求し、人を奴隷としてしまうもので、これは民主と科学の大いなる敵であると考えた。そのため、彼らは儒教に対して猛烈な攻撃を行い、「打倒孔家店〔孔子を打倒せよ〕」を称揚した。

　新文化運動において、胡適は率先して白話文〔口語文〕を文言文の代わりに用いることを提唱した。彼はまた白話詩の試作も行った。

　『狂人日記』は、魯迅が執筆した最初の白話小説である。作中で数千年に及ぶ君主統治の実態が暴かれている。「おれは歴史をひっくり返してしらべてみた。この歴史には年代がなくて、どのページにも『仁義道徳』などの字がくねくね書いてある。おれは、どうせ寝られないから、夜半までかかって丹念にしらべた。そうすると字と字の間からやっと字が出てきた。本には一面に『食人』の二字が書いてあった」*3)

図7-26　胡適

＊3）竹内好訳『魯迅選集』第一巻（岩波書店、1964年）、p.17

図7-27　『狂人日記』写真

　当時、儒教は人びとの心を厳しくコントロールしていたのだから、徹底的に儒教を打ち倒す必要があったのだと思います。

　新文化運動は徹底的に儒教を打ち倒そうとしたが、これはよくないと思う。なぜなら孔子の思想はまだまだ価値があるから。例えば、彼の提起した、相手に応じて異なった方法で教育を施すといった教育方法などです。

○辛亥革命以降の中国社会の現実と関連させて、文言文に代わる白話文で民主と科学を宣伝することにどんな意義があったのか論じなさい。
○新文化運動の作用について、どのように思いますか？

　新文化運動が展開された時期に、中国では各階層が広く参加した五四愛国運動が勃発した。

読書カード

パリ講和会議

　1919年1月、第一次世界大戦の戦勝国がフランスのパリで「講和会議」を開いた。中国はこの大戦の戦勝国の1つとして、会議で敗戦国ドイツが中国に持つ山東の利権等の返還という正当な要求を提起した。しかし、中国の要求は道理なく拒絶され、ドイツの山東利権は日本に継承された。このニュースが国内に伝わると、長期にわたって積み重なってきた中国人民の怒りの炎が、火山のように爆発したのである。

1919年5月4日、北京大学などの学生3,000人あまりは天安門広場で集会を行い、パリ講和会議で中国の国益を売り飛ばすことに抗議し、親日の売国奴・曹汝霖などを厳重に処罰することを要求し、デモ行進を行った。デモ隊は曹汝霖の自宅である趙家楼が厳重に警備されているのを知ると、塀をよじ登り、門を開けて突入し、邸宅を捜索して曹汝霖がいないのを知ると火をつけたのだった。

図7-28　天安門広場の学生によるデモ行進

　その日、北洋政府はデモ隊の学生を鎮圧し、30余名の学生を逮捕した。6月初め、学生たちは再度街で愛国宣伝を行うと、北洋政府はまたも800人近くの学生を逮捕した。これは全国人民の強烈な反対運動を引き起こした。全国各地の労働者や商人たちは続々とストライキを行って学生たちの愛国運動を支持した。

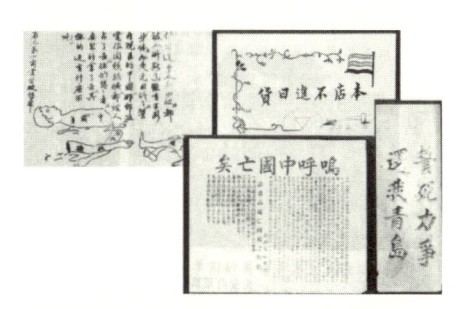

図7-29　学生が出したパンフレット

図7-30　上海の労働者は真っ先にストライキを行った

図7-31　各地の商人によるストライキ運動

　全国人民の圧力によって、北洋政府は最終的に学生を釈放し、曹汝霖らを罷免、パリ講和会議への調印も拒否した。これが全国的規模での愛国運動、すなわち五四運動である。

　新文化運動が中国史上空前の規模の思想解放運動だとするのなら、五四運動は中国革命史において極めて画期的な事件であったと言える。なぜなら中国の労働者階級が、ここから政治の舞台に登場してきたからである。五四運動は中国新民主主義革命の序幕を開けることになった。

○教科書のなかの事例を用いて、新文化運動が中華民族の覚醒をどのように示しているのかを説明しましょう。

第三課　民族復興の新しい道 | 275

歴史的な転換

　ロシア十月革命は、中国で救国の真理を探していた先進的知識人たちの目を、西洋からロシアへ向けさせ、「新世紀の夜明け」を見させることになった。中国人が科学的社会主義を知ったのもこの時である。十月革命の勝利は、ロシアが中国人民の探していた模範となり、勇気づけることになった。中国はロシアの道を行く、それが結論になった。

◇李大釗は1919年元旦に発表した『新紀元』のなかでこう書いている――十月革命は人類の歴史の「新紀元」を開いた。それは「新生活、新文明、新世界をもたらす。中国人民は十月革命の道を歩むべきである」。
◇毛沢東は、彼が編集していた『湘江評論』において、十月革命の勝利を熱情的に歌いあげた。彼は後に回想して、「1920年の夏頃、理論面でも、ある程度の実践面でも、私はマルクス主義者になった」と述べている。董必武はかつて同盟会の会員だった。彼は回想して、「過去、孫中山〔孫文〕と共に革命を起こしたが、孫中山は革命を掌握できずに、その成果はほかの者に横取りされてしまった。そこで我々はロシアの方式を研究することにした」と述べている。
○当時の中国の国情を考えて、李大釗の文章、毛沢東と董必武の回顧録が、どんな重要なことを言っているか説明してみましょう。

　五四運動以後、マルクス主義の影響を受けた一部の先進的知識人たちは、中国労働者階級の偉大な力量を見て、民間に入り、労働者農民と結合して、中国共産党の設立準備を積極的に行い、各地で初期共産主義組織をつくりあげた。この時期、陳独秀と李大釗は重要な役割を担った。

読書カード

　　　　　　労働者のあいだで
　先進的知識人たちは労働者のなかに深く分け入って、労働者とのつきあいに心を配って腹を割って話し合い、簡単なことばでマルクス主義を宣伝した。彼らは歌を一曲作って歌った――「世界は不公平、俺達労働者は圧迫され、一生牛馬のようにこき使われる、考えただけでうんざりだ。北から十月の風が吹いてきて、俺達兄弟を目覚めさせた。プロレタリアよ立ち上がれ、道具を手にして進め……俺達の団結さえあれば、空を覆う黒雲も一発さ」。このような宣伝を通して、労働運動は立ち上がった。

読書カード

南陳北李

1920年、陳独秀は上海で中国最初の初期共産主義組織を創立した。同年、李大釗も北京で初期共産主義組織を創立。陳と李のふたりはそれぞれ長江以北と以南の党組織建設活動を指導し、名声高く、「南陳北李」と称された。

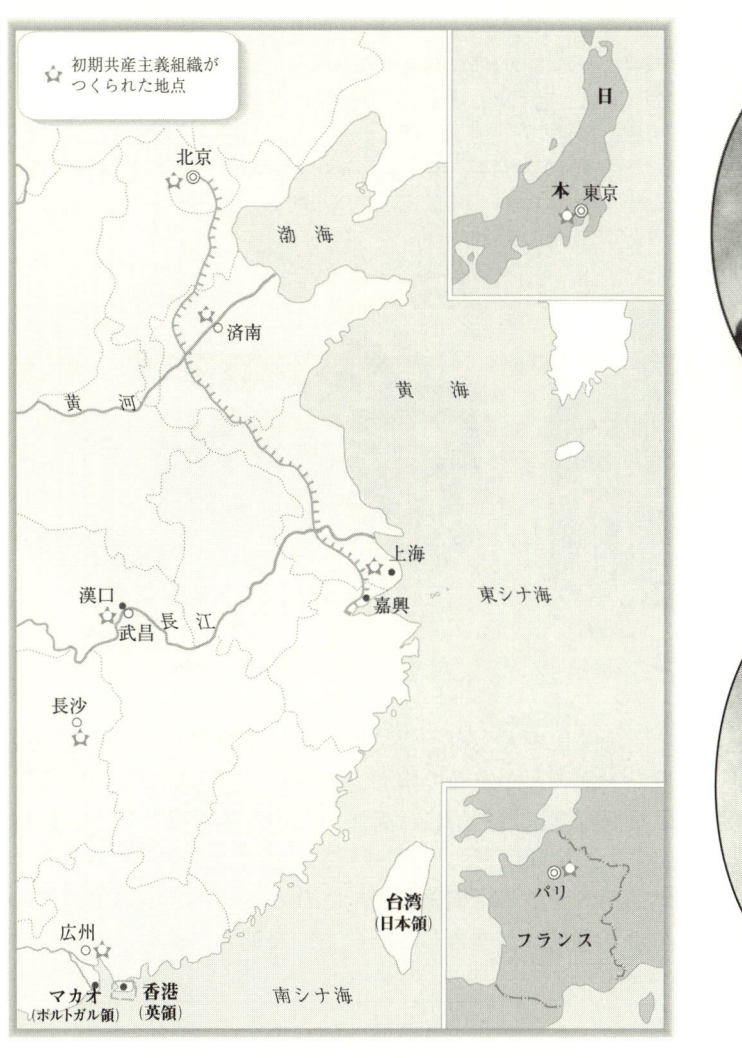

図7－32 各地の初期共産主義組織形成状況

図7－33 陳独秀

図7－34 李大釗

第三課 民族復興の新しい道

1921年7月、各地の初期共産主義組織の代表は、上海で中国共産党第1回全国代表大会を開催した。会議は党の名称を「中国共産党」とし、党の目標をブルジョア階級の政権を打倒し、プロレタリア独裁を打ち立て、共産主義を実現することとした。大会は陳独秀を中央局書記に選出、党成立後は、労働運動の組織と展開に重点をおくことを決定した。このようにして、偉大な中国共産党が誕生した。

> **読書カード**
>
> 中国共産党第1回全国代表大会跡地
> 　中国共産党第1回全国代表大会の代表は、毛沢東、董必武、李達（りたつ）などを含む計13人で、全国で50名あまりの党員を代表していた。会議は7月23日に上海で開かれた。30日の夜、行動が怪しい人間が会場にいることがわかり、代表たちはすぐにその場を離れた。その10数分後、フランス租界の警察が会場を包囲して捜索を行ったため、大会は嘉興（かこう）の南湖（なんこ）に浮かべられた一隻の船のうえで続けられた。その後、7月1日が中国共産党の成立日となった。

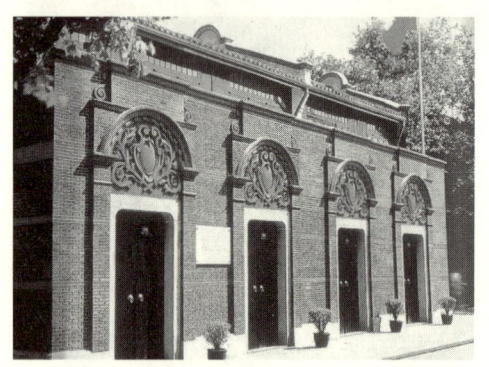

図7-35　中国共産党第1回全国代表大会跡地　　図7-36　南湖の船

　1922年7月、中国共産党第2回全国代表大会が上海で開かれ、会議のなかで、党の最終的な目標は、共産主義の実現であることが重ねて申し合わされた。当時の歴史的条件では、党の目標は、対内的には軍閥打倒、対外的には帝国主義の圧迫を取り除き、民族独立を実現して、中国を真の民主主義共和国として統一することにあった。この大会では初めて、反帝国主義・反封建主義の民主革命綱領が提起された。この目標の実現のために、大会では、共産党は全国の革命党派と連合して、民主的な連合戦線を形成するべきであるとした。

> ○党の「第1回全国代表大会」と「第2回全国代表大会」で決まった目標にはどのような違いがあるのか比較してみましょう。これはどんな問題を説明していると考えられますか？

　中国共産党の成立は、中国の歴史が始まって以来の大事件だった。共産党が成立して、中国革命の様子は一変した。

北伐戦争から革命根拠地の建設へ

　1923年、中国共産党は広州で第3回全国代表大会を開催し、孫中山が指導する国民党と協力する方針を決定した。1924年、中国共産党と国民党との合作が成立し、国民革命を共同して指導することになった。当時、国共両党がつくった黄埔軍官学校のなかには多数の共産党員がおり、彼らは国民革命軍の幹部となった。

読書カード

第一次国共合作

　辛亥革命の後、孫中山は国民党を組織し、軍閥に対する闘争を一貫して行っていたが失敗した。五四運動は、彼に人民の力量を認識させた。彼は国民党の改組を決定し、連ソ・容共・扶助工農という新しい政策をうちだした。当時、中国共産党もまた各革命党派と連合して、共同して革命を行うことを決定していた。このようにして国共両党の第一次合作は実現した。

図7-37　黄埔軍官学校

　孫中山はソ連の援助のもと、広東に黄埔軍官学校を建設した。学校の校門の上には、スローガンが貼ってあり、「出世と金もうけを願う者は他所へ行け、死を恐れる者は校門をくぐるな」とあり、横に「革命者は来たれ」とあった。
　○このスローガンは、学校のどのような建校目的を表していますか？

　1926年、列強を打倒し、軍閥を消滅させ、全国統一を実現するために、国民革命軍は広東を出発して北伐を開始した。
　湖北の賀勝橋などで、国民革命軍は軍閥呉佩孚軍の主力を壊滅させた。葉挺が率い、共産党員が主力となっていた第四軍独立団は、勇猛に戦い、名声を高めたため、「鉄軍」という称号を得た。
　北伐における相次ぐ勝利は、労働者農民大衆を鼓舞し、国民革命を推し進めることになった。国内の軍閥に大きな打撃を与えたばかりでなく、中国にいた帝国主義列強勢力にも打撃を与えた。

> 北伐戦争のさなか、中国人民は漢口と九江のイギリス租界の回収に成功した。

図7-38　九江埠頭

　しかし、革命陣営のなかで危機が発生した。1927年4月12日、労働者農民を敵視した北伐軍総司令の蔣介石は革命に背いて、上海において共産党員と革命大衆を虐殺した。そして蔣介石は南京に国民政府を打ち建てた。
　国民党反動派の血腥い弾圧に対して、中国共産党と革命人民は屈せず、制圧されなかった。1927年8月1日、周恩来、賀龍、葉挺、劉伯承、朱徳らは、江西南昌で蜂起し、国民党反動派に対する武力抵抗の第一声をあげた。

> 南昌蜂起は、中国共産党が独自に軍隊をつくり、最初に指導した武装闘争である。後に、8月1日は中国人民解放軍建軍節〔建軍記念日〕とされた。

図7-39　南昌蜂起

　同年9月、毛沢東率いる湖南秋収蜂起部隊は江西、湖南の境界にある井崗山に到着、ここに第一の農村革命根拠地を創設し、農村が都市を包囲する独自の革命路線を切り開いた。この後、共産党が指導する工農紅軍によって、全国各地に十数ヵ所の革命根拠地が建設された。そのなかで、井崗山根拠地から発展した中央革命根拠地が最大の規模になった。

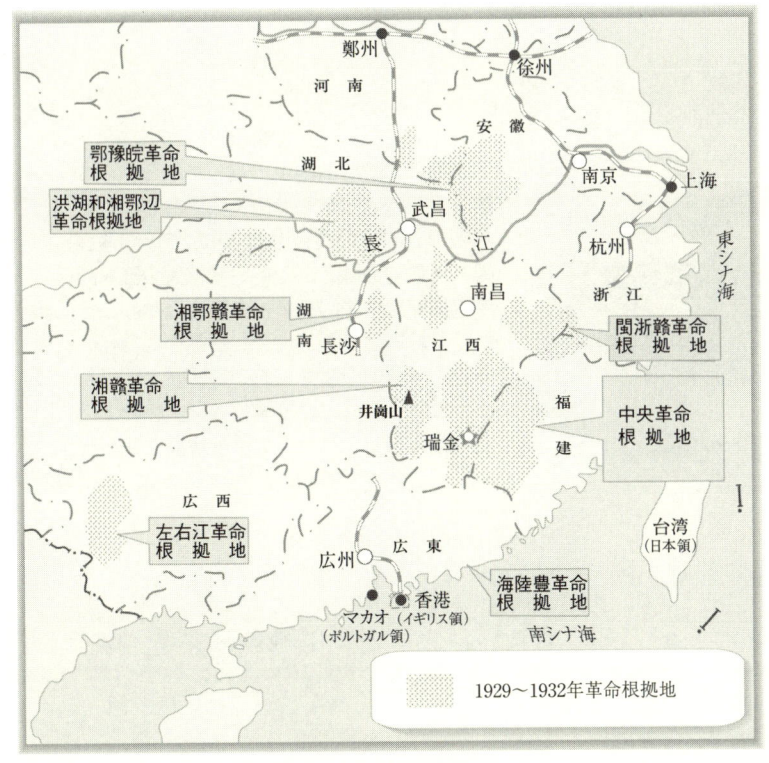

図7-40　革命根拠地

この地図を観察して考えてみましょう。
○これらの革命根拠地の地域分布にはどのような共通の特徴がありますか。
○共産党指導の革命政権は、どうしてこれらの地域に存在できたのでしょうか。

　紅軍と根拠地の発展は、国民党を深く恐れさせ、1930年から蔣介石は五回にわたる中央革命根拠地への「包囲攻撃戦」を発動した。4回にわたって紅軍は敵の「包囲攻撃戦」を粉砕したが、しかし5回めの「包囲攻撃戦」のなかで、紅軍は重大な損害を被った。1934年、中央紅軍は移動、長征を開始した。1935年10月、中央紅軍の主力は陝西省北部に到達した。翌年、いくつかの部隊が甘粛で会戦を行い、長征最後の勝利を得た。

紅軍は長征勝利後、陝西省北部に新しい根拠地を建設した。

図7-41　延安宝塔山

第三課　民族復興の新しい道　281

読書カード

遵義(じゅんぎ)会議

中国共産党臨時中央の誤った指揮によって、第5回「包囲攻撃戦」は失敗に終わった。1935年初め、紅軍の長征は貴州(きしゅう)の遵義に達し、中国共産党中央はここで政治局拡大会議を開催し、毛沢東が党中央の指導権を確立した。ここにおいて、紅軍は受動的局面から徐々に変化し、最終的には敵の追撃を逃れ、陝西省北部に到達した。遵義会議は党と紅軍を救い、党史上において、生死の分かれ目となる転換点となった。

図7-42 遵義会議跡地

自分でやってみよう

1. テキストの内容にあわせて、下に挙げた歴史上の人物と、彼らの活動あるいは作品を線でつないでみましょう。

   陳独秀　　　　井崗山革命根拠地の建設
   葉挺　　　　　『新青年』の創刊
   魯迅　　　　　賀勝橋戦役の勝利
   毛沢東　　　　『狂人日記』

2. 毛沢東の詩「長征」を鑑賞し、下図とあわせて、紅軍第一方面軍の長征ルートを理解しましょう。同時に、中国の地形図と比較対照して、詩の描写と地図から、どのようなことを会得できたか話しましょう。

長征[4]

紅軍　遠征の難きをおそれず
万水千山も　ことなきに等し。
五嶺　起伏すれどさざ波の立つがごとく
烏蒙(うもう)　雄壮なれど土くれの転ぶに似たり
金沙の水拍つ断崖暖く
大渡に橋横たわり鉄索寒し。
さらに喜ばし　岷山千里の雪
三軍　越えし後みな顔ほころばす。

[4] 毛沢東著『毛沢東詩選』
(外文出版社、1979年)、pp.38-39

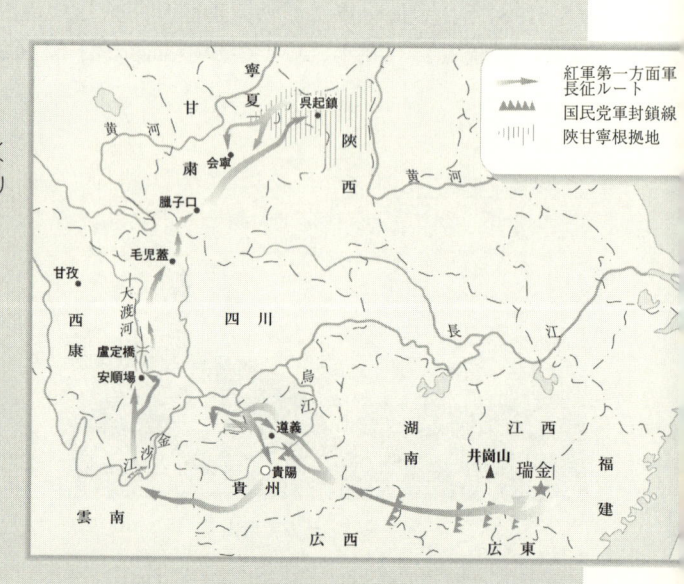

図7-43 紅軍第一方面軍長征ルート

第七単元　現代世界に向かって

第四課　静かに変容する社会生活

　　工業文明の洗礼を受けたすべての地域と同様に、20世紀に入った中国もまた戦争と飢餓だけではなかった。伝統社会と比較して、静かでかつ気づかないうちに、中国人の社会生活と思想概念も、未だかつてない変革を遂げつつあった。

生活のなかの変化

　1870年代以降、外輪船、汽車などの新しい交通機関が相次いで中国に導入され、人びとの移動はたいへん便利になった。20世紀前半、中国の外輪船運輸業は沿海、内陸河川から遠洋までの営業路線を形成した。1937年、中国の鉄道は、総距離2万数キロメートル余りに達していた。都市のなかで生活する人びとは、新しい交通・運輸スタイルにだんだんと適応していった。あわせて、電報や電話など新しい通信機器を使用して情報を伝えるようになった。

図7-44　北平〔北京〕前門駅で、帰郷の列車を待つ大学生 　　図7-45　上海には路面電車が出現した

　　過去、中国政府の公文書及び私人の手紙は、それぞれ駅站と民間の郵便局が配達をしていた。清末、中国は新しい郵政方式を採用し、民国時期に至って、郵政事業はだんだんと発展していった。

図7-46　民国年間に発行された切手

　1882年、上海の外灘に中国初めての電話局が開設された。初期は利用者は極めて少なく、電話番号を押す必要はなく、ハンドルを何回か回してから、受話器を取って交換手に、かけたい家の電話につなぐよう頼むだけでよかった。1930年代、電話番号を打つ自動電話が、交換手を必要とする電話に取って代わった。英語のテレホンの発音から、人びとは電話を「徳律風（テレホン）」と呼んだ。
○他にどのような日常生活品の呼び名が、電話と似た来歴があるか調べてみましょう。
○わが国古代には、あれほど多くの世界をリードする発明があったのに、なぜ近代の多くの発明は、みな西洋から伝来してきたのでしょう？

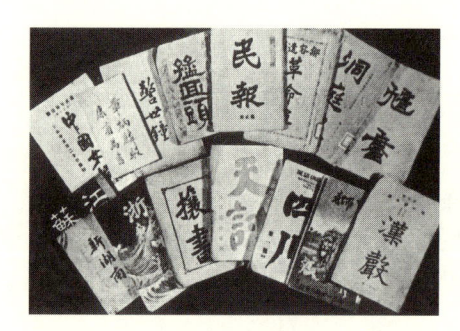

図7-47 清末・民国時期の各種定期刊行物

図7-48 中国ではじめて作られた映画『定軍山』の写真

物質生活が変化すると同時に、人びとの精神生活もまた豊かになっていった。例えば、中国の伝統的な新聞は、読む人が極めて少なかったが、アヘン戦争以降、現代的な意味での新聞が中国に伝わり、各地の貿易港に出現した。その後に、中国人自身によってつくられた新聞が大量に出現することになった。教育の普及と鉄道、道路ネットワークの拡大に伴い、新聞はだんだんと知識人と普通の民衆生活のなかで不可欠の必需品となっていった。このほか、映画を見ること、写真撮影など新しいライフスタイルも近代に入って中国に伝来し、人びとに喜ばれた。

社会習俗もまた変化した。民国以後、男性は弁髪を切り落とし、女性の纏足(てんそく)もだんだん少なくなっていった。

頭脳のなかの変化

清末以来、人びとの思想概念もだんだんと変化していった。辛亥革命と五四運動以後、このような変化は顕著になり、科学思想はだんだんと人びとの頭脳のなかに入っていった。

清末、科挙試験が廃止され、後に、小学校、中等教育から大学までをセットにした現代的な教育制度がしだいに確立していった。

1912年中国の中学校の課程表

修身	国文	外国語	歴史	地理	数学	博物	理化	法制経済	図画	音楽と歌	体操	工作	家事(女)	園芸(女)	裁縫(女)

○当時の学生の学習した内容と、過去及び現在では、どのような違いがあるでしょうか。
○なぜこのような違いがあるのでしょうか。

自由、平等の民主的な概念もだんだんと人びとに受け入れられていった。人びとは地位の高い人を「老爺(ラオイエ)」「大人(ターレン)」と呼ばず、「先生(ミスター)」「女士(ミズ)」などの平等な呼称を用いるようになった。一部の勇敢な青年は家父長の妨害を突破し、自由な結婚を勝ち取りはじめた。

読書カード

「ノラ」の家出

1918年6月、『新青年』にノルウェーの著名な戯曲家イプセンの『人形の家』が掲載された。劇のなかでヒロインのノラは、自由な人格を求めて、苦痛な結婚生活から抜け出て、家を出て行き、目覚めた青年たちの手本となった。当時の青年たちは、大家庭の束縛と不本意な結婚から抜け出すために、皆が「ノラ式家出」を模倣し、一時ブームとなった。

　民主的な概念の影響を受けて、女性の地位もまただんだんと高まっていった。自分の妻を尊敬すべきで、夫婦双方が平等であるべきだと考える男性がだんだんと増加していった。女性も目覚めはじめ、自分を縛ってきた数千年来のしきたりから抜けだし、個人が持つべき権利を勝ち取った。多くの女性が家庭を出て、社会に入り、教育、新聞、工商業、政治など多くの領域で重要な役割をはたすことになった。

　民国以後には、男子は辮髪を切りおとし、女子の纏足もしだいに少なくなった。

図7-49　新式学堂(がくどう)のなかでの体育課の女学生

図7-50　ラストエンペラー溥儀の妃である文綉(ぶんしゅう)と溥儀の離婚に関する報道

◇1935年の新聞報道によれば、江西で盛大な節婦宴が開かれ、貞節を表彰する一方で、自由をみだりに主張し、何かあれば離婚するような女性は、社会風俗を日増しに悪くしていると非難した。

○上述の資料とあわせて、近代中国社会の生活の変化に対して、自らの考えを述べてみましょう。

第四課　静かに変容する社会生活 | 285

自分でやってみよう

1. 思想概念の変化は、生活のなかの多くの方面に影響を与えました。下の二組の服装を比較し、それらにどのような変化があったのか、このような変化と人びとの思想概念との間にはどのような関係があるのか述べてみましょう。

図7－51　清代と民国の女性のファッション

図7－52　清代の官服と民国の中山服

2. おじいさん、おばあさんあるいはお父さん、お母さんから話を聞いてみて、彼らの過去の衣食住と職業を理解し、自分たちの日常生活と比較し、どのような変化があったのか見てみましょう。

第五課　万民の心を一つにした抗日戦争

　1931年の九一八事変〔満州事変〕から、日本軍国主義は中国に対して侵略戦争を行い、中国の大半を侵略・占領することになった。国土の多くを失い、人民は奴隷のように酷使される災難の時期であり、中華民族は心を一つにして、団結抗戦し、最終的には1945年に日本という侵略者を打ち破ったのである。

「中華民族に最大の危機が迫っている」

　1930年代初期、日本は厳しい世界経済危機に見まわれていた。経済危機から抜け出し、国内の矛盾を緩和するため、日本の支配グループは対外戦争を引き起こし、侵略の矛先を中国に向けたのである。

　1931年9月18日夜、中国東北部に駐屯していた日本の関東軍が瀋陽付近の柳条湖の鉄道を爆破し、逆に中国軍隊の仕業であるとしたうえで、中国東北部に対して攻め込んだ。これが九一八事変である。この後すぐに、日本軍は東北全土を侵略・占領した。

図7-53　日本軍の瀋陽侵攻

　1937年7月7日夜、日本軍は北平〔現在の北京〕にある盧溝橋付近で軍事演習を行い、兵士1名の失踪を口実に、宛平城内の捜査を要求した。中国守備隊の拒絶後、日本軍はただちに宛平城と盧溝橋に進撃した。これが七七事変であり、また盧溝橋事変とも言う。

　盧溝橋事変を発端にして、日本は中国に向けて全面侵略戦争を開始した。1941年末には、日本軍は中国の領土の多くを占領し、そのなかには、上海、南京、武漢、広州、南昌などの重要な都市が含まれていた。

図7-54　中国軍の守備隊は盧溝橋で勇敢に日本軍に抵抗した

図7-55　1941年末における日本軍の中国占領の範囲

日本軍は中国を侵略するなかで、中国人民に対して書き尽くせないほど多くの犯罪を行った。

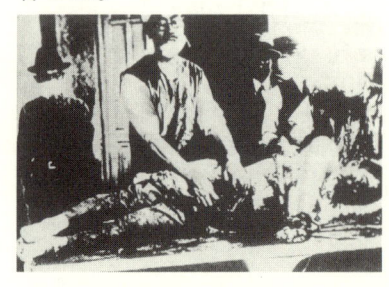

図7－56 日本軍は中国人を用いて細菌の実験を行った

九一八事変〔満州事変〕後に、日本侵略者は東北のハルピンにおいて細菌戦の秘密部隊――731部隊を組織し、健康な、生きている人間を動物の代わりとして実験を行い、細菌戦と毒ガス戦を行った。これと同時に彼らは長春、北京、南京、広州などで大型の細菌戦基地と工場を建設し、中国において巨大な細菌戦ネットワークを形成したのである。残虐きわまりない731部隊は捕らえた抗日の志士や、中国の一般市民に対して細菌感染の実験台とし、中国人民に対して許されざる犯罪を行った。この他、彼らは湖南省常徳や浙江省寧波などの地域でも細菌を散布し、数十万の中国人民を死に至らしめたのである。

1937年12月13日、南京が陥落した。日本軍は南京占領後、残虐な放火、殺人、姦淫、略奪などの大虐殺を行った。6週間にわたって、日本軍は集団銃殺、生き埋め、斬殺、焼き殺すなどの悲惨な方法で、聞く人を慄然とさせる南京大虐殺を引き起こした。戦後の極東国際軍事裁判の統計によれば、少なくとも30万の武器を持たない市民と兵士が殺害されたという。

図7－57 日本の『東京日日新聞』は南京における日本軍の殺人競争を報道した。

読書カード

「残忍な機械」

日本軍は南京占領後、一般市民と捕虜に対して計画的な集団虐殺を行った。南京市北部では、5万7千人を一箇所に追い詰め、先に機関銃で掃射した後、生き残った人びとを銃剣で殺し、最後に山のように積み上がった死体に油をかけて焼いたのである。また、罪がない人びとを残酷に虐殺した以外にも、日本軍はほしいままに中国人女性を暴行した。そして虐殺・暴行に伴ったのは、大規模な略奪と放火であった。災禍のもとで、古に繁栄した六朝の古都は、死体で溢れ、城壁は破壊され、荒涼とした死の街となってしまったのである。当時南京のドイツ大使館[5]は国内への報告のなかでこのように述べている……「犯罪は個人ではなく、全皇軍によるものである。彼らは動き出した残忍な機械である。」[6]

[5] 当時、南京にあったのは大使館分館である（石田勇治ほか編『資料　ドイツ外交官の見た南京事件』大月書店、2001）
[6] この部分は人民教育出版社の情報提供によれば、典拠は宋華忠「現代史上最黒暗的一頁――南京大屠殺述実」『党史文匯』1995年5期（20頁）である。これを調べたところ、該当する記述（「犯罪的不是這個日本人，或者那個日本人，而是整個日本皇軍。……它是一副正在開動的野獣機器」）が存在し、それは張効林訳『遠東国際軍事法廷判決書』五十年代出版社、1953年からの引用（引用箇所の明示無し）と判明した。

288 ｜ 第七単元　現代世界に向かって

しかし『遠東国際軍事法廷判決書』を調べたところ、同様の記述を見つけることはできなかった。但し以下のような類似の記述は存在した……「『這不是個人的而是整個陸軍、即日軍本身的残暴和犯罪行為』。在這個報告的後段中、曾形容『日軍』就是『獣類的集団』」。張効林訳『遠東国際軍事法廷判決書』第8章（暴行に関する判決部分）、p.456。
　日本語訳として洞富雄編『日中戦争　南京大残虐事件資料集』第1巻では以下のようになっている……「ドイツ政府は、その代表者から、『個人でなく、全陸軍の、すなわち日本軍そのものの暴虐と犯罪行為』について報告を受けた。この報告の後の方で、『日本軍』のことを『畜生のような集団』と形容している」。p.396。
　一方、東京裁判の中国側代表判事である梅汝敖の書いた、「遠東国際軍事法廷審理南京大屠殺事件之経過」という文章のなかには「犯罪的不是這個日本人、或者那個日本人、而是整個的日本皇軍。……它是一副正在開動的野獣機器」という記述が存在している（『中華文史資料文庫』第5巻・政治軍事編、中国文史出版、pp.579-580）。なお、梅には53年に出版された『遠東国際軍事法廷』という回顧録があり、宋がこれと誤認した可能性もある。

　日本軍はまた、重慶、成都、蘭州、昆明などのわが国後方の都市に対して、爆撃と封鎖を行い、当地の人民の生命財産に重大な損害を与えた。彼らは占領地区内の抗日根拠地に対して「掃蕩」を行い、焼き尽くし、殺し尽くし、奪い尽すという「三光」作戦を野蛮にも実行した。

図7-58　防空壕のなかで窒息して死んだ重慶市民

　日本軍の連続爆撃で、重慶では2,500人あまりが防空壕の中で圧迫・窒息死した。

図7-59　潘家峪虐殺事件

　日本軍は河北での「掃蕩」のなかで「潘家峪虐殺事件」を引き起こした。全村1,300人あまりのうち、幸運にも虐殺を逃れることができたのは、100名近くだけだった。

◇東史郎は当時南京大虐殺に参加した日本の老兵である。彼は、歴史の真実を世に知らしめるため、侵略戦争時期の日記を発表した。そのなかには南京大虐殺に関する資料も含まれている。これによって彼は日本の右翼から脅迫と迫害を受けている。

◇日本の右翼による「新しい歴史教科書をつくる会」の編集した中学歴史教科書では、南京大虐殺について「これまでの歴史で、戦争をして、非武装の人びとに対する殺害や虐待をいっさいおかさなかった国はなく、日本も例外ではない」と

図7-60　東史郎

第五課　万民の心を一つにした抗日戦争

述べている。この教科書は日本ですでに審査を通過している*7)。
○関係する資料に基づいて、現在の日本国内の右翼勢力が、当時の日本の対中国侵略戦争についてどのような態度であるか述べてみよう。
○いくつかの事実を出して、彼らの荒唐無稽な言論に反駁しよう。

*7）西尾幹二ほか『市販本　新しい歴史教科書』扶桑社、2001 p.288。なお、288～289ページはコラム「戦争と現代を考える」であり、戦争の悲劇（日本の加害、日本人の被害）、ホロコースト（ナチスドイツのユダヤ人迫害、日本のユダヤ難民救出）、国家による犯罪（スターリン）、原爆ドームの写真といった節から構成され、引用されている文章はその後、「日本軍も、戦争中に進攻した地域で、捕虜となった敵国の兵士や民間人に対して、不当な殺害や虐待を行った。一方、多くの日本の兵士や民間人も犠牲になっている。例えば第二次世界大戦末期、ソ連は満州に侵入し、日本の一般市民の殺害や略奪、暴行をくり返した上、捕虜を含む約60万の日本人をシベリアに連行して、過酷な労働に従事させ、およそ1割を死亡させた。また、アメリカ軍による日本への無差別爆撃や、原爆投下でも、膨大な数の死傷者が出た」と記述している。

全民族の抗戦

　民族の危機にあって、中国人民は奮起して日本侵略者に対して抵抗した。各地の民衆はつぎつぎと武器を手に取り、戦場へ向かった。勇壮な「義勇軍行進曲」は、1930年代の中国で広く歌われた。日本という侵略者に対しての団結抗戦は、全民族の一致した叫びとなった。
　しかし、蔣介石をリーダーとする国民党政府は、人びとの抗日への強い願いを顧みず、九一八事変の後も、対内的には「包囲攻撃戦」の方針を堅持し、対外的にはしばしば譲歩を行い、日本の侵略を拡大させた。

読書カード

不抵抗政策

　九一八事変勃発時に、蔣介石は江西省で紅軍攻撃の「監督」を行っていた。事変発生の情報を聞いた後、すぐに東北軍のリーダーである張　学　良 に「瀋陽の日本軍の行動は、地方的な事件に限定して、衝突を避けなければならない、そうしなければ事変の拡大は避けられない。一切の対日交渉は、中央の処理を待て」と密命を下した。蔣介石の不抵抗命令のもと、十数万にわたる東北軍は戦わずして退き、日本軍にやすやすと東北三省を占領させたのである。

　国民党政府の反動的な内外政策は、全国人民に強烈な憤慨をもたらした。中国共産党の呼びかけと推進のもと、各階層の人民はつぎつぎと立ち上がり、内戦の停止と一致団結しての対日抵抗を求めた。

図7-61 反日救国デモ

1935年12月9日、北平の学生は反日救国デモを行った。

図7-62 行進中の義勇軍戦士

東北軍の一部の部隊と地域は、東北抗日義勇軍を結成し、日本への抵抗に自発的に立ち上がった。

　1936年12月12日、国民党の将軍である張学良と楊虎城は西安で「兵諫〔軍事力を以て指導者を諌めること〕」を行い、紅軍への「包囲戦監督」に来ていた蔣介石を監禁し、彼に内戦の停止、共産党と連合しての日本への抵抗を要求した。これが内外を震撼させた西安事変である。

　事変発生後、中国共産党は民族の利益から出発して、平和的解決を主張した。中国共産党と各方面の人びとの努力によって、蔣介石に共産党と連合しての対日抵抗を同意させ、蔣はこの後釈放された。ここにおいて、国民党と共産党は10年にわたる内戦を基本的に終結させ、国民党と共産党双方の合作を基礎とした抗日民族統一戦線の初歩的な形成が実現した。

　西安事変の平和的解決に対しては、さまざまな意見があった。例えば10年間にわたる内戦において、蔣介石は多数の共産党員と革命的大衆を殺害したので、西安事変で蔣介石を捕えたのなら、彼を法廷に送り、人民裁判にかけるべきだという意見もあった。
　○もし、この意見に賛成なら、その理由はなんですか？
　○もし、この意見に賛成しないのなら、あなたは相手をどのように説得しますか？

　1937年、盧溝橋事変の勃発後、国民党と共産党は第二次国共合作を実現し、抗日民族統一戦線が最終的に形成された。中国共産党の指揮する軍隊は、八路軍と新四軍に改編され、抗日戦の戦場へ赴いた。中華民族の全面的な抗戦が正式に開始された。中国の軍隊と民衆は頑強に戦い、日本の侵略者に厳しい打撃を与えた。共産党は、戦線の後方にある軍隊と民衆を指揮して、ひろく遊撃戦争を繰り広げ、大量の日本軍を牽制し、抗日戦争の激流のなかにそそり立つ大黒柱になった。海外の華僑と世界各国の人民は、義捐金、無償の物資支援あるいは中国戦線で直接従軍するなど各種のやりかたで、中国人民の抗戦を支援した。

第五課　万民の心を一つにした抗日戦争

図7-63　海外華僑が献納した救急車

図7-64　著名な国際的友人、カナダの共産党員ベチューン医師は八路軍の負傷兵を治療した

読書カード

台児荘（たいじそう）防衛戦

1938年春、日本軍は山東省から南下し、徐州（じょしゅう）に進攻した。徐州会戦のなかで、李宗仁（りそうじん）指揮下の中国軍は、台児荘で奮戦して敵軍を阻止した。敵の戦車と猛烈な砲火に対して、中国軍は民家、十字路、街道、壁と塹壕を使い、刀や手榴弾で台児荘に侵入した日本軍に対し、一進一退の戦いをすすめ、敵に占領された一軒一軒の家を奪回し、あわせて一万数千人の敵を殲滅し、抗戦開始以来の大きな勝利をおさめた。

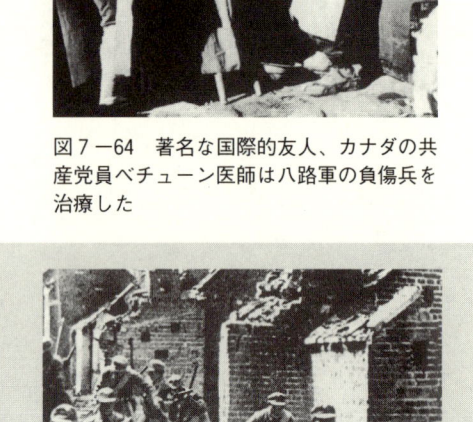

図7-65　台児荘防衛戦における中国軍

図7-66　地雷を埋めている民兵

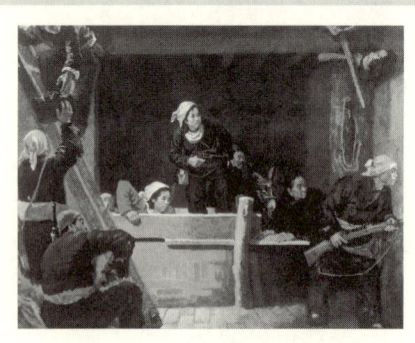

図7-67　地道戦〔地下道戦〕

図7-68　上海を守備する中国軍が侵入した日本軍に反撃

図7-69　アメリカ義勇軍の航空隊「フライング・タイガース」は、中国で対日作戦に参加

292　第七単元　現代世界に向かって

抗日戦争において、中国人民と世界各国の平和を愛する人びととはともに、さまざまな方法で侵略者に打撃を与え、人民大衆の偉大な力量と知恵を示した。
○放課後に年配の方を訪問、あるいは関係する資料をあたって、このような事例を集め、あったことを語ってみましょう。

　1945年8月15日、日本は降伏し、中国人民は困難に満ちた抗戦を通して、ついに抗日戦争における最終的な勝利を獲得した。日本に50年の長きにわたって植民地統治がされていた台湾も、祖国の懐に戻ってきた。

　1945年9月2日、東京湾上のアメリカ巡洋艦「ミズーリ」号の上で、降伏文書調印の儀式が行われた。

図7-70　日本の降伏文書調印儀式

図7-71　中国人民は抗戦の勝利を喜び祝った

　同年9月3日、中国は国を挙げて祝い、抗日戦争の勝利を喜び祝った。この日もまた、中国抗日戦争の勝利記念日になった。

　抗日戦争の勝利は、アヘン戦争以来の中国人民の侵略に反抗する闘争の中で、初めて完全な勝利を得た民族解放戦争であり、中華民族の覚醒と民族団結の巨大な力量を示したものである。
　世界の反ファシズム戦争の一部分となった、中華民族の抗日戦争は、世界各国人民の支持と援助を得た。同時に中国人民もまた、大きな犠牲を払いつつも、重要な貢献を果たしたのである。

八年の抗日戦争における中国人民の損失

軍隊と民衆の死傷者（人）	直接的な財産の損失（米ドル）	間接的な財産の損失（米ドル）
3,500万	1,000億	5,000億

○中国人民はなぜ抗日戦争において最終的な勝利を得ることができたのでしょうか。

自分でやってみよう

1. 抗日戦争に関係する内容を思い出して、線を結ぶ方法で、下記の歴史的事件（人物）を関連づけましょう。

　　九一八事変　　　　　　　西安事変
　　七七事変〔盧溝橋事件〕　日本の降伏
　　楊虎城　　　　　　　　　東北部の失陥
　　1945年8月15日　　　　　日本の全面的な対中侵略戦争開始

2. 毛沢東はかつて「西安事変は中国史転換の要になった」と述べ、周恩来は、張学良と楊虎城は「民族の英雄であり、永遠の功労者である」と述べたことがある。
○毛沢東と周恩来の西安事変と、張、楊2名に対する評価はなぜこんなに高いのでしょう？
○今日の平和な状況下で、この時期の歴史を学ぶことにどんな現実的意味があるでしょう？

第五課　万民の心を一つにした抗日戦争

第六課　新中国の誕生

　世界反ファシズム戦争と中国抗日戦争の勝利に伴い、中国がどこに向かうかという問題は、ふたたび人びとの目の前に置かれた。しかし、このときに中国人民は中国共産党の指導のもと、中国の前途と命運を自らの手に握りしめ、新中国の誕生に対して決定的な選択を行ったのである。

二つの命運の決戦

　抗日戦争の勝利後、どのような中国を建設をするべきか。国民党と共産党は根本的に異なる主張を行い、それぞれ中国の暗黒と光明という二つの命運を代表していた。

> **読書カード**
>
> **異なる建国方針**
> 　抗日戦争勝利前夜、国共両党はそれぞれ重慶と延安で全国代表大会を開催した。国民党の代表大会では、蒋介石は国民党の今後の任務は共産党を消滅させることであると述べた。一方、共産党の代表大会では、毛沢東は国民党の一党専制を終結させ、民主連合政府を樹立させることを主張した。

　抗戦時期、国民党は共産党とその他民主党派を排斥・攻撃する政策を放棄しなかった。抗戦勝利後、独裁専制政治の実施のために、蒋介石は民主的活動を強力に抑えこみ、スパイを全国各地に派遣したので、人びとの生活は恐怖のなかにあった。

> **読書カード**
>
> **中米合作所**
> 　中米合作所は国民党が重慶歌楽山のふもとに設置した特務機関であり、渣滓洞、白公館などの20近くの監獄があって、楊虎城や葉挺など多くの愛国人士が捕えられていた。当時、ある人が一対の対聯〔対句を書いた掛け物〕を書き、上下の対聯にはそれぞれ「繰絲場へ行くのは、閻魔大王のところに行くに等しい」「中米合作所に入るのは、地獄の入り口に行くも同然である」と書いてあり、こうした対聯に対して「生き延びようとは考えるな」などという額がかけてあった。ここにある繰絲場とは、特務機関の事務所の所在地である。この対聯は中米合作所のなかにあった残酷な光景を生き生きと描いている。

図7-72　中米合作所で、楊虎城将軍が拘束されていた場所

第七単元　現代世界に向かって

当時、国民党政権は大いに腐敗しており、少数の官僚が大量の財産を蓄え、高級官僚はアメリカに巨額の銀行預金を持っていた。財政部長孔祥熙(こうしょうき)の夫人にいたっては、アメリカの記者に「中国人の財布」と称されていた。

抗戦期において、国民政府は紙幣を乱発し、国民党統治地域にインフレーションを招き、人民の生活は非常に苦しくなっていた。

国民党統治地域のインフレーション状況

時間	100元で買える商品
1937年	牛2頭
1939年	豚1匹
1943年	ニワトリ1羽
1945年	卵2個

これに比べて鮮明な対比をなすのは、共産党指導下の抗日根拠地であり、至る所で生き生きと進歩・発展する光景が見られた。

人民政権は民主的な選挙制度を行い、大多数の字を知らない人のために、直接投票、マル付け、豆を置くなどの方法を採用したため、選挙に対する人びとの熱意は相変らず高かった。延安においては、あまり外出しない纏足した女性たちの多くもロバに乗って山を越え選挙に参加したのである。

根拠地で行われた大生産運動においては、党のリーダーたちは、身を以て模範を示し、進んで参加することになった。毛沢東は、自らの住む洞窟の下を開墾した。朱徳は白菜、ほうれん草など多くの野菜を植えた。周恩来は、糸つむぎ競争のなかで、名人と評された。

図7-73 人民は選挙に積極的に参加した

図7-74 根拠地の軍隊と民衆は大生産運動を展開した

図7-75 延安の幹部たちが糸つむぎを行った

> 困難に対して奮闘する延安精神は、抗日根拠地で育てられたのであり、今日既に過去のものとなりました。今日の状況下では、勉強と仕事はもっと楽にやるべきだと思います。

> 何事をなすにも、どのような時期でも、「延安精神」は必要です。多くの成功を成し遂げた人はみな困難な創業時期を過ごしたのです。

○あなたはどちらの意見に賛成しますか、その理由についても述べなさい。

第六課　新中国の誕生

根拠地の発展と国民党統治地域の腐敗は、鮮明な対比を形成し、共産党は人民大衆の全面的な擁護と信任を得、抗戦終結後、国民政府の評判は急激に落ちていったのである。

> **読書カード**
>
> 勝利後の災難
>
> 　抗戦終結後、国民党は各地に職員を派遣し、日本や傀儡政権の財産を接収した。接収にあたった高級職員たちは、競って日本や傀儡政権の資産を分割して盗み取り、機会に乗じて人民の財産を奪いあった。北京、天津、上海一帯で流行した民謡には、「（国民政府の職員が）正面からも、裏からも来て、一般大衆は生活できない」「中央（政府）を想い、中央（政府が帰ってくるの）を待ち望んだが、中央（政府）が来たら、さらなる災難になった！」などと歌われている。

　しかし、蒋介石は、国民党の強大な軍事力とアメリカの支持があれば、完全に共産党を消滅できると考えていた。しかし、人民の平和を要求する声に押され、また内戦の準備の時間稼ぎのため、しばらく彼は平和的な態度をとりつづけ、1945年8月には、蒋介石は毛沢東を重慶に招聘し交渉を行った。10月10日、平和的に建国する「双十協定」が調印された。

　1946年6月、蒋介石は準備が十分整ったと判断して、協定を破棄し、全面的な内戦を起こした。

　　中国共産党の代表団が重慶に到着したことは、多くの人に感激の熱い涙を流させた。彼らはつぎつぎに『新華日報』に、喜びの心情と交渉への希望を表明した。一部の民主派人士は、毛沢東が危険を冒して重慶に来たことを、「その勇敢さは天を覆う」、「（彼の）一身の安否は天下の安否である」と述べた。
○ある人は、内戦の開始は止められず、毛沢東は危険を冒して重慶に交渉に赴くべきではないと考えた。この意見に対して、あなたはどう思いますか？

「中国人民は立ち上がった」

内戦開始時の国共両党の力の対比

	軍隊の人数	武器装備	統治人口	統治地域	外国の支援
国民党	430万人近く	日本軍100万の装備を接収し、飛行機、戦車など先進的な武器を持っていた	3億人近く	大都市、ほとんどの鉄道	アメリカ
共産党	120万人近く	基本的には小銃のみ	1億人近く	小都市、農村、辺境	なし

　内戦の初期、国民党は軍事上絶対的な優勢にあった。しかし2年たって、双方の軍事力の対比は根本的に変化していた。人民解放軍は急速に強大化し、国民党の軍隊は弱くなっていった。こうして人民解放軍が国民党の軍隊に主力決戦を挑む機は熟していた。

　1948年9月から1949年1月、人民解放軍は遼瀋、淮海、平津の三大戦役を相次いで行った。この三大戦役で、敵軍150万人近くを殲滅あるいは降伏させ、国民党の軍隊の主力は基本的に消滅した。

1947年初頭、毛沢東をリーダーとする党中央は、自ら延安を離れ、陝西省北部を転戦した。延安に進攻した国民党の軍隊が占領したのは、空となった県城〔県都〕だった。

図7-76　毛沢東は陝西省北部を転戦した

遼瀋戦役（りょうしん）

解放軍は、遼寧省（りょうねいしょう）西部に進攻し、先に錦州（きんしゅう）を占領し、後に瀋陽を占領し、東北全域を解放した。

淮海戦役（わいかい）

徐州は国民党の重要な軍事基地であり、双方の軍隊は、徐州を中心とした広大な地域で決戦を行った。淮海戦役は基本的に長江（ちょうこう）以北の華東と中原地区を解放した。

平津戦役（へいしん）

遼瀋戦役の後、解放軍は北平、天津を包囲した。天津攻略後、北平の国民党の軍隊は平和的な降伏を受け入れ、華北全域は基本的に解放された。

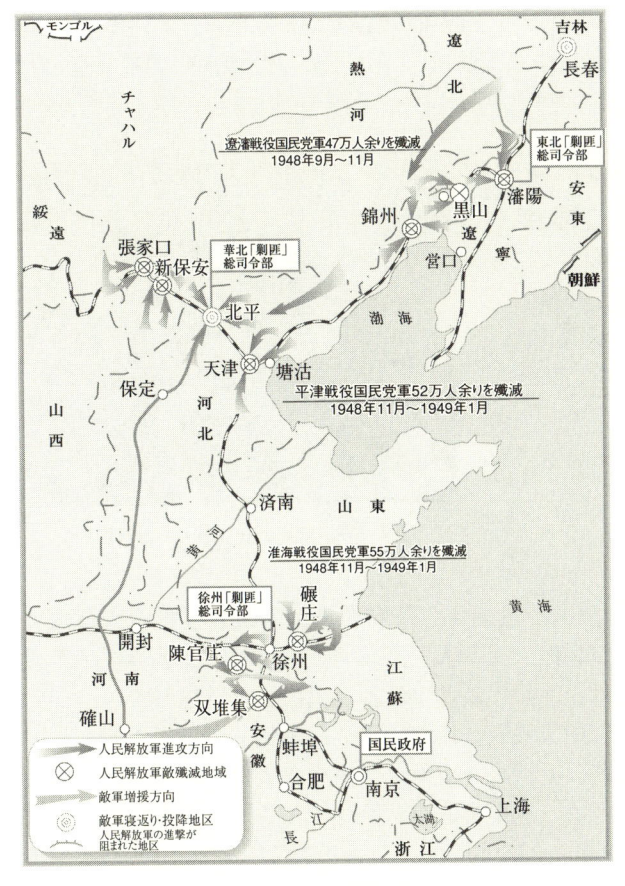

図7-77　三大戦役形勢図

第六課　新中国の誕生 | 297

読書カード

手押し車が演出した淮海戦役の勝利

淮海戦役において、多くの民衆は争って糧食、担架、一輪車を献納し、解放軍の道路工事、橋の修築、負傷者の搬送、物資運搬などを助け、戦役の勝利に重大な貢献を果たした。この戦役の指揮官である陳毅は、淮海戦役は人民大衆の手押し一輪車が（勝利を）演出したと感慨深く言っている。

図7−78　解放区の農民は前線支援担架部隊を組織した

1949年4月、人民解放軍は江西省湖口から江蘇省江陰の1,000キロメートルにわたる長江戦線で、渡江作戦を開始し、一挙に南京を解放、国民党の反動統治の壊滅を宣言した。

内戦開始時、共産党は軍事的に明らかに劣勢にあった。しかしわずか3年の間に、強大化し、国民党を徹底的に打ち破った。このなかには、多くの要素が共通して働いた。例えば、中国共産党の強力な指導、毛沢東の卓越かつ芸術的な軍事指揮などである。
○　あなたは他にどのくらい列挙できますか？

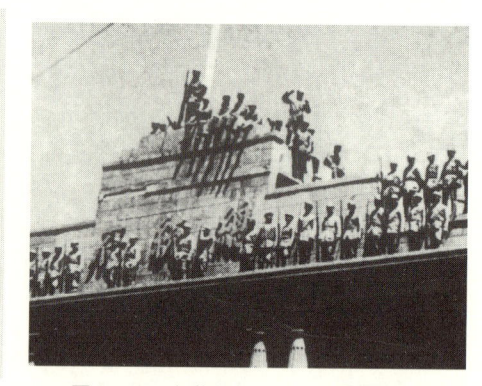

図7−79　紅旗がかけられた「総統府」

全国各地の相次ぐ解放に伴い、新中国を建国する任務が中国人民の前に示された。1949年9月、共産党と各民主党派、無党派人士、人民団体、人民解放軍、各地区、各民族、海外華僑などの各界人民の代表は、北平で新しい政治協商会議を開催した。

会議は臨時憲法的な性質を持つ「中国人民政治協商会議共同綱領」を通過させ、新中国の国号を「中華人民共和国」に決め、毛沢東を主席とする中央人民政府委員会を選出した。会議は新中国の首都を北平に定め、北平を北京と改称することを決定した。また、五星紅旗を国旗、「義勇軍行進曲」を暫定的な国歌とし、天安門広場に人民英雄記念碑を建てることも決定した。

> **読書カード**
>
> 国歌・国旗・国章の誕生
>
> 　国旗、国歌と国章によって、新中国人民が新しい国家の主人公となる願望を表現するために、新政治協商会議準備委員会は、全国にデザイン及び歌詞を公募した。当時の新聞に公募のニュースが載せられてから1ヵ月の間に、国旗1,920件、国旗の図案2,992枚、国歌632曲、歌詞694作、国章112個、国章の図案900枚、意見書24通が寄せられた。
> 　準備委員会の数回にわたる審議を経て、最終的に五星紅旗を国旗に、「義勇軍行進曲」を暫定的な国歌に選び、1950年に国章を決定した。

　1949年10月1日午後、首都の30万の軍隊と民衆が天安門広場に集まり、中華人民共和国の成立を祝った。雄大な天安門の楼の上で、毛沢東主席は自ら五星紅旗を掲揚し、中央人民政府の布告を読み上げ、全世界に向かって、新中国の誕生を宣言した。ここにおいて、中国の歴史に新たな1ページが開かれたのである。

図7-80　開国大典

> 　1949年10月1日、毛沢東主席は開国大典で、全世界に向かって厳かに宣言した……「中華人民共和国中央人民政府は今日成立した！」

第六課　新中国の誕生　299

自分でやってみよう

1. 毎年、われわれは多くの記念日を過ごしますが、そのなかのどれが五四運動以降の歴史と関係のあるものでしょうか。これらの由来について語ってみましょう。
2. 関係する資料を調べ、下にある事件のうちの1つを選び、以下に示す問題を分析しなさい。
   重慶交渉、陝西省北部の転戦、中原の包囲突破、大別山の前進、三大戦役、渡江戦役
   ◇事件発生の背景と原因
   ◇事件の経過と結果に影響した要素
   ◇事件の意義
3. 新中国成立以前、「義勇軍行進曲」を国歌に代えようとした提案は、熱烈な賛同を得た。しかしある人は、新中国が成立してからは、歌詞を変えるべきだと考えた。しかし毛沢東は「『中華民族に最大の危機が迫っている』この歌詞は過去のものになっただろうか。私はそうは思わない。わが国の人民は苦しい闘争を通して、最終的に勝利を得た。しかし未だ帝国主義の包囲を受けており、帝国主義のわれわれに対する圧迫を忘れてはならず、われわれは中国の完全な独立解放を勝ち取るために、さらに苦しい闘争を続けなくてはならない。そのために、もとの歌詞はまだまだ意義のあるものである」と述べている。
○あなたは、毛沢東のこの講話の意義をどのように理解しますか？
○なぜわれわれの今日の国歌は、いまだ「義勇軍行進曲」の歌詞を用いたままなのでしょうか？

総合研究七　中華民族百年のあゆみを振り返る

歴史をここで深く考える

　人民英雄記念碑は、中華民族百年の奮闘の過程で、犠牲になった無数の先烈を記念するために建てられた。1952年8月1日に建設を開始し、1958年5月1日に落成した。それは北京天安門広場の中心に位置し、約3,000平方メートルを占め、高さは37.94メートル、下部は2層の漢白玉の欄干で囲まれた碑座である。

　碑の下部には二重の碑座があり、下層は四方に8つの巨大な漢白玉のレリーフと2つの装飾的なレリーフがはめられており、それぞれ、虎門のアヘン焼却、太平天国の蜂起、武昌蜂起、五四運動、5・30運動、八一南昌蜂起、抗日遊撃戦争、長江渡河作戦の勝利、そして前線支援、人民解放軍歓迎を示している。すべてのレリーフの高さは2メートルであり、総延長は40.68メートル、170人の人物が描かれ、最近百年の中国革命の歴史が表されている。上層は四方に、中国人民の好きな菊、蓮、牡丹、ユリなどが組み合わさった8つの花輪のレリーフが置かれ、高貴、純潔、忠節を意味している。

図7-81　人民英雄記念碑

　記念碑の正面には、毛沢東の書いた「人民英雄永垂不朽〔人民の英雄は永遠に不滅である〕」の8つの金文字が刻んである。背面は毛沢東が考え、周恩来が書いた碑文である。「過去3年、人民解放戦争と人民革命の中で犠牲になった人民の英雄は永遠に不滅である！　過去30年、人民解放戦争と人民革命の中で犠牲になった人民の英雄は永遠に不滅である！　1840年から内外の敵に反対し、民族独立と人民の自由・幸福を勝ち取るために、これまでの闘争の中で犠牲になった人民の英雄たちは永遠に不滅である！」とある。碑の両側には五星、松、旗と組み合わさった花輪のレリーフが飾り付けてある。

　レリーフは百年の歴史絵巻であり、碑文は百年の歴史の訴えである。私たちはここに来るたびに、レリーフと碑文の示す筋道に沿って、中国人民が百年以上にわたって先人の屍を乗り越え、勇敢に奮闘してきたあゆみについて考えさせられるのである。

百年のあゆみを復習しよう

　これまで習ってきたテキストをもとに、この百年のなかで、なにが重要な事件か、各段階において、どのような重要人物がいたかをまとめて、次のページの表に書き入れてみましょう。

100年間の重大事件と重要人物

時間	項目	
1840～1859年	事件	
	人物	
1860～1879年	事件	
	人物	
1880～1899年	事件	
	人物	
1900～1919年	事件	
	人物	
1920～1929年	事件	
	人物	
1930～1939年	事件	
	人物	
1940～1949年	事件	
	人物	

これらの人物と事件を選び、以下のような問題に取り組んでみましょう。

○この事件と関係する世界情勢は何でしょうか？
○この事件あるいは人物と関係する具体的な国内情勢は何でしょうか？
○この事件はどのような変化を反映し、どのような影響を生みましたか？
○この人物はどのような活動をし、どのような影響を残しましたか？

歴史に未来を語らせる

　記念碑はレリーフと碑文という方法を使って、先人に対する追想と崇敬、さらに後世への警告と希望を示している。われわれは、実際それ以外の多くの方法で以下のような問題について自分の考えを表現できる——中国人民の独立と進歩を探求するあゆみは、なぜ初期は一貫して不成功におわり、後に成功するに至ったのであろうか。重要な変化はどこにあったのだろうか。

○1人の人物記念碑あるいは記念展示を製作しよう。
　上で出てきた人物を選び、彼らの生涯の事績（絵や写真があればなおよい）を小型展覧会にまとめましょう。可能であれば、小型の人物記念碑を作ってみましょう。
　さらにもし可能であれば、社会生活の変化をこれらの人物の記念展のなかで表現できればなおよいでしょう。

以下は、それ以外の提案です。
◇展覧ボードを製作しましょう。ひとつあるいは複数の時期を選び、異なる時期の物語について書いてみましょう。
◇小型新聞をつくる。同級生達とグループをつくり、各グループでそれぞれ一つの歴史時期を選び、特集式の小型新聞を発行しましょう。
◇歴史劇の上演。ある時期を選び、当時の社会生活あるいは歴史事件を反映した劇を上演しましょう。
◇自分でデザインしましょう。
◇どのような形式を採るのであれ、事件が発生した原因を示しましょう。

付録1

中国歴史大事〔重要事項〕年表
（1368 ― 1949 年）

明（1368―1644年）
 1368年　明建国
 1405―1433年　鄭和、7回にわたり南海諸国歴訪
 1616年　ヌルハチ、後金を建国

清（1636―1912年）
 1636年　後金、国号を清とする
 1644年　明滅び、清軍山海関以南に入る
 1840―1842年　アヘン戦争
 1842年　中英間で、「南京条約」を締結
 1894―1895年　甲午中日戦争〔日清戦争〕
 1895年　中日間で、「馬関条約〔下関条約〕」を締結
 1898年6月　戊戌変法はじまる
 1911年　武昌〔で新軍〕蜂起

中華民国（1912―1949年）
 1912年1月1日　中華民国成立
 1915年　新文化運動はじまる
 1919年5月4日　五・四運動起こる
 1921年7月　中国共産党成立
 1927年8月1日　南昌〔で中共〕蜂起
 1931年9月18日　九・一八事変〔柳条湖事件〕
 1934年　中国共産党軍、長征開始
 1936年12月12日　西安事変〔西安事件〕
 1937年7月7日　七・七事変〔盧溝橋事件〕
 1945年8月15日　日本、無条件降伏を宣言
 1945年8～10月　重慶会談、「双十協定」調印
 1946年6月　全面内戦はじまる
 1948年9月―1949年1月　中国人民解放軍、遼瀋・淮海・平津の三大戦役を起こし、勝利をおさめる
 1949年4月　渡江戦役で国民政府敗北

中華人民共和国成立（1949年10月1日）

付録2

世界歴史大事〔重要事項〕年表
（14世紀−1945年）

14世紀　イタリアでルネサンス展開

1492年　コロンブス、アメリカに到達

16世紀　ドイツで宗教改革はじまる

17−18世紀　啓蒙運動

1640年　イギリスでブルジョワ革命〔イギリス革命〕起こる

18世紀60年代　イギリスで最初の産業革命はじまる

1776年　〔大陸会議で〕『独立宣言』が決議され、アメリカ合衆国誕生

1787年　アメリカ、憲法を制定

1789年　フランス革命起こる

1848年　『共産党宣言』が発表され、マルクス主義誕生

1868年　日本、明治維新はじまる

19世紀末　主要な資本主義諸国、世界をほぼ分割しおえる

1914−1918年　第一次世界大戦

1917年　ロシアで十月社会主義革命〔十一月革命〕

1919−1922年　トルコ、ケマル革命

1929−1933年　世界恐慌

1933年　アメリカ大統領ローズヴェルト、ニューディール政策を実施

1939−1945年　第二次世界大戦

1945年10月　国際連合成立

付録3

本書中の主要語彙、中英対照表
（本文に登場した順による）

中文	英語	日本語
文芸復興	Renaissance	ルネサンス
達・芬奇	Leonardo da Vinci	〔レオナルド＝〕ダ＝ヴィンチ
莎士比亜	William Shakespeare	〔ウィリアム＝〕シェークスピア
宗教改革	The Reformation	宗教改革
馬丁・路徳	Martin Luther	マルティン＝ルター
哥白尼	Nicolaus Copernicus	〔ニコラウス＝〕コペルニクス
牛頓	Isaac Newton	〔アイザック＝〕ニュートン
啓蒙運動	Enlightenment	啓蒙運動
伏尓泰	Voltaire	ヴォルテール
盧梭	Jean Jacques Rousseau	〔ジャン＝ジャック＝〕ルソー
哥倫布	Christopher Columbus	〔クリストファー＝〕コロンブス
『権利法案』	Bill of Rights	『権利の章典』
君主立憲制	Constitutional Monarchy	立憲君主制
『独立宣言』	Declaration of Independence	『独立宣言』
華盛頓	George Washington	〔ジョージ＝〕ワシントン
『人権宣言』	Declaration of the Rights of Man and the Citizen	『人権宣言』
羅伯斯庇尓	Maximilien de Robespierre	〔マクシミリアン＝ド＝〕ロベスピエール
拿破侖	Napoleon Bonaparte	ナポレオン〔ボナパルト〕
工業革命	Industrial Revolution	産業革命
瓦特	James Watt	〔ジェームズ＝〕ワット
愛迪生	Thomas A. Edison	〔トーマス＝アルヴァ＝〕エジソン
明治維新	Meiji Restoration	明治維新
馬克思	Karl Marx	〔カール＝〕マルクス
恩格斯	Friedrich Engels	〔フリードリヒ＝〕エンゲルス
科学社会主義	Scientific Socialism	科学的社会主義
『共産党宣言』	The Communist Manifesto	『共産党宣言』
第一次世界大戦	World War I	第一次世界大戦
第二次世界大戦	World War II	第二次世界大戦
法西斯	Fascism	ファシズム
聯合国	The United Nations	国際連合
大危機	The Great Depression	大恐慌
十月革命	October Revolution	十月革命〔十一月革命〕
列寧	Lenlin〔Leninの誤り〕	レーニン
凱末尓	Kemal	ケマル
新政	New Deal	ニューディール
羅斯福	Franklin D. Roosevelt	〔フランクリン＝デラノ＝〕ローズヴェルト

付録4　課外読物〔174頁と同じ〕
付録5　推奨ウェブサイト〔174頁と同じ〕

歴史と社会

私たちが直面するチャンスと挑戦

九年級

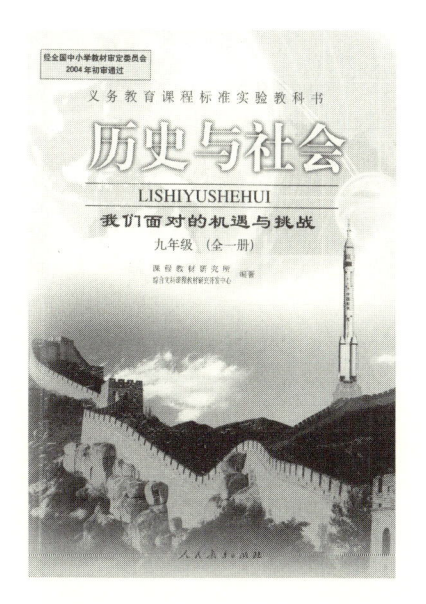

構造図　現代世界と新中国の発展

戦後世界の基本局面

- 米ソを頂点とする東西二つの軍事同盟の対峙
- 冷戦の概念
- 西側諸国の植民地体制の瓦解とアジア・アフリカ・ラテンアメリカの復興

新中国の成長過程

- 十一期三中全会以前における紆余曲折のなかでの新中国の前進
- 改革開放後における中国の近代化建設が大きな成功を勝ち取る

今日の世界局面と時代の主題

- 東欧諸国の激変とソ連邦の解体が冷戦の終結を示す
- 世界における多極化の方向性
- 平和と発展は依然として今日の時代の主題

人類が21世紀に踏み入ったとき、中国は全面的な「小康」社会を建設する新しい発展段階へと入った。新しい世紀の新しい段階において、中国の発展はえがたいチャンスと厳しい挑戦に直面している。

第一単元
チャンスと挑戦に満ちた時代

　第二次世界大戦が終わると、人類は新しい時代に入った。この半世紀あまり、国際舞台はめまぐるしく変化した。新中国はそうした苦難のなかで成長した。

　米ソを頂点とする東西の二つの軍事同盟の対峙という状況下において、戦後世界は40年あまりの冷戦を経験した。冷戦終結後、世界局面に多極化の方向性が出現し、平和と発展は依然として時代の主題といえる。しかし、不公平・不合理な国際経済の古い秩序は根本的な解決をみておらず、覇権主義と強権政治がまた新たに現れ、民族や宗教の矛盾、国境や領土をめぐる争いが、局部的な衝突として激しさを増したり下火になったりしている。また南北格差がさらに拡大している。

　こうした国際的な背景の下、新中国は人民政権を確固なものとする「朝鮮民主主義人民共和国を助け、中国を防衛しよう」という歳月を経験することで、社会主義革命と建設の偉大な勝利を収めた。また、「大躍進」と「文化大革命」といった曲折と災難も経験した。党の十一期三中全会以後、中国は改革開放の新しい時代に入った。これ以降、中国の特色ある社会主義事業の建設は、大きく発展をとげ、人びとが驚くような偉大な成功を勝ち取ったのである。

　人類が21世紀をむかえたとき、中国人民の生活は、すでにほぼ「小康」状態に到達していた。しかし、先進国と比較すると依然として大きな差がある。平和と発展が進む流れのなかで日増しに激しくなる国際競争に分け入ることは、現代人が関心を寄せる問題である。このように中国の発展は大きなチャンスとともに厳しい挑戦にも直面しているのである。

第一課　戦後世界の新局面

両極と冷戦

　1945年2月、世界反ファシズム戦争の勝利を目前にして、ソ・米・英の3国の指導者である、スターリン・ルーズヴェルト・チャーチルはソ連のヤルタで会談をもち、戦争後の重要な問題について話し合い、ヤルタ協定に調印した。米ソの実力均衡を基礎として結ばれたヤルタ協定は、戦後世界の局面の形成に対して大きな影響を与えた。

　第二次世界大戦後、アメリカ経済と軍事力は空前の膨張をとげ、世界トップの強国となった。全世界に覇を唱える戦略を推し進めるため、アメリカは戦争中にソ連と結んだ軍事同盟を放棄し、反ソ・反共へと移行していく。1949年、アメリカを頂点に12の西側諸国が「北大西洋条約」に調印して、ソ連を標的とした軍事政治同盟－北大西洋条約機構、通称ＮＡＴＯを成立させた。

　反ファシズム戦争の勝利は、ソ連の国際的な名声を大きく向上させ、いつかの人民民主国家がつぎつぎと誕生した。1950年代、ソ連の指導の下、それらの国ぐにはに社会主義陣営を形成していった。1955年、ソ連と7つの東欧諸国は、ワルシャワで「東欧8ヵ国友好相互援助条約」、いわゆる「ワルシャワ条約」に調印した。ワルシャワ条約に基づいてＮＡＴＯに対抗する軍事政治同盟として成立したのが、ワルシャワ条約機構である。

　ＮＡＴＯとワルシャワ条約機構の二つの同盟が出現したことは、東西双方が対峙する局面が形成されたことを示している。

　ＮＡＴＯ成立以前、アメリカ大統領のトルーマンは、アメリカはソ連などの社会主義国家に対して、軍事的な侵攻以外のあらゆる手段による敵対行動を採る、と宣言し、人びとはこれを冷戦政策と呼んだ。1950年代末以降、ソ連の覇権主義も膨張しはじめ、軍事力においてアメリカと並ぶ超大国となった。米ソ二つの超大国間の軍備競争は日増しに加速し、いずれもが核兵器を持ち、それは地球を何度も破滅させるに足るものであった。そのため世界で局地的な戦争は続いたものの、米ソ間では直接的な大規模軍事衝突は起こらなかった。冷戦の主たるスタイルといえる米ソの覇権争いは、1980年代末まで続くのである。

専門テーマ探求

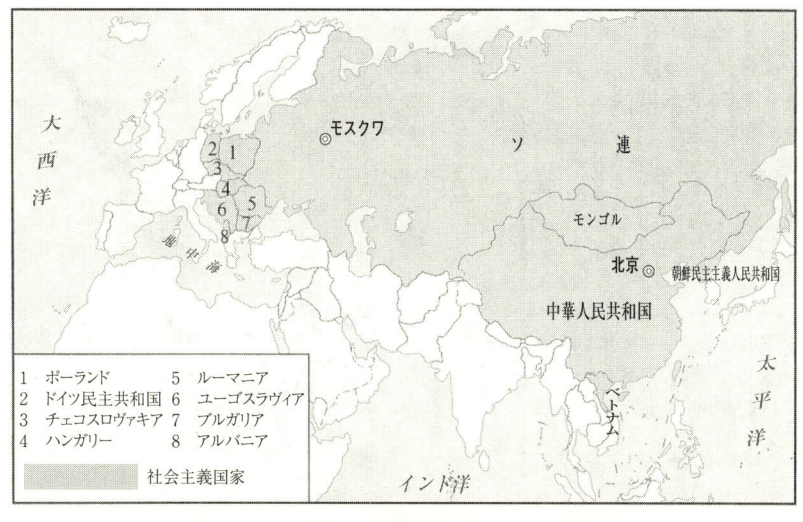

冷戦の顔

図1-1　第二次世界大戦後の社会主義国家

1　ポーランド　　　　5　ルーマニア
2　ドイツ民主共和国　6　ユーゴスラヴィア
3　チェコスロヴァキア　7　ブルガリア
4　ハンガリー　　　　8　アルバニア

社会主義国家

1946年3月、イギリス首相のチャーチルがアメリカを訪問した際の演説は、「鉄のカーテン演説」と呼ばれた。

「バルト海のシュチェチンからアドリア海のトリエステまで、ヨーロッパ大陸を横切る鉄のカーテンがすでにおろされている。この線のかなたに中央と東ヨーロッパの古い国ぐにの首都すべてが存在するのだ。ワルシャワ・ベルリン・プラハ・ウィーン・ブダペスト・ベオグラード・ブカレスト・ソフィアだ。これらの有名な都市とそれを取り巻く住民はことごとくソ連圏と呼ぶべきもののなかにいるのだ」。

1947年3月、トルーマンは議会で一般教書演説を行うなかで「トルーマンドクトリン」を明らかにした。

「世界はすでに『全体主義』と『自由主義』の二つに分かれ敵対している。アメリカの対外政策の根本原則は、自由民族が彼らの自由制度と国家保全の維持を助けることであり、共産主義が彼らに侵略行為を加えることに対して対抗しようと思う。……アメリカは共産主義の脅威にさらされ援助を必要とする国に対して、金銭・原料・技術などの分野でサポートする」。

第一課　戦後世界の新局面　311

○ある歴史家は、「鉄のカーテン演説」と「トルーマンドクトリン」が、冷戦の始まった重要なポイントであると位置づけるが、あなたはこの考えに対して意見が述べられますか。

「北大西洋条約」の規定では、「ヨーロッパに対して、もしくは北アメリカの一つ、または複数の条約締結国に対する武力侵攻は、締結国全体への攻撃とみなす」、「締結国は武力を含む行動を採ることができる」となっている。

「東欧8ヵ国友好相互援助条約」の規定では、「もしヨーロッパにおいていかなる国家、もしくは同盟が一つまたは複数の条約締結国に対して武力侵攻した場合、すべての締結国は単独、または集団的自衛権を行使しなければならない。必要と考えられる一切の方法をもって、……こうした攻撃を受けたある国家、複数の国家を直ちに援助する」とある。

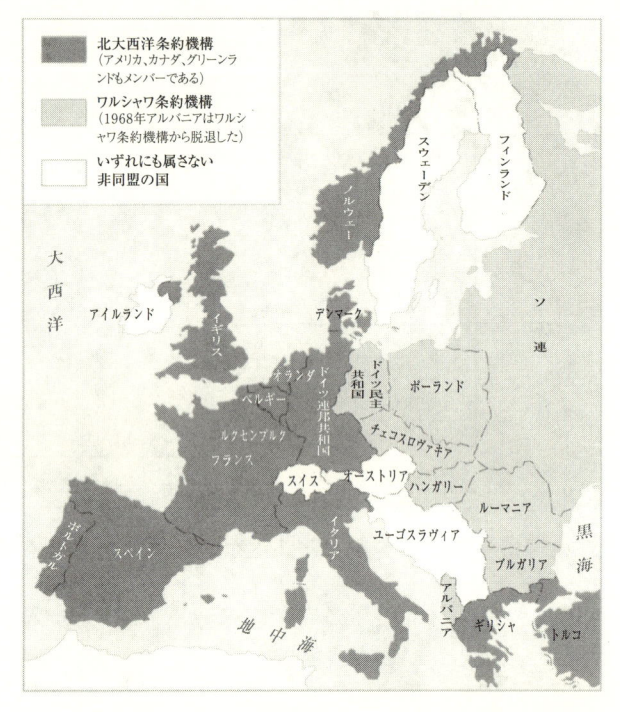

図1-2　第二次世界大戦後のヨーロッパにおける政治軍事同盟の分布

○図から、ＮＡＴＯとワルシャワ条約機構のメンバーが主にどの地域に集中しているのか、標的とする地域もしくは国家はどこなのか、説明しなさい。
○図から、ＮＡＴＯ、ワルシャワ条約機構のいずれにも属さない国がどこなのか探しなさい。

図1-3　ベルリンの壁

第二次世界大戦後、ヤルタ協定に基づいて、ソ・米・英（後にフランスも加わる）がドイツを分割占領した。ソ連は東ドイツと東ベルリンを占領した。1961年8月、東西ベルリンの境界に、一本のコンクリートの壁がつくられた。これ以後の20年あまり、この壁は東ドイツ人と西ドイツ人が簡単に行き来できない障害となった。

312　第一単元　チャンスと挑戦に満ちた時代

アメリカの「原子爆弾の父」オッペンハイマーが、初めて原子爆弾が爆発する壮観かつ残酷な光景を見たとき、頭の中に古代インドの聖典のある詩が浮かんだ。「とてつもない光が放たれた。まるで聖霊がその力をみせつけるがごとく。1,000個の太陽をもって、ようやくその輝きに匹敵するほどの光である」。

冷戦期に米ソの軍拡競争が頂点に達したとき、両国の核倉庫には5万発の核弾頭が保管されており、その爆発規模は100万発の「リトルボーイ」に相当した。「リトルボーイ」とは、1945年アメリカが日本の長崎上空で投下した原子爆弾の名前である。爆発後、6万人が死亡した。

図1-4　原子爆弾炸裂の光景

1962年8月、アメリカはソ連がキューバにミサイル発射基地を建設していることを発見した。10月22日、アメリカ軍は最高警戒レベルに入り、キューバに対する海上封鎖を実施した。アメリカ大統領ケネディは、核弾頭を搭載したアメリカ軍の爆撃機をキューバ上空へと進入させた。戦争は一触即発の状態となった。28日、ソ連の指導者フルシチョフの命令により、ミサイルの発射基地建設は中止され、キューバから軍事顧問とミサイルを撤去させた。キューバ危機はこうして終結した。

図1-5　キューバ危機の漫画

第二次世界大戦終結後、ベトナム北部に成立した民主共和国は、ソ連と中国政府の支持を得ていた。共産主義が拡大することをくいとめるため、アメリカは1960年代初めからベトナムに対する侵略戦争を起こして50万人以上を派兵した。ベトナム戦争は、アメリカの歴史上、最も長く戦った戦争であり、また損失が最も大きかった戦争でもある。ベトナム人民の徹底した抵抗に遭っただけでなく、アメリカの人びとの強い反対にあい、最後は失敗に終わった。

図1-6　アメリカ民衆の反戦デモ

○上述した材料を総合的に使って、米ソ冷戦の具体的なあらわれ方とその特徴をまとめて説明しましょう。
◇冷戦が主としてあらわれたのは、米ソを頂点とした二つの軍事同盟の対峙である。
◇米ソ二つの超大国の間で行われた駆け引きは、世界が長期にわたって平穏にならざるをえない主な原因となった。
◇東西二つの軍事政治同盟の勢力は拮抗しており、誰も安易に武力を使おうとはしなかった。
◇米ソ両国はともに大量の核弾頭を備蓄しており、お互いを抑止した。
◇二回の世界大戦の苦しみを経て、世界各国の人びとは平和を望み、戦争に反対した。

第一課　戦後世界の新局面

植民地体制の瓦解と各国の近代化追求

　第二次世界大戦後、世界的に最も意義を持つ変化の一つは、帝国主義植民地体制の瓦解である。1940年代、アジアはまず民族解放運動の流れを巻き起こした。ベトナム北部、朝鮮民主主義人民共和国と中華人民共和国はあいついで社会主義の道を歩み始めた。その他の国ぐにも前後して独立を勝ち取った。インドは最大の植民地国家として、その独立は帝国主義植民地体制に極めて大きな衝撃を与えた。1955年、インドネシアのバンドンで開かれたアジア・アフリカ会議では、独立を勝ち取ったアジア・アフリカの人びとが自分たちの運命は自分たちのものであるという同じ願いを示した。50・60年代、民族独立運動はアフリカ大陸全体を席巻し、1960年だけでも17の国家が独立をした。この一年はアフリカ独立の年、と呼ばれる。1990年のナミビアの独立は、植民地時代の終結を示していた。

　第二次世界大戦後、各国の近代化に対する追求も世界的に意義のある現象といえる。なかでも経済の近代化の発展が最も突出している。新しい科学技術の革命の下、先進資本主義国家の経済は、急速な発展の時期をむかえた。この連続した20年近くの期間は、戦後資本主義経済の「黄金時代」と呼ばれる。政治上、植民地支配の足かせを取り去ったいくつかのアジアの国家と地域は、民族経済を発展させる道へ進み、世界経済に新しい活力を注入した。60・70年代、シンガポール・韓国・中国台湾・香港地区の経済は急速に発達し、発展途上国と地域経済の近代化の突出した事例となり世界の注目を集めた。

　しかし、アジア・アフリカ・ラテンアメリカの多くの国は独立以後も経済的に完全には先進国の支配から抜け出せず、長期にわたって苦しい状況に直面している。1964年、第一回国連貿易開発会議の総会において、77の発展途上国が「77ヵ国グループ共同宣言」を表明し、不平等な国際経済秩序の変革を求めた。「77ヵ国グループ」は、その後100を超える国ぐにがメンバーとなったが、彼らの平等で合理的な国際経済秩序を勝ち取る闘いは、多くの発展途上国の近代化追求を表現している。

専門テーマ探求　　　　　　　　　　　　　　　アジア・アフリカの復興

独立の波がアフリカを席巻した

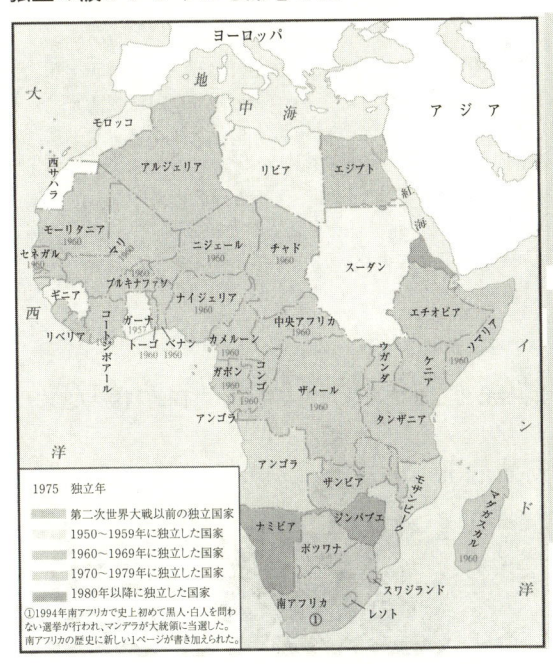

1952年、北アフリカのエジプトがまず独立を勝ち取り、60年代に至ると、サハラ砂漠から喜望峰まで、アフリカ大陸全体で独立の声が叫ばれ、イギリスやフランスのアフリカ植民地統治をほぼ打ち砕いた。1990年、ナミビアが独立を宣言し、アフリカの国家は完全に植民地時代を葬り去った。

1956年以前、スエズ運河は実質的にイギリスによって支配されていた。1956年エジプトの大統領ナセルは、スエズ運河すべての国有化を宣言した。彼は、「今日、われわれはまさに正真正銘の主権、尊厳と誇りを実現する。……われわれの財産はすでにわれわれに取り戻されている」と述べた。

図1-7　アフリカ大陸の独立プロセス

○資料を収集して歴史を振り返り、アフリカがかつてどのような国ぐにに植民地統治を受けたのか考えましょう。
○地図を読み解き、地図上からエジプトがスエズ運河を取り戻したことにどのような意義があるのか述べなさい。

アジア・アフリカ・ラテンアメリカの声

アジア・アフリカ会議は、独立したアジア・アフリカの国々によって初めて植民地国家の参加しない状況下で開催された会議であり、アジア・アフリカ地域の重要な問題を討論する国際会議であった。会議期間中、一部の国家の代表による共産主義への攻撃に、中国の周恩来総理は、「私たちは団結のために来たのであり、口げんかをしに来たのではない。私たちは共存のために来たのであり、対立のために来たのではない」と述べた。アメリカの記者は、「周恩来が会議の方向性を変えた」と論評した。

図1-8　周恩来がバンドン会議において演説を行う

第一課　戦後世界の新局面

○アジア・アフリカ会議で周恩来総理は「求同存異（共通点を見つけ出し、異なる点は残しておく）」の方針を提起した。ここから派生、発展して平和五原則となった。すなわち領土保全と主権の尊重・相互不侵略・内政不干渉・平等と互恵・平和的共存である。今日、「平和五原則」は、すでに世界の多くの国ぐにが認める国家間の関係を処理する基本原則になっているが、その原因について述べなさい。

1970年の発展途上国の第一次産品の輸出価格は、1950年に比べて54％下落した。一方、先進国が輸出する工業製品は、同時期に44％上昇した。1960～72年までに、発展途上国がこうした不等価交換によって生じた損失は、1,034億ドルにのぼる。1974年、国連は77ヵ国グループが起草した「新国際経済秩序宣言」を採択。宣言では、国際経済の新秩序が、すべての国家の公正、主権平等、相互依存、共同利益と協力を基礎とした国際間の経済関係体制であると指摘している。

図1－9　77ヵ国グループ会議

○上述した材料を分析したうえで、あなたは国際社会のなかでアジア・アフリカ・ラテンアメリカの国ぐにと人民にどのような共同利益と追求があると考えますか？

オイルショックの衝撃

1950年代、石油はアメリカの主要なエネルギーとなり輸入も日増しに増加した。中東から輸入した大量の石油の価格は、長期にわたって1バレル2ドル以下で、安い石油がアメリカ経済の成長を速める重要な動力源の一つとなった。

中東の産油国は、安い原油価格に当初から不満を持っており、1973年、アラブの産油国はアメリカに対して禁輸を行い、

図1－10　ガソリンスタンドにできた長蛇の列

同時に共同して価格を大幅に引き上げた。1973年10月から1974年1月までに、原油価格は1バレル11.65ドルまで大幅に高騰し、輸入した大量の石油に依存していたアメリカ経済は、大きな打撃を受け、アメリカの人びとの生活に影響を与えた。当時の大都市では、車がガソリンを1回給油するのに、2、3時間待たなければならなかった。

その後、アメリカ政府はエネルギーの節減政策をとらざるをえず、太陽エネルギーなどの新しいエネルギーの研究をスタートさせることになった。

○1973年、アメリカの国家安全保障担当大統領補佐官のキッシンジャーは、「有史以来、弱小国が集まったグループが、人類の大多数を占めるその他の国ぐにの人びとに対して、このように劇的に生活様式を変化させ、なおかつ抗議が少ないということは一回もない」と述べた。石油危機が起こった背景に関連づけて、この話に対するあなたの理解を述べなさい。

○戦後発生したどのような事件が、アジア・アフリカ・ラテンアメリカの復興を説明できますか？

第二課　共和国の苦難の道のり

新生政権の強化

　新中国の成立は、わが国の歴史が新しい時代に入ったことを示しており、戦後世界の局面に影響を与えた最も重要な事件の一つである。しかし新生人民政権の役割は、極めて困難な、そして難しい挑戦に直面していたのである。

　中国人民が戦争の廃墟から新たな国家をまさに建設しようとしていたとき、1950年6月、朝鮮戦争（ちょうせんせんそう）が起こった。アメリカ軍を主力とするいわゆる「国連軍」は、強行に軍を派遣して干渉した。戦火は中朝国境の鴨緑江（おうりょくこう）にまで一気に到達した。国家の防衛と朝鮮民主主義人民共和国の要請に応えて、同年10月、中国人民志願軍（ちゅうごくじんみんしがんぐん）は、朝鮮戦争の前線へと赴き、侵略者への抵抗を開始した。この戦いは、中朝の軍隊が世界で最強の武器や装備を持つアメリカ軍と死力を尽くした勝負となった。3年間にわたる戦争中、志願軍と朝鮮の軍民はともに戦い、解放を勝ち取ったばかりの中国人のいかなる強敵にも屈しないという英雄の気概を示した。勝負の結果、侵略軍が戦争前の位置まで後退させられ、アメリカは「朝鮮停戦協定」に調印を迫られるなど、中朝人民は反侵略戦争の勝利を勝ち取ったのである。

　朝鮮戦争と同時に、新中国は国民党旧政権の大陸に残留していた武装勢力と匪賊を一掃し、チベットの平和的解放を実現した。こうして各地に各レベルの人民政府が成立し、国民経済は回復・発展していった。1952年末、中国大陸では基本的に土地改革を完了し、3億人近い土地を持たない、もしくはほとんど土地を持たない農民に4,660万ヘクタールの土地と大量の農具、家畜や家屋などが分け与えられ、農民たちは正真正銘の解放を得た。こうして中国の数千年の封建土地制度は完全に消滅したのである。

　新中国誕生後、立ち上がった中国人民は、新政権の勝利を強固なものにすることによって新中国の強大な生命力を証明したのである。

専門テーマ探求　　　　　　　　　　行わなければならなかった「勝負」

　朝鮮の内戦が起こってから、アメリカ軍は1950年9月15日に朝鮮中部の仁川に上陸した。10月1日、いわゆる「国連軍」司令官マッカーサーは最後通牒を発し、朝鮮民主主義人民共和国に武装解除・戦闘停止・無条件投降を要求した。アメリカ軍は戦火をわが国の国境にまで広げ、中国東北部の国境付近の都市に爆撃や掃討を行い、さらにアメリカ海軍第七艦隊をわが国の台湾海峡に派遣して、人民解放軍が台湾を解放することを阻んだ。

> 1950年9月30日、周恩来はわが国政府を代表して厳かに宣言した。「中国人民は平和を愛している。しかし平和を守り、侵略戦争に反対することを永遠に恐れない。中国人民は外国の侵略を絶対に受け入れることはできないし、いかなる帝国主義が自分の隣人に対して欲しいままに侵略することをかまわずに放っておくこともできない」。

図1-11　1950年、中国人民志願軍は鴨緑江を越えた

> 1950年10月15日、アメリカ大統領トルーマンとマッカーサーは、ウェーク島で会談した。トルーマンは、中国が介入してくる可能性がどれほどあるかを尋ねたとき、マッカーサーは「とても小さい。彼らには空軍がなく、われわれは朝鮮に空軍が使用できる基地があるからである……」と述べた。

図1-12　トルーマンとマッカーサー

　こうした重大な状況に対して、新中国はアメリカとの戦いを行うべきかどうか、当時、国内外でさまざまな議論が行われた。
　◇アメリカは世界最強の国家であり、軍隊の装備も最新鋭、さらに核兵器も有している。
　◇新中国は誕生してわずか1年、長期にわたる戦争の傷跡もまだ癒されず、経済も回復を始めたばかり、これまでできなかったことをやり始める時期である。
　◇中国人民解放軍の武器、装備は劣っており、制空権と制海権は掌握できていない。
　◇もし中国が軍隊を送らない場合、アメリカの朝鮮全土に対する軍事占領を阻止することは難しく、強敵の圧力は鴨緑江付近にまで至り、中国は将来的に安定した社会建設が難しくなる。
　◇もしアメリカが朝鮮に対する軍事占領を実現すると、国内外の反動派の勢いはますます強まり、中国に対しても新しい社会主義国家に対しても極めて不利である。
　◇北朝鮮の存亡は中国の安全と密接な関係にあり、北朝鮮が危なくなれば中国も危うくなる。アメリカに対抗して朝鮮を助けることは国家を防衛することである。
　○上述した観点を総合的にふまえ、なぜ中国が軍隊を派遣したとあなたは考えるか述べなさい。

図1-13　中国人民軍第1～3次戦役の図

中国人民志願軍は1950年10月に朝鮮に入り、続けざまに5回の大規模な戦役を行って5戦5勝をはたした。アメリカ侵略軍を38度線付近まで押しもどし、その後の停戦協定の基盤とした。

停戦協定の協議段階であった1952年10月、アメリカ軍は精鋭部隊を集中して、上甘嶺戦役を起こし、われわれを撤退させようと企てた。志願軍は食糧不足、水不足、酸素不足といった重大な困難のなか反撃を行い、43日にわたって守り、敵の数百回の攻撃を退けた。

アメリカ陸軍上将、国連軍総司令のクラークは回顧録のなかで、彼が「アメリカ史上、最初の勝利なき停戦協定に調印した将軍」であると記している。さらにある将軍は1951年に以下のように述べている。「もしアメリカが戦争を拡大したならば、それは誤った時に、誤った場で、誤った敵への、誤った戦争である」。

図1-14　1953年7月、クラークは朝鮮停戦協定に余儀なく調印した

○私たちが収集できる資料を活用して、当時の世界情勢、戦力比較、軍隊士気、地理要因などから、アメリカの将軍が指摘した4つの「誤り」とは何を指しているのか述べなさい。

　新中国は誕生した。しかし国民党は相当数の軍隊で西南・華南や沿海諸島の険要の地に立てこもって頑強に抵抗していた。彼らは新解放区にいる残留勢力や現地の匪賊と結びつき、各地を転々と逃げ回る方法を採ることで人民政権に対抗した。経済面において、新中国は国民党が残した数多くの激しく破壊された工場を引き継ぎ、物価は高騰し、生産は萎縮した。国際的に世界に覇を唱えようと企むアメリカは、中国人民を敵とみなし、新中国を政治的に孤立させようと、経済的な封鎖、軍事上の包囲戦略などを採った。国内外の敵対勢力はかつて以下のように予言していた。
◇中国共産党は食糧問題を解決することはできない。蔣介石は大陸に四億の人口を残している。
◇1949年、アメリカ国務長官アチソンは、トルーマンへの手紙のなかで中国共産党は相変わらず自国民の食糧問題を解決できておらず、アメリカの小麦粉に頼らざるをえないと述べた。
◇資本家のなかに、共産党は軍事において100点、政治について80点、経済は0点という言い方が広まった。
○上述したような判断に対して、関係する資料を集め、自分の意見を発表しましょう。もしくは共同で一枚の図表を作成し、新中国が新生政権を強固にするうえで偉大な勝利を収めたことを示しなさい。

第二課　共和国の苦難の道のり

社会主義に入る

　土地改革以後、農民に土地が分配され、農業生産は回復し発展した。しかし、個々の農民は生産手段と資金が不足し、自然災害を防いだり、合理的な耕地の利用、機械化された農具を採用することなどが困難であった。そこで党中央の呼びかけに基づいて、自主的な原則によって、バラバラだった個々の農民を組織することで農業生産の合作社（がっさくしゃ）を成立させ、集団化と共同して豊かになる道を歩むことになった。これが農業の社会主義改造である。

　農業合作化運動が推進されるなか、全国の個々の手工業者も先を争って手工業合作社に参加していった。それと同時に国家は公私合営企業を通じて、少しずつ資本主義の商工業に対して社会主義改造を行い、すべての業種で公私合営が高まりをみせた。

　1956年末までに、全国で農業や手工業、資本主義商工業に対する社会主義改造をほぼ完了した。これは中国が社会主義の基本制度を打ち立てたことを表している。

　新中国の成立当初、毛沢東（もうたくとう）は感慨深く以下のように述べている。「今日、われわれは何が作れるだろうか。机や椅子を作ることができる。茶碗や茶壺を作ることができる。穀物を作り、さらに小麦粉にすることができるし、紙も作れる。しかし、一台の車、一機の飛行機、一両の戦車、一台のトラクターでさえ作ることができない」。中国の工業化はこのような基礎からスタートしたのである。社会主義制度を築き上げることは、中国人民が新しい生活を創造する情熱を大きく鼓舞するものであった。中国の経済建設である第一次五ヵ年計画は、1953年から始まり、1957年に計画を大きく超えてやりとげられ、人びとが注目する成果を勝ち取った。この時期から中国は工業が遅れた状態から変化を始め、社会主義工業化へ邁進していったのである。

　近代中国において、統一、民主、繁栄は、多くの人民の百年にわたる夢であり、中国が社会主義の時代に入っていくにつれて、こうした夢も少しずつ現実になりはじめていった。

専門テーマ探求　　　　　　　　　　　　　　　　　情熱を燃やした歳月

　社会主義制度の建設は、中国人民が主人公となって政治に参加し、新しい生活をつくりだす情熱を生み出した。多くの人民大衆が、胸いっぱいの情熱を祖国の社会主義建設の中へ投じていった。さまざまな業種業界で、かつてない成功を生み出した。

　旧中国の鞍山鉄鋼コンビナートは、設備が古く、技術も遅れ、労働条件は劣悪であった。労働者のなかでは、「鉄鋼工場は閻魔殿、小規模な工場は地獄の入り口、選鉱工場は豚小屋」といわれていた。第一次五ヵ年計画期、主人公となった労働者は大きな情熱を新しい鞍山鉄鋼コンビナート建設の中に投じていった。全国の労働模範となった孟泰は、まさにその典型例である。彼の苦しく辛い奮闘、わき目もふらず一生懸命に働き、公のために私を忘れ、工場を家族のように愛する精神は、「孟泰精神」と称えられた。

図1−15　労働模範の孟泰

　農業合作社の社員は新しい農具を採用し、新しい技術を利用して積極性と能動性を充分に発揮した満ち溢れる労働情熱で着実に農業生産を増大させていった。1957年、わが国の穀物と綿の生産高は史上最高の水準に達した。

　1950年代、海外で暮していた科学者たちは、ためらうことなく物質的な好条件を捨て去り、数々の障害を乗り越えて、たゆまぬ闘争を経ることで祖国の懐へと戻った。彼らは国家の建設事業と科学事業のために重要な貢献を行った。

図1−16　懸命に労働に励む農民

図1−17　1956年、毛主席と海外から帰国した科学者である銭学森が親しく言葉を交わす

　ある愛国的民族資本家は、「紡績王」と呼ばれていた。彼は長い間、工業を行うことで国を救い強くすることを夢見てきた。しかし、旧社会では帝国主義と官僚資本主義の圧力と脅迫を受けてきた。第一次五ヵ年計画のスタート後、彼は「すべての達成は夢でみるよりも早く、なんと人びとを鼓舞するものであろう。共産党がなければ、社会主義の道を歩まなければ、どこに今日のような日がありえただろう」、と感慨を語った。彼は先頭に立って呼びかけに応え、積極的に社会主義改造を受け入れた。

図1−18　上海市信大祥絹織物店の公私合営を祝う

○第一次五ヵ年計画期、わが国の労働者、農民、知識分子と改造された資本家は、いずれも勇躍して祖国の建設に参加した。彼らはその時代の中国人のどのような同じ想いや心情を表現しているでしょうか。
○関係する資料を集め、もしくは私たちの先輩を訪ね、こうした想いや心情に対して自分の意見を説明しなさい。

第二課　共和国の苦難の道のり

1957年末までに、第一次五ヵ年計画の各経済建設指標は、基本的にいずれもノルマを大幅に突破した。とりわけ工業と交通運輸業のよい知らせがいくつも伝えられた。

1953年末、中国最大の鉄鋼連合企業－鞍山鉄鋼公司の回復と拡張建設

1956年、中国最初の国産車が誕生

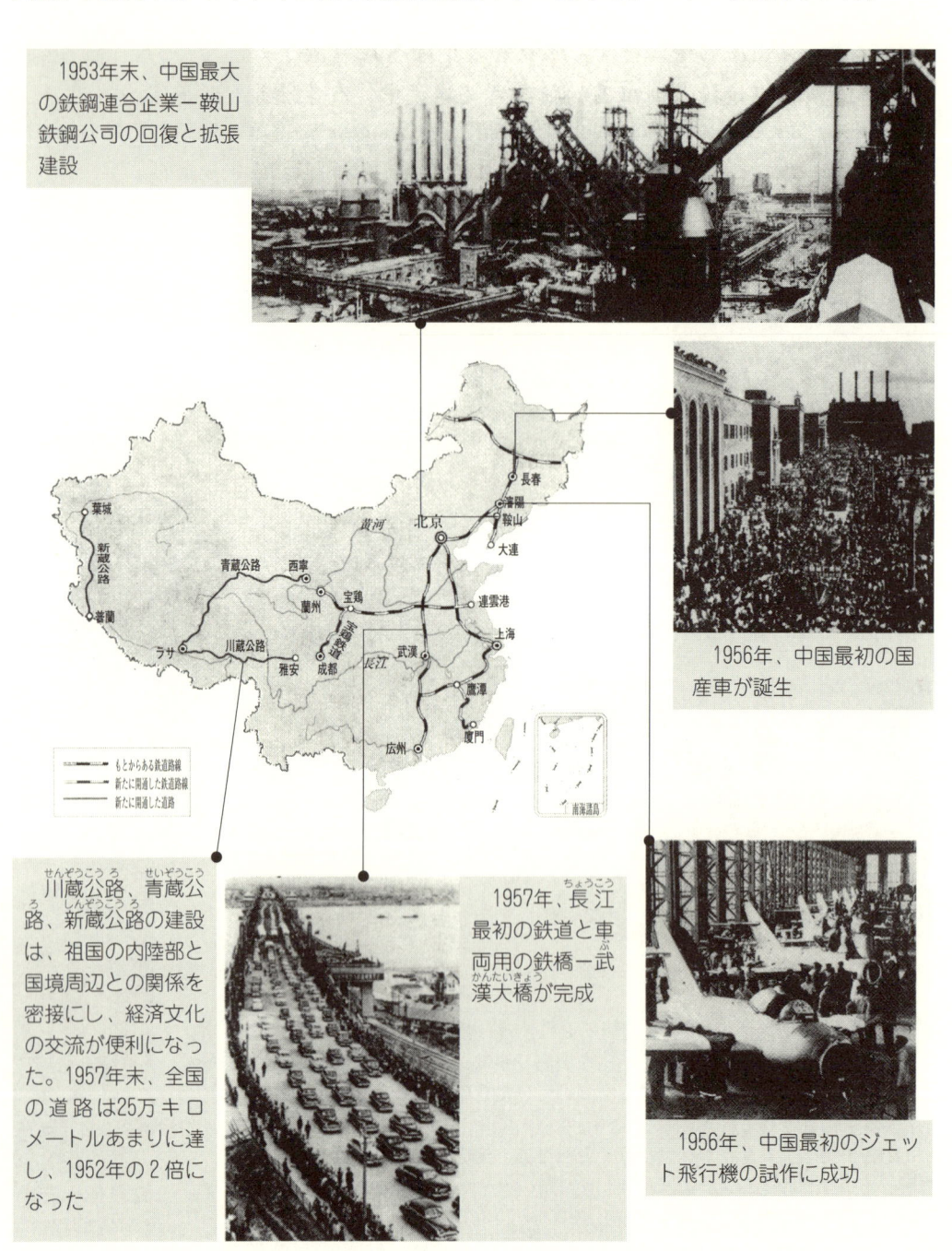

川蔵公路、青蔵公路、新蔵公路の建設は、祖国の内陸部と国境周辺との関係を密接にし、経済文化の交流が便利になった。1957年末、全国の道路は25万キロメートルあまりに達し、1952年の2倍になった

1957年、長江最初の鉄道と車両用の鉄橋－武漢大橋が完成

1956年、中国最初のジェット飛行機の試作に成功

図1－19　わが国の第一次五ヵ年計画期における成功

○地図と結びつけながら、第一次五ヵ年計画期の建設の成果は主にどのような分野か説明しましょう。こうした建設の成功は、どのような地域に集中しているのかを見てみましょう。

322 | 第一単元　チャンスと挑戦に満ちた時代

失敗と挫折

　社会主義制度の建設、第一次五ヵ年計画の成功と中共八全大会による正確な路線決定は、本来、新中国発展の良好なスタートとなるはずであった。また人びとの建設への情熱はとても強かった。しかしわが国の社会主義が各所で直面した発展段階に対する認識不足、社会主義を建設する経験の乏しさ、さらに性急に成功を求めすぎたために、中国は社会主建設の模索のなかで大きな紆余曲折を経験することになった。

　1958年、全国で大躍進運動と農村の人民公社化が高まりをみせた。大躍進のなかで、高いノルマ設定や、でたらめな指揮が行われ、誇張した言い方や「共産風」（すべてを共同所有とするやり方）を生み出した。各地で土法〔在来〕高炉による製鉄や製鋼が行われた。少なくない山林が破壊され、国民経済のバランスを著しく損なわせた。人民公社化の運動において、農民の自留地、家畜、果樹などは、すべて人民公社に帰属するものとされ、人びとの利益が損なわれて、農民の生産への積極性を失わせた。大躍進と人民公社化運動は、経済発展の客観的な法則に反するものであり、わが国の社会経済の発展に重大な損失をもたらした。

　毛沢東は、資本主義の復活を防ぐことを重視した。共産党の純潔性と自分なりの社会主義建設の道筋を探し続けた。しかし、彼はわが国の階級闘争のなりゆきを厳しく予測しすぎ、「大民主」の誤った方法によって、1966年、文化大革命を起こした。林彪や江青ら反革命集団が政権を乗っ取ろうと考え、「すべてを打倒し、全面内戦へ」と扇動した。劉少奇、鄧小平ら党と国家の多くの指導者が職務を罷免され、迫害を受けた。各レベルの政府は機能不能となり、全国の学校は授業を停止、多くの工場が操業を止め、民間団体の間には大規模な武装闘争が発生した。この期間中、党や人民、林彪ら反革命集団の闘争は、いっこうに止むことはなかった。1971年9月13日、林彪らの政権奪取の陰謀は露見し、逃亡の途中に飛行機事故で死亡した。1976年、周恩来、毛沢東があいついでこの世を去り、江青らの反革命集団が権力奪取の活動を強めた。同年10月、党中央は果断な措置をとり一挙に江青をトップとする四人組を追放することで文化大革命の災難を終息させた。

　文化大革命の10年にも及ぶ内乱のなかで、中国の民主と法制は極めてひどく踏みにじられた。多くの幹部と知識分子は深刻な迫害を受けた。ただし、中国共産党と中国人民は、大災害を経験後、痛々しい教訓を総括し、さらに粘り強く成熟を加え、社会主義の道のりにおいてかつてない新たな探求を継続したのである。

専門テーマ探求　　　　　　　　　　　　　　　　　　　　にがい教訓

　大躍進と文化大革命の期間における多くの事柄と行為は、人びとの心を痛めるものである。しかし、苦しみが過ぎた後にその苦しみを思い出して教訓をくみ取れば、私たちはその時代の教訓がいかに大切であるかを感じ取ることができる。

図1-20　全国各地で競いあうように虚偽の記録自慢が行われた

図1-21　奇怪な宣伝画

図1-22　土法高炉（どほうこうろ）で鉄を作る

　1958年、党中央はその年の鋼鉄生産高1,070万トンのために全国の人民が奮闘することを呼びかけた。各地ですぐさま鋼鉄を生産する大軍を組織した。製鉄の原料を提供するため、多くの人びとは家庭の鍋を壊し、鉄の鍬を折り曲げ、はかりの分銅でさえ放ってはおかなかった。学校、工場、役所、農村、軍隊……数千万人が鋼鉄生産の戦線上に日々苦戦していた。全国の街には鉄を作る炉が数多く広く分布し、野にも山にも満ち溢れ、炉の火は一日中消えることはなかった。

○大躍進の時代、新聞では大見出しで「人が大胆であれば、土地もその分、多くを生むものだ」と宣伝した。上にある図を結びつけながら、このような願いと考え方が、生産に対してどのような影響をもたらしたのか分析しなさい。
○大躍進に関する材料を探し出し、この運動に対する自分なりの評価をすることができますか。
◇自然環境に対する影響
◇国民経済に対する影響
◇人びとの思想に対する影響

324　第一単元　チャンスと挑戦に満ちた時代

文化大革命のなかで、多くの現象が「革命行為」とみなされた。

文革がはじまってほどなく、紅衛兵と造反派は、「四旧」打破と銘打って、搾取階級の古い思想、古い文化、古い風俗、古い習慣の一切を批判して、全国各地の歴代の文物や遺跡に対して破壊を行った。こうして計り知れない大きな損失を生じた。

図1-23 山東孔子廟のなかの「万世師表」の額が焼き払われた

1966年5月、北京大学の食堂に一枚の「大字報」（壁新聞）が張り出され、その矛先は、北京大学の党委員会及びその責任者に向けられていた。その後、この種の奨励された「大字報」は天地を覆い隠すがごとく、文革のなかで思うがままに人びとを攻撃し、デマを広げ、騒動を扇動する重要な道具となった。

図1-24 大字報

多くの指導者や幹部に「資本主義の道を歩く実権派」という濡れ衣を着せ、また多くの研究者を「反動的な学術権威」と叱責した。デモを行い、「ジェット式」につるしあげ、三角帽をかぶせた。いずれも革命的大衆として彼らを批判する主な方法であった。このような闘争は無数の同志の心身に極めて大きな傷跡を残した。

図1-25 批判会

○上述した資料に基づき、あなたはこうした行為が文化・思想・政治などの分野にどのような大きい問題をもたらしたと考えますか？
○われわれの今日の認識に照らし、民主と法制度の整備の必要性に結びつけ、上述の行為のなかからどのような教訓を学び取ればよいでしょうか。

成長の誇り：「二弾一星」精神は永遠に

　共和国の苦難に満ちた道のりを振り返ると、どのような挑戦に直面し、いかに大きな圧力を受け、いくつも挫折を経験しようとも、新中国は奮い立ち前進してきた。この一連の歴史のなかで、黄継光(こうけいこう)、王進喜(おうしんき)、雷鋒(らいほう)、焦裕禄(しょうゆうろく)といった英雄模範たちに、人びとはそうした信念を容易に感じ取ってきた。中国人が自らの力を頼りに、原子爆弾、水素爆弾、ミサイル、人工衛星を開発して、世界にこの信念を明確に示した。

　核兵器は世界で最も殺傷能力を持つ武器である。当時、アメリカやソ連など、ごく少数の国の手中に握られており、新中国の安全に重大な脅威となっていた。平和と国家の安全を維持するため、1950年代という早い段階からわが国は原子爆弾、水素爆弾及び人工衛星の開発を始めた。わが国の核技術、ミサイル及び宇宙飛行技術は、このようにまったくのゼロから発展したのである。

　1960年代初め、ソ連は信義に背いてわが国の原子爆弾開発をサポートする協定を破棄し、専門家を帰国させ、すべての図面を持ち帰った。銭学森、鄧稼先(とうかせん)、銭三強(せんさんきょう)など多くの中国の科学者が、極めて困難な条件下で日夜仕事を続け、数々の難関を突破してわが国最初の原子爆弾の爆発に成功した。1964年10月16日、わが国の西部地域で巨大なきのこ雲が立ち上り、わが国最初の原子爆弾の爆発実験に成功した。これにより中国は超大国の核独占を打ち破り、世界の平和を維持するために重要な貢献をしたのである。

　1964年6月、わが国が独自に設計した中近距離地対地ミサイルの西北地域における飛行実験に成功した。1966年10月、核弾頭を装備した地対地ミサイルの点火・発射を行い、核弾頭は予定された地点の上空で核爆発を起こした。1970年、わが国は長征(ちょうせい)ロケットを利用して、最初の人工衛星－東方紅1号の発射に成功し、ソ連、アメリカ、フランス、日本についで、五番目に独自に人口衛星を発射できる国家になった。

　今日、新しい時代条件の下で、われわれはいかなる核兵器の製造と拡散にも反対している。しかし、あの時代につくられた「二弾一星」精神は、われわれにとって永遠に誇りである。

専門テーマ探求

共和国は忘れない

時代の模範

図1－26　雷鋒が子どもたちに革命の伝統を語り聞かせる

　解放軍の兵士であった雷鋒は、ありふれた職場でこつこつと働き、名前を知られることもなく人民のために多くの良いことをした。1962年わずか22歳で雷鋒は殉職した。毛沢東は、全国の人民に対して「雷鋒に学べ」というスローガンを発した。

図1－27　焦裕禄

　1962年、焦裕禄は河南省蘭考県の県委員会書記に就いた。その土地の砂塵、アルカリ土じょう、冠水などの災害を克服して、貧しく遅れた状況を改善するために、彼は自らが手本となり、たとえ癌を患ってでさえも、病気をかまわずに仕事を続け、一筋に打ち込み、命の最期をむかえる瞬間まで続けた。人民は彼を「県委員会書記の模範」、「党の優れた幹部」とほめたたえた。

○資料を収集したり、年配の方を訪問して、すべての班でこの二人の英雄模範のストーリーと、彼らの生活したその時代の主だった成功、そして当時の人びとへの影響を含めて述べましょう。

ある神話の消失

　石油は工業や交通の血液である。ところが旧中国では、ほぼすべてを外国から輸入した「外国産石油」に頼っていた。20世紀初め、世に名の通ったモービル石油と、アメリカの専門家が中国の地質調査を実施後、「中国は石油資源が乏しい」という論点を提起し、一時期盛んにそう言われた。

　国際的な反中国勢力が新中国に対して封鎖を行っていた時代、石油は重要な戦略資源であり、中国の自立と発展にとって重要な鍵となるものであった。わが国の科学者、李四光は、地質理論に対する深い研究を手がかりに、わが国が豊富な石油資源を埋蔵していることを主張した。

図1－28　李四光

　建国から10周年目の国慶節の直前、黒竜江省で大油田が発見された。そのためこの油田は「大慶油田」と名づけられた。翌年、全国の数万人の石油労働者と解放軍から退役した兵士たちが果てしなく広がる草原へとやってきて、「大慶石油会戦」〔油田を掘る戦い〕に参加した。掘削隊長の王進喜は彼らのなかにいた。その当時、道路はなく、工

第二課　共和国の苦難の道のり　327

具を輸送する手段もなかった。彼は大勢を指揮して肩やてこを使って引っ張り、60トンを超える掘削機械を列車から下ろすと掘削地までさらに運んだ。掘削の際に水が必要となるが、彼や多くの人びとが洗面器をバケツリレーのようにして数十トンの水を運んだ。王進喜は、苦しいことを恐れず、疲れることも恐れず、身を捧げることをいとわなかった。労働者たちからは「鉄人」と呼ばれ、当時、このように苦難に満ちたなかで事業をする精神は、「鉄人」精神とほめたたえられた。まさに中華民族に秘められたこのような精神こそが、中国の一つひとつの大油田を生み出したのである。1965年、中国は石油の基本的な自給自足を実現させ、国際的な反中国勢力が企てた外国産の石油を使ってわれわれの首を締めつけ、中国を服従させようとする彼らの考えた神話を打ち砕いた。

図1-29 王進喜と労働者たちが身体を使ってセメントをかき混ぜる

身体は砂漠にあり、魂は中華につながる

　1958年、科学者の鄧稼先は、ある特殊な任務を引き受けた。それは中国最初の原子爆弾を開発するというものである。当時、経済的な立ち遅れと文化的な空白状態という条件下において、中国が独自に原子爆弾を開発することは口で言うほど簡単ではなかった。ある外国人は、「原子の分野において、あなたたち中国人の頭は相変わらず真空だ」と皮肉った。鄧稼先は「真空がどうしたというのだ。世の中にある道は、すべてゼロからスタートしている」と言った。彼は20数名の新卒大学生を選び、中国が原子爆弾を開発する最初のチームを組織した。2年後、彼らは奇跡的に原子爆弾爆発の全行程をシミュレーションすることに成功した。その後、多くの科学者が心を合わせて協力し、日夜仕事が続けられ、難関を一つひとつ突破して、ついにわが国の科学者たちの英知と能力を含んだ奇跡の火がともったのである。鄧稼先は、厳格な秘密の状況下で開発の仕事を行い、長年にわたって名も知られぬまま広い西北の厳しい環境の中で生活した。彼が不幸にも殉職するに至って、ようやく鄧稼先の名前は人びとに知られるようになり、中国の「両弾元勲」と賞賛された。

図1-30 最初の原子爆弾の爆発に成功

○上述した事例を分析して、「鉄人精神」と「二弾一星」精神が、当時の中国の発展にどのような意義を持ったのか説明しなさい。
○1950、1960年代の中国の英雄的かつ模範的な人物の足跡に関する資料を集め、彼らに共通する特徴を指摘し、その時代が私たちに残した精神的な財産について説明しなさい。
○年配の方々に1950、1960年代の話を聞いて、その時代の人びと特有の精神風格について自分の評価を述べなさい。

第三課　近代化建設の新時代

改革開放の時代

　歴史学者であれ普通の中国人であれ、1978年に開かれた中共十一期三中全会を、中国の歴史上、偉大な転換点とみなすことができる。なぜならこの会議でマルクス主義路線を回復し、党と国家の仕事の重点は経済建設へと移行して、鄧小平が中国共産党第二世代の指導者グループにおいて中心になったからである。中国はここから特色ある社会主義を建設する新しい時代に入った。新時代の最も鮮明な特徴は、改革開放である。

　改革は、まず農村で広がった。1979年からわが国の農民は、従来のような多くの人びとが共同労働を行う生産と、平均主義〔平等主義〕にのっとった分配を改め、家庭による生産請負を柱とした責任制を実行した。この生産責任制は、安徽省鳳陽県小岡村の18の農家が採用したもので、「中国農民の偉大なる創造」と呼ばれた。それは広く農民たちの生産に対する積極性を呼び起こし、農業生産の迅速な発展を促し、中国12億人の衣食問題をいち早く解決した。農村改革が成功するにつれて、都市経済体制の改革も全面的に繰り広げられた。経済体制改革のある重要な変化は、単一の公有制経済から、それを主体とした様々な所有制経済が同時に発展したことである。

　開放は、まず沿海部の地域から進められた。1980年、わが国の広東の深圳、珠海、汕頭と福建のアモイに経済特区が設けられ、様々なスタイルで外国資本を吸収し、国外の先進技術と経営管理方法を学び、対外貿易を拡大した。その後、開放区は拡大を続け、徐々に全方位的な対外開放の新局面を形成していった。2001年に、中国は長年にわたる努力を経て、ついに世界貿易機関に加盟した。これは世界に向かう中国経済に、さらに大きな舞台を提供することになる。

　今日、人びとは鄧小平の指導した改革開放が、中国の経済を持続的に、そして安定的かつ速やかに発展させ、中国人民の生活水準をかつてないほど向上させたことを、ますますはっきりとみることができる。

専門テーマ探求　　　　　　　　　　　　大きな変化に感動する

「深圳スピード」と「浦東の巨大な変化」を感じる

　長い間、深圳川の両岸は明らかに異なる二枚の絵であった。南岸には香港の華やかな都市。一方、北岸には深圳の古く遅れた村落が存在した。1980年、鄧小平の提唱の下、深圳経済特区の建設が始まった。1992年、鄧小平は深圳を訪れ、国際貿易センター53階の回転レストランに登った。そして遠くを眺めると、一本の川を隔てて、香港の摩天楼がぼんやりと見え、深圳の高層ビル群がいきいきと輝くさまと対称的であった。鄧小平はうれしそうに「発展がこうも速いとは私も思いもよらなかった」と話した。深圳の建設は、世界の歴史上でも数少ない「深圳スピード」を生み出した。外国人が深圳を「一夜にして興った都市」と驚嘆するわけである。

　浦東は、上海黄浦江の東岸に位置する。1980年代、そこの大部分の土地はまだあぜ道が縦横に走る田野であった。そのため上海の人びとには、「浦西は一台のベッドでも仕方ないが、浦東には部屋でさえいらない」という言い方が流行っていた。1990年、党中央が浦東の開発を宣言して以後、浦東は急速に発展した。黄浦江に地下トンネルや橋が何本も作られ浦西と浦東とを結びつけると、道路や緑地、高層ビルなどが相次いでつくられ、東方明珠タワーやジンマオビル（金茂大厦）といったシンボル的な建築物が切り立つように建設された。金融貿易地区、高度科学技術地区及び浦東国際空港などが新しい姿を見せた……わずかな時間のうちに浦東は国際経済、金融及び貿易センターの一つにまで発展し、長江のデルタ地域や長江流域の経済発展を先導するようになったのである。

図1-31　浦東の新しい顔

　○深圳と浦東の発展はどのような共通する特徴を持つか、少なくとも三つまとめなさい。
　○あなたの故郷における改革開放後の変化について述べ、深圳と浦東の発展に照らし合わせると、あなたはどんな意見を提起できますか。

生活用品の変化から感じられること

　1950～70年代末、物が非常に不足した状況下で、国家は大きいものでは鉄から石炭、穀物まで、小さいものでは卵、石鹸など、生活必需品は計画に基づいて生産、販売された。都市や町で暮らす人びとは、一人当たり250グラムの食用油配給切符を受け取り、住民はこの切符に基づいて食品店で250グラムの油を買うことができた。穀物を買うときには食糧配給切符を、洋服のときには綿布配給切符を、自転車を買うときには自転車用の切符を……つまりそれらは配給切符に頼ってはじめて人びとの基本的な生活需要が保障される時代だったのである。

　上海のある楊おばあさんは、すでに70歳を超えている。彼女には20数冊の帳面があり、

彼女の家の1965年から2001年までのあらゆるお金の用途が詳細に記録されている。楊おばあさんの家計簿を開いてみると、われわれは20年前に食用油配給切符で700グラムの食用油を買うために1元1角が必要で、ベーコン1.5キロには3元6角2分が、果酒500グラムに4角8分が、とはっきり見ることができる……こうした民間の資料を閲覧することで、人びとの過ぎ去った歳月に対する記憶を呼び起こすことができる。
　もしあなたと年長者が改革開放以前の生活用品について話す場合、あなたにいくつかの品物について詳しくすらすらと語るだろう。

図1－32　ストーブ 　　　図1－33　ラジオ 　　　図1－34　さまざまな配給切符

〇これらの物を見分けたり対照したりして、どれがすでになくなっているのかを考え、現在はどのような形で存在しているのか考えましょう。
〇現在でも使われているものも、少しずつ他のものに取って代わられたり、もしくは用途が変化したものがあるか考えましょう。例えば自転車。
〇当時なかったもので、現在一般的に持っている物を書きだしてみましょう。例えば携帯電話。
〇あなたと年長者が一緒になって、ある物や習慣、もしくは生活スタイルの変化の過程を考えてみましょう。

余暇のスタイルの変化を考える
　1960、70年代、わが国人民の生活水準は一般的に低く、ミシン、自転車、腕時計、ラジオが「四大件」（四つのグッズ）と呼ばれた。一台のラジオを持つことが多くの人びとの家庭にとって夢だった。毎日ゆっくりとくつろいで人びとが集まり、一緒にラジオ放送を聞いて国家の重要な出来事を知ることが最大の楽しみであった。
　改革開放以後、「旧四大件」は、カラーテレビ・冷蔵庫・洗濯機・クーラーの「新四大件」にとってかわられた。テレビは少しずつありふれたものになっていった。家族がテレビを囲むように座り、テレビ番組を楽しむことが人びとの最も一般的な娯楽スタイルになり、あるテレビ番組のときには街から人がいなくなってしまう光景すら起こった。

図1－35　農民たちがラジオを聞いている

　20世紀末、急速に豊かになってきた中国人民は、家でテレビを見るなどの余暇の過ごし方では満足できなくなり、人びとの余暇における文化的生活は日増しに豊富になり、多様化の様相を呈している。
　〇上述したような変化を結びつけ、改革開放後に生まれた変化に対する自分の感想や考え方を述べなさい。

第三課　近代化建設の新時代　｜　*331*

一国二制度と統一大事業

　改革開放の新時代に入って以後、鄧小平は中華民族の根本利益を守ることからスタートして、一国二制度による祖国の完全な統一を提起した。一国二制度とは、一つの中国の原則の下、祖国大陸は社会主義制度を実施し、台湾、香港、マカオでは資本主義制度を実施するというものである。

　一国二制度の構想提起後、話し合いを経て、中英両国政府は1984年末、正式に中華人民共和国政府が香港に対する主権を回復することになる中英共同声明に調印した。中国とポルトガル政府は、1987年4月、中華人民共和国政府がマカオに対する主権を回復することになる共同声明に調印した。

　1997年6月30日23時59分、中国とイギリスによる香港の政権引継ぎ式において、イギリスの国旗と香港の旗がゆっくりと降ろされた。7月1日0時ちょうど、雄壮に中華人民共和国国歌が斉唱されるなか、中国の国旗と香港特別行政区の区旗が少しずつ掲げられ、イギリスは香港に対する一世紀半にわたる植民地統治の終結を宣言した。1999年12月20日、中国とポルトガルの両政府はマカオで政権の引継ぎの式典を挙行して、中国が正式にマカオに対する主権を回復し、マカオは祖国の懐にもどったのである。

　香港とマカオの返還は、中国人民の百年の国恥を雪ぐ盛大な事業であり、完全な祖国統一の大事業の過程における重要な一歩でもある。一国二制度の方針に基づき、台湾問題を解決し、祖国の完全な統一を実現することは、妨げることのできない歴史の潮流である。

　1987年から海峡両岸における民間レベルの往来の大きな障壁が取り除かれるにつれ、祖国へ戻って定住したり、親戚や友人を訪ねたり、観光で訪れる人は増加を続け、両岸の経済や文化の交流は日増しに頻繁になっている。しかし台湾内部の分裂勢力といくつかの反中国勢力が、二つの中国、もしくは一中一台の活動を続けており、中国の平和的な統一過程を大きく妨げている。台湾と祖国大陸の統一は、国内外の中国人の共通した願いである。海峡両岸における同胞の共同の努力が、祖国の統一という大事業を必ず実現させることだろう。

専門テーマ探求

盛大な事業を祝い統一を望む

一国二制度を読み解く

1984年、鄧小平は香港の商工業界の関係者と会見し、「われわれは何度も述べているように、わが国の政府は1997年の主権回復後も香港の現行の社会、経済制度を変えず、法律も基本的には変えない。生活のスタイルも変わらない。香港の自由港としての地位と国際貿易・金融センターという地位にも変わりはない。香港はその他の外国や地域との発達した経済関係を維持することができる。さらにわれわれはすでに何度にもわたって述べているように、北京は軍隊を派遣する以外に、香港特別行政区政府に幹部を送り込んだりはせず、これにも変化はない。われわれが軍隊を派遣するのは、国家の安全を維持するためであり、香港の内部事情に口出しをするためではない」と表明した。

鄧小平は、イギリスの外相と会見した際、「台湾と香港の問題を解決するためには、二つの方法がある。一つは、非平和的方法を採るやり方。もう一つは平和的方法を採るやり方である」、「どのような平和的方法で問題を解決できるのか。これは香港と台湾の歴史と現実に充分な配慮が必要だろう」と述べた。

図1-36　鄧小平がイギリス首相サッチャーと会見する

○香港、マカオ、台湾は中国の領土である。平和的統一のために、それらの歴史と現実になぜ配慮しなければならないのか考えなさい。

復帰の盛大な事業をしのぶ

図1-37　香港の復帰を祝う

1997年6月30日の夜、数多くの群集が天安門広場に集まり、香港の回復を盛大に祝う中国の子どもたちが歌い踊る歴史的な瞬間。天安門広場は鮮やかな光があふれ、人の波がおしよせ、歌が潮のように満ちていた。1997年7月1日午前0時までちょうど10秒のとき、人びとはその高ぶる気持ちを抑えることができず、10・9・8……と、回復までの時間を告げる電子時計の赤いデジタル数字にあわせて、高らかに大きな声で数字を叫んだ。これは母親の息づかいであり、歴史の足音でもある。百年を超える困難と曲折を経て、香港はついに祖国の懐に戻り、百年の国恥を雪いだのである。

第三課　近代化建設の新時代　333

> あなたは「マカオ」が本当の名前ではないことを知っているでしょう。私はあなたの産衣（うぶぎ）から離れてかなりたちました。お母さん。しかし彼らが奪ったのは私の身体だけで、私の魂をあなたはずっと守り続けている。300年にわたって、寝ても覚めても忘れることのできなかった生みの親。息子の幼名を呼んで下さい。私を「アオメン」と呼んで下さい。お母さん。私は帰りたい。お母さん。　聞一多の詩『七子之歌（ぶんいった）』より

図1-38　アオメンの聖ポール天主堂跡

○なぜ100年あまり前に、清政府は香港をイギリスに割譲させられ、400年あまり前にマカオはポルトガルに占領されたのでしょうか。そして中華人民共和国は1990年代になぜそれらを祖国に復帰させることができたのでしょうか。

統一を望み台湾の独立に反対する

1982年7月、全国人民代表大会副委員長の廖承志（りょうしょうし）は、国民党主席の蔣経国（しょうけいこく）に手紙を送り、彼が民族の大儀から考えて、大陸と台湾の統一を加速させることを期待した。

「近頃読んだものに、父親の魂が家に戻り祖先とともにあることを強く望んでいる、という言葉があり、感慨に堪えなかった。蔣介石の棺はいまだ慈湖にあるが、統一後には郷土、奉化（ほうか）もしくは、南京（なんきん）、廬山（ろざん）に戻ることができる。これこそ親孝行であろう。これまでも伝えてきたように、親孝行の心を民族の感情にまで広げ、民族を敬愛して、国家にむくいる。この言葉がいかにすばらしいか。なぜ統一の大業を実践しないのか。国家や民族から論じれば、蔣二代は歴史に対して結末をつけなければならないだろう。私の個人的な意見では、忠孝をどちらも損なわないようにすべきである……

年齢を重ねれば、ますます古い事柄を懐かしむ。私は都合をみて旅支度を整えて出発したい。台北（たいほく）を遠路はるばる訪問して、諸先輩方の役立つ教えを聞きたい。"劫波を度り尽せば、相逢うて一笑すれば恩仇泯（ほろ）ばん"という*1)。南の空遥か遠くを眺め、思いをはせずにはいられない。手紙ではすべてを言い尽くせない。多くの希望を大切にして。よい知らせを待つ。……」

*1) 魯迅が日本の友人にあてた詩の一節からの引用。苦難を越えて兄弟が再会すれば恩讐も忘れさるという意味。

1962年、国民党の元老、若くして孫中山先生に従った于右任（うゆうじん）先生は、病没する前に一首の詩を残して、彼と多くの台湾人民が大陸と台湾の一日も早い統一を強く願っている気持ちを表した。

「私を高い山に葬ってくれ。大陸を望みたい。大陸が見えなければ、ただ慟哭するだけだ。私を高い山に葬ってくれ。故郷を望みたい。故郷が見えなければ、永遠に忘れることはできない。空は広々と、野原はどこまでも続く。山の上に。国には祖国のために若くして死んだものがいるのだから」。

○上述した資料を結びつけて、香港、マカオの問題と台湾問題にどのような違いがあるのか説明しなさい。
○統一を望み、台湾独立に反対するというテーマで、授業後に関係する資料を集め、図表を作成するか展示を行いなさい。
◇歴史と文化の起源から台湾は古くから中国の分けることのできない一部分である。
◇大陸と台湾の人民の祖国統一への考え方。
◇台湾独立分子が、祖国を分裂させようとする主な観点と恥ずべき行為に反論する。
◇中国政府の台湾に関連する政策を説明する。

第一単元　チャンスと挑戦に満ちた時代

独立自主　平和共存

　新中国が成立してすぐ、毛沢東はイメージした三つの外交原則を提起した。「新規巻き直し」、つまり国民党政府が行った旧来の屈辱外交を認めず、新しい基礎のうえに世界の各国とそれぞれ新たで平等な外交関係を打ち立てる。「部屋をしっかり掃除してから客を招く」、すなわちまず帝国主義の中国に残る勢力を一掃し、帝国主義のすべての在華特権を取りしまり、その後に西側国家との外交関係樹立について検討する。「一辺倒」、つまり社会主義国家を堅持する国ぐにの側に立って平和を愛するすべての国ぐにと連携し、帝国主義の侵略政策に反対するというものである。中国外交史の新しいページは、ここから始まったのである。

　1953年、周恩来は平和共存の五つの原則を提起して、新中国の外交事業の基礎を固めた。新中国成立当初、わが国はソ連など26の国ぐにと外交関係を結び、アメリカをリーダーとする西側国家による中国を孤立させようとする企みを打ち砕いた。1971年10月、中華人民共和国は、国連における合法的な地位を回復し、2002年までにすでに160もの国と外交関係を打ち立てた。1972年、アメリカ大統領が訪中し、上海コミュニケに調印して両国の20年の長きにわたる敵対、断絶状態に終わりを告げた。1979年、中国とアメリカは正式に外交関係を結び、アメリカは一つの中国、台湾は中国の一部分であることを認めた。党の第十一期三中全会以来、わが国の対外政策は新しい発展をとげる。それはいかなる大国とも同盟関係を結ばないというものであり、独立自主と平和外交政策の新しい内容である。これ以降、中国の外交活動は新中国成立以来、最も積極的で力強く活発な時期となり、わが国の外交事業は一つひとつ偉大な成功を収めていくことになる。

　総合的な国力が増強され続けるにつれて、わが国は国際的な仕事のなかでますます重要な役割を発揮していくようになった。2001年、アジア太平洋経済協力会議（APEC）及び関係する会議が上海で行われた。これは中国がこれまで行ってきた会議のなかで、最大の規模、そして最高のスケールで行った多国外交活動である。同年、中国、ロシア、カザフスタン、キルギスタン、タジキスタン、ウズベキスタンの6ヵ国の首脳が上海で「上海協力機構成立宣言」に調印した。これは中国の都市名の入った初の国際組織であり、わが国と周辺国との関係をさらに強めるものである。

専門テーマ探求

国家の利益だけは不変である

小さなボール（ピンポン球）が、大きなボール（地球）を動かす

新中国成立後、アメリカなどの西側国家は新中国を敵視する態度を採り、孤立させる政策を行った。1950年、アメリカ軍はわが国の台湾海峡に侵入した。11月、中国政府代表は国連の安全保障理事会において、アメリカによる中国侵略の犯罪について厳しく非難する発言を行った。

図1-39　1950年、わが国が特派した代表が安全保障理事会において発言

1971年4月6日、アメリカの卓球チームが中国側の招きによって訪中した。これが中華人民共和国成立後、初めて中国を訪れたアメリカの代表団である。中国とアメリカはこうした形式を採りながら接触をスタートさせ、世界の人びとの注目を集めた。周恩来総理が代表団に会った際に、「あなたたちは中米両国人民の関係において、新たな1ページをひらいた」と述べた。29日、ニクソン大統領は談話を発表し、「われわれは固い氷を打ち破った。私はしかるべき時に、しかるべき身分で……中国大陸を訪れることを望んでいる」と述べた。

図1-40　アメリカの卓球チームが万里の長城を見学

1972年2月、ニクソン大統領は北京にやってくると、飛行機を降りきっていない時から迎えにきていた周恩来総理に手を伸ばして前に進んだ。二人は固く握手をし、一分にも達する長さであった。ニクソンは、「これは中国とアメリカの指導者が、大海を越えて、お互いが敵対した20年を越える握手である」と述べた。

図1-41　ニクソンの訪中

1979年、中国とアメリカは正式な外交関係を樹立させ、国交樹立コミュニケによってアメリカ合衆国政府は中国の立場を承認した。すなわち一つの中国、そして台湾は中国の一部ということである。アメリカは台湾周辺における軍事力と軍事施設を段階的に減少させることを認めた。中国とアメリカ両国の20年以上にもわたる対抗関係はここに終わりをつげ、両国の関係は徐々に正常化へ向っていった。

図1-42　人民日報が発表した国交樹立コミュニケ

○1954年のある会議において、アメリカ国務長官ダレスは、アメリカ代表団のメンバーが周恩来と握手できないようにした。ニクソンは回顧録のなかで自分が積極的に周恩来と握手しようとしたのは、ダレスの礼を欠いた行為を正すためであったと述べている。この拒絶から積極的な握手へという変化が、単に礼儀の問題なのかどうか述べなさい。

○1971年7月、中国とアメリカが同時に発表した声明の要点は、中国がニクソンの訪中を要請し、ニクソンがそれを快く受け入れたことである。ニクソンは回顧録のなかで「声明を発表するのに3分しかかからなかったが、今世紀最も意表を突いた外交ニュースの一つである」と述べている。一編の短い声明が、このように大きな影響を生み出したその歴史的要因は何でしょうか。

○ある評論家は、中国とアメリカの関係が変化したのには下記のようないくつかの分野における要因があると考えている。これに対し、あなたはどのような意見を持ちますか。

◇中国とアメリカ両国の指導者の知恵による。
◇中国の総合的な国力が強まったことによる。
◇アメリカがソ連との覇権争いにおいて、中国と連携してソ連を牽制するためにである。
◇中国はソ連の覇権主義に反対して関係が破綻した後、アメリカとの関係を緩和させることでソ連に対抗しようとしたためである。

中国の都市名をつけた初の国際組織

改革開放以来、社会主義近代化建設が急速に発展し総合的な国力が向上するにつれて、わが国が世界のなかで果たすべき役割は、ますます重要になっていった。

1996年、中国、ロシア、カザフスタン、キルギスタン、タジキスタンの5ヵ国のトップが、国境地域における軍事分野の信頼を強める協定を結んで相互の信頼関係をさらに発展させ、軍備の縮小と安全協力を含む新しい安全観を形成させることに上海で調印した。2001年、さらにウズベキスタンが加わり、6ヵ国の首脳は上海で「上海協力機構成立宣言」に調印した。上海協力機構は、わが国と周辺国との関係を強化するものである。

2003年8月初旬、上海協力機構のメンバーは、テロリズムに打ち勝つため、武力による反テロリズムの軍事演習を行った。この演習により各メンバー国の軍事分野における信頼と協力関係が強化され、地域の安全と安定の維持、連携して反テロリズム作戦を行う指揮協調などの分野の能力を向上させるうえで重要な意義を持った。

図1-43　反テロリズムの軍事演習

○あなたは今世紀に入ってから、わが国でさらにどのような重要な国際会議が開かれたことを知っていますか？

○中国の外交史上のいくつかの重大事件から、1970年代以来のわが国における外交事業の発展について考えましょう。

第四課　時代の主題と現代中国

「冷戦」後における平和の主題

　社会主義の新中国は、数々の苦難を経験して、全世界が認める偉大な成功を勝ち取った。しかし社会主義は世界規模で歴史的な挫折にみまわれた。1990年代初頭、東欧各国とソ連の政権はその権力を失い、社会制度もそれによって変化した。東ドイツ（ドイツ民主共和国）は、西ドイツ（ドイツ連邦共和国）に組み込まれ、ユーゴスラヴィアは5つに分裂し、チェコスロヴァキアも分離、さらにソ連も解体して15の独立国家となった。ヨーロッパと中央アジアの政治的構図に重大な変化が生まれたのである。

　東ヨーロッパの激変、ソ連の解体は、東西二つの大きな同盟の対峙する局面が終結したことを意味している。アメリカが唯一の超大国となり、ヨーロッパは共同体化の過程を加速させ、世界はまさに多極的な発展へと向かった。大多数の国家はいずれも自国の経済の発展に力を注ぎ、一国覇権的な一極世界の形成に反対した。国際社会の平和を望む声は絶えることなく高まり、平和の力を維持しようとする努力が日増しに強まると、世界平和の実現は現代における主要な主題の一つとなった。

　ところが冷戦の終結後、多くの矛盾も噴出した。テロリズムが領土や民族、宗教、資源などの矛盾が交差した産物として世界政治や経済、安全情勢に重大な脅威を与えるようになった。2001年9月11日、テロリストが飛行機をハイジャックしてアメリカ、ニューヨークの世界貿易センタービルとワシントンのペンタゴンに突っ込み全世界を震撼させた。覇権主義と強権政治にも新しい現れがある。超大国が経済や科学技術、軍事的な優勢を笠に着て「先制攻撃」・「予防的先制攻撃」を鼓吹し、世界戦略の要地と資源の豊富な場所を奪い支配している。

　全体的には平和であるものの、局地的な戦乱があり、これが現代世界における基本的な状態であることがみてとれる。しかし、二回にわたる世界大戦の悲惨な経験と大量の核兵器を保有しているという現実は、常に人びとに平和について警告を与えている。よって世界の平和を永続させ、各国人民の福利に関心を集めるようにしていくことは、妨げようのない時代の潮流だといえるだろう。

専門テーマ探求　　　　　世界平和に関心を持つ

ソ連の解体と北大西洋条約機構の東方への拡大

図1-44　ソ連の解体

図1-45　北大西洋条約機構の東方への拡大

冷戦終結後、北大西洋条約機構はその戦略を調整した。それは東への拡大を通じてヨーロッパの勢力範囲を東に広げ、ソ連解体後の中央ヨーロッパや東欧地域にできた「空白」地帯をうめることで、北大西洋条約機構が今後のヨーロッパの安全において主体的な地位を確立しようとしたことを意味している。冷戦終結後、最初の東進は、1999年にポーランド、チェコ、ハンガリーが北大西洋条約機構に正式加盟したことである。次に2004年3月、リトアニア、エストニア、ラトビア、スロベニア、スロヴァキア、ルーマニア、ブルガリアの7ヵ国が正式に加盟した。

○図1-45　北大西洋条約機構が近年2度の東進により組み込んだ国家の名称を示しなさい。
○冷戦期と冷戦終結後とのヨーロッパの地図の変化を比較しながら、世界の局面にどのような新しい特徴があるのか説明しなさい。

第四課　時代の主題と現代中国　339

平和への希望と平和への挑戦

1999年3月からアメリカを頂点とする北大西洋条約機構は、「人道主義による干渉」という旗印の下、主権国家であるユーゴスラヴィアに対して78日間にわたる空爆を行い、大きな人的犠牲と物的損失を招いた。北大西洋条約機構の空爆は、水源と耕地に大きな汚染をもたらし、人間や家畜の健康に対して危害を与えることが考えられる。最も人びとを心配させているのは、北大西洋条約機構がユーゴスラヴィアに大量の劣化ウラン弾を使用したことであり、重大な放射能汚染を引き起こしている。

図1-46　北大西洋条約機構空爆後の廃墟

図1-47　北大西洋条約機構の空爆が生み出した重大な汚染

2001年9月11日午前中、一機のハイジャックされたアメリカの旅客機がニューヨーク・マンハッタン島の世界貿易センタービルの北棟に突っ込んだ。18分後、別のハイジャックされた一機が南棟に突っ込んだ。二棟のビルはすべて崩れ落ちた。当時、約80の国から来た人びとが二棟のオフィスの中にいた。30分後、3機目のハイジャックされた旅客機がワシントンのアメリカ国防総省ペンタゴンに突っ込んだ。この一連の事件で亡くなった、もしくは行方不明となった人数は、3,200名近くにのぼる。

図1-48　世界貿易センタービルが突然攻撃を受ける

9・11事件後、テロリズムは世界各国人民の非難をあびた。中国外交部の報道官は、われわれはあらゆる形式のテロリズムに反対する。このようなテロをどこで、どのような目的で起そうとも、われわれは断固として反対する。なぜならテロリズムは国際社会にとって有害だからである、と述べた。2006年、国連総会は全会一致で全地球的規模のテロリズムに反対する「全世界テロ戦略」決議を採択した。

図1-49　イタリアで行われた反テロのデモ

パレスチナ地区は現在のイスラエル、ガザ、ヨルダン川西岸とヨルダンを含む。歴史上、ユダヤ人とアラブ人はともにここで暮らしてきた。1947年の国連決議に基づき、パレスチナの領土にユダヤ人とアラブ人の国家が建設されることになった。翌年、イスラエルは成立を宣言した。しかし、この決議はパレスチナ人及びアラブ側から厳しい反対を受けた。これ以後、アラブとイスラエルとの間に、5回の大規模な戦争が起こっている。イスラエルはパレスチナの広大な領土を占領し、数百万人のパレスチナのアラブ人が郷里を追われ難民となった。民族の権利を回復させ、郷里を取り返すために、パレスチナ人は武装闘争を開始した。近年、国際社会の斡旋によりパレスチナとイスラエル双方が政治的解決の道筋を模索し始めた。しかし、今日まで、永続的な平和協定の締結には至っていない。パレスチナとイスラエルの衝突は、報復とそれに対する報復が行われる悪循環に陥っている。

図1－50　パレスチナとイスラエルの衝突

アメリカ大統領のブッシュは、反テロとイラクが大量破壊兵器を保有していることを理由に、2003年3月19日の午後10時（北京時間20日午前）、アメリカとその同盟国がイラク政府転覆の戦争を開始したことを宣言した。それと同時に、アメリカ軍は「衝撃と恐怖」という作戦名でバクダットに対する空爆を行った。

図1－51　アメリカ軍のイラク空爆

大部分のイラク人はアメリカが彼らにもたらした「自由と民主」を認めていない。彼らは自分たちに属する民主体制を成立させるため、イラクからのアメリカの撤退を強く望んでいる。大多数の人びとはアメリカの引き起こしたイラク戦争が、アメリカの利益と経済上の利権を維持するためのものであり、決してイラクを苦難に満ちた生活のなかから解放することが目的ではないと考えている。世界の多くの国々もこの戦争に反対している。

○資料を集め、上述した内容に基づき、こうした事件をまねいた主要な原因がどこにあるのか説明しなさい。
○あなたは上述した事件の中で、アメリカがどのような役割を果たしていると考えますか？
○テロリズムの危害と世界各地の反テロの声に対して自分の意見を述べなさい。

図1－52　ドイツ人が反戦のデモを行っている

第四課　時代の主題と現代中国　｜　341

南北関係と発展の主題

　第二次世界大戦後以来、相対的に平和な国際環境のなかで、世界経済の発展の規模と速度はこれまでになかったものである。2000年の世界生産総額は30兆ドルに達しており、一人当たりの平均は3倍以上の5,000ドルにまで増加している。しかし経済発展の成果をすべての国家と人民が恩恵として受けるにはほど遠い。現在の国際社会は、貧富の格差が非常に大きい世界のままであるといえる。遅れ、貧困、危機、債務が世界人口の三分の二を占める発展途上国の人民を困らせている。よって発展の問題は、依然として現代世界の一つの主題である。

　現代の国際関係における発展の問題は、とりわけ先進国と発展途上国との国家関係の問題として現れている。多くの先進国は北半球にあり、一方で多くの発展途上国は南半球にあることから、国際的に通常それぞれ南と北に区分され、南が発展途上国、北が先進国を指している。そのため発展問題は、南北問題とも称される。

　南北問題は、西側植民者によるアジアやアフリカ、ラテンアメリカの広大な地域に対する植民地侵略を起源としている。発展途上国の多くは、かつて植民地もしくは保護国であり、戦後に独立を獲得している。しかし、不公正な国際経済秩序が変わらないため、発展途上国の発展は遅い。冷戦終結後、南北関係の全体的な方向は緩和に向かっているが、それでも依然として大きな問題として存在している。発展途上国の外債は、1982年の6,260億ドルから1997年の25,000億ドルに増えている。南北の貧富の差は、縮まるどころか、かえってさらに拡大している。

　1960年代から、発展途上国が不公正かつ不合理な国際経済秩序を変えるために、南北対話と南南協力が断続的に進められてきた。中国は最大の発展途上国として、途上国が自身の正当な利益を守り、その団結を強化することを一貫して支持し、公正で合理的な国際新秩序をつくるためにたゆまぬ努力を続けている。

専門テーマ探求　　共同して発展することを模索する

南北格差の大きさ

1976年、ドイツ、カナダ、アメリカ、フランス、イタリア、日本、イギリスの7ヵ国がグループをつくった。1998年、ロシアが加わり7ヵ国グループが8ヵ国のグループになった。定期的な会談と協議を通じて、国際政治や経済問題に対する各国の考え方と立場の歩調を合わせている。この8ヵ国が全世界の国民総生産の60％を占めており、金持ちクラブと呼ばれている。

図1－53　2007年8ヵ国サミット

8ヵ国サミット国家の人口と国内総生産（2005年）

国家	人口（万人）	国内総生産（百万米ドル）
アメリカ	29,650	12,455,100
イギリス	6,020	2,192,600
ドイツ	8,249	2,781,900
フランス	6,074	2,110,200
イタリア	5,747	1,723,000
カナダ	3,227	1,115,200
ロシア	14,315	763,700
日本	12,796	4,505,900

貧困国の人口と国内総生産（2005年）

国家	人口（万人）	国内総生産（百万米ドル）
タンザニア	3,833	12,100
アフガニスタン	2,850	7,200
シエラレオネ	553	1,200
リベリア	328	500
スーダン	3,623	27,700
エチオピア	7,126	9,700

第四課　時代の主題と現代中国

注意：GDPとは、Gross Domestic Productという英語の省略形。中国語の意味は国内総生産額のこと。ある国家が一定の時間内（ふつうは1年）に生産したあらゆる生産物と貨物の総額にあたる。

○与えられた数字に基づいて、先進国と貧困国一人当たりの国内総生産の格差を計算しましょう。
○地図を見て、先進国と発展途上国の地理的な位置にどのような特徴があるのか説明しなさい。
○あなたはどの西側先進国が、かつて発展途上国にどのような植民地支配を行い、掠奪と統治をしたのか知っていますか。またどの発展途上国がかつて西側先進国の植民地になったのか知っていますか。

数字の対比

アフリカで1981年に7トンの積載量を持つトラックを輸入するためには、5年前と比べて2倍のコーヒー、3倍の綿花、もしくは9倍のタバコが必要である。

1970年代初め、ブラジルでは66袋のコーヒーで一台の大型トラックと交換できた。ところが10年後、同じ一台に132袋が必要となった。1972年、スリランカでは5トンのお茶の葉で一台のトラクターと交換できた。10年後、13トンでようやく一台になる。

2002年ある発展途上国の指導者は、かつて世界の貧困状況を以下のように説明した。最貧困の人口は12億人に達する。格差は縮まるどころか拡大している。1960年の頃、最も豊かな国と最貧国との収入の差は、37倍であった。しかし現在は74倍にも達している。世界で最も裕福な3人の総資産は、48の最貧国の国内総生産の総額に相当する。

344 第一単元　チャンスと挑戦に満ちた時代

○これらの数字の変化を比較して、こうした現象が生まれた原因を分析しなさい。
○このような貿易状況がどのような結果をまねきかねないか述べましょう。

アフリカ　苦難の継続

　1990年3月、アフリカ最後の植民地、ナミビアが独立した。これによってアフリカは完全に植民地時代を葬り去った。しかし、アフリカ人民の苦難が終わることはなかった。国家、民族、部族の関係は、複雑に絡まりあっていた。アフリカの53の国家のなかで、独立後に戦争や政変を経験していない国家を探すことはほぼできない。部族間の殺害はたえず起こり、毎回の衝突で多数が死亡し、身を寄せるところを失っている。1994年のルワンダの部族衝突だけでも、少なくとも50万人が殺されている。こうした災難は、第二次世界大戦がアフリカにもたらした犠牲を超えるほどである。

図1-54　アフリカの女性と子ども

　人類が21世紀に入ったとき、アフリカで暮らす人びとの半分は、1日の生活費が1ドルに満たない。全世界の4,000万人のエイズ患者のうち、アフリカには2,850万人が生活している。アフリカの平均寿命は、40歳に満たず、幼児死亡率は14％、アフリカの8億人の人口のうち、40％が非識字者である。アフリカの人びとは、こうした状況を変えることを望んでいる。

　統計によると、世界で20～35％以上の人びとが飢餓線上におり、目下8億人あまりの人びとが飢餓に直面している。9・11事件発生後の今日、全世界で飢餓による幼児の死者は3.5万人。彼らの多くがアジア・アフリカ・ラテンアメリカで生活している。

　専門家は、こうした貧困をまねいた原因はたくさんあり、そのなかで最も顕著なものは、以下の点だとしている。

◇国際貿易に長期にわたって不等価交換が存在した。
◇歴史上、長期にわたって植民地掠奪と統治が行われた。
◇独立後、長期にわたって政権が不安定で戦乱が続いた。
○グループに分かれ、この3点それぞれについて自分の意見を説明しましょう。

新世紀の中国　チャンスと挑戦

　1950年代中ごろに社会主義に入ってからの中国の大きな進歩は、誰しもが認めるところである。しかし、先進国と比較した場合、総合的には依然として大きな格差がある。わが国の社会生産力のレベルと一人当たりの国民総生産の値はまだ低く、科学技術のレベル、民族の文化素養のレベルも高くない。社会主義の具体的な制度はなお不完全であり、わが国は依然として社会主義の初期段階と位置付けられる。

　世界に目を向けると、中国の発展はすでに大きなチャンスに面しており、また厳しい挑戦にも直面している。一方では、平和と発展が進む潮流の中で、長期的に国際平和の環境を得ることは可能である。世界規模で技術革新が猛スピードで進み、われわれのために有利な外部環境を提供してくれるだろう。また一方では、国際競争は日々厳しさを増し、その本質は、経済と科学技術の力を基礎とした総合国力の勝負といえる。経済、科学技術において先進国がわれわれに与えるプレッシャーは大きく、もしチャンスをいかし飛躍的な発展を実現することができなければ、先進国との格差は開いてしまうだろう。

　未来を展望し、人類社会が21世紀に入った時、わが国人民の生活は全体的に「ほぼ小康」レベルに到達したといえ、これは中華民族の発展史において新しい一里塚となるだろう。しかし、必ず見なければならないことは、「ほぼ小康」レベルというものが依然として低いレベルのものであり、すべての分野ではなく不均衡な発展としての「小康」であるということである。私たちは新世紀の最初の20年で、全面的な建設が十数億人にさらに高いレベルでの「小康」社会の恩恵を与え、経済をさらに発展させ、民主主義をより健全にし、科学教育を前進させ、文化をさらに繁栄させ、社会をより穏やかに、人びとの生活をもっと豊かにしなければならない。

　現代中国の青少年として、われわれは中国の基本的な国情に立脚し、「小康」社会の目標に着眼して世界共通の問題に関心を持ち、自らを中国の特色ある社会主義の政治、経済や文化の建設に参加してチャンスをつかみ挑戦に立ち向かうことで、中華民族の偉大な復興という使命の実現を担わなければならない。

専門テーマ探求　　　　　　　　　　　　　　　重い責任に向き合い使命を担う

中国における「小康」の規準

　1991年、国家統計局、計画生育委員会、財政部、衛生部、教育部など12の部門の研究員がテーマグループを組織して、党中央及び国務院が提起していた「小康」社会が含むべき、基本計測指標と「小康」規準を確定した。

全国の都市における「小康」生活レベルの基本指標

一人当たりの国内総生産	5,000元（1990年の価格）
第三次産業が国内総生産に占める割合	40%
一人当たりの居住面積	12平方メートル
一人当たりの平均収入	2,400元
エンゲル係数*	＜50%
一人当たりが一日に摂取するたんぱく質の量	75グラム
平均寿命	70歳
中学校進学率	90%
テレビ普及率	100%
文化娯楽産業への支出割合	16%
一人当たりの緑地面積	9平方メートル
一万人あたりの刑事事件の立件件数	＜20件

全国の農村における「小康」生活レベルの基本指標

一人当たりの平均年収	1,200元（1990年の価格）
ジニ係数*	0.3～0.4
エンゲル係数*	＜50%
一人当たりが一日に摂取するたんぱく質の量	75グラム
一人当たりの衣料に対する支出額	70元
鉄筋構造住宅の割合	80%
テレビ普及率	70%
文化娯楽産業への支出割合	10%
平均寿命	70歳
労働者が教育を受けた平均年数	8年
道路の開通している行政村の割合	85%
電話の開通している行政村の割合	70%
安全な衛生水の普及率	90%

第四課　時代の主題と現代中国

電気が使える家庭の割合	95%
「五保」を享受できる人口の割合＊	90%
一万人あたりの刑事事件の立件件数	＜20件

> 注意：エンゲル係数は、食品支出が生活消費に占める割合で、ある国家や地域の豊かさの程度を測るものである。ジニ係数は国際的に使われている収入格差を測る指標である。五保とは、「農村五保供養工作条例」に合致するもので、その第六条により村民は食・衣・住・医・葬の五つの分野で生活補助と物質的な援助を得られるというものである。

○都市もしくは農村の「小康」規準のなかからいくつかの項目を選び、グループ単位で共同して資料を集め、あなたの暮らしている地域の社会発展情況を「小康」社会の規準と比較して、どのような格差があるのか考えなさい。
○この格差をどのように是正するか、あなたの意見を述べなさい。

国際競争力の比較
2008年国際競争力ランキング（一部分）

国家・地域	順位	点数
アメリカ	1	100,000
シンガポール	2	99,330
中国香港	3	94,964
スイス	4	89,656
ルクセンブルク	5	84,405
デンマーク	6	83,852
...		
中国	17	73,758

出典：スイス、ローザンヌ国際管理学院 2008 年『国際競争国年次報告』

2003～2007年の中国の国際競争国順位

年度　内容	2003	2004	2005	2006	2007
順位	32	24	31	19	15
点数	50.813	70.725	63.219	71.554	79.484

348 　第一単元　チャンスと挑戦に満ちた時代

○わが国の今日における「小康」は、低いレベルのものであり、全面的とはいえず、不均衡な発展による「小康」である。あなたは先進国とわが国を比較して、どのようなところに格差があると考えますか。

教育レベル ＿＿＿＿＿＿＿＿＿＿＿＿＿＿＿＿＿＿＿＿＿＿＿＿＿＿
居住条件 ＿＿＿＿＿＿＿＿＿＿＿＿＿＿＿＿＿＿＿＿＿＿＿＿＿＿＿
一人当たりの国内総生産 ＿＿＿＿＿＿＿＿＿＿＿＿＿＿＿＿＿＿＿

チャンスと挑戦は同時に存在する　遅れたものが先のものを追い越す
◇19世紀末から20世紀初頭にかけて、アメリカは電力と鉄鋼などの重工業に依拠してイギリスを追い抜いた。
◇第二次世界大戦後、日本経済は自動車、家電製品などの製造業と電子産業に基づいて急速に発達した。
◇1960年代以来、アジアの一部の国家と地域は急速な経済発展を実現した。
◇インドは、近年、ソフトウエア産業の発展に力を入れており、目下のところその輸出はアメリカに次ぐほどである。
◇アイルランドは情報技術革命のチャンスをつかみ、ヨーロッパの遅れた農業・牧畜国家から、ヨーロッパで成長が最も速く失業率が最も低い国家へと変化した。
◇中国は5年もかからずに世界最大の移動通信市場の一つとなり、電気通信投資額は世界第三位である。
○上述した材料をまとめ、わが国が新しい国際競争の中で、飛躍的な発展を遂げるために、どのような挑戦に向き合わなければならないのか、またどのようなチャンスをつかむ必要があるのかについて考えましょう。

付録1

中国と世界の歴史大事〔重要事項〕年表
（1940年代から21世紀初め）

1945年10月　国際連合成立

1947年3月　アメリカ、"トルーマン＝ドクトリン"を宣言

1949年　北大西洋条約機構〔NATO〕成立

1949年10月1日　中華人民共和国成立

1950年10月　中国、人民義勇軍を朝鮮に派遣し戦う

1953年　第1次5ヵ年計画実施、アメリカに抗し朝鮮を支援して勝利をおさめる

1955年　ワルシャワ条約機構成立

1956年　中国の生産手段私有制に対する社会主義の改革がほぼ完成し、社会主義制度が確立する

1960年代初め－1973年　アメリカのベトナム侵略戦争

1966年　"文化大革命"はじまる

1967年　ヨーロッパ共同体〔EC〕成立

1971年　中国、国際連合の合法的な地位を回復

1972年　「中米共同声明」発表

1973年　石油危機（第4次中東戦争）起こる

1976年10月　江青反革命集団を打ち破る
　　　　　　"文化大革命"おわる

1978年　中国共産党第11期中央委員会第3回全体会議が開催され、中国は社会主義近代化建設の新たな時代にはいる

1980年代末　東欧激変

1991年末　ソ連消滅

1993年　ヨーロッパ連合〔EU〕成立

1997年　香港、中国に返還
　　　　鄧小平理論、指導的地位を確立

1999年　マカオ、中国に返還

2001年　北京、2008年オリンピック開催を申請し、開催決定
　　　　アジア太平洋経済協力会議〔APEC〕上海で開催
　　　　中国、世界貿易機関〔WTO〕に加入

付録2

本書中の主要語彙、中英対照表
（本文に登場した順による）

北大西洋公約組織　The North Atlantic Treaty Organization　北大西洋条約機構〔NATO〕	
華沙条約組織　The Warsaw Pact Organization〔The Warsaw Treaty Organization〕ワルシャワ条約機構	亜太経合組織　Asia Pacific Economic Cooperation　アジア太平洋経済協力会議〔APEC〕
冷戦　Cold War　冷戦	上海合作組織　Shanghai Cooperation〔Organization（原文欠）〕上海協力機構
斯大林　Joseph Stalin　〔ヨシフ＝〕スターリン	恐怖主義　terrorism　テロリズム
羅斯福　Franklin D. Roosevelt　〔フランクリン＝デラノ＝〕ローズヴェルト	"八国集団"　Group of Eight　"主要8ヵ国首脳会議"
覇権主義　hegemonism　覇権主義	可持続発展　Sustainable Development　持続可能な開発
丘吉爾　Sir Winston Churchill　〔ウィンストン＝〕チャーチル	出生率　birth rate　出生率
杜魯門　Harry S. Truman　〔ハリー＝S＝〕トルーマン	死亡率　death rate　死亡率
柏林壁　Berlin Wall　ベルリンの壁	自然増長率　natural growth rate　自然増加率
赫魯暁夫　Nikita Sergeyevich Khrushchev〔ニキータ＝セルゲーイェヴィチ＝〕フルシチョフ	老齢化　the aging of population　高齢化
肯尼迪　John F. Kennedy　〔ジョン＝フィッツジェラルド＝〕ケネディ	年齢結構　Age structure　年齢構成
核武器　Nuclear Weapons　核兵器	印度　India　インド
古巴弾道危機　Cuban Missile Crisis　キューバ危機	日本　Japan　日本
越南戦争　Vietnam War　ベトナム戦争	可再生資源　Renewable resource　再生可能資源
蘇伊士運河　The Suez Canal　スエズ運河	非可再生資源　Non-renewable resource　再生不能資源
"七十七国集団"　Group of 77　77ヵ国グループ	生態系統　ecosystem　生態系
石油危機　Oil Crisis　石油危機〔オイル＝ショック〕	全球変暖　global warming　地球温暖化
麦克阿瑟　Douglas MacArthur　〔ダグラス＝〕マッカーサー	臭氣層　Ozone layer　オゾン層
"文化大革命"　Culture Revolution　"文化大革命"	生物多様性　biodiversity　生物多様性
香港　Hong Kong　香港	荒砂化　desertification　砂漠化
澳門　Macau　マカオ	酸雨　acid rain　酸性雨
"一国両制"　one country two systems　"一国二制度"	21世紀議程　Agenda21　アジェンダ21
撒切爾夫人　Margaret Thatcher　〔マーガレット＝〕サッチャー夫人	人権　human rights　人権
尼克松　Richard M. Nixon　〔リチャード＝ミルハウス＝〕ニクソン	馬丁・路徳・金　Martin Luther King　〔マーティン＝ルーサー＝〕キング

布鲁诺　Giordano Bruno　〔ジョルダーノ＝〕ブルーノ	世界貿易機構　World Trade Organization　世界貿易機関〔WTO〕
莎士比亚　William Shakespeare　〔ウィリアム＝〕シェークスピア	傾銷　dump　ダンピング
哈姆雷特　Hamlet　ハムレット	世界博覧会　World Exposition　国際博覧会
彼特拉克　Francesco Petrarca　〔フランチェスコ＝〕ペトラルカ	俄羅斯　Russia　ロシア
大陸会議　Continental Congresses　大陸会議	莫斯科　Moscow　モスクワ
民主　democracy　民主政治、民主主義	克里姆林宮　Kremlin　クレムリン
法治　rule of law　法治	墨西哥　Mexico　メキシコ
路易十四　Louis XIV　ルイ14世	韓国　Korea　韓国
伽利路　Galileo　ガリレオ	波蘭　Poland　ポーランド
牛頓　Isacc Newton　〔アイザック＝〕ニュートン	奥林匹克運動会　Olympic Games/Olympics　オリンピック競技大会
阿波羅登月計画　Apollo Project　アポロ計画	羅馬　Roma　ローマ
比尔・盖茨　Bill Gates　ビル＝ゲイツ	悉尼　Sydney　シドニー
哥白尼　Nicolaus Copernicus　〔ニコラウス＝〕コペルニクス	雅典　Athens　アテネ
達尔文　Charles Robert Darwin　〔チャールズ＝ロバート〕ダーウィン	文化多様性　cultural diversity/variety　文化の多様性
卡諾　Carnot　カルノー	世界遺産　World Heritage　世界遺産
莫尔斯　Samuel Morse　〔サミュエル＝〕モールス	文化遺産　Cultural Site　文化遺産
尼葛洛廃帝　Negroponte　ネグロポンテ	自然遺産　Natural Site　自然遺産
麦当労　McDonald　マクドナルド	自然与文化遺産　Mixed Natural and Cultural Site　文化遺産及び自然遺産
経済全球化　economic globalization　経済のグローバル化	文化景観　Cultural Landscape　文化的景観
非典　SARS　重症急性呼吸器症候群〔SARS〕	人類口頭和非物質遺産代表作　〔Masterpieces of the（原文欠）〕Oral and Intangible Heritage of Humanity　人類の口承及び無形遺産の傑作
図瓦盧　Tuvalu　ツバル	現代化　modernization　近代化、現代化
「京都議定書」　Kyoto Protocol　「京都議定書」	競争　competition　競争
世界多極化　multipolarization of world　世界の多極化	創新　innovation　革新
欧盟　European Union　ヨーロッパ連合〔EU〕	伝統美徳　traditional virtues　伝統的な美徳
聯合国　United Nations　国際連合	

「歴史と社会」の授業風景

三王昌代

はじめに

　現在、中国で進められている教育改革は、2段階に分けて実施される予定である。まず、2000年から2005年にかけて新課程体系の制定及び実験と修正が行われ、次に2010年までに全国に順次導入される。2001年、中国では教育部より「基礎教育課程改革綱要」が公布され、基礎教育課程の改革の指針が定められた。これにともない、「義務教育課程設置実験方案」が出され、新たな教育課程が示された[1]。「歴史と社会」は中学校1〜3年に新設されたが、これを選択せず従来通り「歴史」「地理」の二教科とすることも可能である。2006年に人民教育出版社・課程教材研究所の方に伺ったところによれば、現在「歴史と社会」を選択しているのは浙江省、広東省深圳市、江蘇省無錫市、湖北省武漢市、湖南省長砂市開福区のほか北京市、西蔵、江南、吉林、河南、河北などおよそ20省・市に散在する地域や学校である。また、「歴史と社会」の教科書は人民教育出版社、上海教育出版社、中国地質出版社の各社から出され、その採択率は人民教育出版社版が最も高く、88％を超えるとされる。

　ところで、筆者は2002年に中国の広州・深圳で開かれた中国教育学会歴史教学研究会〔現在の名称は中国教育学会歴史教学専業委員会〕の大会中、深圳市のある大学付属中学〔中学校・高等学校〕の中学1年「歴史と社会」の授業1コマを参観する機会を得た[2]。また、2007年には人民教育出版社・課程教材研究所の方にお願いし、北京市で唯一「歴史と社会」を選択しているとされる中学の授業2コマを参観させていただくことができた。本稿ではこの2校3コマの授業を簡単に紹介してみたい。

1. ある大学付属中学〔深圳市〕

　本校で行われた授業は、「歴史と社会」が新設されて間もない時期に行われた研究授業の一つである。上海教育出版社版の『歴史と社会』〔7年次上冊〕の教科書が使われており、本時は、第8課の「メディアが生活を変えた」というテーマで授業が行われた[3]。「教学目標」は、「感情・態度・価値観」「能力」「知識」の各部分に分けられ、それぞれ自主的に学ぶ力を引き出すこと、情報検索や資料の収集・整理の方法および総合的な分析力を養うこと、マス＝メディアの社会的役割と人びとの生活に及ぼした影響を理解させること、であった[4]。新聞・インターネットといったメディアを活用する、いわば作業的・体験的に情報を収集する学習活動を通して、自主的に学ぶことと、共に学ぶ学習との双方を実現し、総合的な分析力を養うというのが授業のねらいである。

　教室には大きめで多角形の机が並び、そこに1人1台あるいは2人に1台の割合でパソコンが置かれており、グループ学習ができるようになっていた。生徒のもとには教科書・パソコン・教師が配布した新聞・記録用紙があった。黒板には大画面のスクリーンがかけられ、教師が事前に準備したさまざまな資料・写真などが映し出された。ここで、本時の展開のうち導入の部分の様子を紹介してみよう。

　　教師：配布した新聞から興味のある記事を
　　　　　書き出させ、なぜそれを選んだのかを
　　　　　発表するよう指示を出す。
　　生徒：配布された新聞に一通り目を通し、

場合によってはグループで話し合いをしながら、興味をもった記事の見出しとその内容の一部を各自の記録用紙に書き出す。
教師：具体的にどのような内容に興味・関心をもったのか、そこからどのような情報が得られたのか、マス＝メディアにはどのような役割があるのだろうかという発問をする。
生徒：各自あるいは隣同士の２、３人で話し合いながら、教師の発問に沿って答える。
教師：文化・スポーツ・社会面それぞれの記事が出揃った時点で〔このとき、教師は生徒がさまざまな分野に着眼できるよう、発問を工夫していた〕、教師がメディアには情報伝達・文化継承・監督・娯楽の役割があると教える。

新聞にはどのような欄があるのかに着目させるところから始めて、興味・関心をもたせている。けれども実際にはスポーツ面などに注目する生徒が多く、それ以外の記事を挙げるよう促された生徒たちは、選んだ理由を説明するのに困っていたようである。

次に、インターネットに接続して生徒自身が情報検索をするという活動が行われた。無条件で検索できるのではなく、学校が管理するホームページにのみアクセスできるようになっていた。当時はこのような拠点校でもパソコンを使いこなせる生徒は少なかったようである。その後、生徒は教師が作成した映像教材を見ながら、マス＝メディアが人びとの生活に及ぼした影響について話し合うのだが、教師の発問に対し、生徒は教科書の中からその答えを探し出していた。メディアのよさに着目することで「メディアが生活や学習方法の変化をもたらした」「日常生活を変えた」という、"答え"が導かれていく。しかしながら、以前とは生活様式が変わってきたという点が強調されてしまい、どこがどのように変わり便利になったのかという具体的な変化の内容や、それがもたらした問題点などには踏み込まれていなかったのは残念である。最後に、メディアが家庭生活にどのような影響を及ぼしているのか、自分にとって最も影響の大きいメディアは何かという内容の宿題が出された。さらに、質問があれば先生にメールを出してもよいというところで授業を終えた。

写真１は、当日、教室に展示されていた作品である。本時の授業とは関係のないものだが、参観した先生方の評判も比較的よかったので[5]、紹介してみたい。これは、８年次〔中学２年生〕の授業で生徒が作成した作品で、各単元で生徒が調べた内容が文字や絵でよく表現されている。このように「中国古代対外交往〔中国古代の対外関係〕」をテーマにした巻物を作るグループのほか、歴史上の人物を取りあげてまとめたグループもあれば、実際に"もの"を作ったグループもあった。

このように、「歴史と社会」は探究学習を含めた幅広い活動ができる教科であり、さらに各教師の教材・発問の工夫や授業の組み立て方次第でさまざまな授業が展開されうる。

2. 北京市のある中学

北京市のある中学で使用されている教科書は、人民教育出版社版である。本時は、８年次上冊、第４単元の第１課「封建国家の建国から天下統一へ」のなかの「礼楽文明の確立」と「百家争鳴」を学ぶ２コマの授業であった[6]。前者〔１コマ目〕は教師による講義・発問について生徒がグループ討議を行い発言するという方法で、後者〔２コマ目〕は講義とロール・プレイングで授業が組み立てられていた。いずれも、生徒が活発に活動できるように授業をつくろうとしている。さらに映像・録音資料など、教教科書に載っていない資料にもふれることができるよう工夫されていた。

例えば１コマ目では、教師は、宗法制の説

写真1：生徒の作品

明をするための樹形図を見せて解説を加え、当時の地位や権力は何によっていたのかを生徒に考えさせるとともに、この制度が最も重視していたのは血縁関係であるという点に着目させ、さらに現在の生活に基づいて宗法制を考えるよう指示を出した。そして、礼楽制度のよい点と悪い点について考えさせ、生徒の発言を促していく。その後も教師は、礼儀はどのようなところにあるのだろうか、礼楽はどのようなとき用いられるのだろうかなどと発問し、それを実生活のなかから見出させようとしていた。この時に出された生徒の発言の一例を挙げるなら、「"楽"は、春節〔年節とも。中国で旧暦の元日、さらにはそれから3日間をさす。現在も春節を一年の始まりとする〕*7)や外国使節を接待するさいに用いられている」「普段、父親や年長者が優先——食事なども——されている。これらは"礼"の考え方からきている」、などの内容であった。このように、考えついたことを次々に発表することのできる授業であったためか、小グループの話し合い活動や発言を行う生徒の表情は生き生きとしており、クラスの大半が授業に参加しているように感じられた。

2コマ目では、生徒が孔子に扮して演説をするという場が設けられていたり、8列の座席列を2列ごとの4つに、さらに4人ずつの小グループに分け、それぞれを儒家・道家・墨家・法家の4つの代表的な思想家の立場に立たせて、その考え方を述べさせていたりした。孔子のロール・プレイングは事前に準備されており、当てられた生徒たちがそつなくこなしていた。その後、教師は孔子の教育思想について説明した。道家・儒家・墨家・法家については、それぞれの思想家の考え方が簡単に記されている紙切れが配られるのみで、本時には教師による具体的な説明はなかった。そのため、生徒は教科書を調べたり配られた紙切れを頼りにしたりして話し合いをすすめ、発言していた〔写真2はこのときのものである〕。それぞれのロール・プレイングを終えたあと、教師は現代に最も有効なのはどの考え方だろうかという発問をしており、法家を答えとするところに現在を意識する姿勢が現れているのだろう。ただ、私たちの近くにいた生徒に聞いてみると、「墨家が好き」と返ってきた。必ずしも全員が法家に共感しているわけではなさそうである。

あえていうならば、1コマ目の授業は、"自分たちの日常生活にひきつけて考える"ことで生徒の興味・関心を引き出し、2コマ目の授業は、現実を意識させながらも教科書の内容を深めることが重視されているという印象を受けた*8)。

おわりに

今回紹介することができたのはわずかに3コマの授業のみだが、少なくとも授業方法で

写真2：授業の様子〔二谷貞夫氏撮影〕

は作品づくり、グループ討議、ロール・プレイングなど三者三様の活動が取り入れられ、内容面では現代が意識されていることが分かる。「歴史と社会」のねらいは市民性育成のための歴史学習にあるので、生徒の興味・関心を引き出し、主体的に歴史学習に取り組むようなさまざまな方法で授業を展開できる可能性をもっているといえよう。

注

＊1）歴史教科書を中心として中国の教育改革の概要を示した報告に、教科書研究センター『中国の教育課程改革と新しい教科書——歴史教科書を中心に〈最終報告〉』（2006年）がある。また、楊彪「中国歴史教科書の編纂：歴史と現状」歴史教育シンポジウム「東アジアにおける歴史教科書の編纂——その歴史と現状」報告要旨（『日本歴史学協会年報』第18号、2003年　pp.55-64）を参照した。

＊2）『歴史地理教育月報』No.390に「中国教育学会歴史教学研究会年会 参加記」がある。本大会特別報告の場において、1980年代から交流を続けてこられた佐藤伸雄、二谷貞夫両氏の手紙と報告を代読するとともに、今後の日中交流に向けての報告をした。大会をとおして、人民教育出版社の方々や中国各地から集まった先生方に大変お世話になり、また貴重なお話を伺うことができた。

＊3）上海教育出版社版は、『歴史と社会 課程標準（一）』に基づいて編纂されている。「第三部 内容標準」の「一．社会のなかで成長する私たち」のなかに「（五）マス＝メディアの影響」とあり、マス＝メディアの特徴と役割を理解する、健全なメディア内容を選択できるようになる、という2つの目標が示されている（中華人民共和国教育部制定『歴史と社会 課程標準（一）』北京師範大学出版社、2001年　pp.7-10を参照）。なお、人民教育出版社版の『歴史と社会』は、『歴史と社会 課程標準（二）』に基づいて編纂されており、7年次下の総合研究六で「マス＝メディアの影響」を扱っている。

＊4）配布された研究授業のための参考資料を参照。教師の発問、生徒の活動は具体的に記されていないため、以下の授業の紹介は、この参考資料のほかに筆者の記録などを加えて構成した。

＊5）従来の「歴史」を重視する中国の先生方の中には、「作品はよくできているが、制作に時間がかかりすぎてしまい、本来『歴史』で学ぶべき学習内容が身につかないのではないか」という声もあった。

＊6）日本の教師用指導書にあたる『教師教学用書』をみると、第4単元 第1課の授業時数配分の基準は6時数とされている。また、この課では

『歴史と社会 課程標準（二）』にある2－3、3－1、3－2、4－2、5－4の目標が示されている（課程教材研究所・綜合文科課程教材研究開発中心編著『歴史と社会 8年次上 教師教学用書』人民教育出版社、2005年　p.144）。

＊7）「春節」西川正雄等編『角川世界史辞典』角川書店、2001年。

＊8）この授業を参観した後、『歴史と社会』の編集担当者などとの座談会が人民教育出版社で行われた。これらの感想はその時に二谷貞夫氏から出されたものなどを踏まえている。座談会では授業の内容・方法に関しさまざまな意見が出されたが、ここでは省略する。

監訳者略歴

並木　頼寿（なみき　よりひさ）
　所属・現職：東京大学大学院総合文化研究科教授。2009年8月4日逝去
　専　　攻：中国近代史
　主要著書論文：『日本人のアジア認識』（世界史リブレット66）（山川出版社、2008年）、『世界の歴史19　中華帝国の危機』（中央公論社、1997年）、『近代中国研究案内』（岩波書店、1993年）

訳者略歴（50音順）

大澤　肇（おおさわ　はじめ）
　所属・現職：人間文化研究機構地域研究推進センター・（財）東洋文庫研究員。國學院大學文学部兼任講師
　専　　攻：20世紀中国における学校教育の政治社会史、アジア歴史資料のデジタル化
　主要著書論文：「中華人民共和国初期の学校教育と社会統合」（『アジア研究』第55巻1号、アジア政経学会、2009年）、「中国・台湾におけるデジタルアーカイブ」（小川千代子編『デジタル時代のアーカイブ』岩田書院、2008年）、「近現代上海・江南の小学教員層　一九二七〜一九四九年」（『中国――社会と文化』22号、中国社会文化学会、2007年）
　〈担当箇所：8年級下冊第7単元〉

小川　快之（おがわ　よしゆき）
　所属・現職：国士舘大学文学部・千葉大学普遍教育センター非常勤講師。法政大学理工学部・生命科学部兼任講師
　専　　攻：中国史
　主要著書論文：『伝統中国の法と秩序――地域社会の視点から』（汲古書院、2009年）、『宋――清代の法と地域社会』（共著、財団法人東洋文庫、2006年）、『宋代の長江流域――社会経済史の視点から』（共著、汲古書院、2006年）
　〈担当箇所：8年級上冊第4単元（第3課、総合研究4）〉

小川　唯（おがわ　ゆい）
　所属・現職：明海大学外国語学部講師
　専　　攻：中国近代史
　主要著書論文：「江浙戦争後の地方自治と浙江省教育会の紛糾、1924－1926」（『近きに在りて』第52号、2007年）、「国民革命時期中国的歴史与教育――関於1927年浙江大学成立過程」（『東亜視角下的近代中国』国立政治大学歴史系、2006年）、「近代浙江省における教育事業の展開と地方知識人集団の形成」（『中国研究叢書』第4号、霞山会、2004年）
　〈担当箇所：8年級上冊第1、2単元〉

小俣ラポー　日登美（オマタラポー　ヒトミ）
　所属・現職：東京大学人文社会系研究科アジア史専門分野博士課程
　専　　攻：アジアキリスト教史
　主要著書論文：Hitomi Omata Rappo, "Le christianisme chinois en tant qu'hérésie; la capture et l'exécution de missionnaires dominicains dans le Fujian en 1746", dans ASDIWAL; *Revue Genevoise d'Antholopologie et d'Histoire des Religions*, No. 4, 2009
　〈担当箇所：8年級下冊第5単元〉

倉田　明子（くらた　あきこ）
　　所属・現職：国際基督教大学アジア文化研究所・日本学術振興会特別研究員（PD）、金沢大学外国語教育研究センター非常勤講師
　　専　　攻：中国近代史
　　主要著書論文：「『資政新篇』再考――19世紀中期の中国における「キリスト教的近代化」の模索」（『中国21』第28号、愛知大学現代中国学会、2007年）、「『資政新篇』の実像――刊行に至るまでの修正過程と内容改変」（『東洋學報』第85巻第3号、東洋文庫、2003年）、「洪仁玕とキリスト教――香港滞在期の洪仁玕」（『中国研究月報』641号、中国研究所、2001年）
　　〈担当箇所：7年級上冊第5単元／8年級下冊第6単元〉

齋藤　一晴（さいとう　かずはる）
　　所属・現職：法政大学第二高等学校非常勤講師・関東学院大学経済学部非常勤講師
　　専　　攻：東アジア歴史対話・歴史教育・東アジア近現代史
　　主要著書論文：『中国歴史教科書と東アジア歴史対話――日中韓3国共通教材づくりの現場から』（花伝社、2008年）、『アジアの人々とともに「戦争の記憶」を継承する――二度と戦争をしないために』（共著、平和文化、2007年）
　　〈担当箇所：9年級第1単元〉

三王　昌代（さんおう　まさよ）
　　所属・現職：東京大学大学院総合文化研究科地域文化研究専攻博士課程
　　専　　攻：東アジア地域文化研究
　　主要著書論文：「雍正年間に中国へもたらされた国書――蘇禄、南掌」（『アジア地域文化研究』第4号、東京大学大学院総合文化研究科・教養学部アジア地域文化研究会、2008年3月）、「蘇禄から中国へ――乾隆年間における国書と交易」（『アジア地域文化研究』第2号、同上、2006年3月）
　　〈担当箇所：8年級上冊第3単元、付録／8年級下冊付録／9年級付録〉

田中　靖彦（たなか　やすひこ）
　　所属・現職：大東文化大学中国学科非常勤講師、東京大学大学院総合文化研究科博士課程
　　専　　攻：中国史
　　主要著書論文：「『世説新語』の三国描写と劉義慶」（『日本中国学会報』第59号、2007年）、『全譯後漢書　列傳六』（共著、汲古書院、2006年）、「『漢晋春秋』に見る三国正統観の展開」（『東方学』第110輯、2005年）、「唐代における三国正統論と『史通』」（『中国――社会と文化』第20号、中国社会文化学会、2005年）
　　〈担当箇所：8年級上冊第4単元（第1、2課）〉

世界の教科書シリーズ㊵
中国の歴史と社会
── 中国中学校新設歴史教科書

2009年9月10日　初版第1刷発行

編著者	課程教材研究所				
	綜合文科課程教材研究開発中心				
監訳者	並木　頼寿				
訳　者	大澤　　肇	倉田　明子	発行者	石井　昭男	
	小川　快之	齋藤　一晴	発行所	株式会社　明石書店	
	小川　　唯	三王　昌代		〒101-0021　東京都千代田区外神田 6-9-5	
	小俣ラポー日登美	田中　靖彦		電話　03 (5818) 1171／FAX　03 (5818) 1174	
				振替　00100-7-24505　http://www.akashi.co.jp	

装丁　上野かおる／　組版　明石書店デザイン室／　印刷　モリモト印刷株式会社／　製本　モリモト印刷株式会社

(定価はカバーに表示してあります)　　　　　　　　　　　　　　　　　　　　ISBN 978-4-7503-3013-6

中国の暮らしと文化を知るための40章

エリア・スタディーズ 46　東洋文化研究会編
●2000円

中国語の新しい勉強法

王少鋒
●1500円

華人社会がわかる本 中国から世界へ広がるネットワークの歴史、社会、文化

山下清海編著
●2000円

唐宋時代の家族・婚姻・女性 婦は強く

大澤正昭
●2500円

近代中国東北教育の研究 間島における朝鮮人中等教育と反日運動

許寿童
●6500円

東アジア史のなかの日本と朝鮮 古代から近代まで

吉野誠
●2800円

壬辰戦争 16世紀日・朝・中の国際戦争

鄭杜熙、李璟珣編著　金文子監訳　小幡倫裕訳
●6000円

こどもがききました 日本は中国になにをしたの シリーズいま伝えたい2 中国侵略

映画「侵略」上映委員会編
●699円

中国民衆の戦争記憶 日本軍の細菌戦による傷跡

聶莉莉
●7600円

史料集 関東大震災下の中国人虐殺事件

今井清一監修　仁木ふみ子編
●18000円

若者に伝えたい韓国の歴史 共同の歴史認識に向けて

李元淳、鄭在貞、徐毅植著　君島和彦、國分麻里、手塚崇訳
●1800円

日韓歴史共通教材 日韓交流の歴史 先史から現代まで

歴史教育研究会(日本)歴史教科書研究会(韓国)編
●2800円

国際共同研究 韓国併合と現代 歴史と国際法からの再検討

笹川紀勝、李泰鎮編著
●9800円

写真で見る在日コリアンの100年

在日韓人歴史資料館図録　在日韓人歴史資料館編著
●2800円

戦後沖縄の精神と思想

明石ライブラリー 130　比屋根照夫
●3300円

アジア憲法集[第2版]

萩野芳夫、畑博行、畑中和夫編
●23000円

〈価格は本体価格です〉

エリア・スタディーズ 8
現代中国を知るための50章［第3版］
高井潔司、藤野彰、遊川和郎［編著］　四六判／並製　◎2000円

世界においてますます存在感を強めている現代中国に対し、われわれは今後いかに向き合っていけばよいのか。中国の現在の姿を、豊富な資料・データをもとに紹介しながら、今後の中国情勢の注目すべき要素、その動向を捉える視点を提供する。

《《《《《《《《《 内容構成 》》》》》》》》》

I 大国化の中の政治
第1章 責任大国とナショナリズム／第2章「和諧社会」の建設／第3章 胡錦濤政権から第五世代へ／第4章 一党独裁体制の仕組み／第5章 政治体制改革の流れ／ほか

II 経済と社会の動き
第12章 二〇〇〇年代の超高度成長／第13章 世界経済へのインパクト／第14章「民生の改善」を求める声／第15章 発展方式の転換と産業構造調整／第16章 民営企業の台頭／ほか

III 直面する課題の数々
第29章 拡大する格差／第30章 日中経済関係／第31章 三農問題／第32章 耕地の減少／第33章 雇用問題／ほか

IV 中国外交と「一国二制度」
第41章 外交戦略／第42章 米中関係／第43章 日中関係／第44章 中露関係／第45章 上海協力機構／ほか

現代中国叢書
四六判／並製

飛躍的な発展を遂げる経済、「人治」から「法治」へと急速に改変される法制度、複雑な民族構成……。12億の人口を有する隣国は、21世紀にどこへ向かうのか。中国で生まれ育ち、日本で活躍する第一線の研究者たちが現代中国を様々な側面から解説、分析する書き下ろしシリーズ。

1 現代中国の教育　王智新 著　◎2500円
2 現代中国の経済　熊達雲 著　◎2800円
3 現代中国の法制と法治　王曙光 著　◎2000円
4 現代中国の文化　孫玄齢、潘世聖、陸偉栄、魯大鳴 著　◎2600円
5 現代中国のジェンダー　蘇林 著　◎1800円
6 現代中国のマスメディア・IT革命　張競 編著　◎2600円
7 現代中国の生涯教育　林暁光 著　◎1800円
　呉遵民 著　◎2600円

〈価格は本体価格です〉

世界の教科書シリーズ

17 韓国の小学校歴史教科書
初等学校国定社会・社会科探究
三橋広夫訳 ●2000円

18 ブータンの歴史
ブータン王国教育省教育部編 ブータン小・中学校歴史教科書
平山修一監訳 大久保ひとみ翻訳 ●3800円

19 イタリアの歴史【現代史】 イタリア高校歴史教科書
ロザリオ・ヴィッラリ著
村上義和、阪上眞千子訳 ●4800円

20 インドネシアの歴史 インドネシア高校歴史教科書
イ・ワヤン・バドリカ著
石井和子監訳 桾沢英雄、菅原由美、田中正臣、山本肇訳 ●4500円

21 ベトナムの歴史 ベトナム中学校歴史教科書
ファン・ゴク・リエン監修
今井昭夫監訳 伊藤悦子、小川有子、坪井未来子訳 ●5800円

22 イランのシーア派イスラーム学教科書
イラン高校国定宗教教科書
富田健次編 ●4000円

23 ドイツ・フランス共通歴史教科書【現代史】
ペーター・ガイス、ギヨーム・ル・カントレック監修
福井憲彦・近藤孝弘監訳 ●4800円

24 韓国近現代の歴史 近現代韓国高等学校
検定韓国高等学校近現代史教科書
韓哲昊、金基承、金仁基、趙王鎬著 三橋広夫訳 ●3800円

25 メキシコの歴史 メキシコ高校歴史教科書
ホセ=ディベス=ニエト=ロペスほか著
国本伊代監訳 島津寛共訳 ●6800円

26 中国の歴史と社会 中国中学校新設歴史教科書
課程教材研究所 綜合文科課程教材研究開発中心 編著
並木頼寿監訳 ●4800円

――以下続刊

東京大生×北京大生 京論壇 次世代が語る日中の本音
京論壇東京大学実行委員会編 ●1600円

東アジアの歴史 その構築
ラインハルト・ツェルナー著
小倉欣一・李成市監修 植原久美子訳 ●2800円

東アジアの歴史政策 日中韓 対話と歴史認識
近藤孝弘編著 ●3300円

バルカン史と歴史教育 [地域史]とアイデンティティの再構築
柴 宜弘編 ●4800円

歓声のなかの警鐘 東アジアの歴史認識と歴史教育の省察
柳鏞泰著 岩方久彦訳 ●6000円

〈価格は本体価格です〉

世界の教科書シリーズ

① 新版 韓国の歴史[第二版] 国定韓国高等学校歴史教科書
大槻健、君島和彦、申奎燮訳 ●2900円

② わかりやすい 中国の歴史 中国小学校社会科教科書
小島晋治監訳 大沼正博訳 ●1800円

③ わかりやすい 韓国の歴史[新装版] 国定韓国小学校社会科教科書
石渡延男監訳 三橋ひさ子、三橋広夫、李彦叔訳 ●1400円

④ 入門 韓国の歴史[新装版] 国定韓国中学校社会科教科書
石渡延男監訳 三橋広夫共訳 ●2800円

⑤ 入門 中国の歴史 中国中学校歴史教科書
小島晋治、並木頼寿監訳 大里浩秋、川上哲正、小松原伴子、杉山文彦訳 ●3900円

⑥ タイの歴史 タイ高校社会科教科書
中央大学政策文化総合研究所監修 柿崎千代訳 ●2800円

⑦ ブラジルの歴史 ブラジル高校歴史教科書
C・アレンカール、L・カルピ、M・V・リベイロ著 東明彦、アンジェロ・イシ、鈴木茂訳 ●4800円

⑧ ロシア沿海地方の歴史 ロシア沿海地方高校歴史教科書
ロシア科学アカデミー極東支部歴史・考古・民族学研究所編 村上昌敬訳 ●3800円

⑨ 概説 韓国の歴史 韓国放送通信大学校歴史教科書
宋讃燮、洪淳権著 藤井正昭訳 ●4300円

⑩ 躍動する韓国の歴史 民間版代案 韓国歴史教科書
全国歴史教師の会編 三橋広夫監訳 日韓教育実践研究会訳 ●4800円

⑪ 中国の歴史 中学高等学校歴史教科書
人民教育出版社歴史室編著 小島晋治、大沼正博、川上哲正、白川知多訳 ●6800円

⑫ ポーランドの高校歴史教科書[現代史]
アンジェイ・ガルリツキ著 渡辺克義、田口雅弘、吉岡潤監訳 ●8000円

⑬ 韓国の中学校歴史教科書 中国定校国史
三橋広夫訳 ●2800円

⑭ ドイツの歴史[現代史] ドイツ高校歴史教科書
W・イェーガー、C・カイツ編著 中尾光延監訳 小倉正宏、永末和子訳 ●6800円

⑮ 韓国の高校歴史教科書 高等学校国定国史
三橋広夫訳 ●3300円

⑯ コスタリカの歴史 コスタリカ高校歴史教科書
イバン・モリーナ、スティーヴン・パーマー著 国本伊代、小澤卓也訳 ●2800円

●世界歴史叢書●

ユダヤ人の歴史
アブラム・レオン・ザハル著
滝川義人訳
◎8800円

ネパール全史
佐伯和彦著
◎6800円

現代朝鮮の歴史
世界のなかの朝鮮
ブルース・カミングス著
横田安司、小林知子訳
◎6800円

メキシコ系米国人・移民の歴史
マヌエル・G・ゴンサレス著
中川正紀訳
◎6800円

イラクの歴史
チャールズ・トリップ著
大野元裕監修
◎6800円

資本主義と奴隷制
経済史から見た黒人奴隷制の発生と崩壊
エリック・ウィリアムズ著
山本伸監訳
◎4800円

イスラエル現代史
ウリ・ラーナン他著
滝川義人訳
◎4800円

征服と文化の世界史
民族と文化変容
トマス・ソーウェル著
内藤嘉昭訳
◎8000円

民衆のアメリカ史
1492年から現代まで 上・下
ハワード・ジン著
猿谷要監修
富田虎男、平野孝、油井大三郎訳
◎各8000円

アフガニスタンの歴史と文化
ヴィレム・フォーヘルサング著
前田耕作、山内和也監訳
◎7800円

アメリカの女性の歴史
自由のために生まれて 第2版
サラ・M・エヴァンズ著
小檜山ルイ、竹俣初美、矢口祐人、宇野知佐子訳
◎6800円

レバノンの歴史
フェニキア人の時代からハリーリ暗殺まで
堀口松城
◎3800円

エジプト近現代史
ムハンマド・アリ朝成立から現在までの200年
山口直彦
◎4500円

朝鮮史 その発展
梶村秀樹
◎3800円

世界史の中の現代朝鮮
大国の影響と朝鮮の伝統の狭間で
エイドリアン・ブゾー著
李娜元監訳
柳沢圭子訳
◎4200円

ブラジル史
ボリス・ファウスト著
鈴木茂訳
◎5800円

フィンランドの歴史
デイヴィッド・カービー著
百瀬宏、石野裕子監訳
東眞理子、小林洋子、西川美樹訳
◎4800円

バングラデシュの歴史
二千年の歩みと明日への模索
堀口松城
◎6500円

スペイン内戦
包囲された共和国 1936-1939
ポール・プレストン著
宮下嶺夫訳
◎5000円

◆以下続刊

〈価格は本体価格です〉

日中社会学叢書

グローバリゼーションと東アジア社会の新構想

◆全7巻◆ 【監修】中村則弘、袖井孝子、永野 武

日中社会学会と中日社会学会が協力し、中国を素材に世界史的潮流をにらんだ、東アジアにおける新たな社会構想の提示をめざす研究叢書。従来、難しかった調査データによる実証研究によって構成され、中国の将来的展望はもとより、日中の相互理解と協力関係を見据えながら、「中国社会研究」のスタンダード構築を目標とする。

① 脱オリエンタリズムと中国文化
――新たな社会の構想を求めて
【編著】中村則弘　　◎3,000円

② チャイニーズネスとトランスナショナルアイデンティティ
【編著】永野武　　◎近刊

③ グローバル化における中国のメディアと産業
――情報社会の形成と企業改革
【編著】石井健一・唐燕霞　　◎4,500円

④ 分岐する現代中国家族
――個人と家族の再編成
【編著】首藤明和・落合恵美子・小林一穂　　◎4,300円

⑤ 転換期中国における社会保障と社会福祉
【編著】袖井孝子・陳立行　　◎4,500円

⑥ 中国における住民組織の再編と自治への模索
――地域自治の存立基盤
【編著】黒田由彦・南裕子　　◎3,400円

⑦ 移動する人々と中国にみる多元的社会
――史的展開と問題状況
【編著】根橋正一・東美晴　　◎近刊

※タイトルは変更する場合があります。

〈価格は本体価格です〉

若者に伝えたい 中国の歴史
共同の歴史認識に向けて

歩平、劉小萌、李長莉【著】
鈴木 博【訳】

◎1800円
B5判変型／並製

中国の歴史学者が日本の学生・一般読者に向けて新しく書き下ろした中国史のテキスト。後半は日本と中国の「交流史」という観点から両国の関係を斬新に描く。中国の教科書に比べコンパクトで写真・図表もフルカラーで掲載。手に取りやすく入門書にふさわしい一冊。

第1部 中国の歴史と文化
- 第1編 中華文明の起源と国家の誕生
  - 第1章 中国文明の起源
  - 第2章 国家の誕生 ほか
- 第2編 統一国家の樹立
  - 第1章 秦朝による統一
  - 第2章 漢朝の興亡 ほか
- 第3編 多民族国家の発展
  - 第1章 全盛期の唐朝
  - 第2章 民族政権の並立と離合 ほか
- 第4編 清代後期――沈淪と覚醒
  - 第1章 開港通商と自強運動
  - 第2章 民族危機と維新啓蒙 ほか
- 第5編 中華民国――戦乱と建設
  - 第1章 共和制の草創と五四新文化運動
  - 第2章 国民革命と経済・文化建設 ほか
- 第6編 新中国――模索と発展
  - 第1章 曲折に富む模索
  - 第2章 改革・開放と急速な発展 ほか

第2部 中国と日本の文化交流

終わりに――日本の青少年のみなさんへ

〈価格は本体価格です〉